本书获得国家社会科学基金项目"公共文化服务体系中社区图书馆发展战略研究"的资助，特此致谢

公共文化服务体系中
社区图书馆发展战略研究

龚蛟腾　王凤姣　方雯灿　著

知识产权出版社
全国百佳图书出版单位

图书在版编目（CIP）数据

公共文化服务体系中社区图书馆发展战略研究 / 龚蛟腾，王凤姣，方雯灿著. —北京：知识产权出版社，2018.12
ISBN 978-7-5130-6010-3

Ⅰ.①公… Ⅱ.①龚… ②王… ③方… Ⅲ.①社区—图书馆发展—研究—中国 Ⅳ.①G259.252.4

中国版本图书馆CIP数据核字（2018）第289447号

内容提要

社区图书馆作为基层公共文化服务体系的重要支柱，其健康发展是文化繁荣与民族复兴的重要保障。本书通过探讨社区图书馆发展的战略条件、战略规划、战略模式与战略措施，较为系统地阐述了我国公共文化服务体系中社区图书馆建设的发展战略。

责任编辑：张水华　　　　　　　　责任校对：王　岩
封面设计：臧　磊　　　　　　　　责任印制：孙婷婷

公共文化服务体系中社区图书馆发展战略研究
龚蛟腾　王凤姣　方雯灿　著

出版发行	知识产权出版社 有限责任公司	网　址	http://www.ipph.cn
社　址	北京市海淀区气象路50号院	邮　编	100081
责编电话	010-82000860转8389	责编邮箱	miss.shuihua99@163.com
发行电话	010-82000860转8101/8102	发行传真	010-82000893/82005070/82000270
印　刷	北京虎彩文化传播有限公司	经　销	各大网上书店、新华书店及相关专业书店
开　本	720mm×1000mm 1/16	印　张	17.5
版　次	2018年12月第1版	印　次	2018年12月第1次印刷
字　数	330千字	定　价	69.00元
ISBN 978-7-5130-6010-3			

出版权专有　侵权必究
如有印装质量问题，本社负责调换。

目 录

1 引 言 …………………………………………………………… 1
　1.1 研究背景 ………………………………………………… 1
　1.2 研究现状 ………………………………………………… 5
　1.3 研究意义 ………………………………………………… 13
2 公共文化服务体系中社区图书馆发展语境阐释 …………… 16
　2.1 公共文化的发展概述 …………………………………… 16
　2.2 社区文化的变迁历程 …………………………………… 20
　2.3 社区图书馆的基本概况 ………………………………… 28
　2.4 社区图书馆的战略价值 ………………………………… 34
3 公共文化服务体系中社区图书馆发展战略条件 …………… 42
　3.1 社区图书馆的社会环境 ………………………………… 42
　3.2 社区图书馆的理论基础 ………………………………… 53
　3.3 社区图书馆的文化政策 ………………………………… 61
　3.4 社区图书馆的发展根基 ………………………………… 75
4 公共文化服务体系中社区图书馆发展战略规划 …………… 109
　4.1 社区图书馆设施布局规划 ……………………………… 110
　4.2 社区图书馆文化资源规划 ……………………………… 127
　4.3 社区图书馆人力资源规划 ……………………………… 140
　4.4 社区图书馆文化服务规划 ……………………………… 150
　4.5 社区图书馆战略管理规划 ……………………………… 171
5 公共文化服务体系中社区图书馆发展战略模式 …………… 183
　5.1 社区图书馆的依附模式 ………………………………… 184
　5.2 社区图书馆的分馆模式 ………………………………… 188
　5.3 社区图书馆的协作模式 ………………………………… 197
　5.4 社区图书馆的民办模式 ………………………………… 205
　5.5 社区图书馆的网络模式 ………………………………… 215

6 公共文化服务体系中社区图书馆发展战略措施 ……………… 223
6.1 社区图书馆的制度保障 ………………………………………… 223
6.2 社区图书馆的技术保障 ………………………………………… 235
6.3 社区图书馆的资源保障 ………………………………………… 243
6.4 社区图书馆的组织保障 ………………………………………… 254

参考文献 ……………………………………………………………… 269

1 引 言

21 世纪以来，构建完善的公共文化服务体系（public cultural service system）已经成为我国极其重要的大政方针。2002 年的"十六大报告"、2007 的"十七大报告"、2012 年的"十八大报告"、2017 年的"十九大报告"，2001 年的"十五计划"、2006 年的"十一五规划"、2011 年的"十二五规划"、2016 年的"十三五规划"和近几年的"政府工作报告"，都反复强调完善公共文化服务体系与发展公益性文化事业。于是，为了推动基层公共文化事业快速发展，我国相继实施了许多重大的文化工程，如全国文化信息资源共享工程、国家公共文化服务体系示范区（项目）创建工程、百县千乡宣传文化工程、乡镇综合文化站建设工程、社区综合服务设施建设工程，此外还有数图推广、送书下乡、文化进村、农家书屋等文化惠民项目。这些政策与措施极大地推动了公共文化服务体系的稳妥构建，促进了城乡基层公共文化事业的快速发展。显而易见，社区图书馆（community library）是基层公共文化服务体系的重要支柱，无疑迎来了前所未有的发展机遇。然而它处于公共文化服务体系的最底端，目前无论是发展规模还是发展水平都不容乐观。因此制定基于公共文化服务体系的社区图书馆发展战略，是决定社区图书馆体系乃至影响基层公共文化服务体系的重要策略。

1.1 研究背景

我国近现代意义上的基层公共图书馆发展历程一路坎坷。20 世纪初，一批由民间人士创办的基层图书馆破茧而出，诸如 1905 年北京出现了民办的西城阅报社❶，1916 年荣德生在无锡建立被称为"中国乡村图书馆之翘楚"的大公图书馆，1924 年寸仲猷等在腾冲县和顺乡创办和顺阅书报社❷，等等。20 年代至 30 年代，陶行知、晏阳初、梁漱溟、卢作孚、柏格理等一批知识分子发起乡村建设运动，这些令人钦佩的乡村建设实验通常创办了书报阅览室、读书读报所等乡村图书室。譬如，陶行知认为流通图书馆是"拯救文化饥荒"的大众的"文化饭馆"，并在他创办的每一所学校都建立了流通图书馆，他还倡导"这种文化小饭

---

❶ 蒋建国. 晚清阅报组织与公共读报活动的发展. 社会科学战线，2016（2）：132–143.
❷ 张峰. 民国时期的乡村图书馆. 东北师范大学，2009：8，43.

馆要普遍地设起来，一镇一个，一村一个，一街一个，一弄堂一个"❶! 中华人民共和国成立后，基层办馆的重心转移到了政府部门。譬如，文化部《关于1950年全国文化艺术工作会议报告与1951年计划要点》要求"有条件的村、镇设立图书室，发展农村图书网"，中共中央政治局《1956年到1967年全国农业发展纲要（草案）》提出从1956年开始分别用7~12年普及包括图书室的农村文化网，1956年新民主主义青年团号召农村当地青年团组织带领青年群众建立和办好一个图书室❷。80年代，乡镇万册图书馆建设一度红红火火，不过也没有修成正果。这就是说，几乎在整个20世纪，我国时断时续的社区图书馆建设基本以失败告终。无论是民国的基层公共图书馆事业，还是中华人民共和国前期的基层公共图书馆事业，都没有走上正确的发展轨道。90年代末以来，随着社区文化与公共文化的强势崛起，社区图书馆建设终于迎来了历史性的发展契机。当前，我们探讨公共文化服务体系中社区图书馆的发展战略，应当注重城镇社区建设、城乡公共文化建设、城乡图书馆事业建设等时代背景。

（1）必须牢牢把握城镇社区建设的时代背景。改革开放以来，我国坚持贯彻以经济建设为中心的基本路线，国民经济得到了前所未有的迅速发展。2010年，中国的国内生产总值（现价GDP）仅次于美国，即已经超越日本而成为世界第二大经济体。倘若按照国内生产总值（购买力平价）排名，中国在2001年、2014年相继赶超日本与美国而跃升为世界第一大经济体。❸ 经济高速发展为社会转型提供了不竭动力，这个时期无疑也是我国城镇化建设稳步推进的时期。短短30多年，中国走过了西方发达国家几百年的城镇化路程。至2017年年底，全国城镇化率（城镇常住人口占总人口的比重）已从1978年的17.92%提高到58.52%，城镇人口已从1978年的1.7245亿增加到8.1347亿，城镇人口数量比1978年增长了371.71%。❹ 在从传统社会向现代社会、从农业社会向工业社会、从封闭性社会向开放性社会的转变之中，城镇化建设的历史性成就不容否认。伴随城镇化建设的高歌猛进，社区建设逐渐从城镇向农村扩散，并日益成为推动社会发展的重要抓手。

---

❶ 陶行知. 陶行知教育名篇. 北京：教育科学出版社，2013：194.

❷ 徐苇，盛芳芳. 农村图书馆：中国图书馆事业发展中难解的一个结. 图书馆论坛，2004（5）：23-26，32.

❸ 王璐. 外媒：中国已经成为世界最大经济体 美国屈居第二. 环球网（财经）. (2014-09-28) [2017-05-06] http://finance.huanqiu.com/hongguan/2014-09/5153469.html.

❹ 中华人民共和国国家统计局. 中华人民共和国2017年国民经济和社会发展统计公报. (2018-02-28) [2018-08-06]. http://www.stats.gov.cn/tjsj/zxfb/201802/t20180228_1585631.html.

20世纪80年代中期,我国城市社区建设开始起航,其建设重点从社区服务延伸到社区文化、教育、保障、环卫、安全等各个领域。此后社区建设往往是实践先行,不少城镇的社区服务稳步铺开;但在宏观规划方面显得滞后,尤其是全国性、整体性、权威性的政策措施尚不明了。2000年,《民政部关于在全国推进城市社区建设的意见》正式下发,从城市现代化发展高度提出"推进城市社区建设"❶。于是,城镇社区建设逐渐在全国兴起,城镇化发展与社区建设互相促进,并形成了一道美丽的风景线。2001年,《国民经济和社会发展第十个五年计划纲要》(简称《十五计划纲要》)提出"推进社区建设是新时期我国经济和社会发展的重要内容""要坚持政府指导与社会参与相结合,建立与社会主义市场经济体制相适应的社区管理体制和运行机制"❷。此后,城镇社区建设的政策接连出台,步伐不断加快。这是从国民经济和社会发展的高度筹划城镇社区建设,旨在推进以拓展社区服务为龙头的新型现代化社区建设。

(2)必须牢牢把握城乡公共文化建设的时代背景。尽管经济实力与科技水平显著提升,城镇化建设也取得了举世瞩目的发展成就,但文化发展严重滞后甚至有所滑坡。尤其令人震惊的是,经济建设出现了"唯GDP论"的错误导向,城镇化发展也出现了"鬼城与空城"的严重后果,某些地方还出现了文化坍塌的不良现象。为了改变经济巨人与文化侏儒的巨大反差,党和政府制定了一系列推进文化建设的政策方针。1992年,党的十四大报告提出:"积极推进文化体制改革,完善文化事业的有关经济政策""搞好社区文化、村镇文化、企业文化、校园文化的建设"❸。党的十四大报告要求通过各种渠道增加物质投入,落实城乡基层文化建设,并将文化设施纳入城乡总体规划。2002年,党的十六大报告指出"积极发展文化事业和文化产业"与"继续深化文化体制改革"❹,从而明确地将文化建设区分为文化事业和文化产业两大部分,并要求逐步完善文化管理体制和运行机制。自此之后,文化事业发展取得了更大的发展空间,为公共文化服务体系的构建奠定了坚实基础。

随着文化事业建设逐渐受到重视,公共文化服务发展获得了较好的政策支

---

❶ 民政部关于在全国推进城市社区建设的意见. (2000-12-12) [2018-05-08]. http://www.cctv.com/news/china/20001212/366.html.

❷ 中华人民共和国国民经济和社会发展第十个五年计划纲要. (2001-03-15) [2017-05-08]. http://www.npc.gov.cn/wxzl/gongbao/2001-03/19/content_5134505.htm.

❸ 江泽民. 加快改革开放和现代化建设步伐 夺取有中国特色社会主义事业的更大胜利. (1992-10-12) [2017-05-08]. http://cpc.people.com.cn/GB/64162/64168/64567/65446/4526308.html.

❹ 江泽民. 全面建设小康社会,开创中国特色社会主义事业新局面. (2002-11-8) [2017-05-08]. http://cpc.people.com.cn/GB/64162/64168/64569/65444/4429125.html.

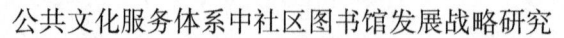

持。2004年,国家发改委明确提出"加快文化体制改革""建立健全公共文化服务体系"❶。国家相关部委布置公共文化服务体系构建,极大地促进了公共文化服务的发展。2005年1月,文化部时任部长的孙家正在全国文化厅局长会议讲话中明确提出,要建立"以广大人民群众为服务对象,以政府提供服务为主导方式,以公共文化服务机制、服务设施、服务机构和队伍建设为核心""覆盖全社会的公共文化服务体系"❷。公共文化服务体系是一个涉及面极其庞大的系统工程,城乡社区文化建设无疑是其中必不可少的重要组成部分。因而,社区建设与公共文化发展产生了强大的合力,共同推进社区公共文化服务体系的构建与完善。

公共文化服务体系构建是一个逐步成熟的过程,也是一个不断从城镇社区走向农村社区的过程。2005年,十一届五中全会提出扎实推进新农村建设。于是,农村社区与农村文化的建设开始受到人们的重视,并得到政府的政策性扶持。2006年,《国民经济和社会发展第十一个五年规划纲要》(简称《十一五规划纲要》)明确指出:"发展农村文化事业""加强农村文化设施建设""形成覆盖全社会的比较完备的公共文化服务体系"❸。农村文化设施建设逐渐受到重视,并被纳入到覆盖全社会的公共文化服务体系构建之中。2011年,《国民经济和社会发展第十二个五年规划纲要》(简称《十二五规划纲要》)高度强调"提高财政保障农村公共服务水平""积极推进农村社区建设""建立健全公共文化服务体系"❹。中西部农村地区基层文化遂成建设重点,已经趋同于城市基层文化一样的建设要求。2016年,《国民经济和社会发展第十三个五年规划纲要》(简称《十三五规划纲要》)明确要求"构建现代公共文化服务体系""加强基层文化服务能力建设""加强老年人、未成年人、农民工、残疾人等群体的文化权益保障"❺。现代公共文化服务体系构建需要打破地区差异与城乡差别,最大限度地实现基本公共文化服务的标准化、均等化。由此可知,建立全覆盖的城乡公共文化服务体系已经提上议事日程,并成为今后城乡社区公共文化事业建设的重中之重。

(3)必须牢牢把握城乡图书馆事业建设的时代背景。民国时期至改革开放前的基层图书馆姑且不说,因为当时确实没有留下多少可以值得称颂的业绩。20

---

❶ 发改委关于2004年经济体制改革的意见.(2004-04-14)[2017-05-08].http://www.cnr.cn/news/200404140298.html.

❷ 连涛.也谈构建公共文化服务体系.中国文化报,2005-12-1(005).

❸ 中华人民共和国国民经济和社会发展第十一个五年规划纲要.(2006-03-14)[2017-05-06].http://www.gov.cn/gongbao/content/2006/content_268766.htm.

❹ 中华人民共和国国民经济和社会发展第十二个五年规划纲要.(2011-03-16)[2017-05-06].http://www.gov.cn/2011lh/content_1825838.htm.

❺ 中华人民共和国国民经济和社会发展第十三个五年规划纲要.(2016-03-16)[2017-05-06].http://www.npc.gov.cn/wxzl/gongbao/2016-07/08/content_1993756.htm.

世纪 80 年代中后期至 90 年代前期，由于过分强调"以经济建设为中心"，文化事业发展或多或少地受到冲击。在文化领域一度盛行"以文补文""以文养文"，于是图书馆在市场经济的胁裹下被迫寻找创收途径——诸如收取办证费、年检费、借阅费等乱象司空见惯。尽管党的十四大报告提出加强社区文化建设，但实际上社区文化发展存在地区不平衡、缺少规划、偏重设施、忽略管理、轻视服务等问题。当时因各级政府减拨文化发展经费，公共图书馆面临"断炊"的窘境。至于社会最底层的编制外的社区图书馆，根本就不可能得到足够的关注。即使有部分社区图书馆性质的民营图书馆，也是依靠个体或社会的资金苦苦支撑。

21 世纪以来，随着公共文化服务体系建设的逐步推进，图书馆事业发展迎来了历史性的契机。2001 年，《十五计划纲要》提出"加强图书馆、博物馆、文化馆、科技馆、档案馆和青少年活动场所等文化设施建设""实行支持文化事业发展的有关政策"❶。这是从国家层面要求加大对文化事业的投入，确保基层公共文化基础设施不断得到改善。《十五计划纲要》强调增加公益文化事业的投入与加强文化设施建设，推动了图书馆（室）、文化馆（站）、博物馆、群艺馆的快速发展。2011 年，《十二五规划纲要》提出"公共博物馆、图书馆、文化馆、纪念馆、美术馆等公共文化设施免费向社会开放""注重满足残疾人等特殊人群的公共文化服务需求"❷。该"纲要"强调同时注重文化事业之社会效益与文化产业之经济效益，从而实现公共文化产品与公共文化服务的和谐统一。显然，图书馆、博物馆、科技馆、纪念馆、艺术馆、文化馆（站）、电视台、报刊社、影剧院等都是不可或缺的基础性公共文化服务设施，诸多关于公共文化服务体系构建的大政方针都会给城乡社区图书馆建设带来深刻影响。譬如，2010 年我国《政府工作报告》强调"文化基础设施建设和公共文化资源配置要向基层、特别是农村和中西部地区倾斜，推进美术馆、图书馆、文化馆、博物馆免费开放"❸，从而自 2011 年开始公共图书馆正式迈进基本服务免费的新时期。

1.2　研究现状

公共图书馆无疑应当在公共文化服务体系中占有重要地位，然而人们往往忽略基层公共图书馆尤其是社区图书馆的建设与研究。截至 2017 年 12 月底，中国

---

❶　中华人民共和国国民经济和社会发展第十个五年计划纲要．（2001 - 03 - 15）[2017 - 05 - 10]．http：//www.npc.gov.cn/wxzl/gongbao/2001 - 03/19/content_ 5134505.htm.

❷　中华人民共和国国民经济和社会发展第十二个五年规划纲要．（2011 - 03 - 16）[2017 - 04 - 23]．http：//www.npc.gov.cn/wxzl/gongbao/2011 - 08/16/content_ 1665636.htm.

❸　温家宝所作政府工作报告．（2011 - 03 - 15）[2017 - 05 - 10]．http：//www.gov.cn/2010lh/content_ 1555767.htm.

知网（http：//www.cnki.net）中篇名含"社区图书馆"的文献共1316篇（检索项为"篇名"，检索词为"社区图书馆"）。其中，学术论文有1130篇，博硕士学位论文33篇（博士学位论文0篇），会议文献65篇，报纸文献88篇（详见表1-1）。从"社区图书馆"文献的发表时间来看，1999年以前仅14篇，且均为学术论文。上述几种文献类型中第一篇专论"社区图书馆"文献的形成时间分别是：1992年《图书馆界》刊发了廖子良的学术论文《建立社区图书馆刍议》[1]，2005年崔晓玲撰写了硕士学位论文《我国城市社区图书馆建设问题研究》，2000年"福建省图书馆学会2000年学术年会"收录了两篇会议文献《浅论社区图书馆服务》与《浅谈21世纪社区图书馆的建设》，2001年《云南日报》刊发了金美丽的《社区图书馆 社区建设不可缺少的内容》。显然，尽管1992年就有关于社区图书馆的研究成果问世，但到21世纪初随着"社区""社区文化"的发展，社区图书馆研究才得到人们的重视。

表1-1 CNKI"社区图书馆"的文献类型年度统计表

年份	总数	学术论文	学位论文	会议文献	报纸文献	年份	总数	学术论文	学位论文	会议文献	报纸文献
1992	1	1	0	0	0	2006	93	83	0	3	7
1993	0	0	0	0	0	2007	115	81	1	21	12
1994	1	1	0	0	0	2008	93	82	2	2	7
1995	1	1	0	0	0	2009	89	81	1	4	3
1996	1	1	0	0	0	2010	101	90	0	2	9
1997	2	2	0	0	0	2011	73	63	3	2	5
1998	3	3	0	0	0	2012	75	69	2	0	4
1999	5	5	0	0	0	2013	72	60	1	4	7
2000	9	7	0	2	0	2014	76	60	4	7	5
2001	15	10	0	4	1	2015	73	59	4	5	5
2002	54	50	0	2	2	2016	66	55	2	3	6
2003	88	84	0	0	4	2017	53	41	7	2	3
2004	79	71	0	5	3	总计	1316	1130	33	65	88
2005	78	70	1	2	5						

倘若将检索结果按年度绘制成曲线图，就可以清晰地看到有关社区图书馆研

---

[1] 在CNKI数据库中，较早提及"社区图书馆"的论文有：1982年1月闫立中在《图书馆学研究》上刊发了《美国的图书馆专业教育——访美杂记之一》，同年5月臧慕莲、钱腾蛟、谢昌麟在《广东图书馆学刊》上刊发了《美国基层图书馆网一例——金县图书馆系统简介》。

究的发展历程（见图1-1、图1-2）。1999年以前，有关社区图书馆的研究成果很少，相关文献全部为学术论文。这段时期，相关文献的总数仅有14篇，且每年产生的相关文献均在5篇以下。2000年之后，社区图书馆文献总量开始增多，当年社区图书馆文献总数达到9篇，并且出现了会议文献等其他类型文献。2001年，社区图书馆文献年度递增率为66.67%，其总数达到15篇。2002年，社区图书馆文献年度递增率竟然高达260%，其总数剧增至54篇。接着，再经过2003年的大幅度增长后，社区图书馆文献年度数量基本维持在80篇左右（2011年以后略有下降）。继2000年、2001年、2005年分别出现有关社区图书馆的会议文献、报纸文献与学位论文文献之后，这几种类型的社区图书馆文献基本保持相对稳定的状态。不过，直至今日尚未见阐述社区图书馆的博士学位论文，这说明有关社区图书馆的研究仍然不够深入、不够系统。尽管近年来有关社区图书馆的学术论文增长较快，但CNKI期刊库收录篇名含"社区图书馆"的核心期刊论文或CSSCI源刊论文仅有284篇，这无疑表明我国社区图书馆发展不尽如人意且高档次的研究成果比较欠缺。曾有学者通过统计分析得出：大多数论文注重从社区图书馆的定义、地位、作用出发探讨其宏观的发展问题，而忽视社区图书馆的管理机制、物业公司与居委会的合作方式、用户的需求、用户满意度、信息资源建设、社区信息服务内容和方式等微观的具体问题；不仅有关国与国之间、地区与地区之间的社区图书馆的比较研究十分贫乏，而且有关社区图书馆管理模式、馆藏建设、服务内容和方式等方面的调查研究与实践总结明显不足[1]。虽然这个分析结论已经过去一段时间了，但社区图书馆研究层次不高的现象并没有得到根本改观。

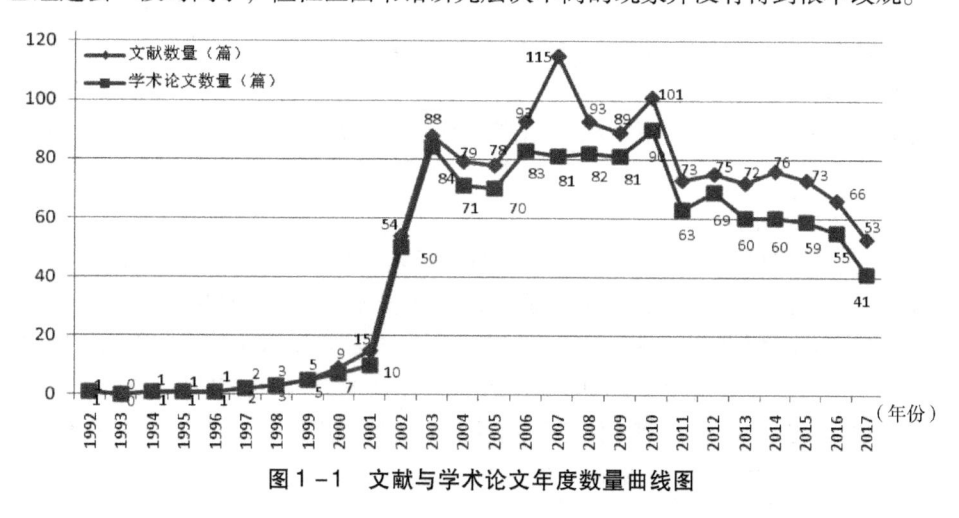

图1-1 文献与学术论文年度数量曲线图

---

[1] 陈永娴. 1989—2005年我国社区图书馆研究论文计量分析. 图书馆学刊, 2006 (4): 16-17, 24.

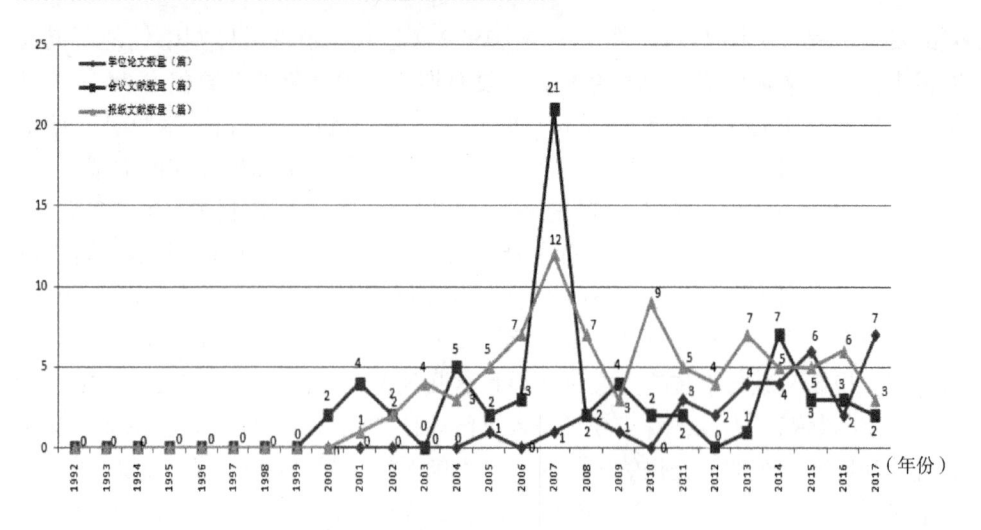

图 1-2　学位论文、会议文献与报纸文献年度数量曲线图

在国家图书馆"文津搜索"中，我们可以查到题名包含"社区图书馆"的著作共 16 部：《数字时代的图书馆——社区图书馆建设》（胡银仿等，2003），《发展中的社区乡镇图书馆》（吴晞，2004），《两岸三地社区图书馆管理与活动策划》（澳门图书馆暨资讯管理协会，2004），《联合型社区图书馆功能及发展模式研究》（梁丽，2005），《社区图书馆工作》（王丽，2005），《中国乡村社区图书馆的现状及发展模式研究》（廖腾芳，2006），《中国特色的社区图书馆建设》（李健，2006），《社区图书馆的创建与管理》（王若慧，2007），《农村（社区）图书室服务与管理》（冷秀云，2008），《社区图书馆的建设与发展》（庄立臻，2009），《农村（社区）图书室工作实用手册》（石焕发，2010），《图书馆服务与资源共享——第十届中国社区乡镇图书馆发展战略研讨会论文集》（万群华等，2011），《图书馆：文化传承·阅读·服务——第十一届中国社区乡镇图书馆发展战略研讨会论文集》（万群华等，2012），《社区中小型图书馆（室）的建设》（王乃芹，2012），《农家（社区）书屋管理手册》（编写组，2016），《辽宁省农家书屋社区书屋管理员工作手册》（辽宁省新闻出版广电局，2017）。这些著作的年代分布如表 1-2 所示，最早的是 2003 年胡银仿等编著的《数字时代的图书馆——社区图书馆建设》。尽管近期出现了 16 部涉及社区图书馆的著作，但明显缺乏发展战略构建与理论体系阐述的研究成果，更没有从公共文化服务体系高度探索社区图书馆发展战略的研究成果。

表 1-2 社区图书馆著作一览表

年份	2003	2004	2005	2006	2007	2008	2009	2010	2011	2012	2016	2017
数量	1	2	2	2	1	1	1	1	1	2	1	1

统计分析某个研究领域学术论文的主题，有利于准确判断该研究领域的研究热点与发展趋向。纵观社区图书馆学术论文成果，其研究主题往往集中在以下几个方面。一是关于国外社区图书馆的介绍、分析、比较与借鉴，尤其是有关美国社区图书馆的学术论文较多，诸如高伐林（1995）、潘非（1997）、李燕（2002）、苏瑞竹（2003、2006）、王晨（2007）、王永厚（2008）、曾湘琼（2010）、王开学（2011）、曹海霞（2015）、刘洪艳（2016）、宋琳琳（2017）、杨晶（2017）、文蓉（2017）等相继探讨了国外的社区图书馆。这些论文的研究层次逐步提升，已从最初的"一瞥""札记""见闻""观感"等逐步发展到"服务""活动""建设""启示"等。二是关于社区图书馆的发展现状的探讨，相关学术论文有61篇，诸如张新宇（2003）、戴远程（2003）、张晓原（2005）、张彤（2006）、李国新（2007）、陈亚文（2007）、吕珩（2009）、李雪仙（2010、2015）、李金玲（2012）、陈青（2014）、秦玉珍（2016）、刘瑾（2017）等纷纷研究社区图书馆的发展状况。其中大部分研究成果为国内社区图书馆的发展现状，当然也有将国内外社区图书馆发展现状进行比较的学术论文。2007年李国新先生中肯地指出：我国乡镇社区图书馆家底不清、基础不稳、能力不强[1]。三是关于社区图书馆建设的研究，近10多年来涌现出一大批相关成果，譬如张晓原（1999）、储济明（2000）、张扬（2002）、秦淑贞（2004）、冉文革（2005）、张凌（2006）、方玲（2007）、师春（2008）、李保东（2011）、金胜勇与张欣（2012）、陈青（2014）、李彤（2015）、郑直与张欣（2016）、郑丽芬与李红澄（2017）等从各个角度研究社区图书馆建设问题。四是关于城镇化进程中社区图书馆发展的研究，城镇化迅速发展为社区图书馆建设创造了有利条件，因而城镇化视角下的社区图书馆研究颇受关注。杜秦生（1998）、戚洪雁（2002）、常林（2003）、鲁晓原（2003）、胡银仿（2004）、曾湘慧（2006）、周英雄（2007）、周立飞（2009）、曹海霞（2010）、周园（2011）、曲哲（2014）、李玉芬（2015）、刘丽（2016）等，相继发表了城镇化建设中社区图书馆发展的学术论文。五是关于社区图书馆参与公共文化服务的研究，张玲（2002）、李红真（2003）、陶红（2006）、杨文珠（2008）、柯平（2009）、王秀兰（2012）、杨祖逵（2013）、张之梅（2014）、孔克（2016）、文琴（2017）等从文化角度探讨社

---

[1] 李国新. 我国乡镇社区图书馆的现状与发展. 图书馆论坛，2007（6）：59-63.

区图书馆建设。尽管我国社区图书馆建设逐步得到人们的重视，但有关"社区图书馆"的研究成果比较零散，既不能有效地解决城市社区图书馆边缘化和乡村社区图书馆空缺的问题，又不能为公共文化服务体系中的城乡社区图书馆事业提供发展对策。

社区图书馆是面向基层民众开放的图书馆，往往与乡镇（街道）图书馆、农村图书馆（室）、小型图书馆（室）、流动图书馆、农家书屋等杂糅在一起。因此，基层图书馆的研究成果在一定程度上也能反映社区图书馆的发展状况。黄体杨、甘友庆与杨勇通过分析1978—2007年我国农村图书馆的研究现状，指出这个时期农村图书馆研究存在重视程度不够、基础理论研究不足、作者分布不合理、研究水平偏低、研究区域不平衡等问题。❶ 近年来一些与社区图书馆相关的街道图书馆、乡镇图书馆、农家书屋等基层图书馆得到迅猛发展，并形成了相对较好的研究氛围。文献《基于文献计量的基层图书馆研究成果分析》❷ 指出基层图书馆研究不仅出现了王子舟、于良芝、程亚男、杨玉麟、卢子博、李国新、高永明、苏瑞竹、刘兹恒、詹东升等一批被引次数较多的高影响力研究者，而且形成了馆藏与设施、馆员与读者、工作与服务、建设与发展等四大研究领域。他们或讨论基层图书馆建设问题，或分析城镇基层图书馆典型案例，或研究农村基层图书馆发展模式，或探讨基层图书馆社会力量办馆助馆。其中，《论社区图书馆的构建与发展》（程亚男，2002）、《基层图书馆生存状态忧思录——5省10县图书馆调查纪实谈》（郜向荣等，2005）、《我国乡镇社区图书馆的现状与发展》（李国新，2007）、《走进普遍均等服务时代：近年来我国公共图书馆服务体系构建研究》（于良芝、邱冠华与许晓霞，2008）、《关于面向公众的基层图书馆服务网络建设》（张广钦与张丽，2008）、《民间私人图书馆的现状与前景》（王子舟等，2010）、《美国基层图书馆服务研究》（钟卫宏与曹海霞，2011）、《公共图书馆服务体系中文献资源建设探讨》（肖希明等，2011）、《民间力量建设图书馆的政策与模式》（王子舟，2011）、《社区图书馆绩效标准化评估与用户直接评判的模式转换》（王宗义，2013）、《推动公共图书馆事业"中部崛起"》（李国新与张勇，2016）等论著，无疑是这一领域影响力较大的文献。社区图书馆不能仅指狭义的社区图书馆，而应泛指包括街道图书馆、乡镇图书馆、社区图书馆、流动图书馆、农村图书室、农家书屋等县（区）级以下的基层图书馆。从概念外延来看，社区图书馆明显小于基层图书馆，前者并不包含县（区）级图书馆，而

---

❶ 黄体杨，甘友庆，杨勇. 1978—2007年我国农村图书馆研究状况述评. 中国图书馆学报，2009（2）：72-79.

❷ 刘意，龚蛟腾. 基于文献计量的基层图书馆研究成果分析. 图书馆研究，2014（1）：1-8.

后者囊括县（区）级图书馆。当前，有关社区图书馆的建设思路、发展模式、资源共享、人才培养、管理模式、服务方式、服务效率、社会效益等，都是图书馆界倍受重视的研究热点。

长期以来，国内基层图书馆建设处于边缘化的状态，时有时无、时续时辍的现象极其普遍。中西部地区不少县级馆购书费、运行费、业务费、维护费等严重空缺，李国新先生曾经在讲座中形象地概括了"三吃"现象："人吃书"（人员经费挤占购书费用）、"书吃人"（购书经费挤兑职工工资）和"人吃楼"（馆舍出租增加图书馆经费）。许多县市图书馆没有一分钱的购书费，因而成了有馆无书的"空壳"。至于县级以下的社区图书馆（室），甚至连作为"空壳"的馆舍都没有。直至今天，国内公共图书馆数据统计仍仅限于县级以上公共馆，社区图书馆（室）与乡镇（街道）图书馆的总体数量还是一个未知数。社区图书馆等基层图书馆建设不如人愿，这在很大程度上决定了社区图书馆研究成果的零散与肤浅。1990年，陈飔发表《社区活动中心——美国公共图书馆》一文，在国内率先介绍美国公共图书馆的社区服务活动。近年来，国内基层图书馆研究逐渐走上了良性发展轨道，中国图书馆学会设置了"社区与乡镇图书馆"专业委员会，积极引导基层图书馆事业建设。1996年第一届全国部分城市图书馆馆长理论研讨会在上海举办，次年中国地市图书馆馆长联谊会成立，2002年第七届中国地市图书馆馆长联谊会决定更名为"全国中小型公共图书馆联合会"并将其纳入中国图书馆学会[1]，从此每年都举办一次旨在促进基层图书馆交流、协作与创新的"全国中小型公共图书馆联合会"。此外，中国图书馆学会还主办了首届（2005年）、第二届（2007年）、第三届（2010年）、第四届（2012年）、第五届（2015年）与第六届（2018年）"百县馆长论坛"，相继达成关于县级馆建设的"林州共识""常熟共识""江阴共识""神木共识""晋江共识"与"德清共识"。我国基层图书馆实践与研究活动此起彼伏，有力地促进了城乡社区图书馆的建设。

自工业革命以来，随着城镇化与公共文化的日渐发展，西方发达国家逐步建立了比较完善的公共图书馆体系。20世纪后期，西方国家社区图书馆展现了蓬勃生机。譬如，20世纪60—70年代，美国通过推动社区图书馆、乡村图书馆建设来普及图书馆服务，并促成全美图书馆事业大繁荣。70年代美国社区图书馆研究还达到了一个小高潮，这与图书馆事业发展的主要依靠力量由卡内基基金转向联邦政府有关[2]。在公共文化服务体系的构建中，发达国家或多或少地探索了

---

[1] 程亚男. 服务基层　夯实基石——记"全国中小型公共图书馆联合会". 图书馆论坛, 2006 (5): 287-288.

[2] 程焕文. 70年代以来美国图书馆学和信息科学教育的发展与走向. 中国图书馆学报, 1994 (5): 55-63.

社区图书馆的发展道路，因而形成了一些有关社区图书馆建设的研究成果。诸多研究成果不一定直接冠名"社区图书馆"，但在社区服务与社区活动方面的探究与建树不容忽视。国外社区图书馆建设通常考虑社区居民的年龄层次与信息需求，并切实满足黑人及其他少数族裔用户的基本要求，因而已经成为维护弱势群体利益、保障妇女权利和提供社会教育的重要机构。国外社区图书馆建设充分应用现代信息技术，除了实行基础业务自动化管理外，智能寻址、移动服务、信息聚合、信息抓取、个性推送等逐渐受到重视。

2014年，我们在《国外社区图书馆研究的文献计量与内容分析》一文中揭示了国外社区图书馆研究的历程、现状与动态，并将其研究历程分为三个阶段：20世纪初至40年代末期为时断时续的起始阶段，主要阐释了社区居民逐渐意识到图书馆在教育、文化服务上的重要作用，譬如早在1906年E.C.理查森就在《图书馆杂志》率先发表《社区图书馆》一文；20世纪50年代初至80年代初期为波动起伏的转折阶段，主要探讨了社区图书馆的基础业务及编目自动化等议题；20世纪80年代中期至今为平稳增长的发展阶段，社区图书馆数字化、自动化与虚拟化等方面的研究明显增多，信息技术促使社区图书馆获得了长足的发展[1]。当前，西方发达国家建立了完善的公共图书馆体系，其中最基层的公共图书馆或公共图书馆分馆就是社区图书馆。

国外社区图书馆研究涉及服务、技术、功能、发展与案例等诸多方面，20世纪60—90年代发达国家社区图书馆研究占据主流，21世纪以来亚洲、非洲等发展中国家社区图书馆研究明显增多。社区图书馆具有阅读功能、文化功能以及经济功能，它拥有丰富的文化资源、信息资源与医疗资源，可以开展文化服务、教育服务、医疗服务、政务服务以及商务服务。发达国家社区图书馆发展的一个重要目标是打造社区信息中心，推广社区信息服务。其社区图书馆承担着"保证公民获取各种社区信息"的重要使命，相关研究一直受到学术界的重视，并在资源建设、服务模式、技术保障、效益评价等方面取得了进展。国外基层图书馆形成了相对完善的服务理念、服务对象、服务手段等，能够为我国基层图书馆服务提供有益的借鉴。

欧美发达国家早就创建了比较完善的社区图书馆体系，既注重弱势群体服务与特殊群体服务，也重视新技术的开发应用与普遍推广。譬如，巴黎市所辖20个区（不含Bois de Boulogne和Bois de Vincennes两个区域）有65个社区图书馆，针对包括残障人士、未成年人等在内的用户群体提供特色服务；平均34471.1人就拥有一个社区图书馆，其中第1区、第6区和第9区，分别每5700人、14408

---

[1] 刘意，龚蛟腾.国外社区图书馆研究的文献计量与内容分析.图书馆论坛，2014(8)：109–115.

人和 14868.5 人有一个社区图书馆[1]。作为面向社会大众的公共文化服务基地，社区图书馆促进了社区文化、社区经济和社区政务建设。国外社区图书馆建设产生了一系列行之有效的实践成果，为完善公共文化服务体系树立了标杆并提供了措施。我国社区图书馆事业发展明显落后，应当尽可能地发挥"后发"优势，消化吸收国外社区图书馆建设的成功经验。21世纪以来，国内社区图书馆建设越来越受到社会各界的关注，其实践探索与理论研究都呈现出难得的上升趋势。然而，社区图书馆的生存与发展还面临一系列挑战，譬如无论是实践探索还是理论研究都存在严重的地区差距。东部地区社区图书馆建设面临巩固与持续的问题，社区图书馆研究取得了比较突出的成绩，形成了相关的研究团队或研究机构；中部地区社区图书馆建设存在拓展与创新的问题，社区图书馆研究成果有所增加，但还很难跟上东部发达地区的发展步伐；西部地区社区图书馆建设往往面临创办与生存的现实问题，社区图书馆研究成果相对欠缺，也缺乏针对性较强的可行性策略。

1.3 研究意义

只有构建全覆盖的公共文化服务体系，才能从根本上保障基层民众的文化权益。作为公共文化服务体系必需的、基本的、重要的组成部分，社区图书馆既深刻影响公共文化服务的健全度，又深刻影响民众文化需求的满足度。发展是指"事物由小到大、由简单到复杂、由低级到高级的变化"或"组织、规模等扩大"[2]，战略则是宏观筹划和指导全局的根本方略，因此发展战略是指一种科学勾画的积极的向前的全局性的蓝图[3]。社区图书馆建设是公共图书馆事业可持续发展的必由之路，也是公共文化服务体系构建的基本要求，还是现代社会文明进步的衡量标志，更是维护公众信息公平的重要途径[4]。显然，努力探索与科学规划公共文化服务体系中的社区图书馆发展战略，积极稳妥地推进城乡社区图书馆建设，无疑具有相当重要的意义与价值。

（1）有利于发展我国的公共图书馆事业。社区图书馆应当成为公共图书馆的主体之一，加快城乡社区图书馆建设是公共图书馆事业持续发展的迫切要求。城乡社区图书馆作为基层公共图书馆，为社区居民提供方便、及时的信息服务，

---

[1] 梁超林，龚蛟腾. 巴黎社区图书馆服务调研及启示. 图书馆学研究，2016（24）：75-89.

[2] 中国社会科学院语言研究所词典编辑室. 现代汉语词典：2002年增补本. 北京：商务印书馆，2002：340.

[3] 教育部社会科学委员会秘书处. 国外高校人文社会科学发展报告2011. 北京：高等教育出版社，2012：771.

[4] 龚蛟腾. 从社会视角看社区图书馆发展. 高校图书馆工作，2013（6）：3-8.

是图书馆事业纵深发展的必然要求；它担当社区文化活动的纽带，既是以文献为主体的信息服务中心，又是开会、报告、讨论与交流的文化活动场所❶。欧美发达国家公共文化事业的发展经历表明，社区图书馆建设延伸了公共图书馆的服务范围，拓展了公共图书馆事业新的增长点。当前，我国乡村社区建设刚刚起步，公共文化设施非常落后，村级图书室为数甚少，这种现实困境严重桎梏了乡村社区图书馆的创办与普及。我国现有13亿多人口，其中很大一部分居住在农村地区，因而农村社区图书馆建设是一项重要的"惠民工程"。只有建立了城乡一体化的社区图书馆服务网络，才能促使我国普遍、均等的基层公共图书馆服务真正落到实处。

（2）有利于构建完备的公共文化服务体系。公共图书馆是社会主义公共文化服务体系的重要组成部分，应当将推动、引导、服务全民阅读作为重要任务❷。社区图书馆其实就是最基层的公共图书馆，因而也是基层公共文化服务的主体之一。显然，公共文化事业建设是当前极其重要的惠民工程，社区图书馆是公共文化服务体系不可或缺的组成部分，它肩负着文化传承与服务的重要功能❸。社区图书馆是基础性的公共文化服务平台，公共文化服务体系构建必须依靠城乡社区图书馆建设。农村社区图书馆既是新农村文化建设的关键因素，又是新农村文化建设的重要标志。"十七大报告"提出：要把农村社区建设置于与城市社区建设同等的位置。社区化是加快新农村建设的重要措施，公共文化服务是农村新型社区建设的应有之义。只有切实建立全覆盖的城乡社区图书馆体系尤其是农村社区图书馆体系，才能顺利构建普遍、均等的公共文化服务体系。因此，从公共文化服务体系大视角出发积极推动城乡社区图书馆建设，是一项全新而重大的社会工程，也是一项崭新而伟大的社会实践。

（3）有利于构建和谐的现代化学习型社会。学习型社会强调全民学习、终身学习，要求每一个成员处处学习、时时学习。我国教育基础相对薄弱，国民整体文化素质较低。截至2016年年底，我国（不包含港澳台）总人口为138271万人，按全国0.837‰人口抽样调查，6岁及以上人口1077322人，其中具有大学（指大专以上）文化程度的人口为139370人，占比为12.94%；具有高中（含中职）文化程度的人口为182171人，占比为16.91%；具有初中文化程度的人口为418395人，占比为38.84%；具有小学文化程度的人口为275939人，占比为25.61%；未上过学的人口为61448人，占比为5.70%；15岁及以上人口965321

---

❶ 龚蛟腾. 从社会视角看社区图书馆发展. 高校图书馆工作, 2013 (6): 3-8.
❷ 中华人民共和国公共图书馆法. (2017-11-04) [2018-05-06]. http://zwgk.mct.gov.cn/auto255/201711/t20171106_693582.html.
❸ 龚蛟腾. 从社会视角看社区图书馆发展. 高校图书馆工作, 2013 (6): 3-8.

人，文盲人口（15岁及以上不识字的人）为50980人，文盲率为5.28%。❶ 这就是说，具有高中（含中职）以上文化程度的国民比例仅为29.85%，而初中以下文化程度的国民占比高达70.15%（含15岁以上文盲率5.28%）。由于阶段性的学校教育不甚理想，我国自修性的社会教育大有可为。全面建设全覆盖的社区图书馆服务体系，就能够为城乡社区居民提供终身学习的理想场所。同时，人类社会发展史是一个城镇化不断提升的历史过程，是一部城镇文化持续进化的历史史诗。社区图书馆既是城市现代化建设中不可缺少的"软件"，又是城市现代化建设中不可缺少的"硬件"❷。社会和谐是城乡全体国民的和谐，说到底离不开人的全面发展与国民素质的提升，这就需要社区图书馆服务体系的强力支撑。创办完善的公共文化服务体系必须大力发展社区图书馆，建设和谐的现代化学习型社会更须大力发展社区图书馆。

（4）有利于保障公众获取文化信息的权利。任何社会个体的健康发展都需要充足的文化信息做支撑，社区图书馆无疑承担着保障公众自由、平等地获取文化信息的光荣职责。1994年，国际图联（IFLA）和联合国教科文组织（UNESCO）共同修订的《公共图书馆宣言》指出，"公共图书馆是教育、文化和信息的有生力量"，"为个人和社会群体提供了终身学习、独立决策和文化发展的基本条件"，"保证民众获取各种社区信息"❸。文化信息的自由获取是公众最基本的权利，甚至是维护其他权利的基础。作为城乡基层公益性的公共文化服务机构，社区图书馆的基本使命是免费提供文献信息和文化休闲服务，从而维护公众的信息获取权利与丰富居民的文化生活❹。因此，构建完整、完善的社区图书馆服务体系，有利于建立社会知识保障体系和推进文化信息资源共享，从而真正维护民众平等、自由、便利地获取信息的权利。

社区图书馆是公共文化服务体系最重要的组成部分，也是城乡公共文化服务最直接的前沿阵地，还是社会民众获取知识（信息）最主要的公益组织。近年来，国内有关社区图书馆的研究成果急剧增加，这是国家大力发展公共文化事业与不断完善公共图书馆服务体系的真实反映。尽管社区图书馆事业并不发达，甚至不少社区图书馆还存在创办与生存问题，但是社区图书馆研究热度持续升高、研究成果日趋理性。显然，随着我国公共文化服务体系的持续扩张，社区图书馆服务体系必将逐渐完善，其从事基本公共文化服务的社会价值必将更加突显。

---

❶ 中华人民共和国国家统计局. 中国统计年鉴 2017. [2018-07-15]. http://www.stats.gov.cn/tjsj/ndsj/2017/indexch.htm.
❷ 庄立臻. 社区图书馆的建设与发展. 杭州：浙江科学技术出版社，2009：3.
❸ 蒋永福. 图书馆学基础简明教程. 北京：知识产权出版社，2012：220.
❹ 龚蛟腾. 从社会视角看社区图书馆发展. 高校图书馆工作，2013（6）：3-8.

2 公共文化服务体系中社区图书馆发展语境阐释

尽管文化、公共文化、社区文化、社区图书馆等概念出现较晚，但其实质性的存在与传承早已跟人类社会如影随形。自有人类活动的发端，就有人类文化的肇始。同样，人类活动必然形成一定地域的生活共同体，于是最初的社区几乎出现在人类社会诞生之时。至于原始意义上的图书馆，也是一个很难发掘源头的难解之谜。正如我们近期研究所指出的，"图书馆是一种公益性主导的知识序化与集散组织"[1]，而"公益性的知识序化、知识集散之社会机制必然与人类社会的知识活动相始终，即原始形态的图书馆必定随着人类社会的发展而产生，未来形态的图书馆势必随着人类社会的进步而涌现"[2]。既然文化、社区、图书馆都有极其悠久的历史，那么原始形态的社区图书馆必定也是早已存在。知识经济时代悄然来临，人类文化与图书馆事业都取得了无比壮观的发展成就。然而，无论现代社会的物质成就如何巨大，都需要公共文化支撑的精神空间。如果精神支柱没有了，那么社会发展路向就会模糊不清，更无从谈起。因此，人们需要认真思考与积极探讨：何为公共文化服务与公共文化服务体系？公共文化服务体系与社区图书馆有何关系？社区图书馆服务谁来提供与谁来享受、怎样提供与怎样保障、如何实施与如何监管？社区图书馆服务体系何去何从？社区图书馆发展战略的价值何在？在公共文化服务体系构建的大视野之下，这些重要问题期待人们去探索、分析与解决。本章旨在阐述公共文化服务体系中社区图书馆的发展语境，主要涉及公共文化的发展概述、社区文化的变迁历程、社区图书馆的基本概况与社区图书馆的战略价值。

2.1 公共文化的发展概述

2.1.1 文化含义及其功用

"文化"是一个屡见不鲜的常用词，它很早就出现在人们的视野中。《周

---

[1] 龚蛟腾. 图书馆概念再解析. 图书与情报，2017（1）：94-97.
[2] 周亚，孙键，刘敏. 未来图书馆的新形态与新功能——2016年中国图书馆年会基础理论分会场综述. 图书馆，2017（1）：1-8，23.

易·贲卦·象辞》有云:"观乎天文,以察时变,观乎人文,以化成天下。"❶战国末年,已经产生接近"以文教化"的传统"文化"含义。西汉以后,"文化"逐渐成为一个语词,其概念"基本属于精神文明(或狭义文化)范畴,大约指文治教化的总和,与天造地设的自然相对称('人文'与'天文'相对),与无教化的'质朴'和'野蛮'形成反照('文'与'质'相对,'文'与'野'相对)"❷。广义文化既包括精神文明又包括物质文明,是人类创造的精神财富和物质财富的总和。文化最本质的核心含义是人,所谓文化是指与自然相对而言的人文化。人在本质上是文化人,文化在本质上是人文化即人化❸。有学者指出:文化的本质即人化,是人类在改造自然、社会和人自身的历史过程中,赋予物质和精神产品全部总和以及人的行为方式以人化的形式的特殊活动;文化与自然相对,文化即社会化,人类所从事的一切都是文化❹。正所谓一个石头不是文化,但一个磨过的石头便是文化。人类创造了文化,文化必然"反哺"人类。

文化不仅是人类社会发展的结果,而且是人类社会发展的基石。文化软实力主要表现为一个国家或地区文化的影响力、凝聚力和感召力,因而在社会发展与国家竞争等重大战略之中占据重要地位。文化是一个国家发展的灵魂,也是一个民族发展的根基。如果失去作为支撑的文化,那么这个国家就会沦陷灭亡,这个民族就会漂泊无根!龚自珍曾经告诫国人:"欲要亡其国,必先灭其史;欲灭其族,必先灭其文化!"❺生活在故土却丧失文化的文化难民,远比被迫离开故土却保留文化的政治难民更为可怕。中国近代史是一部中华民族深陷灾难屈辱与抗争自强的历史,也是一部中华民族在文化传承与全盘西化之间来回摇摆的历史。曾几何时,我国国民失去了文化自信,欲以西方文化取代传统文化。直至今日,诸多国人仍然在文化自信方面显得弱势,常常在西方文化面前自惭形秽。譬如,近年来西方的圣诞节、情人节等节日大行其道,而国内的中秋节、七夕节等传统节日却无人问津;西方的麦当劳、肯德基、可口可乐等品牌耳熟能详,而国内的老字号、老招牌、民族品牌却鲜为人知。中华民族正处于伟大复兴之际,重塑文化自信既是提升文化软实力的必然要求,又是实现中国梦的必然结果!我国文化产业占 GDP 比重不足 4%,占世界文化产业市场份额不足 3%;而发达国家文化

---

❶ 赵吉惠. 中国传统文化导论. 南京:江苏教育出版社,2007:3.
❷ 冯天瑜,何晓明,周积明. 中华文化史(第 3 版). 上海:上海人民出版社,2010:4(导论).
❸ 赵吉惠. 中国传统文化导论. 南京:江苏教育出版社,2007:2.
❹ 何小青. 消费伦理研究. 上海:上海三联书店,2007:159.
❺ 李飞龙. 为官之诫. 北京:北京大学出版社,2015:75.

产业占GDP比重平均在10%左右，美国文化产业占GDP比重与占世界文化产业市场份额分别高达25％、43％❶。当前，文化大发展已经上升到事关民族复兴的国家战略高度，因而公共文化服务体系构建无疑受到我国政府的高度重视，并得到积极扶持。

2.1.2 公共文化概念界定

公共文化是指由政府主导、社会参与形成的普及文化知识、传播先进文化、提供精神食粮，满足人民群众文化需求，保障人民群众基本文化权益的各种公益性文化机构和服务的总和❷。仅从语词含义来说，"公共"是一个相对于"个体"或"私有"的概念。然而，"文化"却是一个集"人化"与"社会化"于一体的术语。这就是说，"文化"从来都具有不容忽视的公共性。只要有社会存在，就必然有公共文化存在。公共文化是一个伴随社会发展的必然产物，也是一个社会存在与延续的基本要素。显然，公共文化是一个相对经营文化而言的概念，也是一种为满足社会的共同需要而形成的文化形态。基于全民参与、共享与非营利的性质，人类文化有史以来就强烈地表现为公共文化。既不容凭空否认又不需文过饰非，不管人类社会怎样产生、如何演化与怎么发展，公共文化自始至终都是依赖人类、扶持人类而实现自身价值。

公共文化主要是相对于经营文化而言的特殊范畴，同样涉及物质形态、精神内涵、人文意蕴等各个层面。从内涵来看，它是整体性、公开性、公益性、一致性等内在公共性的文化，体现着人们群体的公共观念和文化价值；从外延来看，它是指包括文化场所、文化活动、文化产品等一切公共文化资源在内的物质范畴❸。公共文化是社会可持续发展并形成社会凝聚力的根本因素，是实现人与社会和谐发展的重要条件。由于公共文化是社会大众互相作用的结果，它必然深刻地影响着作为社会个体的人。这就是说，人的活动创造了公共文化，公共文化反过来作用于人的发展。当前，文化被称为社会或城市的灵魂，因而倡导、发展公共文化无疑是实施文化强国战略的重要决策。公共文化具有偏重于社会公有共享的文化属性，强调为社会全体民众共同作用所形成的文化形态。因此，在公共文化活动领域，有人人参与、人人享受与人人创造文化的基本观念。

2.1.3 公共文化服务诠释

公共文化服务是指各级人民政府及其有关主管部门或者社会力量向公众提供

---

❶ 厉无畏：发达国家文化产业占GDP比重10%左右．（2012－03－06）[2017－05－05］．http：//www.ce.cn/culture/gd/201203/06/t20120306_23131002.shtml．

❷ 许斌成．小城镇建设政策法规指南．天津：天津大学出版社，2015：306．

❸ 王志章等．知识城市与城市发展研究．北京：人民出版社，2014：126．

的公共文化设施和公益性文化产品、文化活动及相关文化服务❶。它的基本目标是保障公民的基本文化权利,并满足公民的基本文化需求。公共文化服务是政府组织等公共部门提供公共服务的内容之一,它着眼于提高公众的文化生活水平和文化素质,既提供基本的精神文化享受,又维持社会发展必需的文化环境。它一贯强调以社会全体公众为服务对象,积极倡导人人参与文化、人人享受文化与人人创造文化的基本理念。2011年,《公共图书馆服务规范》界定了公共文化服务体系的概念,即指"以政府为主导,以公益性文化单位为骨干,鼓励全社会积极参与,努力建设公共文化产品供给、设施网络、资金人才技术保障、组织支撑和运行评估为基本框架的覆盖全社会的公共文化服务网络架构"❷。近年来,公共文化服务研究炙手可热,公共文化服务体系亦受到学者的高度关注。齐勇锋认为:公共文化服务体系就是为满足社会的公共文化需求,向公众提供公共文化产品和服务行为及其相关制度与系统的总称,它是全社会公共服务体系的有机组成部分❸。公共文化服务体系主要是指面向社会大众的公益性、群众性文化服务网络,它通常涉及公共文化服务的场所、设施、资源、内容与方式,以及人才、经费、技术、政策与制度等诸多方面。因此,2016年年底颁布的《公共文化服务保障法》规定:"公共文化服务,是指由政府主导、社会力量参与,以满足公民基本文化需求为主要目的而提供的公共文化设施、文化产品、文化活动以及其他相关服务。"❹从该"保障法"的条文可知,公共文化服务属于文化领域的公共服务,它的建设主要由政府部门主导并辅以社会力量,它的范畴涉及公共文化的设施、产品、活动与服务等诸多方面。

早在"八五"时期,国家就开始关注文化体制改革事宜。1992年,"十四大报告"提出:"积极推进文化体制改革,完善文化事业的有关经济政策,繁荣社会主义文化。"❺这标志着文化体制改革提上了议事日程,公共文化服务体系构建开始启航。2013年11月,十八届三中全会通过《中共中央关于全面深化改革若干重大问题的决定》,提出"构建现代公共文化服务体系""促进基本公共文

---

❶ 国家图书馆研究院. 我国图书馆事业发展政策文件选编(1949—2012). 北京:国家图书馆出版社,2014:721.

❷ 公共图书馆服务规范(国家标准 GB/T 28220-2011). (2014-06-18)[2017-06-20]. http://www.mcprc.gov.cn/whzx/bnsjdt/ggwhs/201407/t20140704_434289.html.

❸ 齐勇锋. 中国文化发展战略与公共财政研究. 北京:中国经济出版社,2014:85.

❹ 中华人民共和国公共文化服务保障法. (2016-12-25)[2017-06-12]. http://www.npc.gov.cn/npc/xinwen/2016-12/25/content_2004880.htm.

❺ 加快改革开放和现代化建设步伐 夺取有中国特色社会主义事业的更大胜利. (1992-10-12)[2017-6-20]. http://cpc.people.com.cn/GB/64162/64168/64567/65446/4526308.html.

化服务标准化、均等化"。❶ 此后，现代公共文化服务体系建设得到了稳妥推进，并成为现代化国家治理体系极其重要的组成部分。有学者认为公共文化服务体系主要包括先进文化理论研究服务体系、文艺精品创作服务体系、文化知识传授服务体系、文化传播服务体系、文化娱乐服务体系、文化传承服务体系、农村文化服务体系七个方面。❷ 具体来说，公共文化服务体系建设主要涉及两大方面：一是加强图书馆、博物馆、文化馆、美术馆、电台、电视台等公共文化服务的基础设施建设，二是推动广播电视村村通工程、全国文化信息资源共享工程、社区和乡镇综合文化站工程等公共文化服务的各项工程建设。

"十二五"末期，国家又高瞻远瞩地提出了现代公共文化服务体系构建的宏伟蓝图。2015年年初，中共中央办公厅与国务院办公厅（简称"两办"）联合印发《关于加快构建现代公共文化服务体系的意见》，这是指导构建现代公共文化服务体系极其重要的纲领性文件。该"意见"提出了其服务体系构建所需要遵循的基本原则：（1）坚持政府主导，按照一定标准推动实现基本公共文化服务均等化，切实保障人民群众基本文化权益；（2）坚持社会参与，引入市场机制，激发各类社会主体参与公共文化服务的积极性；（3）坚持共建共享，加强统筹管理，建立协同机制，优化配置各方资源；（4）坚持改革创新，加快转变政府职能，完善管理体制机制，创新公共文化服务内容和形式，推动文化事业和文化产业协调发展❸。构建现代公共文化服务体系，并确保普遍、均等的公共文化服务落到实处，这无疑是今后我国文化事业建设的重中之重。

2.2 社区文化的变迁历程

2.2.1 社区的概念溯源

自从人类社会产生以来，人们就会在一定的地域中形成一定的社会关系。这种地域性的生活共同体，就构成了社会学意义上的社会组成单元——社区。"社区"一词的德文为gemeinschaft，原意是共有共享的有亲密关系的团体或共同体；其英文则源自拉丁文communis的community，基本意义是共同的东西和亲密的伙伴关系。古代汉语中并无"社区"一词，它是近代从西方引进的"舶来品"。1887年，德国社会学家斐迪南·滕尼斯（1855—1936）出版了《社区和社会》

---

❶ 中共中央关于全面深化改革若干重大问题的决定．（2013-11-12）[2017-06-20]．http://cpc.people.com.cn/n/2013/1115/c64094-23559163.html．

❷ 周文夫，刘月，宋屹．科学发展观词语解．北京：人民日报出版社，2013：120．

❸ 中共中央办公厅、国务院办公厅印发《关于加快构建现代公共文化服务体系的意见》．（2015-01-14）[2017-04-17]．http://www.gov.cn/xinwen/2015-01/14/content_2804250.htm．

(Gemeinschaft unci Geseiischaft,又译为《礼俗社会与法理社会》)一书,率先从社会学角度提出与使用这个概念,这标志着社区研究与社区理论的诞生。滕尼斯把通过血缘、邻里和朋友等基于情感、恋念和内心倾向关系建立起来的人群组合称为共同体❶,认为社区是指"一种存在于前工业社会的,具有共同习俗和价值观念的,并由同质人口所组成的彼此关系密切、守望相助,富有人情味的社会共同体"❷。20 世纪 20 年代以后,社区概念逐渐扩散到世界各地,并被诸多社会学家接受、发展与完善。人们往往从两种视角阐释社区定义:从功能出发认为它是一群相关联的人组成的社会团体,或从空间结构出发认为它是由一个地区内共同生活的人群所构成的社会单位。❸ 随着网络时代的来临,网络虚拟社区这种进行信息交流与社会互动的文化共同体及其活动平台迅速增加。

社区是聚集在一定地域范围内、具有个性特征且相互联系的社会群体和社会组织,即根据一套规范与制度结合而成的地域性的社会生活共同体。社区必然包括一定的人口集合、地域空间、生活设施、管理机制与社会文化,其中人口集合是社区赖以存在的主体元素,地域空间是社区赖以活动的覆盖范围,生活设施是社区赖以发展的物质条件,管理机制是社区赖以和谐的关系调节器,社会文化是社区赖以文明的内在灵魂。其中,社区文化主要表现为社区特有的生活方式、行为规范、思想观念、社区意识以及社会成员的认同感与归属感,它既是社区成员共同经营社会生活的结果,又是社区成员情感、心理与行为息息相通的黏合剂。1951 年,联合国提出"社区发展运动"的倡议。1955 年,联合国发表专题报告《通过社区发展促进社会进步》(Socical Progress Through Community),旨在促进社区建设与推动社会进步。1887 年,滕尼斯在《社区与社会》中将社区划分为三种类型,即地区社区、精神社区与亲情社区。地区社区是基于地理的或空间的社区,这是人类社会最重要的社区类型,它主要表现为以邻里、村庄、城镇等为代表的地域社区;精神社区亦称非地区社区,内含与地理区位无关的、拥有共同目标的、一致的合作协调行动,诸如以宗教团体或职业群体为对象的信仰社区;亲情社区亦称血缘社区,是具有共同血缘的、以社会关系中情感因素为主导的血缘社区。随着社区建设的进一步发展,当前又出现了老年社区、白领社区、民工社区、移民社区、宗教社区等特色社区。

---

❶ 吴增基,吴鹏森,苏振芳.现代社会学(第 5 版).上海:上海人民出版社,2014:227.

❷ [德]斐迪南·滕尼斯著,林荣远译.共同体与社会:纯粹社会学的基本概念.北京:商务印书馆,1999:98.

❸ 尚海涛.当代中国乡村社会中的习惯法:基于 H 村的调研.厦门:厦门大学出版社,2014:83-84.

我国古代出现了依赖宗族观念治理的乡土社会，但一直没有"社区"的概念及术语。20世纪30年代，社会学家费孝通先生从西方国家引入"社区"概念，认为社区作为社会组织结构的基础，是"若干社会群体（家族、氏族）或社会组织（机关、团体）聚集在某一地域里，形成的在生活上互相关联的大集体"❶。简而言之，社区可以看作是在一定地域中具有共同联系或社会关系的人类生活群体。1989年版《辞海》首次收录"社区"条目，1999年修订之后进一步明确了社区的概念，即社区是"以一定地域为基础的社会群体"❷，其构成需要有一定的"地域""人群""组织形式/价值观念/行为规范/管理机构""生活服务设施"。"社区"通常包括五个基本要素：一定数量的社区人口、一定范围的地理空间、一定规模的社区设施、一定形式的社区组织与规范、一定特征的社区文化。❸ 因而，社区就是一定地域内的一定数量人口，拥有一定活动设施与一定利益要求，遵循一定行为规范与一定生活方式的居民共同体。《中国文化大百科全书》将"社区"阐释为"以一定地域为特征的人们共同体"，它具有"一定的地域""一定程度上的同质人口""居民之间产生种种社会关系""每个社区都有自己的文化体系""每个社区都有一定的生产和生活方式"等特征❹。该书的"社区"概念强调"地域"与"人口"两个基本元素，以及"人口"之间的社会关联及文化表现。《中国大百科全书·社会学卷》认定"社区""就是地方社会或地域群体""通常指以一定地理区域为基础的社会群体"，其特征包括"有一定的地理区域，有一定数量的人口，居民之间有共同的意识和利益，并有着较密切的社会交往"，"例如村庄、小城镇、街道邻里、城市的市区或郊区、大都市等都是规模不等的社区"❺。在这部权威的"百科全书"之中，"社区"概念被界定为"地域性"的"社会"或"群体"，小到"村庄"大到"大都市"都是社区。

显然，尽管我国的"社区"术语是一个从西方舶来的新概念，但是"社区"实体自古以来就一直存在并不断演变。简而言之，社区就是"区域性社会"，通常由聚集在某一地域范围内的社会群体、社会组织所形成的相互联系的社会生活共同体。它是在地缘基础上互助合作的社会群体，而不是在血缘基础上互助合作的亲属群体。乡村、胡同、弄堂等地缘性的社会群体，形成了最原本的社区。社

---

❶ 费孝通. 费孝通文集（第5卷）. 北京：群言出版社，1998：530.
❷ 辞海编辑委员会. 辞海（1999年版普及本）. 上海：上海辞书出版社，1999：3188.
❸ 吴增基，吴鹏森，苏振芳. 现代社会学（第5版）. 上海：上海人民出版社，2014：229-230.
❹ 高占祥等. 中国文化大百科全书（综合卷上）. 长春：长春出版社，1994：303.
❺ 中国大百科全书总编辑委员会. 中国大百科全书·社会学. 北京：中国大百科全书出版社，2002：356.

2 公共文化服务体系中社区图书馆发展语境阐释

区既是人类社会中最小的基层组织形式,又是社区居民命运与共、唇齿相依的文化活动场所。《民政部关于在全国推进城市社区建设的意见》明确规定:"社区是指聚居在一定地域范围内的人们所组成的社会生活共同体""目前城市社区的范围,一般是指经过社区体制改革后作了规模调整的居民委员会辖区"。❶ 这个概念笼统地提出"经过社区体制改革后"的居委会辖区,既没有明晰社区体制改革前后的社区变化,又没有提及农村社区的概念界定。因此,有学者认为:"社区是指聚居在一定地域范围内的人们所组成的具有共同意识和共同利益的社会生活共同体""地域、人口、组织结构和文化是社区构成的基本要素""既不同于社会,也区别于行政区"。❷ 与社会相比较,社区注重地域特征且相对封闭;而与行政区相比较,社区注重自然形成且边界相对模糊。

我国古代县以下基本不设官府机构,往往依靠士绅组成基层自治组织,而这种自治组织的辖域就构成古代社区。中华人民共和国成立之后,我国传统的城市管理,主要依靠"单位"与"户籍"来落实。1954年12月,《城市街道办事处组织条例》和《城市居民委员会组织条例》正式颁布,在城市形成了"区—街道—居委会"三级社区组织体系❸。街道、居委会在城市管理中处于边缘地位,其职能仅限于管理少数闲散无业人员。20世纪80年代中期,我国社区建设开始提上议事日程。1986年,民政部开始倡导开展社区服务工作,上海文化发展战略研讨会率先探讨社区文化建设。1991年,民政部明确提出加强社区建设。1992年,党的"十四大"强调"搞好社区文化、村镇文化""精神文明建设落实到城乡基层""设施建设纳入城乡建设总体规划"❹,于是社区(村镇)文化建设成为城乡文化发展的重要内容。自20世纪80年代中期民政部部署加强社区建设以来,新型的社区体制逐步取代了原有的街道体制,城市社区建设已从社区服务逐步拓展到社区文化教育。随着社会主义市场经济的逐步建立,人口流动突破了"单位"与"户籍"的限制,因而社会成员正从"单位人"转变为"社会人"。于是,我国将沿用了近50年的"居委会"改称为"社区",并让社区承担社会管理和服务工作。为了进一步贯彻国家关于加快社区建设的大政方针,1999年民政部启动了"全国社区建设实验区"的试点工作,26个城市被确定为全国社区建设实验区,从而极大地推动了全国社区建设工作。在社区实验试点的基础上,初

---

❶ 民政部关于在全国推进城市社区建设的意见. (2000-12-12) [2017-05-08]. http://www.cctv.com/news/china/20001212/366.html.

❷ 程彬. 基层民主协商制度研究. 上海:上海人民出版社,2015:145.

❸ 曹彦. 新编社区残疾人工作读本. 2009:8-9.

❹ 江泽民在中国共产党第十四次全国代表大会上的报告. (1992-10-12) [2017-05-01]. http://cpc.people.com.cn/GB/64162/64168/64567/65446/4526308.html.

步形成了从小到大的三种社区定位模式：(1) 将社区居委会辖区作为社区；(2) 将街道办事处辖区作为社区；(3) 将市辖区作为社区，并建立区、街道、居委会三级社区服务网站或社区救助中心。其实，在第三种社区模式中，其主体仍然是街道与居委会。由此可见，社区范围并非一个绝对的地域概念，通常是指基于居民聚居的社区居委会辖地与街道办事处辖地。社区居民构成具有相对稳定的特征，从而又形成了"板块型社区""小区型社区""单位型社区"与"功能型社区"。

一般而言，街道、社区、胡同、弄堂等是城市的社区，而乡镇、村落等是农村的社区。美国学者 G. A. 希莱里认为可以综合地理要素、经济要素、社会要素、社会心理要素来把握社区概念，并将社区视为生活在同一地理区域内、具有共同意识和共同利益的社会群体，如城市的市区、街道、郊区和农村的乡镇、村庄等都是规模不等的社区。❶ 廖腾芳阐述了乡村社区图书馆的现状及发展模式，提出了乡村社区图书馆的规划与设计思路。❷ 侯岩通过分析国内外社区服务体系建设经验与调查社区居民公共服务需求，探索了城市社区公共服务体系的功能定位、建设标准与运行机制及其有效路径。❸ 与城市社区相比，我国农村社区的辖域更加复杂多样，主要有一村一社区的基本事实，也有一村多社区或几村一社区等社会现实。本书所阐述的社区图书馆，既与街道（乡镇）政府密切相关，又与社区（村）居委会紧密关联。我们不会过分纠缠于"行政区辖域之范围"或"社区体制改革之调整"，大致将"社区"对应于街道（乡镇）、社区（村），而将"社区图书馆"对应于街道（乡镇）、社区（村）级图书馆（室）。

2.2.2 社区文化的界定

社区文化"是一种整体性的社区氛围，是在一定区域、一定条件下社区成员共同创造的精神财富及其物质形态，它包括文化观念、价值观念、道德观念、社区精神、行为准则、公众制度、文化环境等等，其中价值观念是社区文化的核心"。❹ 社区文化是社区居民行为的整体映射，必然对社区成员产生潜移默化的影响。它不只是衡量社区文明程度的重要标尺，还是提高社区居民素质的精神力量。1992 年"十四大报告"之后，社区文化建设逐渐受到重视。2002 年，《关于进一步加强基层文化建设指导意见》着重强调"积极繁荣社区文化"，"以社区和乡镇为重点，全面加强文化阵地、文化队伍、文化活动内容和方式的建设"，"把文化设施建设纳入城乡建设整体规划，把群艺馆、文化馆、图书馆、文化站

---

❶ 朱丹，张忠凤. 社区图书馆：概览、评价与思考. 图书馆学研究，2010 (6)：19 - 22.
❷ 廖腾芳. 中国乡村社区图书馆的现状及发展模式研究. 湖南大学出版社，2006.
❸ 侯岩. 中国城市社区服务体系建设研究报告. 中国经济出版社，2009.
❹ 白淑春. 城市图书馆资源的整合与创办社区图书馆的途径. 当代图书馆，2008 (1)：34 - 36.

作为重点列入建设规划"。❶ 社区文化是社区建设不可分割的重要环节，也是社会文化发展必不可少的组成部分。该"指导意见"要求通过加强社区与乡镇文化建设来繁荣社区文化，并将图书馆、文化馆（站）等公共文化设施作为建设规划的重点。

倘若从广义文化概念角度出发进行考察，那么社区文化同样涉及社区的精神文明与物质文明两个方面。尽管社区的精神财富与物质财富存在相互依存、相互影响的内在关系，但无论是社会大众的日常观念还是政府管理的相关政策，通常所说的社区文化都侧重于精神文明层面。正如学者廖球所指出的：社区文化是"一定地域内的社区共同体所表现出来的价值观念、道德规范、生活方式、社会风尚、行为模式、地域心理等文化现象的总和"❷。显然，即使是基于狭义文化意义的社区文化所涉及的范畴也非常广泛，既包括社区居民共同的文化认同，又包括社区居民的文化活动，还涉及社区共有的文化设施与文化遗产。我们在本书中主要从精神层面的角度去理解公共文化，从而将社区文化、公共文化与文化服务置于同一平台进行分析研究。

社区通常泛指居住在同一地域内并具有共同文化的人群，不过专家学者往往对作为社区基本属性的"共同文化"与"共同地域"有所侧重。倘若社区发展忽视"共同文化"建设，必然带来制约社区和谐的不利因素。有学者调查合肥市与吉林市近500余户居民后发现，小区居民能够认识并熟悉自己所住单元左邻右舍的邻居的占调查总人数的65%，能够认识并熟悉自己所住单元邻居的占调查总人数的23%，能够认识自己所住小区大部分居民的仅占调查总人数的8%；社区居民之间的淡漠似乎已经被人们所接受，并不停地蔓延和扩散着，小区人群关系淡漠原因所占比例见图2-1❸。随着我国城镇化的急速推进，人群隔离与疏远的"都市病"逐渐呈现出来。社区居民特别是城市社区居民常常"老死不相往来"，由于缺乏

图2-1 城市小区人群关系淡漠原因所占比例图

---

❶ 国务院办公厅转发文化部国家计委财政部关于进一步加强基层文化建设指导意见的通知．（2002-01-30）[2017-05-01]．http：//govinfo.nlc.cn/gtfz/zfgb/gwygb/200203107/201010/t20101011_452390.html．

❷ 廖球．社区图书馆如何参与社区文化建设．图书馆学刊，2009（3）：28-30．

❸ 刘天娇．在构建和谐社区中建设社区图书馆．科技情报开发与经济，2010（16）：10-12．

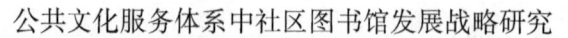

能够互相联系的交流平台而导致人情淡漠之城市病愈来愈重。社区图书馆作为社区共同的公共文化空间，是提供信息获取、文化服务、生活分享与人际交流的公共场所。这种公共文化空间促进了社区居民的交往、沟通与互助，也推动了社区文化的碰撞、交流与融合，无疑为社区和谐建设贡献了自己的力量。

社区文化是社区发展的产物，也是社区进步的依托。一定地域内相对稳定的社会人群在相互关联、相互影响的生活中形成了特有的社区文化，这种社区文化内化在一定的组织形式、共同的价值观念、一致的行为规范、公共的服务设施及相应的管理机构之中。2001年，《全国城市社区建设示范活动指导纲要》与《全国社区建设示范城基本标准》颁布之后，民政部要求各省（自治区、直辖市）选择具备一定条件的大中城市和市辖区作为示范单位，有计划、有组织、有步骤地推进社区建设示范活动深入开展。在示范城、示范街道和示范社区的建设过程之中，社区图书馆发展通常被当作建设与考核的一项重要内容。社区建设稳妥推进亟待加强社区文化建设，于是基本公共文化设施配置遂成社区文化发展之要务。

2.2.3 社区文化的发展

随着城乡社区建设的稳妥推进，社区文化迎来了难得的发展契机。1992年，"十四大报告"强调："搞好社区文化、村镇文化、企业文化、校园文化的建设""把精神文明建设落实到城乡基层。"❶ 这是我国首次在国家政策层面出现"社区文化"用语，提出加强城镇的"社区文化"建设。此后，社区文化建设得到了人们的极大关注。1996年，十四届六中全会顺利通过《关于加强社会主义精神文明建设若干重要问题的协议》，促使各级政府加大社区文化建设的投入力度。随着城镇化的稳妥推进，其基层单元社区越来越受到重视，社区文化建设逐步纳入政府发展规划，社区图书馆发展因而提上了议事日程。2002年，党的"十六大报告"又提出"建设管理有序、文明祥和的新型社区"❷。近年来，社区文化建设逐渐受到各级政府的重视，文艺欣赏、广场舞会、歌舞比赛、健身活动、电影展映等文化活动迅速兴起。然而，这些节假日文化活动、广场会所文化活动等大多都属于单纯的娱乐性群众活动，那些推广全民阅读、提升居民素质等进取型的文化活动尚不多见。

社区文化建设催生了社区大学（community college），社区大学的创办推动了

---

❶ 江泽民. 加快改革开放和现代化建设步伐 夺取有中国特色社会主义事业的更大胜利.（1992-10-12）[2017-05-01]. http://cpc.people.com.cn/GB/64162/64168/64567/65446/4526308.html.

❷ 江泽民. 全面建设小康社会，开创中国特色社会主义事业新局面.（2002-11-8）[2017-05-01]. http://cpc.people.com.cn/GB/64162/64168/64569/65444/4429125.html.

社区文化发展。早在20世纪初，教育家克尔就提出社会本位教育理念。"二战"之后，"社区教育"概念在国际上越来越被普遍使用，美国、加拿大、德国、日本以及中国台湾等发达国家或发达地区逐渐兴起了社区大学或社区学院。譬如，美国社区大学（学院）遍布各个州的中小城镇，通常得到州政府的经费资助并为当地社会发展提供人才支持。社区大学或社区学院已经成为社区居民终身学习的重要场所，通常肩负社区学习中心、教育中心、咨询中心的职责，能够提升社区居民的基本素质与培育当地发展需要的专业人才。我国城市社区大学的工作目标是：培养当地留得住、用得上的人才，满足社区内在职人员的业余学习进修、青少年校外学习、老年教育，以及其他居民随时、随地学习的需要，最大可能地方便市民参与终身学习，以促进当地经济和社会文化全面、协调与可持续发展❶。社区大学不仅是社区的教育中心，而且是社区的文化中心。20世纪90年代中期以后，上海、北京、青岛等经济发达城市开始创办社区学院/社区大学。1994年，上海市创建第一所社区大学"金山社区学院"；次年，北京市创建第一所试办的社区大学"朝阳社区学院"❷。2003年1月，杭州市以杭州电大为依托成立社区大学，实施"市社区大学—区（县、市）社区学院—街道（乡镇）社区学校—社区（村）教学站"四级办学模式；2009年5月，常州市依托常州电大（城市信息学院）也创办了社区大学❸。社区大学倡导全员、全程、全面的育人机制，是打造学习型社区的中坚力量。

社区本身就是人们日常生活的基本场所，社区文化就是社区活动的产物与社区发展的保障。作为社区文化的建设重心与服务骨干，社区图书馆应当成为"全国文化信息资源共享工程"的基层服务点，并担当物质文明、精神文明、政治文明和生态文明建设的重要支撑。"十六大"提出在2020年"形成全民学习、终身学习的学习型社会，促进人的全面发展"❹。显然，文明社区是学习型社会最基本的构成单元，社区图书馆则是学习型社区必要的学习设施。社区图书馆作为社区公共文化服务的中流砥柱，具有提高居民文化素质、丰富居民文化生活、促进居民文化交流与增加居民生活情趣等基本作用。没有社区图书馆的全程参与，就没有学习型社区的全力推进，就没有学习型社会的全面形成。社区是基层群众自治的基本单元，也是人们参与社会生活的主要场所，还是社会的基本要素

---

❶❸ 周丽琴. 依托城市社区大学建设社区图书馆. 图书馆理论与实践，2010（1）：106 - 108.

❷ 刘宣如，衡志坚，鲍日勤. 创建江西社区大学模式研究. 江西科技师范学院学报，2005（3）：44 - 47.

❹ 江泽民. 全面建设小康社会，开创中国特色社会主义事业新局面.（2002 - 11 - 08）[2017 - 05 - 01]. http://cpc.people.com.cn/GB/64162/64168/64569/65444/4429125.html.

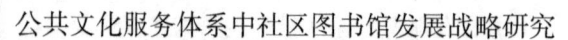

与社会文化的传承载体。社区居民日益增长的文化需求迫切需要加大社区公共文化建设力度,而社区图书馆创建则是社区公共文化服务的客观要求。社区文化是社区发展的精神纽带与内在灵魂,社区图书馆则是社区文化的重要载体与外在表征。

2.3 社区图书馆的基本概况

2.3.1 社区图书馆的概念

我们探讨社区图书馆的概念,不妨先了解社区图书馆的"出身"。尽管我国古代没有社区与社区图书馆的专有名称,但这两者都有长期存在的历史事实。古代乡村社区往往依赖宗族文化来维系,私塾尤其是义塾是传播知识与文化的重要组织。由于古代藏书极度匮乏而非常珍贵,义塾、祠堂、庙宇或私家等极其有限的藏书就成了士子们竞相阅读的对象。少数宗族家族创办的准公益藏书以及开明士绅开放的私家藏书,就成了古代乡村士子尤其贫寒士子涉猎知识的理想去处。这些古代乡村的藏书处所,就是当时朴素的社区图书馆。古代社区图书馆同样是社会知识的集散之地,也同样是社区文化的弘扬之所。随着文献载体与生产技术的不断进步,普通民众不定期购买图书已经司空见惯。然而,从经济效益与社会效益来说,公藏公用无疑是一种理想模式[1],于是近现代图书馆呼之欲出。图书馆是知识平等与思想自由的基石,是社会平等与人们自由的先导。社区图书馆作为基层公共图书馆,是社区居民触手可及的文化知识殿堂。不管现代图书馆如何博大精深,但古代乡村社区私藏是它不可或缺的发展阶段。

就社区图书馆的现代概念来说,其含义包含从各种角度出发进行的阐释。1992年,廖子良较早提出"社区图书馆,就是按社区设置的图书馆,如城市图书馆、城镇图书馆、工矿图书馆、农村图书馆、特区图书馆、海港图书馆、林区图书馆"[2]。廖先生所说的社区图书馆相当于社区级的图书馆,其范围已经超出了公共图书馆的概念。1993年,《图书馆学百科全书》所列的"公共图书馆"词条为:"由国家中央或地方政府管理、资助和支持的免费为社会公众服务的图书馆""在美国、加拿大等国家主要指社区或地区图书馆"[3]。从词条释义不难看出,这里的社区图书馆属于公共图书馆的范畴,它等同于"社区"或"地区"级别的基层公共图书馆。1995年,霍国庆和金高尚认为"社区图书馆就是通过文献信息的选择、组织、贮存和传递来为一定地区内所有居民服务的图书馆",

---

[1] 龚蛟腾. 从社会视角看社区图书馆发展. 高校图书馆工作, 2013 (6): 3-8.
[2] 廖子良. 建立社区图书馆刍议. 图书馆界, 1992 (4): 4-8.
[3] 《图书馆学百科全书》编委会. 图书馆学百科全书. 北京: 中国大百科全书出版社, 1993: 143-144.

进而主张"社区图书馆不同于公共图书馆,它是依据人口分布而不是行政区划来设置的,具有区域性、全民性、系统性和多样性等特征",承担着"促进社区发展""培育社区文化""开发闲暇时间"与"传递实用信息"等功能。❶ 这种观点认可社区图书馆具有显著的地域特征,并阐明了它的社会功能;不过也将社区图书馆与公共图书馆分隔开来,即认为它不属于公共图书馆的范畴。2002 年,刘兹恒先生和薛旻女士指出"社区图书馆是指建立在社区内,根据社区居民的需要,通过对文献信息及其他来源的信息进行选择、搜集、加工、组织,并提供社区居民使用的文化教育机构和社区信息交流中心"❷。该观点强调了社区图书馆的"社区"特性,不过回避了其类型划分。社区图书馆应当属于基层公共图书馆的范畴,应当体现为社区全体居民开展文化信息服务的基本特质。基层公共图书馆明显包括区(县)级公共图书馆,而基层图书馆必然涉及多种行业部门的基层文献借阅组织,因此社区图书馆既不等同于基层公共图书馆又不等同于基层图书馆。它应当是面向社区所有居民服务的基层公共图书馆,即根据社区文化建设需要与社区读者文化需求而创办的图书馆,既包括"官办"的基层公共图书馆,又包括"民办"的基层公共图书馆。社区图书馆是建立在社区之内,根据社区居民的需要,通过对文献信息及其他来源的信息进行选择、搜集、加工、组织,并提供社区居民使用的文化教育机构和社区信息交流中心❸。因此,就其本质特征而言,社区图书馆主要是从社区的地域空间与社区的生活共同体来鉴定的。简而言之,社区图书馆是指在社区创办并为社区服务的基层公共图书馆。

社区图书馆是面向社区开放、就近为居民提供服务的文献信息服务机构,是乡镇、街道、社区、农村图书馆(室)的统称;它是公共图书馆事业的重要组成部分,是社区文化建设的重要载体,是构建惠及全民、普遍均等的公共文化服务体系的基石❹。这就是说,社区图书馆主要是指建在社区中的公共图书馆,它是社区的文化中心、学习中心和信息中心,为社区居民提供教育、信息和文化休闲等服务❺。近现代化是一个从乡村走向城镇、从传统走向现代、从封闭走向开放的社会发展过程,也是一个社区、社区文化与社区图书馆从弱到强、从小到大的动态发展过程。随着社会近现代化的持续推进,社区图书馆事业日渐壮大,社

---

❶ 霍国庆,金高尚. 论社区图书馆. 中国图书馆学报,1995(4):54-59.

❷ 刘兹恒,薛旻. 论社区图书馆的功能、模式及管理机制. 中国图书馆学报,2002(5):32-35,60.

❸ 肖永英,阳娟兰. 广州市社区图书馆读者满意度调查. 图书馆,2010(5):53-57.

❹ 林丽萍. 厦门市社区图书馆建设现状及思考. 图书与情报,2011(6):98-101.

❺ 丘东江. 图书馆学情报学大辞典. 北京:海洋出版社,2013:696.

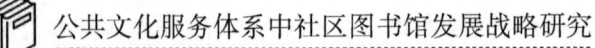

区图书馆概念亦逐步明晰。2016年出台的《社区图书馆服务规范》明确规定：社区图书馆是指"多由区（县）政府主办，或社会力量捐资兴办，为社区居民提供教育、信息和文化休闲服务的小型公共图书馆"[1]。由此可知，社区图书馆是街道（乡镇）、社区（村）级基层公共图书馆（室）的统称，也是区域性公共图书馆服务体系的重要组成部分。

2.3.2 社区图书馆的演进

图书馆最早产生于何时何地？这是一个几乎不可能找到答案的难解之谜。无论是从个人发展，还是从社会进化来说，始终都离不开知识集散的动态作用；图书馆显然承担着知识集散的功能与职责，它的产生是个人发展与社会进步的历史选择[2]。自图画、符号与文字相继出现之后，统治阶级身边的史官们记言记事，肩负文献产生、保存、整理与查阅的职责。一般来说，有文字记载与文献收藏的社会活动，就必然有原始意义上的"图书馆"。因此，几乎与人类文字记载的历史同步，几千年之前就已经诞生了图书馆。最初的图书馆往往是王室收藏档案文献的地方，后来政府部门、宗教寺庙、教学机构、家族祠堂乃至私人书斋亦逐渐附设文献收藏之处所。随着文艺复兴运动的渐次兴起，欧洲率先诞生了近现代意义上的公共图书馆，并形成了"藏用并举""向社会开放"两大明显有别于古代图书馆的时代特征。于是欧美社会教育逐渐成为时代潮流，社区图书馆作为最基层的公共图书馆走过了一个不断发展的过程。

尽管我国古代图书馆事业达到了相当发达的程度，形成了"官府图书馆""私人图书馆""书院图书馆"与"寺观图书馆"等四大类型图书馆，一度令西方古代图书馆事业特别是中世纪图书馆事业黯然失色[3]，但是近现代意义上的公共图书馆事业是20世纪初期在欧美图书馆观念影响之下逐步兴起的，而基层公共图书馆事业则直到现在仍然不尽如人意。清末以来，学会创办"书藏"、士绅开放"藏书楼"、教会建立图书馆（室）、学堂创建图书馆以及民间创建阅报室等相继出现，创办西式图书馆（室）的社会风潮方兴未艾。1894—1897年全国成立学会87个，其中附设有公共图书馆性质的藏书楼多达51所[4]。学会藏书楼在全国各地纷纷涌现，已经展现我国创办西式近代意义图书馆之雏形。1905年4月北京创办了西城阅报社，至1907年10月北京各城区有案可稽的阅报社所约45

---

[1] 中华人民共和国文化部. 社区图书馆服务规范（WH/T 73 - 2016）. 北京：国家图书馆出版社，2016：1.

[2] 龚蛟腾. 从社会视角看社区图书馆发展. 高校图书馆工作，2013（6）：3 - 8.

[3] 龚蛟腾. 古代图书馆学理反思与秉承. 大学图书馆学报，2011（3）：91 - 98.

[4] 潘小枫. 中美两国的公共图书馆运动及背景分析. 图书馆，2005（4）：9 - 12.

个❶。1928年,云南腾冲和顺乡开办了堪称"中国农村第一馆"的和顺图书馆;20世纪30年代,民国政府在全国普遍设立了"民众教育馆",设置巡回文库或乡镇书报阅览室❷。这些基层藏书机构尽管名称各不相同,但大多数都具有社区图书馆或基层图书馆的性质。据1936年第二次"中华民国"教育年鉴统计,全国各省单独设立的通俗图书馆有1502所,在民众教育馆内附设图书馆部的有990所,合计2492所图书馆。❸清末民初,一批由私人或团体兴办的基层图书馆相继问世,学会藏书楼、阅报社、通俗图书馆以及民众教育馆等纷纷成立。然而,经过社会动荡与战争破坏的反复冲洗,中华人民共和国成立之时基层图书馆所剩无几。此后由于深受社会意识形态的影响,私人图书馆、民间图书馆等一度销声匿迹。基层图书馆建设既有"大跃进"时期的虚胖发展,又有"文革"冲击下的空前劫难,甚至受到"经济建设"与"市场经济"话语下"文化转制"的严重冲击。

社区图书馆是一种既古老又年轻的图书馆形式,长期以来都是基层图书馆的主体。中华人民共和国建立后,城乡基层图书馆主要是依靠集体与个人兴建的民办图书馆(室),诸如各个城市中的街道(居委会)图书馆(室)与广大农村中的公社(乡)、大队(村)、生产队(组)图书馆(室)。尽管这些图书馆(室)时有时无,但在一定时期内充当了面向基层开展文献服务的主力。我国近现代基层图书馆事业走过了一段跌伏起荡的发展历程:从清末维新组织的学会藏书楼(室),到民国政府主导的通俗图书馆与民众教育馆,再到中华人民共和国成立初期的县级公共图书馆、农村图书馆(室)与工会图书馆(室),然后到现在公共文化服务体系中的基层图书馆。❹这就是说,我国城乡基层图书馆(室)经历了漫长的演变,它从古代的私人图书馆、家族图书馆等逐渐发展而来,至民国期间主要表现为通俗图书馆、民众教育馆等类型的基层图书馆。1951年文化部提出关于发展农村图书馆网的要求,接着进入了"大跃进"式的浮夸发展,然后经历了"文革"的破坏与摧残。20世纪80年代,社区图书馆建设初露端倪;90年代,社区图书馆建设有一定进展;21世纪,社区图书馆建设得到了稳妥推进。尽管我国以前一直没有出现"社区图书馆"的名称,但许多基层公共图书馆(室)实际上就是当时的社区图书馆。一般来说,社区图书馆是指针对一定地域内的所有居民,提供公益性、教育性、休闲性的知识/信息服务的基层公共图书馆。欧美发达国家建立了非常完善的公共图书馆体系,通过分馆模式、流动书

---

❶ 闵杰. 近代中国社会文化变迁录(第二卷). 杭州:浙江人民出版社,1998:399.
❷ 王效良. 基层图书馆的农村服务工作. 北京:国家图书馆出版社,2010:1.
❸ 中华民国历史与文化讨论集编辑委员会. 中华民国历史与文化讨论集(第3册)——文化思想史. 台北:中华民国历史与文化讨论集编辑委员,1984:203.
❹ 龚蛟腾. 基层图书馆的定位、反思与趋向. 图书馆工作与研究,2013(12):4-9.

车、延伸服务等方式为社区居民服务,因此国外面向社区服务的中小型公共图书馆及其分馆就是事实上的社区图书馆。❶ 不管社区图书馆名称存在与否,它在国内外都经历了一个不断发展壮大的过程。

社区图书馆作为社会居民共有共享的文化基础设施,必须针对社区居民开展文化信息服务。它是基层的综合性公共文化服务组织,集成了知识集散、信息传递、文化交流、教育培训、文娱活动等服务工作。西方发达国家的社区图书馆不仅是社区居民信息获取的理想场所与知识交流的最佳机构,而且是社区居民人际交往的首选场地与文娱休憩的生活空间。我国应该积极借鉴国外社区图书馆的发展经验,建立切实可行的制度保障机制,确保各级政府按财政收入比例投入经费;建立规范的业务管理体系,提高社区文化保障能力与服务水平❷。因此,政府文化行政部门应当将社区图书馆打造成为社区综合性的知识信息中心与公共文化中心,积极开展知识传播、信息交流与文化享受等形式多样的服务。

2.3.3 社区图书馆的趋向

21世纪以来,我国农村地区的社区文化与社区图书馆建设明显加快。2003年5月,民政部、中央文明办、新闻出版总署、国家广电总局、中国作家协会等部门联合启动"万家社区图书室援建和万家社区读书活动"(以下简称"援建活动"),旨在推动城乡文明社区建设、城乡公共文化服务与全民阅读活动。这项得民心、聚民心、暖民心的民心文化工程,在引导城乡社区居民特别是贫困边远农村群众及孤残儿童和老人等特殊群体读得上书、读得起书、读好书、用好书方面发挥了不可替代的积极作用,为从根本上解决农村地区、特殊困难人群的买书难、读书难问题提供了一条有效途径。❸"援建活动"作为城乡社区公共文化服务体系建设的示范工程,有力地推动了全民阅读等基层文化活动的蓬勃开展。"十一五"期间,援建活动取得了突破性进展,至2011年年底全国共援建城乡社区图书室16.2万个,援建图书5600万册,约3.5亿城乡居民从中受益;"十二五"期间,需要制定《万家社区图书室图书管理办法》并实现社区文化援助和图书援建制度化、社会化,每年援建5000个城市社区图书室、10000个农村社区图书室,续援3000个城市社区图书室、5000个农村社区图书室❹。显而易见,持续了十几年的"援建活动"取得了较为突出的成绩,极大地推动了社区

---

❶❷ 龚蛟腾. 从社会视角看社区图书馆发展. 高校图书馆工作, 2013 (6): 3-8.

❸ 优秀项目: 万家社区图书室援建和万家社区读书活动. (2009-11-18) [2017-04-30]. http://archive.wenming.cn/zt/2009-11/18/content_18260708.htm.

❹ 民政部关于"十二五"期间深入开展万家社区图书室援建和万家社区读书活动的通知. (2012-03-16) [2017-04-30]. http://www.mca.gov.cn/article/yw/jczqhsqjs/fgwj/201605/20160500000417.shtml.

图书室建设与社区读书活动。

尽管我国图书馆事业已经取得了长足进展,但是"社区图书馆"还是一个相对较新的概念。无论是作为独立建制的基层图书馆(室),还是作为中心馆的分支机构,社区图书馆都应当拥有一定的馆舍设施、馆藏资源、服务人员与开放时间。由于各地的社区图书馆发展极不平衡,这四项基本条件的弹性空间很大,有馆舍合用或租赁、文献短缺或残破、人员不足或兼职、开放较少或随意等不良现象。显然,只要是社区图书馆就应当满足上述四项基本条件,否则就还没有达到"图书馆"的最低标准。社区图书馆需要充分利用现代信息技术与数字网络系统,建立实时、交互、同步、动态的虚拟社区,开展灵活、快捷、准确、高效的文化服务。虚拟社区的信息资源极其丰富,本馆馆藏、异地馆藏、专家知识以及用户智慧等组成了知识宝库;服务对象极其广泛,本馆读者、社区居民、异地用户和网络游客等构成了读者群;服务方式极其方便,人性化服务、个性化服务、一体化服务与一站式服务等服务方式应有尽有。❶ 社区图书馆应当加快构建突破时空障碍的虚拟数字社区,积极打造自由、平等、便捷的信息交流与文化共享平台。

社区图书馆作为社区居民身边的公共文化服务中心,经历了从无到有、从小到大、从功能单一到功能综合的发展过程。中华人民共和国建立后,一些大中城市创办了街道图书馆(室)、居委会(里弄)图书馆(室)。尽管当时没有"社区图书馆"之名,但这些图书馆(室)实际上就是社区图书馆(室)。社区图书馆(室)归根到底是基层公共图书馆(室)的一种形态,无论是公办还是民办都应当坚持非营利的基本原则,即其服务宗旨不是以谋取商业利润为目的而是以倡导社会公益为目的。当然,不以营利为目的并非绝对地等同免费,当前我国政府要求公共图书馆基本服务免费。任何组织都需要进行收支核算的经费管理,非营利组织只是不能为了追求赢利损害公共利益,并应当且必须将赢利用于拓展公益项目。随着数字技术的普遍推广,社区图书馆必然走向管理现代化、资源共享化、服务多样化、馆藏媒体化。❷ 社区图书馆数字化建设,为阅读需求与信息交流提供了更加便捷的平台。

社区图书馆是社区居民平等享受文化服务的重要场所,更是弱势群体平等享受文化服务权利的保障机构。由于客观的或主观的、外在的或内在的、物质的或精神的条件限制,不平等是普遍存在的社会现象,平等是人类社会永恒的憧憬与追求❸!我国正处于社会的重大转型期,个人全面发展离不开知识(信息)自由,公民基本权利平等离不开知识(信息)平等。从马斯洛的需求理论来看,

---

❶❸ 龚蛟腾. 从社会视角看社区图书馆发展. 高校图书馆工作, 2013 (6): 3-8.
❷ 陈喜红. 社区图书馆为农民工服务的探讨. 图书馆论坛, 2010 (4): 170-172.

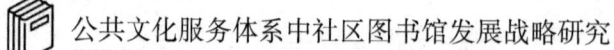

文化需求是人们不可或缺的社会需求；从社会进步的角度来说，文化平等是构建和谐社会的重要选项；从社会保障的内在关系来讲，文化保障是最容易实现的基础性保障❶。政府部门应当尽可能地加快推动公共文化服务体系的构建与发展，切实维护社区居民尤其是弱势群体实现自我发展所必要的文化需求权利。1975年，IFLA（国际图书馆协会联合会）提出图书馆的社会功能主要包括四个方面——保存文化遗产、开展社会教育、传递科学情报与开发智力资源，后来有学者认为还应当增加开展文化娱乐的功能❷。社区图书馆作为基层公共图书馆同样担当这些社会职能，因而它是切实保障社区居民尤其是弱势群体文化权利的制度安排。社区图书馆主要指最基层的公共图书馆，只有普遍建立社区图书馆才能全面构建公共图书馆体系。它作为公共图书馆服务功能的延伸和补充，是社区居民接受继续教育、普及科学知识、享受文化生活与提高文化素质的文化设施。

2.4 社区图书馆的战略价值

2.4.1 公共文化服务均等化

社区图书馆本身就是社区文化必要的组成部分，具有均等化的服务、教育、娱乐与活动等特征。它的发展壮大是公共图书馆事业持续发展的必然结果，也是社会力量积极参与社区文化建设的良好结局。❸公共文化服务体系是由"政府主导、社会参与形成的，普及文化知识、传播先进文化、提供精神食粮、满足人民群众文化需求、保障人民群众文化权益的各种公益性文化机构和服务的总和"❹。然而，城乡"二元结构"造成了严重的社会不平等，城市通常能够提供丰富多彩的公共文化服务，而广大乡村往往难以提供基本的公共文化服务。长期以来，农村文化服务主要依靠乡镇文化站和村文化室，基础设施落后与服务水平较低的窘况屡见不鲜。周英认为在20世纪90年代和21世纪初两次县乡机构的改革中，乡镇政府管理文化站出现了管理体制不顺、效率低下等弊端，因此应当建立以县为主的文化站管理体制与问责机制。❺在政府大力推进城镇化以及城乡社区建设的热潮中，全面构建覆盖城乡的公共文化服务体系，并切实为社区居民开展丰富多彩的公共文化服务活动，无疑是当前我国加快公共文化事业发展所面临的历史

---

❶❸ 龚蛟腾. 从社会视角看社区图书馆发展. 高校图书馆工作，2013（6）：3-8.

❷ 陈希，彭一中. 图书馆的功能、价值与构建和谐社会的关系. 中国图书馆学报，2007，33（1）：105-107.

❹ 龚高健. 经济社会热点问题追踪与观察. 厦门：厦门大学出版社，2015：192.

❺ 陈彬斌，苏唯谦. 公共文化服务体系：在新观念下演绎——2005中国公共文化发展论坛综述. 中国文化报，2005-12-15（003）.

性契机。公共文化服务均等化的政策目标是要求逐步建立城乡一体化的基本公共文化服务体系，促进公共文化资源在区域之间、城乡之间均衡配置，缩小地区之间、城乡之间和社会群体之间基本公共文化服务水平的差距，确保所有社会成员都能够平等享有水平大致相当的基本公共文化服务的权利。❶ 当前，公共文化服务区域差距、城乡差距有扩大化之忧，有待各级政府采取有效措施扭转这种不良现象。稳妥推进全覆盖的社区图书馆建设，有利于完善基层公共文化服务体系。城乡社区图书馆服务与基层公共文化服务应当互相促进，共同开创普遍、均等服务的良好局面。

基本公共文化服务均等化是时代赋予的光荣使命，社区图书馆则是承担公共文化服务均等化使命的主体之一。社区图书馆建设既是推进现代公共文化服务体系稳妥构建的中流砥柱，又是推进公共图书馆体系全面深化服务的战略举措。公共文化服务体系建设必须补齐短板与兜好底线，均等化是推行标准化的目标，标准化是实现均等化的手段。没有公共文化的城乡均等化、区域均等化与群体均等化，公共文化服务均等化就是一句空话。2015年年初，"两办"（中共中央办公厅和国务院办公厅）印发的《关于加快构建现代公共文化服务体系的意见》提出："到2020年，基本建成覆盖城乡、便捷高效、保基本、促公平的现代公共文化服务体系"，"推动革命老区、民族地区、边疆地区、贫困地区公共文化建设实现跨越式发展"，"将老年人、未成年人、残疾人、农民工、农村留守妇女儿童、生活困难群众作为公共文化服务的重点对象"。❷ 该"意见"揭示了现代公共文化服务体系的基本特征，并提出了公共文化服务的均等化目标及其实现途径。公共文化服务均等化要求实现城乡均等、区域均等与群体均等，即通过统筹城乡文化资源均衡配置、集中实施公共文化扶贫项目、保护弱势群体基本文化权益等来抑制公共文化服务不平等现象。社区图书馆服务的城乡、区域与人群均等，无疑是公共文化服务均等化的基本要求、重要表征与实现途径。

社区图书馆是社区文化的重要载体，也是自由、平等的公共文化服务空间。服务均等化是公共图书馆一直坚守的基本原则，"无障碍""零门槛"则是公共图书馆长期倡导的服务理念。公共文化服务体系具有整体性、联系性、有序性和动态性特征，其各个组成部分不仅要发挥各自功能，而且会互补、互动，形成结构效应和系统优势。❸ 因此，文化部门应当承担协调、指导与管理公共文化服务的职责，实现公共文化服务组织的统筹规划、合理配置与资源共享。只有不断发

---

❶ 龚高健. 经济社会热点问题追踪与观察. 厦门：厦门大学出版社，2015：192.

❷ 关于加快构建现代公共文化服务体系的意见.（2015-01-15）[2017-05-25]. http: //news. xinhuanet. com/zgjx/2015-01/15/c_ 133920319. htm.

❸ 孙若风. 公益性在文化改革中翩然归位. 中国文化报，2004-11-04.

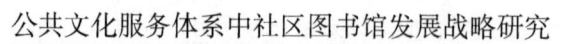

展城乡社区图书馆事业,才能建立完善的公共文化服务体系,才能创建公平和谐的信息社会,才能充分满足社区居民的精神文化需求。作为公共文化服务体系的重要支柱,社区图书馆肩负着文化传承与服务的功能,它在传承先进文化、实施文化战略、提高国民素质和保障文化权益等方面具有不可替代的作用。[1] 社区的和谐发展需要社区文化的生机勃勃,社区文化的繁荣兴旺需要公共文化服务的全面支撑,公共文化服务的普遍均等需要社区图书馆的全面参与。显而易见,无论是从社区本身的发展来说,还是从公共文化服务事业的繁荣来说,抑或是从公共图书馆事业的建设来说,社区图书馆建设都是一项功在当代、利于千秋的文化惠民工程。社区图书馆是适应社区文化建设而产生的,其发展水平是衡量一个社区发达与否的重要标志。公共文化服务体系的稳妥推进,为社区图书馆建设带来了发展机遇。作为社区最基本的公共文化设施,社区图书馆必然是社区居民享受图书馆服务的最佳场所。它已经成为文化共享的第三空间,不仅是文化供给的实体组织,而且是文化交流的虚拟社区。社区图书馆长期提供免费、自由、平等、便利的公共文化服务场所,打造了公共文化服务均等化的第三文化空间。

总之,社区图书馆普遍均等服务是公共文化普遍均等服务的中坚力量。社区图书馆是社区文化的重要载体,是公共文化服务的基础设施;社区文化是社区建设的不朽灵魂,是社会文化发展的重要根基。图书馆与文化从来都有不解之缘,两者相互促进、共同发展。图书馆是文化发展的产物与载体,而文化是图书馆发展的基础与推力。当然,社区文化是一种融入居民生活、工作、学习与活动之中的家园文化,具有社会性、开放性、多元性、包容性和群众性等特质;社区图书馆作为社区文化的重要载体,是社区的信息资源中心、文化交流中心、休闲娱乐中心。[2] 社区图书馆作为社区文化生活的精神纽带,是社区居民开展公益性文化活动的主要场所。创办环境优雅、功能齐全、服务满意的社区图书馆,有利于提高社区居民文化素质,增进社区成员的交流联系,进而激发社区成员关心、支持、参与社区建设的意识,培育和谐进取的社区文化。[3] 社区图书馆不仅是全体社区居民学习、培训、交流、讨论的重要场所,而且是繁荣社区文化、培育社区价值观与增强社区凝聚力的教化园地。社区是构成社会的细胞单元,社区文化是汇成社会文化的涓涓细流。社区图书馆是社区文化的依附载体,也是培育社区文化的重要支柱。图书馆通过不断地"教化"用户,最终推动社会文化的进步与繁荣。在社区文化潜移默化的熏陶之下,社区居民逐渐提高个人的道德情操、文化修养与文化素质。美国图书馆学家谢拉曾经指出:"正是通过个人,图书馆才

---

[1] 龚蛟腾. 从社会视角看社区图书馆发展. 高校图书馆工作,2013(6):3-8.
[2] 毕娟. 城市社区图书馆建设的困境与创新对策. 现代情报,2010(5):108-110.
[3] 林淼. 关于社区图书馆建设的思考. 内蒙古科技与经济,2010(10):125-126.

能达到它的社会目的。"❶,❷ 社区图书馆针对社区居民开展各种信息服务，努力培育积极向上、开拓进取的社区文化，进而推动整个社会公共文化服务的普及与均等。

2.4.2 学习型社区稳步推进

社区图书馆是社区居民的终身学堂。绝大多数国家的宪法明确规定：公众享有接受教育的权利，享有获取知识的自由。教育是公众个人持续获得生存与发展的前提条件，也是社会整体不断发展与进步的基本保障。在人类教育事业之中，学校教育、社会教育和家庭教育是三种最基本的教育形式，无论哪种教育都离不开文献资料的支撑与辅助。因此，图书馆在学校教育、社会教育和家庭教育中都占有重要地位，尤其是近现代以来图书馆已经成为社会教育的中坚力量。在欧美发达国家，社区图书馆是中小学学生及学前儿童的快乐天堂，他们在课余经常去图书馆学习、交流与娱乐❸。早在古希腊时期，终身教育的思想观念已经开始萌发，譬如当时有柏拉图的哲学教育思想和亚里士多德的闲暇教育理念。及至文艺复兴与工业革命兴起后，以成人教育为核心的终身教育理念逐渐发扬光大。1965年，法国成人教育家保罗·郎格朗发表了《论终身教育》的报告书，提出了终身教育的概念并界定了其内涵和外延，从而促使终身教育成为一种世界性的教育思潮❹。1996年，UNESCO发表《教育——财富蕴藏其中》的报告，明确提出"终身教育的概念是进入21世纪的关键所在"。❺ 在UNESCO、IFLA等国际组织推动下，终身教育（学习）遂成人们的生存观念、生活方式、学习理念与工作手段。学习型组织、学习型政府、学习型社区、学习型城市与学习型社会等建设风潮愈演愈烈，社区图书馆无疑是实施终身教育（学习）的最佳场所。发展社区文化的基础是发展社区图书馆，社区图书馆应该成为社区的信息中心与教育中心❻。

学习型城市建设旨在打造终身学习、人人学习的学习平台，这首先需要建立完善的文献资源保障体系。社区图书馆作为公共图书馆服务网络的重要节点，不仅是社区的文献信息中心和文化休闲中心，而且是社区居民的终身学校和交流场所，从而为学习型社会建设奠定了坚实基础。社区文化是凝聚和激励社区居民发

---

❶ 袁咏秋，李家乔. 外国图书馆学名著选读. 北京：北京大学出版社，1988：308.
❷ 程焕文，王蕾. 竹帛斋图书馆学论剑：用户永远都是正确的. 广州：广东人民出版社，2008：215.
❸❹ 龚蛟腾. 从社会视角看社区图书馆发展. 高校图书馆工作，2013（6）：3-8.
❺ 程迪. 现代教育学教程. 杭州：浙江大学出版社，2011：219.
❻ 陈希，彭一中. 发展社区文化的基础是发展社区图书馆. 图书馆，2009（2）：95-96，102.

奋图强的精神力量，也是支撑与推动社区健康发展的关键因素。社区图书馆的蓬勃兴起是社会发展的必然趋势，更是社区文化建设不容忽视的生力军。社区图书馆建设应打破传统图书馆区域间的独立运营模式，将各个独立的图书馆整合为统一服务网络，有效促进各馆间的互动合作；大力推广各类图书流动服务，让各类资源真正地动起来，实现社区图书馆（室）"小馆舍、小馆藏、大流动、大资源"；提供网络信息资源的检索、阅览、咨询平台，进一步完善网络信息服务体系。❶ 社区图书馆是社区文化建设的重要阵地，能够提供信息保障、自主学习、文娱休闲、技能培训与社会教育等服务。当前，深圳市社区图书馆建设全面铺开与逐步改进，已经成为"图书馆之城"四级图书馆服务体系构建中的重要环节。社区图书馆利用信息技术构筑网络平台，引入丰富多彩的数字化信息，开展网上预约、网上续借、在线读书、在线咨询等服务。通过利用身边的社区图书馆，社区居民能够享受交互式、一站式的专题信息服务。

学习型社区建设需要学习型文化的保驾护航，社区图书馆是信息获取、持续学习、终身教育等文化理念的孵化地。社区图书馆作为一种为保障社区居民文化权利而设置的制度性公共产品，无疑承担了提供公益性文化服务的职业使命。图书馆通过具体业务行为（例如对文献的选择、推荐、导读、评定乃至类别确定等）直接影响人们的文献接受与文化理解，参与社会文化的塑造与定型，具有独特的文化构建能力❷。社区图书馆是社区的公共文化设施与精神文明载体，它促进了人类文化遗产的社会传承，也提供了和谐社区构建的文化阵地。社区图书馆是公共图书馆面向社区居民的延伸与拓展，其服务活动的针对性、实用性、便利性更强。城镇社区图书馆无疑是城镇文化建设的生力军，它保障了社区民众的信息获取权利与终身教育权利，也通过不断改变社区居民的生活方式与邻里关系而持续培育新型的城镇社区文化。政府在社区图书馆建设中具有不可推卸的责任，尤其应当提供制度保障与财政支持。我国《十五计划纲要》提出加强社区建设之后，各级政府逐渐加大了对社区公共文化建设的投入力度。这些措施必然进一步推动全国各地的社区图书馆建设，尤其是东部沿海经济发达地区的社区图书馆建设已经收获累累硕果。

学习型社区建设离不开社区文化的支撑，社区图书馆是社区文化传承、弘扬与创新的场所。社区图书馆是为一定地域内的所有居民服务的具有公益性、教育性、休闲性等特征的文献信息集散场所，具有培育社区文化、传递实用信息、开

---

❶ 朱丹，张忠凤. 社区图书馆：概览、评价与思考. 图书馆学研究，2010（6）：19-22.

❷ 石颖，刘臻儒. 以社区图书馆推进城乡统筹发展. 图书情报工作（增刊），2010（2）：50-52.

展社会教育、开发闲暇时间等不可忽视的功能。❶ 它是图书馆系统的一种纵向延伸和横向拓展，肩负社区文化的传承、导向、规范与整合等职责。社区图书馆是公共图书馆网络的基层组织，是广大读者交流、阅读的桥梁与纽带。尤其是社区图书馆网络化有利于突破地域限制，实现各图书馆之间信息资源的共建共享，从而极大地缓解公众文献信息需求量巨大与社区图书馆文献信息资源稀少之间的尖锐矛盾。社区图书馆是集信息服务、文化休闲、教育培训于一体的基础性公共文化服务设施，具有促进社区发展、培育社区文化、开发闲暇时间、传递实用信息等功能。❷ 总而言之，社区图书馆是社区公共文化事业的重要成员与社区文明发展程度的重要标志，它肩负着传承社区文化、提供文献资料、开展信息交流、传递社区信息、开发智力资源、开展社会教育、提高居民素质、促进社区和谐的重要职责。没有社区图书馆的积极参与，就没有社区文化的蓬勃发展，就没有学习型社区的稳妥推进。

2.4.3 图书馆事业可持续化

社区图书馆究其实质是公共图书馆的延伸与拓展，因而社区图书馆建设是图书馆事业可持续发展的要求与保障。21世纪以来，国家接连不断地推出了一系列完善公共文化服务体系的政策措施，于是我国掀起了街道（乡镇）、社区（村）级基层公共图书馆建设的高潮。譬如，"十七大报告""十八大报告""十二五规划纲要""十三五规划纲要"以及近几年的政府工作报告，都强调加快推进基层文化设施建设与不断完善公共文化服务体系。在诸多公共文化、社区文化与公共图书馆等方面的宏观政策引导下，全国基层公共图书馆设施建设大有改观，社区图书馆服务水平得到了明显提高。社区图书馆通常拥有展览厅、演讲厅、观赏室、活动室、娱乐室、咖啡屋等各类文化设施，能够营造便利、温馨、自由、平等的阅读空间，从而成为社区居民不折不扣的信息驿站与知识殿堂。显然，社区图书馆拓展了公共图书馆的服务范围，创造了社区居民就近阅读的有利条件，保障了社区居民最基本的阅读需求。它通过提供知识大众化、信息实用化、形式多样化等亲民服务，从而繁荣社区文化与提升社区品位，并提高居民素质与推动社会进步。

国家重大的文化惠民工程接连推出，有利于加大社区图书馆的建设力度。公共文化服务体系构建有效地促进了社区文化的全面建设，极大地推动了基层图书馆事业尤其是社区图书馆事业的快速发展。近年来国家实施了村村通工程、文化

---

❶ 袁锡宏. 石家庄市社区图书馆发展调查分析. 兰台世界，2010（20）：69-70.
❷ 周丽琴. 依托城市社区大学建设社区图书馆. 图书馆理论与实践，2010（1）：106-108.

共享工程、数图推广工程、电子阅览室计划、农家书屋工程、送书下乡工程等一系列重大文化惠民工程，其中村村通工程已完成联通81万个"盲村"的建设任务并正在向户户通升级的方向发展，全国文化信息资源共享工程初步形成了国家、省、市、县、乡、村六级数字文化服务网络，边疆万里数字文化长廊在边疆10个省区建设810个乡镇服务点、3104个数字文化驿站，农家书屋共建成60.0449万家并已基本覆盖全国的行政村，各地还建成1.6万家卫星数字农家书屋。❶ 显然，这一系列公共文化设施或公共图书馆设施建设工程的顺利实施，全面推动了公共文化服务体系尤其是公共图书馆服务体系的普遍均等化，从而促进了社区图书馆事业的持续、健康发展。图书馆是人类发展与社会进步的历史选择，社区图书馆则是图书馆事业持续发展的必然结果❷。基层公共文化设施建设的快速推进，必然促使社区图书馆建设不断提速。

公共文化服务积极倡导公益性、基本性、均等性、便利性，有利于社区图书馆服务的免费、均等与普及。公共服务均等化是推动社会发展、实现社会公平与促进社会和谐的重要途径，公共文化服务均等化是公共服务均等化的组成要素，而图书馆服务均等化是公共文化服务均等化的重要内涵。社区图书馆具有不容忽视的社会价值，是社区居民的知识殿堂、普通民众的终身大学、社会大众的文化设施与弱势群体的保障机构。❸ 譬如，2011年，文化部、财政部通过实施公共文化设施免费开放工作，实现了全国约5万所"三馆一站"免费开放设施空间场地、免费提供基本服务❹。公共图书馆作为重要的公共文化设施，在2011年年底全部实现免费开展基本服务。毋庸置疑，公共图书馆无门槛、零障碍的免费开放，是我国公共图书馆事业发展史上的标志性事件。当前，我国"县有图博文""乡有文化站"的建设目标基本实现，覆盖城乡的公共文化服务体系初步形成。随着公共文化服务体系的进一步完善，全国公共图书馆事业必将迎来崭新的重大发展机遇，从而为基层公共图书馆事业尤其是街道（乡镇）、社区（村）级社区图书馆事业奠定良好的发展基础。

目前，我国已经建立国家、省、市、区（县）四级公共图书馆体系，但街道（乡镇）、社区（村）图书馆的建设现状不容乐观。只有普遍建立社区图书馆（室），才能最终形成完整的公共图书馆体系。上海市公共图书馆网络体系建设卓有成效，市级、区（县）级、街道（乡镇）级、里弄（村）级等四级体系在"九五"期间就初具规模，因而其基层图书馆服务达到了比较完备的程度。早在20世纪80年代初期，江苏省乡镇图书馆建设就已经起步，至90年代其乡镇图书

---

❶❹ 焦雯. 公共文化服务体系建设整体推进　重点突破. 中国文化报, 2015-01-23（1）.

❷❸ 龚蛟腾. 从社会视角看社区图书馆发展. 高校图书馆工作, 2013（6）：3-8.

馆建设已进入普及时期。譬如，1994年年底，江苏全省已建成万册图书馆560个，苏州市的吴江、张家馨、常熟、太仓、昆山、吴县市和无锡市的昆山市、江阴市都普及了乡镇万册图书馆❶。1999年，广西壮族自治区乡镇图书馆的普及率达到80%；上海市街道（乡镇）图书馆达标率达到81%，里弄（村）图书室建成率达到55%以上；江苏省乡镇图书馆（室）已达1900多个，其中万册乡镇图书馆851个，接近全省乡镇总数的40%，已有20个县（市、区）的乡镇建成了万册图书馆；深圳市宝安区实施了"百村书库工程"，累计投入1000多万元，在全区建立起村级图书馆52个，在建的还有44个❷。2000年年底江苏省南京市的街道图书馆普及率已达到80%；2007年年底吴江市实现了每一个乡镇都有分馆的目标；2009年年底，广东省1581个乡镇、街道中有乡镇、社区文化站1594所，覆盖率为100%，该省基层图书馆基本上都设置在文化站内；截至2011年年底，深圳市拥有街道或社区级基层图书馆634所，其中社区级基层图书馆558所，街道级基层图书馆76所，公共图书馆服务覆盖率达到100%❸。社区图书馆具有传递信息、普及知识、保障休闲与传承文化的天然职能，因而在和谐社区建设中能够发挥不可替代的作用。作为社区的信息中心与人们的精神家园，它可以增强公民意识、提升民主素养与提高生活质量。社区图书馆是图书馆事业可持续发展的依靠力量，为促进文献资源社会化与改善居民生活质量提供了可靠途径。只有充分发挥社区图书馆的用户端口与服务节点作用，公共图书馆才能真正地为广大公众提供无差别的均等服务。

---

❶ 《中国图书馆年鉴》编委会. 中国图书馆年鉴1996. 北京：北京图书馆出版社，1997：91.

❷ 中华人民共和国年鉴编辑部. 中华人民共和国年鉴2000. 北京：中华人民共和国年鉴社，2001：1315.

❸ 申晓娟. 标准化视角下的我国基层图书馆事业发展研究. 北京：国家图书馆出版社，2015：43.

3 公共文化服务体系中社区图书馆发展战略条件

21世纪以来，随着城镇化建设与新农村建设的稳妥推进，我国城乡社区建设逐渐走上了一条快速发展的轨道，从而为基层公共文化服务体系建设创造了良好条件，也为社区图书馆服务体系构建奠定了坚实基础。城镇化建设为公共文化发展奠定了物质基础，公共文化发展则为城镇化建设提供了精神支柱。随着城镇化建设的稳妥推进，居民住宅小区化迅猛发展，社区公共文化服务需求日趋旺盛。社区图书馆是公共图书馆必要的拓展与延伸，也是公共文化服务必不可少的有生力量。新农村建设涉及政治、经济、文化和社会等各个方面，旨在形成经济繁荣、设施完善、环境优美、文明和谐的乡村社会。新农村建设要求加快改善人居环境，发展农村文化，提高农民素质。它是"物的新农村"建设，更是"人的新农村"建设。乡村文化繁荣是新农村建设的重要内容，因而需要完善农村公共文化设施，开展形式多样的群众文化活动，丰富群众的精神文化生活。新农村建设应当普遍建立农村社区，不断完善公共文化服务体系，积极发展社区图书馆事业。显然，无论是城镇化建设还是新农村建设，都需要提升社区图书馆、公共图书馆乃至公共文化服务体系的服务能力。当前，我国文化事业建设取得重大进展，正在稳妥构建覆盖城乡的公共文化服务体系，并全面实现城乡一体化的社区图书馆服务。自2002年以来，我国政府制订了一系列大力发展公共文化事业的政策措施，公共文化服务体系构建与社区图书馆建设随之迎来了千载难逢的发展契机。全域覆盖、城乡均衡的社区图书馆建设，是基层公共文化设施配置的核心要件，也是国家文化发展战略的重要内容。在公共文化服务体系的宏观视角中，社区图书馆发展的战略规划日益迫切，其战略条件主要涉及社区图书馆的社会环境、理论基础、文化政策与发展根基等四个方面。

3.1 社区图书馆的社会环境

3.1.1 经济建设快速发展

经济发展与文化繁荣相辅相成，两者具有相互依存又相互促进的内在关联。经济发展水平决定文化发展阶段，文化持续发展促进经济良性运行。经济基础相

3 公共文化服务体系中社区图书馆发展战略条件

当于社会发展物质层面的硬实力,文化积淀则相当于社会发展精神层面的软实力。文化软实力是综合国力竞争的重要因素,谁占据了文化发展的制高点,谁拥有了强大的文化软实力,谁就能够在激烈的国际竞争中赢得主动、占得先机。❶文化的价值与魅力越来越突出,它深刻地影响着经济、政治、观念乃至行为。美国经济学家彼得·德鲁克认为:"今天真正占主导地位的资源以及具有决定意义的生产要素,既不是资本,也不是土地和劳动,而是文化。"❷ 世界强国拥有强大表征的经济、军事实力,更拥有强大根基的文化软实力。英国首相丘吉尔曾经说过:"宁愿失去一个印度,也不愿失去一个莎士比亚。"❸ 与美国综合国力相匹配,其文化软实力渗透到了世界各个地区、各个领域。美国控制着世界上75%的电视节目和60%以上的广播节目的生产播出,电影占世界电影市场票房总收入的2/3,视听文化产品的年出口额达600亿美元,印刷出版业的年销售额达到1840亿美元,其文化占网上信息资源的80%左右❹。美国霸权既依靠政治、经济、军事等物质"硬实力"去推行,也依赖价值观念、意识形态和制度体系等文化"软实力"去维系。文化已经成为经济发展的强大动力,文化竞争力在很大程度上决定着综合竞争力。因此,世界大国纷纷制定文化发展战略,积极提升本国文化的凝聚力、竞争力与辐射力。

改革开放之后,我国社会发展取得了举世瞩目的伟大成就,并在以经济、科技为基础的综合国力方面取得了长足进展。至2010年,中国取代日本与欧洲各经济体,稳居世界第二大经济体位置,并逐步缩小与第一大经济体美国的差距。据世界银行报告,2015年全球GDP总量达74万亿美元,美国和中国是全球经济体中GDP总量超过10万亿美元的国家。其中GDP总量排名第一的美国占比24.32%,其次是中国占比14.84%,再次是日本、德国分别占比5.91%、4.54%。❺ 国际货币基金组织(IMF)曾经预测:至2014年年底,如果按照原始的计算方法,中国的GDP总量为10.4万亿美元,而美国的GDP是17.4万亿美元;倘若考虑"购买力平价"(Purchasing Power Parity,PPP),中国的GDP将升至17.632万亿美元,超过美国的17.416万亿美元,即中国的GDP将占到全球

---

❶ 张勇,薛建中. 西柏坡时期文化建设. 石家庄:河北人民出版社,2014:125.
❷ 王浩瑜. 魅力中国话. 北京:中国传媒大学出版社,2012:15-16.
❸ 舒建勋. 长夜流风. 南昌:百花洲文艺出版社,2015:70.
❹ 王浩瑜. 魅力中国话. 北京:中国传媒大学出版社,2012:16.
❺ 全球GDP总量达74万亿美元 中国位列全球第二. (2017-02-24) [2017-04-30]. http://finance.jrj.com.cn/2017/02/24195422103162.shtml.

GDP 的 16.48%，美国则为 16.28%。❶ 更有甚者预测，2024 年美国 GDP 将增至 27199 亿美元，而中国 GDP 将增至 26774 亿美元（见表 3-1）❷。这就是说，2024 年中美两个 GDP 总量将相差无几，中国有即将超越美国而成为世界第一大经济体之势。2017 年 6 月 14 日，中国社会科学院经济研究所发起 2017 年二季度"中国经济学人热点调查"，中国经济学家们大多认为 2034 年前后中国在经济总量上将赶上美国。❸ 尽管中国的经济学家更趋谨慎，将经济总量赶超美国的时间后延了大约 10 年，但中国经济持续快速发展并即将赶超美国的事实不容否认。

表 3-1　Cebr World Economic League Tables for 2019 and 2024

（单位：十亿美元）

\multicolumn{3}{c}{2019}	\multicolumn{3}{c}{2024}
Rank	Country	GDP	Rank	Country	GDP
1	United States	22 090	1	United States	27 199
2	China	14 839	2	China	26 774
3	Japan	4 977	3	Japan	5 581
4	Germany	3 519	4	India	5 313
5	India	3 096	5	Germany	3 953
6	United Kingdom	2 953	6	Brazil	3 899
7	Brazil	2 932	7	United Kingdom	3 645
8	France	2 666	8	France	3 039
9	Russia	2 246	9	Russia	2 816
10	Canada	2 124	10	Korea	2 564

经济发展是社会发展的前提与核心，也是解决社会问题的基础与依托。没有经济实力的支撑，就没有文化繁荣的条件。改革开放之初，我国国民经济积贫积弱，文化事业发展尽管有所恢复与改善，但很难从根本上突破财政紧张的桎梏。20 世纪 80—90 年代，由于经济发展水平相对较低而导致文化事业经费拨款严重欠缺。当时国家实施"以文养文""以文补文"等不当的文化政策，造成了公共文化事业建设尤其是基层公共文化事业的急剧滑坡。21 世纪以来，伴随国家经济实力的快速增长，文化软实力的重要性逐渐显现，公共文化服务体系建设逐渐受到我国政府的高度重视。社会经济大发展促使公众文化需求急剧增长，因而政

---

❶ 外媒称按购买力平价中国 GDP 已超美国．（2014-10-09）[2017-04-30]．http：//world.haiwainet.cn/n/2014/1009/c345805-21182165.html．

❷ 2015—2024 年世界各国经济总量排名预测．（2015-03-02）[2017-06-20]．http：//www.phbang.cn/general/147872.html．

❸ 社科院：中国在经济总量上想赶上美国需要 17 年．（2017-06-16）[2017-06-20]．http：//news.youth.cn/gn/201706/t20170616_10090595.htm．

府需要加快基层文化设施建设,并大力推动社区图书馆事业健康发展。目前,中国稳居综合国力第二名,拥有世界第二的经济总量(2016年国内生产总值744127亿元),成为世界第一工业大国。因而,近年来我国公共文化服务体系构建取得了前所未有的重大成果,不仅基本实现了"县县有图书馆""乡乡有文化站"的发展目标,而且全面落实了公共图书馆基本服务免费开放的基本要求。

3.1.2 社区建设积极拓展

1978年12月,十一届三中全会确立了以经济建设为中心、实行改革开放的重大发展战略。随着计划经济体制束缚的逐渐松动,"单位人"逐步转为"社会人"。此外,农村劳务工不断入城,导致流动人口急剧增多。1984年,《中共中央关于经济体制改革的决定》获得通过,指明我国经济是"在公有制基础上的有计划的商品经济"❶。显然,计划管理体制的消极影响逐步得到了遏制,全国迈入了经济蓬勃发展、人口加快流动的新时期。于是,街道、居委会的管理职能面临变革,社会服务能力亟待提高。1986年民政部首次将"社区"概念引入政府管理,明确提出开展社区服务、完善社区服务体系的要求;1989年颁布的《中华人民共和国城市居民委员会组织法》正式确定了居民委员会社区服务的职能,明确规定"居民委员会应当开展便民利民的社区服务活动"❷·❸。此时,政府部门引入社区概念,并开始关注社区服务。1991年,民政部首次提出基层组织要抓好"社区建设",指出社区工作除了社区服务外,还有社区文化、医疗、康复、教育等内容;1993年,《关于加快发展社区服务业的意见》提出"加快建立健全社会保障体系和社会化服务体系,推动社区服务业全面、快速地发展";1995年,民政部制定了《全国社区服务示范城区标准》❹。当时有关社区服务的政策陆续出台,为推进社区服务创造了条件。1996年,江泽民在八届人大四次会议期间指出:"要大力加强城市社区建设,充分发挥街道办事处、居委会的作用。"❺ 这个阶段主要处于社区建设的探索时期,为进一步推进社区建设创造条件与积累经验。

继1991年民政部在天津市河北区、杭州市下城区开展社区建设点实验工作之后,20世纪90年代末民政部在全国开展大规模的城市社区建设实验,我国进

---

❶ 中共中央关于经济体制改革的决定. (1984-10-20) [2017-06-15]. http://cpc.people.com.cn/GB/64162/64168/64565/65378/4429522.html.

❷❹ 邱梦华等. 城市社区治理. 北京:清华大学出版社,2013:16.

❸ 国务院法制办公室. 中华人民共和国宪法典(注释法典,第3版). 北京:中国法制出版社,2016:345.

❺ 何平立等. 中产阶层与社会发展:中国模式下的问题与挑战. 北京:社会科学文献出版社,2015:129.

而迅速跨入了社区建设推广阶段。1998年，民政部基层政权和社区建设司成立，积极着手推动"社区建设"并促使社区服务体系逐渐形成。1998年，九届人大一次会议的政府工作报告提出："城市要着重改善居住条件，整治环境卫生，增加公共设施，发展社区服务。"❶ 此后，我国推动"社区建设"与"社区服务"进程明显加快。1999年，民政部发布《全国社区建设实验区工作实施方案》，分两批在全国城区选定26个社区建设实验区❷，开展城市基层管理体制改革的试点工作。2000年年底，"两办"转发《民政部关于在全国推进城市社区建设的意见》，正式全面铺开社区建设工作，极大地推动了城市社区的建设。该"意见"界定了社区概念的"地域范围"属性与"社会生活共同体"属性，并认定社区一般是"经过社区体制改革后作了规模调整的居民委员会辖区"❸。次年，民政部发布《全国城市社区建设示范活动指导纲要》与《全国社区建设示范城基本标准》，❹ 这说明社区建设已经走过了从"个体实验"发展到"全面实验"并进入了"推广普及"的发展路程。随着社区建设实验在全国迅速推广，我国城乡社区建设的条件逐步成熟。

1998年国务院推行机构改革，明确赋予民政部"指导社区服务管理工作，推进社区建设"的职能❺，从而为社区建设创造了有利条件。此后，城镇化建设明显提速，城镇社区数量明显增多，而乡级行政机构则呈现逐年缩减趋势（详见表3-2）。显然，我国社区建设在全国各地全面铺开，并取得了不容忽视的建设成就。2006年，国务院颁布《关于加强和改进社区服务工作的意见》；2009年，民政部发布《关于进一步推进和谐社区建设工作的意见》❻；次年，民政部颁发《关于建立全国和谐社区建设示范单位联系制度的通知》与《关于加强和改进城市社区居民委员会建设工作的意见》；2011年，民政部发布《城乡社区服务体系建设"十二五"规划》（征求意见稿），要求提高城乡社区自治和服务功能。❼ 这个阶段是社区建设稳步推进时期，旨在全面建立新型和谐社区与逐步完善社区服务体系。截至2017年年底，我国有乡级行政划单位39888个，其中区公所2个，街道8241个，镇21116个，乡10529个（见表3-2）；有基层群众性自治组

---

❶ 1998年国务院政府工作报告．（2006-02-16）[2017-06-15]．http://www.gov.cn/test/2006-02/16/content_ 201129.htm．

❷ 康之国．构建城市和谐社区与社区治理创新研究．北京：知识产权出版社，2008：50．

❸ 陈新祥，陈伟东．城市社区工作理论与实务．北京：中国社会出版社，2014：172-173．

❹❼ 邱梦华等．城市社区治理．北京：清华大学出版社，2013：17．

❺ 王德第．城市管理理论与实践．天津：南开大学出版社，2014：386．

❻ 陈新祥，陈伟东．城市社区工作理论与实务．北京：中国社会出版社，2014：195．

织 66.1 万个，其中居委会 10.6 万多个，村委会 55.4 万多个；有社区服务指导中心、服务中心、服务站等机构 16.9 万个，其中社区服务指导中心 619 个（含农村 16 个），社区服务中心 2.5 万个（含农村 1.0 万个），社区服务站 14.3 万个（含农村 7.5 万个）❶。此时，我国乡级行政区划单位与居（村）委会自治组织共有 70.1 万个，而社区服务机构仅 16.9 万个，其比例为 24.11%。尚有高达 75.89% 的基层组织没有建立社区服务机构，有待政府部门积极引导、推动与规范社区基本公共服务机构建设。社区图书馆是城镇化建设与新农村建设持续推进的必然产物，也是公共图书馆事业健康发展的重要表征，因而在今后一段时间内应当掀起社区图书馆建设高潮。

表 3-2 乡镇、街道变化情况（单位：个）❷

指标	2010 年	2011 年	2012 年	2013 年	2014 年	2015 年	2016 年	2017
乡	14571	13587	13281	12812	12282	11315	10872	10529
镇	19410	19683	19881	20117	20401	20515	20883	21116
街道	6923	7194	7282	7566	7696	7957	8105	8241

3.1.3 文化事业稳步推进

长期以来，我国没有区分文化事业与文化产业，笼统地称之为文化事业。直到 2000 年，"十五计划建议"才提出"完善文化产业政策""推动有关文化产业发展"。❸ 这是我国第一次在重要文件中使用"文化产业"概念，初步将文化产业从文化事业中分离出来。2002 年，"十六大"提出"积极发展文化事业和文化产业""继续深化文化体制改革"。❹ 这次会议首次把文化区分为文化事业和文化产业，明确国家支持与保障文化公益事业。其实，文化包括非营利性的文化事业与营利性的文化产业，两者的主要区别如表 3-3 所示，前者最大的特点是公益性（以追求最高社会效益为原则），后者最大的特点是追求利润（以追求最高经济利益为原则）。除了由国家机关或其他组织利用国有资产举办的公益性文化服务组织外，非公有性质的公益性文化服务组织被明确地划归到文化事业的范畴。

---

❶❷ 2017 年社会服务发展统计公报.（2018-08-02）［2018-08-08］. http://www.mca.gov.cn/article/sj/tjgb/201808/20180800010446.shtml.

❸ 中共中央关于制定国民经济和社会发展第十个五年计划的建议.（2000-10-11）［2017-06-15］. http://cpc.people.com.cn/GB/64162/71380/71382/71386/4837946.html.

❹ 江泽民. 全面建设小康社会，开创中国特色社会主义事业新局面.（2002-11-08）［2017-06-15］. http://cpc.people.com.cn/GB/64162/64168/64569/65444/4429125.html.

表3-3 文化事业与文化产业的区别❶

	文化事业	文化产业
生产目的	生产公共产品,以国家需要为转移	生产商品,以市场需要为转移
资本来源	由国家或社会提供	因社会制度而异,在我国,生产资本需从不同经济成分中获取
机构性质	政府部门的附属单位,以行政方式管理	企业单位,以企业法人进行经营活动
运营机制	由国家财政提供经费维持其生产和服务活动,以追求最高社会效益为原则	少投入、多产出,以追求最高经济利益为原则

文化事业与文化产业是一个相互依存的概念。文化事业是坚持社会公益目的,由国家机关或其他组织利用国有资产举办的,在文化领域从事研究创作精神产品和提供文化服务的经营性行业。❷文化产业主要指从事文化产品生产和提供文化服务的经营性行业,诸如新闻服务、版权服务、影视服务、文艺服务、文化用品设备及相关文化产品的生产与销售等。文化事业与文化产业毕竟是两个不同的行业,因而具有十分明显的差异性特征。从性质看,前者具有公益性,后者具有经营性;从管理体制看,前者实行公益性管理体制,后者实行经营性企业管理体制。❸显然,发展文化事业旨在通过建立实现文化成果共建共享的制度保障,提供不以营利为主要目的的文化服务活动,从而维护满足社会公众基本文化需求的权益。一般来说,文化事业单位包括社科研究院所、文化研究院所、艺术表演团体、艺术创作中心、音像影视中心等公益性的文化领域研究创作组织/机构,也包括广播电台(站)、报纸杂志社、编辑出版单位、新闻中心等公益性的精神产品生产组织/机构,还包括图书馆、博物馆、文化馆、青少年宫、文物保护站、文献信息中心、社区文化中心等公益性的公共文化服务组织/机构。

各级政府应当加快推进公益性文化事业发展,使社区居民的文化需求得到满足、文化权利得到维护。文化事业具有公益性、基本性、均等性、便利性等特点,其中公益性指由政府免费提供或收费很少带有优惠性质,基本性指像百姓生活中油盐酱醋茶一样须臾不可分离的文化需要,均等性指不分区域、城乡、贫富、男女、老幼、户籍都能够享受到的服务,便利性指文化场所的设置、空间的规划以群众最方便为目的。❹公共文化服务体系构建必须注重城乡统筹、区域协

---

❶❷ 昝胜锋,唐月民.文化产业十八讲.福州:福建人民出版社,2012:4.

❸ 沙海林.社会主义市场体系建设概论.上海:上海人民出版社,2012:274.

❹ 辛向阳.准确把握文化事业与文化产业的辩证关系.中国青年报,2012-01-04(02).

调与群体均等，实现公益性、基本性、均等性和便利性的基本要求。只有中西部广大农村地区的公共文化基础设施达到一定水准，并能够充分保障残障人士、老年群体、未成年群体、农村留守群体等弱势人群享有公共文化权利，才能真正建立全覆盖的公共文化服务体系。公共文化服务体系不断提升均等化水平，就必然推动基层公共图书馆事业尤其是社区图书馆事业的可持续发展。

自"十六大"以来，我国文化体制改革逐渐加快，公共文化事业发展逐渐提速。2005年，十六届五中全会通过"十一五规划建议"，第一次正式提出"加大政府对文化事业的投入，逐步形成覆盖全社会的比较完备的公共文化服务体系"。❶此后，党和政府的重要会议反复强调构建公共文化服务体系，为公共文化事业发展提供了制度保障与政策基础。2006年1月，《关于深化文化体制改革的若干意见》强调"加大公益性文化事业投入，调整资源配置，逐步构建公共文化服务体系"，❷进一步阐明了公益性文化事业与公共图书馆服务体系之间的关系。同年9月，《国家"十一五"时期文化发展规划纲要》提出"兼顾城乡之间、地区之间的协调发展""形成实用、便捷、高效的公共文化服务网络"，❸着重指出公共文化的普遍均等服务应当落实城乡均等、地区均等。同年10月，《中共中央关于构建社会主义和谐社会若干重大问题的决定》指出"加强公益性文化设施建设，鼓励社会力量捐助和兴办公益性文化事业，加快建立覆盖全社会的公共文化服务体系"，❹提及引导社会力量参与公益性文化事业。2007年8月，"两办"下发《关于加强公共文化服务体系建设的若干意见》；同年10月，"十七大报告"提出"坚持把发展公益性文化事业作为保障人民基本文化权益的主要途径，加大投入力度，加强社区和乡村文化设施建设"，❺主张加强农村公共文化设施建设。2010年，十七届五中全会明确提出："基本建成公共文化服务体系，推动文化产业成为国民经济支柱性产业。"❻这次会议指出了"公共文化服

---

❶ 中共中央关于制定"十一五"规划的建议．(2005-10-11)[2017-06-15]. http://cpc.people.com.cn/GB/64162/64168/64569/65414/4429220.html．

❷ 中共中央国务院发出深化文化体制改革若干意见．(2006-01-12)[2017-06-15]. http://news.xinhuanet.com/politics/2006-01/12/content_4044535.htm．

❸ 国家"十一五"时期文化发展规划纲要．(2006-09-13)[2017-06-15]. http://www.gov.cn/jrzg/2006-09/13/content_388046.htm．

❹ 中共中央关于构建社会主义和谐社会若干重大问题的决定．(2006-10-18)[2017-06-16]. http://cpc.people.com.cn/GB/64093/64094/4932424.html．

❺ 胡锦涛．高举中国特色社会主义伟大旗帜 为夺取全面建设小康社会新胜利而奋斗．(2007-10-25)[2017-06-16]. http://cpc.people.com.cn/GB/104019/104099/6429414.html．

❻ 中共第十七届中央委员会第五次全体会议公报．(2010-10-18)[2017-06-16]. http://cpc.people.com.cn/GB/64093/64094/12984427.html．

务体系"与"文化产业"的重要性,并将文化事业与文化产业的地位提到了空前的高度。

"十二五"以来,我国公共文化事业建设步入了一个新的发展周期。2011年,十七届六中全会提出"培养高度的文化自觉和文化自信"❶;2012年,"十八大报告"指出,"继续推动公共文化服务设施向社会免费开放""增强文化整体实力和竞争力""树立高度的文化自觉和文化自信"。❷从公益性文化事业到文化自觉与文化自信,这标志着我国文化建设近年来逐渐形成了良好格局。2013年,文化部印发的《"十二五"时期公共文化服务体系建设实施纲要》明确要求:到"十二五"末期,初步建立覆盖城乡的公共文化服务体系,全面提升公共文化服务均等化水平,基本实现每个行政村和城市社区建有文化活动场所。❸21世纪以来,党和政府颁发了一系列相关的公共文化政策,为基层公共文化服务体系构建乃至社区图书馆建设奠定了制度基础。近年来我国通过实施一系列的文化惠民工程,有效地提升了城乡基层公共文化服务能力。

3.1.4 知识信息海量存取

随着科学技术急剧变革与人类社会加速发展,人们早已跨入了知识信息"爆炸式"增长的时代。人类的科技知识,19世纪每50年增加1倍,20世纪中叶每10年增加1倍,20世纪后期每3年至5年增加1倍,最近30年的科技成果超过过去2000年的总和;据此推算到2020年前后,人类知识总量翻一番只需73天。❹此外,据国际数据公司(IDC)测算,全球数据量大约每两年翻一番,2009年是0.8ZB,2012年是2.7ZB,2015年是7.9ZB,2020年将达到35.2ZB❺。Internet已经成为人们休戚与共的信息获取源,从某种意义上说它就是一个包括海量信息的图书馆。知识信息的海量增长、数字存储与网络传播,为人们自由、平等、便利地获取所需知识提供了有利条件。当前,我国继续实施文化共享工程、数图推广工程、电子阅览室计划等多个公共文化重点工程,进一步充实了整

---

❶ 中共十七届六中全会在京举行 胡锦涛作重要讲话. (2011-10-19) [2017-04-10]. http://cpc.people.com.cn/GB/64093/64094/15940228.html.

❷ 胡锦涛在中国共产党第十八次全国代表大会上的报告. (2012-11-18) [2017-04-10]. http://cpc.people.com.cn/n/2012/1118/c64094-19612151-1.html.

❸ 文化部关于印发《文化部"十二五"时期公共文化服务体系建设实施纲要》的通知. (2013-01-14) [2017-04-11]. http://zwgk.mcprc.gov.cn/auto255/201301/t20130121_474074.html.

❹ 徐同文,宋光乐. 现代科学技术教程. 北京:教育科学出版社,2007:19.

❺ 包月阳. 新常态 大逻辑(《中国智库》第7辑). 北京:中国发展出版社,2015:53-54.

个公共文化服务体系的公共数字文化资源。2001年,国家数字图书馆工程经国务院批准立项,至2011年年底数字资源总量已达561.3TB,其中外购数据库71TB、馆藏特色资源数字化466.8TB、网络导航和网络资源采集19.2TB❶。《全国公共图书馆事业发展"十二五"规划》要求到"十二五"末,数字图书馆推广工程的数字资源总量达到10PB,其中国家数字图书馆拥有资源1000TB,每个省级数字图书馆拥有资源100TB,每个市级数字图书馆拥有资源30TB,每个县级数字图书馆拥有资源4TB,100%覆盖全国文化信息资源共享工程各级中心和基层服务点❷。无论是知识信息的海量剧增,还是数字资源的急剧膨胀,都空前增加了人类社会知识信息聚宝盆的容量,从而为数字社区图书馆建设提供了极其丰富的文献资源。

人类知识/信息需求不断扩张与图书馆文献资源急剧增加,共同谱写了数字时代知识/信息海量"获取""存储"的美妙神话。社区图书馆服务是公共文化服务普及与推广的重要方式,也是提升全体国民素质的基本途径。正如朱永新所强调:"一个人的精神发育史就是他的阅读史,一个民族的精神境界取决于这个民族的阅读水平。"❸自1995年5月1日开始实行双休制以来,上班族全年休假日达114天,几乎占全年总天数的1/3。尽管人们自由支配的时间增多了,但走进图书馆享受阅读服务情况却没有等比例增加。当前,人们信息需求的内容、方法与模式已经发生了很大改变,传统图书馆往往因馆舍破旧、馆藏缺乏、服务落后而逐渐失去吸引力,甚至被其他的信息服务机构蚕食与取代。譬如,不少免费服务的社区图书馆(室)门可罗雀,而诸多收费服务的社区网吧、便民书店等人满为患。曾有学者随机采访县图书馆周边主要道路上的271位过路行人,发现其中96人知道或听说过图书馆(占总人数的35.4%),95人不知道图书馆(占总人数的35.1%),68人将图书馆等同于新华书店(占总人数的25.1%),12人去过图书馆但声称图书馆太旧不能吸引人(约占总人数的4%)。❹这就是说,在调查样本中,没有图书馆概念的人占60.15%,从不去图书馆的人高达95.57%,而去过图书馆的人仅占4.43%且已经流失。读者拒绝与读者流失使社区图书馆面临生存危机,如何吸引社区居民是社区图书馆必须关注的问题。尽管社会中或多

---

❶ 数字图书馆推广工程·数字资源建设.[2017-05-20].http://www.ndlib.cn/szzyjs2012/201201/t20120113_57990.htm.

❷ 文化部关于印发《全国公共图书馆事业发展"十二五"规划》的通知.(2013-01-30)[2017-04-12].http://www.gov.cn/gongbao/content/2013/content_2404725.htm.

❸ 晋浩天.阅读,关乎民族的精神境界.光明日报,2016-03-03(6).

❹ 鄙向荣等.基层图书馆生存状态忧思录——5省10县图书馆调查纪实谈.图书馆,2005(1):18-24.

或少地存在"阅读"缺失的现象,但"阅读"需求仍然是时代主流。

知识/信息的海量存取创造了社会阅读的条件,现代信息技术则丰富了社会阅读的手段。阅读是人们获取知识的基本渠道,也是未成年人健康成长的重要途径。家庭藏书量越多,孩子的阅读兴趣与阅读能力越强。藏书量500本以上家庭的孩子喜欢阅读的比例(86.8%)比藏书量100本以下家庭的孩子喜欢阅读的比例(72.9%)多13.9个百分点,而"对网上搜集到的信息进行归纳整理"与"判定网络信息是否真实可靠"的技能分别相差22和22.2个百分点❶。在传统阅读与数字阅读并行的新时代,未成年人的数字阅读日益成为一道美丽的风景线。据《光明日报》报道,少年儿童更喜欢的文献类型分别为"读纸质图书"占66.3%,"手机阅读"占22.7%,"电脑阅读"占7.3%,"电子书阅读"占3.4%;少年儿童各类数字阅读的动机依次为"取得需要的信息或资料"占76.4%,"满足对某方面知识的好奇或兴趣"占67.9%,"使自己心情愉悦"占67.5%,"提升个人修养"占59.3%,"与同学聊天时有共同的话题"占49.5%,"闲暇时打发时间"占44.7%。❷未成年人通过阅读获取知识、开发智力、培养兴趣与愉悦心情,从而不断夯实自己知识根基与提升自己创造能力。

知识/信息的海量存取造就天堂般模样的图书馆,而普遍、均等的知识/信息服务则是通向思想天堂的巴别塔。社区图书馆应当充分利用数字技术、网络技术等现代信息技术,成为公共图书馆服务体系的组成部分与服务终端,从而为社区用户提供更加高效便利的公共文化服务。IFLA和UNESCO在2001年发布的《公共图书馆服务发展指南》指出:"公共图书馆是机会均等的工具,应当成为数字时代通向信息的电子渠道,提供安全网络,以防止有人因疏离技术进步而被社会排斥在外。"❸该"指南"表明图书馆应当充分应用数字技术,为公众创造平等获取数字信息的机会。随着覆盖城乡的公共文化设施网络体系初步建成,以及图书馆、文化馆(站)等全面实现免费开放,我国社区图书馆建设迎来了前所未有的发展机遇。❹城乡社区图书馆作为社区居民触手可及的公共文化服务机构,在今后相当长的时期内都必然成为文化惠民工程的重点建设领域。农村文化服务设施历来就是全面小康建设的重点难点,没有广大农村地区的小康就根本没有全社会的小康,没有农村社区图书馆的普及就没有普遍均等的城乡一体化公共文化服务体系。创建普遍、均等、完善的公共文化服务体系是直接关系千家万户的

---

❶❷ 中国青少年研究中心课题组. 少年儿童数字阅读现状及对策. 光明日报, 2015-11-13 (05).

❸ 国际图联, 联合国教科文组织. 公共图书馆服务发展指南. 上海: 上海科学技术文献出版社, 2002: 44.

❹ 龚蛟腾. 从社会视角看社区图书馆发展. 高校图书馆工作, 2013 (6): 3-8.

"文化菜篮子工程",也是社会公众充分享受自由阅读等公共文化服务权利的重要保障。新型城镇化与新农村建设的稳妥推进,极大地推动了城乡社区的可持续发展,进而推动了城乡一体化的社区图书馆服务体系、公共图书馆服务体系乃至公共文化服务体系的构建与完善。

3.2 社区图书馆的理论基础

3.2.1 新公共管理理论

自人类社会诞生以来,社会个体就必然会通过一定的社会关系而集结成为社会群体。个体需求与群体需求相互依存、竞相发展,其结果是分别产生满足私人个体利益与公共群体利益的相关事务、产品、部门、领域,又相应地衍生出基于私人事务、私人产品、私人部门、私人领域的私人管理与基于公共事务、公共产品、公共部门、公共领域的公共管理。私人管理与公共管理都具有一般管理的本质和规律,都需要整合资源、制定管理目标、实施具体方案、监控和评估执行进程,但它们之间存在五大区别:(1)管理目标不同:私人利益与公共利益;(2)管理权威不同:经济权威与政治权威;(3)管理理性不同:经济理性与多元理性;(4)权利制约不同:自主性与制衡性;(5)调控机制不同:市场机制与政府机制❶。人类从"小国寡民""老死不相往来"发展到"地球村落化""全球一体化",公共管理日渐扩张而成为现代社会必不可少的现实存在。公共管理是指以政府为主导的公共组织和以公共利益为指向的非政府组织为实现公共利益,运用政治、经济、法律、行政等手段,整合社会各种力量,以社会公共事务作为管理对象,为社会提供公共物品和服务的活动❷。这就是说,公共管理作为公共组织的一种职能,其行为主体不再仅限于政府和组织,其管理对象为公共资源、公共项目、社会问题等社会公共事务。

尽管公共管理活动早就存在,但作为一门学科的历史并不长。19 世纪末 20 世纪初,公共管理随着行政管理发展而逐渐拓展,国家和政府改变了过去"守夜人"的角色,大量直接介入国家和社会事务,行政自由裁量权大大增加❸。因此,当时的公共管理(public administration)同行政管理或公共行政纠缠在一起。"二战"之后,科技革命、经济发展、社会变革所产生的尖锐矛盾逐渐冲破了"万能政府"的陈旧观念,面对"市场失效""政府失效"等层出不穷的新问题,于是西方出现了以"政府再造"为特征的新公共管理(New Public Management)

---

❶ 楚明锟等. 公共管理学. 郑州:河南大学出版社,2013:8-10.
❷ 夏征农等. 大辞海(经济卷). 上海:上海辞书出版社,2015:1068.
❸ 许克祥等. 公共管理学. 合肥:中国科学技术大学出版社,2014:2-3.

理念。20世纪80年代起源于英国、新西兰等国家的新公共管理,将经济学的理念、市场竞争的机制、工商管理的方法和技术运用于公共部门管理,它的主要内容包括以推行公共机构民营化、公共事务外包来降低行政成本;实施以结果为导向的绩效评价来提高公共效率;导入顾客满意度来衡量和改善公共服务质量等。❶社会性公共事务的内容和范围不断扩张,导致纯粹依靠政府管理弊端丛生、困难重重且难以为继,这是新公共管理兴起的社会根源。20世纪末21世纪初美国邓哈特夫妇认为新公共管理思潮"从划桨到掌舵"的职能转化没有明确"谁是船的主人",提出公共管理要把公民放在首位,政府作用在于帮助公民表达和实现他们的共同利益,强调公民权和责任、社区参与、合作治理等社会价值。❷于是,现代公共管理更加强调公共性与服务性,更加注重保障公民的民主参与权利。

1954年,保罗·萨缪尔森（P. A. Samuelson）发表《公共支出的纯理论》一文,首次提出了同"私人物品"相对立的"公共物品"概念。此后,人们通常将社会产品划分为私人物品、公共物品与准公共物品。一般来说,私人物品具有竞争性与排他性,公共物品具有非竞争性与非排他性;准公共物品则兼有私人物品与公共物品的混合特征,并非同时表现为"竞争性"与"排他性"或"非竞争性"与"非排他性"。根据"竞争"与"排他"的程度不同,准公共物品又可划分为"俱乐部物品"和"公共池塘物品"。前者的消费存在非竞争性或弱竞争性,但是技术上可排他;后者的消费具有竞争性,但是无法有效排他。❸从上述阐述可知,公共物品是指"非竞争性"和"非排他性"的物质或服务,公共事务则是指涉及社会公众共同利益的活动及其结果;因而图书馆这种文化产品无疑属于公共物品与公共事务的范畴,离不开政府组织与公益性非政府组织的支撑与保障。❹社区图书馆的"公共物品属性"决定了政府部门应当承担主体责任,政府要运用法律、行政手段进行调节与控制,从而保障社区图书馆服务利益的最大化。❺社区图书馆等基层公共图书馆建设,必须遵循公共管理的基本原则与适用规则。

公共图书馆有德优产品的性质与公共产品的性质,这决定了建设和发展公共图书馆的资源必须由各级地方政府来提供,各级地方政府则应是公共图书馆服务

---

❶❷ 夏征农等. 大辞海（经济卷）. 上海: 上海辞书出版社, 2015: 1068.

❸ 魏建琳. 公共物品理论视阈下社区图书馆的概念与演变规律探析. 图书馆建设, 2014 (3): 9-11.

❹ 龚蛟腾. 基层公共图书馆创办的政府行为分析. 山东图书馆学刊, 2015 (1): 13-18.

❺ 刘意. 社区图书馆可持续发展保障体系研究. 湘潭大学公共管理学院, 2014: 20.

事业的核心责任主体。❶ 显而易见，公益性理念是图书馆存在的终极价值，不以营利为目的则是图书馆服务的基本准则。公共图书馆服务的"非竞争性"与"非排他性"，要求政府保障其人力、财力、物力投入，从而通过享受"平等、免费、自由"的服务来实现其社会效益最大化。❷ 公共图书馆作为公共物品或准公共物品，是社会公众在成本付出与知识获取的博弈之中所形成的理性选择。每一位公众都是知识的欠缺者，都需要通过一定的途径满足自己的知识需求。如果任由个体独自付费购买所需要的知识，那么社会公众总体的资金成本与时间成本绝非小数。倘若将个体经费集中起来购买知识并开展统一服务，则社会公众的总体成本必将大幅度下降。在人类知识的集散过程中，正是秉持以最小投入获得最大效益的理性认识，于是公共图书馆从不断的社会博弈变成了不二的历史选择。政府对公共图书馆事业的发展负有不可推卸的责任，亦即政府是发展公共图书馆事业的主要责任主体❸。无论是图书馆法规、政策等制度保障，还是图书馆运行、管理等机制保障，抑或是图书馆设施、经费等资源保障，政府都是基层公共图书馆的主导者。❹ 显然，基层公共图书馆事业的可持续发展，离不开各级政府的科学管理与精准服务。

长期以来，无论是在城乡社区公共文化事业建设方面，还是在城乡社区图书馆事业建设方面，我国政府都严重存在缺位、越位与错位的不良现象。一是政府忽视基层公共文化事业，在基层公共图书馆服务方面不作为，从而导致街道（乡镇）、社区（村）图书馆普遍缺失。二是政府舍不得放权给文化事业松绑，有意无意地将手伸得太长，干扰了本应该让图书馆等文化组织自行管理的事务。三是政府管理存在错位现象，制度保障、政策导向、财政支持等做得少或没做好，而具体业务管理却受到"管事婆婆"的牵制。显然，政府应当承担起新公共管理的职责，积极深化管理体制改革，切实形成"小政府、大服务"的发展格局。因此，我国各级政府、文化部门以及相关公共组织都必须灵活运用新公共管理理论，切实做好基层公共文化服务体系，尤其是社区图书馆服务体系的管理工作。

3.2.2 公共文化服务理论

新公共服务是学者们反思新公共管理的结果，这种理论认为政府的角色不是掌舵而是服务，应当通过对公民和社区团体之间的利益进行协调来创建共同的价

---

❶ 郭玲，袁澍宇，刘伟华. 地方政府与公共图书馆服务体系供给责任. 学理论，2014（14）：107－108.

❷❹ 龚蛟腾. 基层公共图书馆创办的政府行为分析. 山东图书馆学刊，2015（1）：13－18.

❸ 蒋永福. 发展公共图书馆事业的政府责任. 图书馆论坛，2006，26（6）：85－88.

值观❶。一般来说，公共服务是指公共部门（政府、公共组织，以及经过公共授权的第三部门或少数私营组织等）为满足社会公共需求或实现社会公共利益，所提供具有共同消费性质的公共物品与服务。其中，基本公共服务是指"建立在一定社会共识基础上，由政府主导提供的，与经济社会发展水平和阶段相适应，旨在保障全体公民生存和发展基本需求的公共服务"，应当"坚持公益性、基本性、均等性、便利性，建立健全公共文化服务体系，扩大公共文化产品和服务的供给"❷。毋庸置疑，社会公众应当享有平等获取基本公共服务的权利，而政府部门必须切实承担提供基本公共服务的责任。

公共文化服务是政府公共服务的重要内容，它是指以政府部门为主的公共部门提供的、以保障公民的基本文化生活权利为目的、向公民提供公共文化产品与服务的制度和系统的总称，主要包括公共文化服务设施、资源和服务内容，以及人才、资金、技术和政策保障机制等方面的内容❸。公共文化服务主要由政府部门或公共组织提供，这从很大程度上反映了公共文化服务的公共性与公益性。当然，公共性并不必然要求具有公益性。公共文化服务是一种文化领域的公共服务，也是一种多方参与的社会服务。徐清泉认为判断某项产品或某项服务是否为"公共文化服务"的基本标准如下：（1）是不是面向社会公众消费者？是不是在社会公共空间出现或通过公共渠道平台进入个人空间（如广电信号进入家庭）？（2）是不是由以政府机构为代表的公共部门生产提供，或经由该公共部门策动并借助第二方甚至第三方等生产提供？（3）是不是公共性（不以强调个人化和私人订制等为突出表征）和公益性（适时体现出或免费或让利的福利特点）较为鲜明？❹在此基础之上，他进一步主张公共文化服务是指"经由以国家各层级政府机构为代表的公共部门生产提供的，或是经由该公共部门策动并借助第二方甚至第三方等生产提供的文化产品和文化服务"❺。正是由于有第二方乃至第三方的付出与参与，公共文化服务尽管通常具有鲜明的或免费或让利的公益性特点，但不完全以此为局限而在某些情况下又体现为经营性行为，譬如付费数字电视与高票价演出等。

---

❶ 徐丹. 社会组织参与美国社区治理与经验与启示. 北京：中国经济出版社，2016：38.

❷ 国务院关于印发国家基本公共服务体系"十二五"规划的通知. （2012－07－11）[2017－04－15]. http://www.gov.cn/zwgk/2012－07/20/content_2187242.htm.

❸ 杨晓东，尹学梅. 当代我国公共文化服务体系建设论纲. 天津：天津社会科学院出版社，2014：57.

❹❺ 张妍. 文化体制改革视域下现代公共文化服务体系建设研究. 沈阳：东北大学出版社，2015：16.

3 公共文化服务体系中社区图书馆发展战略条件

倘若深入分析公共文化服务的组织与供给等运作方式,就必然存在大量公益性的"公共"文化服务,也必然存在一些非公益性的"公共"文化服务。这就是说,公共文化服务主要对应于公益性的文化事业,但也涉及一些非公益性乃至营利性的文化产业。因此,从某种意义上来说,公共文化服务似乎可以进一步区分为"公共义化服务事业"与"公共文化服务产业"。显而易见,公益性主导的公共文化服务事业不同于营利性主导的经营性文化产业。它主要着眼于社会效益,是为社会提供非排他性和非竞争性的公共产品和服务的文化领域。❶"公共文化服务产业"这个概念并没有流行,究其原因恐怕既有"公共文化(服务)""文化事业""文化产业"之间的相互关系不甚清晰的事实,又有国家与社会高调倡导公益性公共文化服务的影响,还有人们对既有概念与语言习惯的默认。因此,我们没有必要死抠概念的是是非非,如果不是特别强调"非公益性"的公共文化服务(产业),就权当"公共文化服务"与"公共文化服务事业"大致都是"公益性"的公共文化服务吧。徐清泉将"公共文化服务"划分为"基本公共文化服务"与"非基本公共文化服务",前者以国家财政投入、财政补贴为主,以社会参与、社会赞助为辅,提供"免费"或"让利"的文化产品及服务,其目的在于通过"保基本、兜底线、促公平"来满足广大消费者最基本的知识素养求取及精神文化消费需要;后者借助市场性、商业性手段提供比基本公共文化产品及服务更为丰富多彩、相对价高质优的产品及服务,其目的在于满足广大消费者个性化、多样化、多元化产品及服务消费需求❷。这种现象其实在图书馆服务领域早已遵循"惯例",如果不是特别强调图书馆收费性的非基本服务,就不再严格区分"图书馆服务"与"图书馆基本服务"的关系,即并不认为图书馆服务的公益、均等、免费等类似表达有何不妥。

公共文化活动主体是公共文化服务体系的发展根基,它主要指参与公共文化共建共享活动的社会民众。公共文化是依赖社会公众共同作用而形成的文化形态,也是一种人人参与、人人享受与人人创造的社会文化。一方面公共文化的形成与演变离不开社会个体的贡献,另一方面社会个体的培育与成长离不开公共文化的陶染。公共文化服务方式是开展公共文化服务活动的具体形式,也是传承与发扬公共文化的基本手段。从公共文化服务角度来说,公共文化的服务对象是社会全体公众。社会群体尤其是弱势群体,都享有获取公共文化服务的基本权利。社会个体充分享有公共文化服务,既是促进自身发展的必要条件,又是推动社会进步的重要途径。人是社会的人,它从生物人/自然人成长为社会人就是人的社

---

❶ 龚高健. 经济社会热点问题追踪与观察. 厦门:厦门大学出版社,2015:192.
❷ 张妍. 文化体制改革视域下现代公共文化服务体系建设研究. 沈阳:东北大学出版社,2015:16.

会化。只有通过不断的社会文化熏陶、社会交互作用以及社会生活锤炼，才能完成从个体生物转化为社会人的社会化过程。城镇社会化程度通常明显高于乡村，农民工往往难以适应城市文化而需要继续社会化。农民工几乎被城镇主流文化所遗忘，尤其深受文化与教育的歧视。他们往往蜗居在狭小的"工棚"里，日复一日地过着单调的业余生活。尽管外面的世界很精彩，但他们的生活很无奈。在巨大精神空白和文化真空之中，农民工依靠睡觉、聊天、赌博、打扑克、玩麻将、看黄书、打游戏等打发时间。公益性公共文化服务机构包括图书馆、博物馆、文化馆、艺术馆等，其基本公共文化服务内容包括读书看报、听广播看电视、公共文化鉴赏、公共文化活动等。弱势群体通过积极参与公共文化服务活动，有利于改善城市生活与融入城市文明。由此可见，在代表先进生产力发展方向的城镇之中，社区图书馆显然是农民工继续社会化的重要场所。

公共文化服务具有多种特征，如公益性、均等性、多样性、便利性与普及性。❶ 由于公共文化服务最本质的特征是公益性，社区图书馆必须坚持公益性原则。在做好为社区居民免费提供文献借阅等基本服务的前提下，社区图书馆也可以适当开展教育、培训等有偿服务。无论是以政府拨款为经费来源的社区图书馆，还是以社会筹款为经费来源的社区图书馆，都应当维护社区居民自由、平等、免费、便利地获取信息资源的基本权利。正如蒋永福先生所言，公共图书馆"可以成为一个巨大的、对社会发展至关重要的聚合力量……在社会的对立、分化、冲突中发挥促进理解、促进凝聚的作用"，"多建一座图书馆，就可以少建一座监狱"，因此发展公共图书馆事业是政府"必须履行的基本职责之一""是保障公民文化权利的基本方式，是建立公共文化服务体系的重要内容，是建设和谐社会的必然要求"。❷ 社区图书馆是基层公共图书馆的主体部分，应当践行公共文化服务的基本理念。

3.2.3　现代图书馆理论

英国作为近现代意义上的公共图书馆的发源地，产生了向社会开放与藏用并举的图书馆理念。19世纪末20世纪初，在西方图书馆理念的影响下，我国古代藏书楼转型为近现代意义上的图书馆。显而易见，我国现代图书馆理念的形成与发展，深受欧美发达国家图书馆界的影响。美国公共图书馆协会发布的图书馆核心价值如下：提供对开放的新思想有前瞻性的引导，致力于终身学习，致力于会议的需求并做出回应，追求信息的免费和开放交流并积极合作，尊重不同意见和

---

❶ 龚高健. 经济社会热点问题追踪与观察. 厦门：厦门大学出版社，2015：192.

❷ 蒋永福. 发展公共图书馆事业的政府责任. 图书馆论坛，2006，26（6）：85-88.

社区的需求，致力于优质和创新。❶国外将基层公共图书馆建设视为相当重要的公共事务，因而社区图书馆往往成为政府关注的重点之一。政府积极投资社区图书馆建设，从短期来看是一项很难增加 GDP 的非政绩工程，从长期来看却是一项回报不可限量、效果极其长远的文化民生工程。美籍华人李华伟曾经指出：各级政府部门"应该认识到图书馆的重要性并给予适当的经济支持，投资于图书馆就是投资于国家的未来。"❷社区图书馆建设离不开政府的主导与扶持，当然也需要社会力量的参与与资助。因此，李华伟认为：图书馆的发展离不开政府、民众和社会的支持，让它在社会中真正突显"必需品"之紧要地位，方为持久之道。❸倘若社区图书馆持续保持高投入与低效益的不良现象，那么政府对社区图书馆的价值认同与政策支持就会经受挑战或考验。

20 世纪末以来，公共图书馆的职能、价值、理念与精神逐渐受到了国人的重视，并深刻地影响着公共图书馆的发展与服务。图书馆理念从方法论层面（管理层面）来看有人本管理理念、绩效管理理念、法治管理理念、危机管理理念等，而从认识论层面来看有知识自由理念、民主政治理念、终身学习理念、公共物品理念、社会责任理念等。❹譬如，公共图书馆作为践行终身学习理念的公共文化服务基础设施，肩负着提供文化知识、开发智力资源与开展社会教育的艰巨任务与神圣职责。1876 年，美国图书馆学家杜威提出"图书馆是一个学校，图书馆员是广义的教师"；1918 年，北京大学图书馆主任李大钊指出"现在的图书馆已经不是藏书的地方，而为教育的机关"；此外，教育家蔡元培认为"教育不专在学校，学校之外，还有许多机关，第一是图书馆"❺。20 世纪 60 年代，英美等发达国家积极提倡补偿教育（compensatory education），通过为弱势群体提供不同的教育方案来提高他们的学习能力。图书馆权利是普通公众的文化福利之一，自由、平等地获取知识有利于缩小社会鸿沟、促进社会和谐。在城镇化进程之中，对持续入城的农民工来说，社区图书馆是休闲教育的重要基地、补偿教育的重要载体与继续社会化的重要场所。社区图书馆坚持"便利阅读"和"节约资源"的理念，旨在满足社区居民的阅读需求与信息交流。"便利阅读"是指社区成员能够便利地享受图书馆服务，"节约资源"是指社区内成员、家庭与单位之间最大限度地实现资源共享。

国际文化组织与西方发达国家都很重视公共图书馆建设，并积极推动基层公众享有参与公共图书馆各种服务活动的权利。1994 年，IFLA 与 UNESCO 共同修

---

❶❹ 蒋永福. 图书馆学基础简明教程. 北京：知识产权出版社，2012：177.
❷❸ 林梦笑，罗惠敏，潘燕桃. 李华伟图书馆学术思想研究. 公共图书馆，2011（4）：41-54.
❺ 董隽，宋戈，张毅宏. 图书馆与图书馆学简论. 兰州：兰州大学出版社，2013：106.

订的《公共图书馆宣言》指出："公共图书馆是教育、文化和信息的有生力量，是透过人们的心灵促进和平和精神幸福的基本力量。"❶ 另外，IFLA 还发布了《图书馆与知识自由声明》(1999)、《图书馆、信息服务机构与信息自由格拉斯哥宣言》(2002)、《图书馆与可持续发展声明》(2002)、《图书馆员道德准则草案》(2011) 等，为基层公共图书馆的发展指明了发展方向。社会与人的和谐发展离不开全覆盖、高效率的公共图书馆体系，因而社区图书馆是极其重要的文化民生工程。在西方经济发达国家，社会公众通常在离家徒步 10～15 分钟的范围内就可找到一家图书馆。IFLA 在《图书馆与可持续发展声明》中明确指出：图书馆和信息服务机构"有助于解决不断拉大的信息差距和数字鸿沟所反映的信息不平等""通过确保利用信息的自由，促进可持续发展"。❷ 西方发达国家都建立了完整的公共图书馆体系，并切实维护社会公众无差别地获取信息服务的基本权利。譬如，澳大利亚设有联邦、州及市三级政府，故图书馆也分为三级：即国立图书馆、州立图书馆及市立图书馆。其中，联邦政府的国立图书馆及各州立图书馆（除塔斯马尼亚采用主分馆制外）均属非外借型图书馆，这些非外借型图书馆只提供馆际互借，不提供读者外借图书；市政府的社区图书馆属于公共图书馆，一般都提供图书外借服务。❸ 基层公共图书馆必须维护公众信息自由获取、知识平等利用、文化均等享受的神圣权利，从而最终保障人类社会的经济发展、政治民主、文化繁荣。

社区图书馆建设是公共图书馆事业的基础，只有普遍创办符合标准的社区图书馆，才能推动公共图书馆网络体系纵深拓展，才能提供普遍均等的公共图书馆服务。2002 年，中国图书馆学会颁发《中国图书馆员职业道德准则（试行）》，形成了为履行图书馆承担的社会职责而制定的行业自律规范。2005 年，"中国大学图书馆馆长论坛"推出的《图书馆合作与信息资源共享武汉宣言》强调："图书馆是国家和政府为保障公民自由、平等地获取信息和知识而进行的制度安排""最大限度地满足每一位公民（读者）对信息和知识的需求，是图书馆义不容辞的责任""消弭信息鸿沟、实现信息公平，是消除贫困、促进经济发展、构建和谐社会的重要条件之一""信息资源共享的最终目标：使任何人在任何时候、任何地点，均可以获得任何图书馆的任何信息资源"。❹ 国外公共图书馆界早就开展信息资源共享服务，譬如澳大利亚建立了相对完善的馆际互借服务体系，绝大

---

❶❷ 蒋永福. 图书馆学基础简明教程. 北京：知识产权出版社，2012：220.

❸ 李娟. 澳大利亚社区图书馆的管理与服务. 高等函授学报（哲学社会科学版），2008 (10)：30-32.

❹ 中国大学图书馆馆长论坛. 图书馆合作与信息资源共享武汉宣言. 大学图书馆学报，2005 (6)：2-4.

部分图书馆之间开通了便利的馆际互借服务。社区图书馆馆员能够帮助社区用户从其他图书馆调借文献,如果从一般公共图书馆调借只需要收取1.50澳元的手续费,那么从大学图书馆或专业研究型图书馆调借就需要收取13.50澳元的基本收费。❶ 当前公共图书馆基本理念得到了广泛传播,国内公共图书馆服务规范与标准亦在不断提升。2011年,《公共图书馆服务规范》(GB/T 28220—2011)正式颁布,成为国家在公共图书馆服务方面所颁发的推荐性标准。该"规范"规定了县(市)级以上公共图书馆的服务资源、服务效能、服务宣传、服务监督与反馈等内容,街道(乡镇)、社区(乡村)以及社会力量创办的各类公共图书馆及其基层服务点可以参照执行,❷ 它的实施有利于改进图书馆的服务水平与维护公众的文化权益。在社区图书馆信息服务之中,任何不必要的限制与障碍都应该消除。它存在的价值与意义就在于满足社区居民的文献需求,当然社区居民的文献需求也是社区图书馆的存在条件与发展动力。社区图书馆所开展的服务活动越好,就越能吸引社区居民参与。社区居民利用图书馆的程度越高,就越能推动社区图书馆的发展。

3.3 社区图书馆的文化政策

3.3.1 公共文化服务的政策

社会公众理应享有平等的公共文化权利,各国政府需要普遍供给公共文化服务。1966年12月16日,第21届联合国大会通过《经济、社会及文化权利国际公约》(International Covenant on Economic, Social and Cultural Rights),这是促进人们平等享有经济、社会与文化权利的共同约定。该"公约"于1976年1月3日开始正式生效,至2011年已有69个签署国、160个缔约国❸。《经济、社会及文化权利国际公约》在1997年10月27日由中国政府签署,在2001年2月28日由第九届全国人大常委会第二十次会议批准,并于同年6月27日在中国正式实施❹。在国际文化公约、国际图联文件的约束与推动下,我国文化事业建设与国际快速接轨。自20世纪90年代末以来,我国公共文化事业得到了很大发展,公共文化服务政策逐渐制定并日臻完善。由于"国民经济与社会发展五年计划/规划"深刻地影响着国家文化发展战略,我们不妨从"五年计划/规划"时段入手

---

❶ 李娟. 澳大利亚社区图书馆的管理与服务. 高等函授学报(哲学社会科学版),2008(10):30-32.

❷ 《公共图书馆服务规范》发布将于5月1日起实施. (2012-01-20)[2017-04-15]. http://www.lsc.org.cn/c/cn/news/2012-01/20/news_5907.html.

❸ 王孔祥. 国际人权法概论. 武汉:武汉大学出版社,2012:44.

❹ 《经济、社会、文化权利国际公约》. 求知,2005(6):43.

考察公共文化服务政策:"九五时期"(1996—2000年)为公共文化服务政策的酝酿时期,"十五时期"(2001—2005年)为公共文化服务政策的形成时期,"十一五时期"(2006—2010年)为公共文化服务政策的成长时期,"十二五时期"(2011—2015年)为公共文化服务政策的成熟时期,"十三五时期"(2016—2020年)为公共文化服务政策的完善时期。

"九五时期"(1996—2000年)是公共文化服务政策的酝酿时期,国家开始关注公共文化服务的发展问题。1996年3月,我国《国民经济和社会发展"九五"计划和2010年远景目标纲要》提出:"加强图书馆、文化馆、博物馆、剧场、音乐厅、美术馆、青少年活动基地、图书发行网点等公共文化设施建设。"❶尽管该"纲要"要求加强公共文化设施建设,但这个时期公共文化服务体系建设并没有受到特别重视,故可视为公共文化服务政策的酝酿时期。1997年,中宣部、文化部等九部委发出《关于在全国组织实施"知识工程"的通知》,实施"倡导全民读书,建设阅读社会"的"知识工程";2000年,全国知识工程领导小组决定把每年12月定为"全民读书月",又在2004年决定将每年的"全民读书月"活动交由中国图书馆学会负责承办❷。政府文化部门等积极倡导全民阅读,促使社会阅读热潮渐次在全国兴起,这为公共文化服务政策的进一步出台创造了社会条件。

"十五时期"(2001—2005年)是公共文化服务政策的形成时期,国家逐渐制定推进公共文化服务的大政方针。2001年,《十五计划纲要》要求"完善文化产业政策""实行支持文化事业发展的有关政策",增加"公益文化事业的投入""繁荣社区文化"。❸该"纲要"不仅强调公益文化事业建设,而且突出加强社区文化建设。2002年,"十六大报告"提出"文化的力量,深深熔铸在民族的生命力、创造力和凝聚力之中","在综合国力竞争中的地位和作用越来越突出"。❹该"报告"肯定了文化的价值与作用,将其上升到制约综合国力的高度。同年《关于进一步加强基层文化建设的指导意见》经国务院转发,要求"把文化设施

---

❶ 中华人民共和国国民经济和社会发展"九五"计划和2010年远景目标纲要. (1996 - 03 - 17)[2017 - 04 - 22]. http://www.npc.gov.cn/wxzl/gongbao/2001 - 01/02/content_ 5003506.htm.

❷ 中国提倡全民阅读简史:1997年中宣部等9部委发通知. (2010 - 04 - 23)[2017 - 04 - 22]. http://archive.wenming.cn/zt/2010 - 04/23/content_ 19600091.htm.

❸ 中华人民共和国国民经济和社会发展第十个五年计划纲要. (2001 - 03 - 15)[2017 - 04 - 22]. http://www.npc.gov.cn/wxzl/gongbao/2001 - 03/19/content_ 5134505.htm.

❹ 江泽民. 全面建设小康社会,开创中国特色社会主义事业新局面. (2002 - 11 - 8)[2017 - 04 - 22]. http://cpc.people.com.cn/GB/64162/64168/64569/65444/4429125.html.

建设纳入城乡建设整体规划""用先进文化占领城乡阵地"❶。该"指导意见"强调加强基层文化设施建设，尤其突出了农村地区的文化服务。2004年，《发改委关于2004年经济体制改革的意见》提出"加快推进文化行政管理部门的职能转变""建立健全公共文化服务体系"❷，文化管理体制改革开始受到重视。2005年10月，"十一五规划建议"提出"加大政府对文化事业的投入，逐步形成覆盖全社会的比较完备的公共文化服务体系"❸，这是第一次从国民经济与社会发展五年规划的高度强调建立"公共文化服务体系"。同年11月，"两办"发布《关于进一步加强农村文化建设的意见》，要求"县、乡、村文化基础设施相对完备，公共文化服务切实加强""发展县、乡镇、村文化设施和文化活动场所，构建农村公共文化服务网络"❹ 至此，我国公共文化服务政策的制定与实施进入了一个新阶段，构建公益性、全覆盖、无差异的公共文化服务体系被提上了议事日程。在这些公共文化服务政策的指导下，自2002年起文化部、财政部共同组织实施的"全国文化信息资源共享工程"，2003年至2005年文化部、财政部共同实施送书下乡工程，并由国家图书馆具体承办向300个贫困县图书馆和3000个乡镇图书馆（室）赠送图书❺。文化共享工程、送书下乡工程等缓解了农村基层信息资源的紧缺程度，但这种输血式的援助很难从根本上解决农村地区公共文化落后的现实。

"十一五时期"（2006—2010年）是公共文化服务政策的成长时期，国家加快了公共文化管理体制改革，增加了公共文化服务供给。2006年3月，《十一五规划纲要》提出"加快建立以工促农、以城带乡的长效机制"，"扩大公共财政覆盖农村的范围"，"新增教育、卫生、文化财政支出主要用于农村"，"开展'文明村镇'和'文明户'活动"❻ 针对农村公共文化事业发展的积贫积弱现状，该"纲要"要求提升农村公共文化服务的能力。同年5月，"两办"印发

---

❶ 文化部，国家计委，财政部. 关于进一步加强基层文化建设的指导意见. 中国文化报，2002-04-25（3）.

❷ 发改委关于2004年经济体制改革的意见. (2004-04-14)[2017-04-22]. http://www.cnr.cn/news/200404/t20040414_216812.shtml.

❸ 中共中央关于制定"十一五"规划的建议. (2005-10-11)[2017-04-22]. http://cpc.people.com.cn/GB/64162/64168/64569/65414/4429220.html.

❹ 中共中央办公厅、国务院办公厅关于进一步加强农村文化建设的意见. (2005-11-07)[2017-04-22]. http://www.gov.cn/gongbao/content/2006/content_161057.htm.

❺ 全国近三成公共图书馆无钱购书. (2003-12-22)[2017-04-22]. http://www.china.com.cn/chinese/RS/466096.htm.

❻ 中华人民共和国国民经济和社会发展第十一个五年规划纲要. (2006-03-14)[2017-04-22]. http://www.npc.gov.cn/wxzl/gongbao/2006-03/18/content_5347869.htm.

《2006—2020年国家信息化发展战略》，强调"加强公益性文化信息基础设施建设，完善公共文化信息服务体系"❶，形成了加强公共文化信息资源建设的中长期发展计划。同年9月，《国家"十一五"时期文化发展规划纲要》提出"坚持公共服务普遍均等原则"，"统筹规划，合理安排"全覆盖的"公共文化服务网络"❷，突出了公共文化服务"普遍均等""统筹规划"的基本要求。2006年10月，《中共中央关于构建社会主义和谐社会若干重大问题的决定》顺利通过，明确要求"加快建立覆盖全社会的公共文化服务体系"❸，积极发展基层公益性文化事业。此后，"公共文化服务体系"建设逐渐成了国家文化发展的重要战略任务。2007年8月，"两办"颁发《关于加强公共文化服务体系建设的若干意见》，高度强调构建"覆盖全社会的公共文化服务体系"❹，大力推进惠及全民的公益性文化事业建设。同年10月，"十七大报告"提出文化领域的核心工作是"覆盖全社会的公共文化服务体系基本建立"❺，并将它列为全面小康社会建设的重要目标之一。公共文化服务体系战略任务的逐步铺开，充分体现了我国政府对自身职能的清晰定位、对公民文化权利的尊重和对文化民生的主动担当。❻毋庸置疑，加快公共文化服务体系的布局、构建与优化，有利于维护公众的文化权益，促进人的全面发展，提高国民的基本素质。2010年7月23日，胡锦涛在中央政治局第22次集体学习时强调："加快文化体制机制改革创新，加快构建公共文化服务体系。"❼在这些公共文化服务政策引导下，诸多文化惠民工程与公共文化设施的建设得到了加强，而保障服务均等化的公共文化服务体系的构建步伐亦逐步加快。

"十二五时期"（2011—2015年）是公共文化服务政策的成熟时期，国家推

---

❶ 2006—2020年国家信息化发展战略．（2006-05-08）[2017-04-22]．http://www.chinanews.com/news/2006/2006-05-08/8/726880.shtml.

❷ 国家"十一五"时期文化发展规划纲要．（2006-09-13）[2017-04-23]．http://www.gov.cn/jrzg/2006-09/13/content_388046.htm.

❸ 中共中央关于构建社会主义和谐社会若干重大问题的决定．（2006-10-11）[2017-04-23]．http://cpc.people.com.cn/GB/64162/64168/64569/72347/6347991.html.

❹ 中共中央办公厅国务院办公厅关于加强公共文化服务体系建设的若干意见．（2007-08-21）[2017-04-23]．http://www.waizi.org.cn/law/10730.html.

❺ 高举中国特色社会主义伟大旗帜 为夺取全面建设小康社会新胜利而奋斗．（2007-10-15）[2017-04-23]．http://cpc.people.com.cn/GB/104019/104099/6429414.html.

❻ 于平，傅才武．中国文化创新报告（2011No.2），北京：社会科学文献出版社，2011：56.

❼ 文化改革十二年．（2014-07-28）[2017-04-23]．http://www.qunzh.com/qkzx/gwqk/qz/2014/201407/201407/t20140728_568.html.

行的公共文化服务体系建设取得明显成效。2011年,《十二五规划纲要》提出"扩大公共财政覆盖农村范围","支持老少边穷地区建设和改造文化服务网络","丰富农民精神文化生活";图书馆等"公共文化设施免费向社会开放","注重满足残疾人等特殊人群的公共文化服务需求";"探索建立事业单位法人治理结构","推进社区居民依法民主管理社区公共事务和公益事业"。[1]该"纲要"高度强调基层公共文化资源整合,要求加强农村公共文化设施建设与加快社区信息化建设;也高度强调基层公共文化综合利用,要求免费开放城乡公共文化设施与基本满足包括特殊人群在内的全体民众的公共文化需求。2011年10月,十七届六中全会通过《关于深化文化体制改革若干重大问题的决定》,提出"坚持政府主导,按照公益性、基本性、均等性、便利性的要求,加强文化基础设施建设","让群众广泛享有免费或优惠的基本公共文化服务"。[2]该"决定"指明了基本公共文化服务的"四性"要求,并强调由政府主导公共文化服务网络的创建。2012年初,"两办"颁布《国家"十二五"时期文化改革发展规划纲要》,提出"构建公共文化服务体系""加强公共文化产品和服务供给""加快城乡文化一体化发展""广泛开展群众性文化活动"。[3]该"纲要"从城乡一体化角度审视公共文化基础设施建设,要求实现普遍均等的公共文化服务。2015年1月,"两办"印发的《关于加快构建现代公共文化服务体系的意见》提出:"到2020年,基本建成覆盖城乡、便捷高效、保基本、促公平的现代公共文化服务体系""统筹城乡公共文化设施布局、服务提供、队伍建设、资金保障,均衡配置公共文化资源"。[4,5]该"意见"还提出了公共文化资源均衡配置的基本内涵,即统筹管理设施、服务、队伍与资金,全面实现公共文化服务的地区均衡、城乡均衡与人群均衡。届时,我国将基本建成公共文化设施体系与服务网络,有效维护社会公众基本的文化权益,初步形成均等化的基本公共文化服务。

"十三五时期"(2016—2020年)是公共文化服务政策的完善时期,国家推动现代公共文化服务体系进入全面实施阶段。2016年3月,《国民经济和社会发展第十三个五年规划纲要》强调"公共文化服务体系基本建成""公共文化设施

---

[1] 中华人民共和国国民经济和社会发展第十二个五年规划纲要.(2011-03-16)[2017-04-23]. http://www.npc.gov.cn/wxzl/gongbao/2011-08/16/content_1665636.htm.

[2] 中央关于深化文化体制改革若干重大问题的决定.(2011-10-25)[2017-04-19]. http://www.gov.cn/jrzg/2011-10/25/content_1978202.htm.

[3] 中办国办印发国家"十二五"文化改革发展规划纲要.(2012-02-15)[2017-04-23]. http://www.gov.cn/jrzg/2012-02/15/content_2067781.htm.

[4,5] 关于加快构建现代公共文化服务体系的意见.(2015-01-15)[2017-04-23]. http://news.xinhuanet.com/zgjx/2015-01/15/c_133920319.htm.

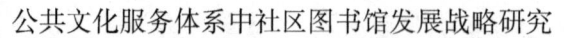

免费开放"。❶ 政府部门应当制定公共文化事业建设的长期目标与发展战略，运用法律、政策、行政、经济等手段进行协同管理与宏观调控。为了推动公共文化服务体系建设，政府需要实现公共服务的四个转变：一是政府公共支出向社会服务型过渡；二是建立以基础科教为主导兼顾转移支付的公共财政模式；三是建立广覆盖、兼顾效率与公平的公共服务消费模式；四是建立政府与其他公共管理主体、社会组织共同承担的公共服务供给模式，建立政府、社会、个人责任与义务相平衡的公共服务保障网络。❷ 城镇化大发展推动文化繁荣，文化繁荣促进城镇化大发展。从两者的关系来说，城市即文化，文化即城市。国际化大都市都极其重视文化战略，因而广东等经济发达省份提出建设"文化大省"，深圳等经济发达城市提出实施"文化立市"。无论是国家层面的公共文化政策，还是地方层面的公共文化政策，都需要经过探索、制定、实践、反馈与修订一系列相关过程才能逐步完善。政策通常具有明显的指导、规范与约束作用，公共文化服务政策先行有利于推动公共文化事业的可持续发展。显然，构建完善的公共文化服务体系，要加快实现公共服务型政府的职能转型，也要牢固树立公民文化权利的基本观念，还要不断完善关于公共文化服务的制度措施。

3.3.2 社区文化发展的政策

自1992年"十四大报告"提出"搞好社区文化、村镇文化"之后，基层文化建设及其政策制定逐渐受到重视。2000年年底，《民政部关于在全国推进城市社区建设的意见》强调，"积极发展社区文化事业""不断完善公益性群众文化设施"。❸ 由此可见，社区文化已成为社区建设的重要部分，社区文化设施建设已受到民政部的指导。这个时期，我国相继实施广播电视村村通工程（1998年）、广播电视"西新工程"（2000年）、全国文化信息资源共享工程（2002年）、送书下乡工程（2002年）等文化惠民工程，并逐渐开展了一系列"送文化下基层"活动。2004年9月，中央文明委颁发《全国文明城市测评体系（试行）》，明确将图书馆等公共文化设施纳入文明城市的考核指标体系，此后该测评体系修订时进一步强化了图书馆的评价功能。同期，《中国城市"十一五"核心问题研究报告》提出"大力加强社区文化、乡村文化建设""大力扶持文化馆、图书馆，拓宽文化领域，延伸文化辐射力，形成社区办文化的格局"。❹ 社

---

❶ 中华人民共和国国民经济和社会发展第十三个五年规划纲要．（2016 − 03 − 16）[2017 − 04 − 23]．http：//www.npc.gov.cn/wxzl/gongbao/2016 − 07/08/content_ 1993756.htm.

❷ 骆威．对构建公共文化服务体系的思考．今日浙江，2005（16）：38 − 39.

❸ 民政部关于在全国推进城市社区建设的意见．（2000 − 12 − 12）[2017 − 05 − 08].http：//www.cctv.com/news/china/20001212/366.html.

❹ 杜琳．工业特色社区图书馆建设的思考．科技情报开发与经济，2010（12）：74 − 75.

3 公共文化服务体系中社区图书馆发展战略条件

区文化发展日益受到重视,基层文化设施日渐得到加强。2006年4月,中宣部等11个部委共同倡导全民阅读,并希望将4月23日定为法定的"读书节";2007年4月,中宣部等17个部门联合发出了开展以"同享知识,共建和谐"为主题的全民阅读活动倡议;2009年,中宣部、新闻出版总署印发《关于进一步推动做好全民阅读活动的通知》,推动全社会形成"多读书、读好书"的文明风尚;2010年,新闻出版总署发布《2010年全民阅读活动计划》,引导人们"读好书、做好人",在全社会大兴读书学习之风,大力培育人文精神。❶ 全民阅读、社会阅读的氛围日渐浓郁,为社区文化设施建设以及社区文化服务改善提出了迫切要求,也为公共文化服务政策的批次出台创造了良好条件。此外,根据《全国"十一五"乡镇综合文化站建设规划》的安排,2007—2010年中央财政投入39.48亿元,新建和改扩建2.67万个不少于300平方米的乡镇综合文化站,基本实现乡乡有综合文化站的建设目标。❷ 截至2012年3月底,全国已完成乡镇综合文化站建设项目22443个。❸ 乡镇综合文化站的推广与普及,无疑是这个时期社区文化发展政策的重中之重。

社区文化建设是公共文化服务体系构建最基础的组成部分,因此社区文化发展政策常常包含在公共文化服务政策之中。2011年是国民经济与社会发展实施"十二五规划"建设的开局之年,也是公共文化事业进入新的五年发展周期的开局之年。"十二五规划"高度强调"建立健全公共文化服务体系"与"继续实施文化惠民工程"❹,这为基层图书馆尤其是社区图书馆提供了难得的发展契机。于是,文化部积极落实旨在促进社区图书馆等基层文化设施建设的方案,先后实施公共文化服务体系第一批示范项目(2011年)、第二批示范项目(2013年)与第三批示范项目(2015年)。2012年,国家发改委、文化部和国家文物局共同研究编制的《全国地市级公共文化设施建设规划》要求:"完善公共文化设施的长效服务机制,不断增强地市级三馆在社会主义市场经济条件下的发展能力、服务能力和辐射带动能力""不断改善地市级三馆的服务条件和服务手段,丰富服务内容、服务层次和服务内涵,健全和完善三馆的服务功能""加强队伍建设和

---

❶ 中国提倡全民阅读简史.(2010-04-22)[2017-04-24]. http://news.xinhuanet.com/book/2010-04/22/content_13403005.htm.

❷ 全国乡镇综合文化站建设和发展情况分析.(2012-11-07)[2017-04-24]. http://www.mcprc.gov.cn/sjzz/cws_4693/whtj_cws/tjgb/201308/t20130823_387282.htm.

❸ 文化部财务司.全国乡镇综合文化站建设和发展情况分析.(2012-11-07)[2017-04-24]. http://www.ccnt.gov.cn/sjzznew2011/cws/whtj_cws/201211/t20121107_267143.html.

❹ 中华人民共和国国民经济和社会发展第十二个五年规划纲要.(2011-03-16)[2017-04-24]. http://news.xinhuanet.com/politics/2011-03/16/c_121193916_24.htm.

人才培养、完善装备设施、加强服务管理,充分发挥地市级三馆的公共文化服务职能"。❶社区文化建设的价值取向是提升社区居民素质,免费实施基本公共文化服务也是保障国民平等发展的重要措施。

近几年来公共文化服务政策密集推出,其中关于社区文化建设的内容越来越多。如要构建普遍均等的现代公共文化服务体系,就必须打造覆盖县(区)、乡镇(街道)、村(社区)的基层公共文化网络。政府应当将公共文化发展纳入经济社会发展的总体规划,促进城乡文化、区域文化的协调发展。为了缩小城乡民众享有文化权益的差别,政府必须加大对基层文化建设的扶持力度,尤其是加大向农村地区倾斜的资源投入力度。2015年1月14日,"两办"印发《关于加快构建现代公共文化服务体系的意见》,强调"把城乡基本公共文化服务均等化纳入国民经济和社会发展总体规划及城乡规划""促进城乡基本公共文化服务均等化"。❷这个"意见"后面包含"附件",明确列出了《国家基本公共文化服务指导标准(2015—2020年)》。该"指导标准"规定了三个方面的考察标准:读书看报、收听广播、观看电视、观看电影、送地方戏、设施开放、文体活动等"基本服务项目",文化设施、广电设施、体育设施、流动设施、辅助设施等"硬件设施",以及人员编制、业务培训等"人员配备"。❸这个"指导标准"旨在通过"硬件设施"与"人员配备"齐头并进,进而实现公共文化的"基本服务项目"。为全面贯彻落实《关于加快构建现代公共文化服务体系的意见》及其附件"指导标准"的基本精神,地方政府接连颁布了当地有关公共文化服务的意见、标准、方案、计划等文件。浙江省与上海市就是落实现代公共文化服务体系建设的急先锋,都根据"两办"印发的"意见"出台了相关的实施政策。

地方性公共文化服务政策接连出台,进一步完善了社区文化发展的政策措施。2015年7月8日,浙江省出台《浙江省关于加快构建现代公共文化服务体系的实施意见》及其附件《浙江省基本公共文化服务标准(2015—2020年)》。"实施意见"提出"到2020年,基本建成城乡一体、区域均衡、人群均等的现代公共文化服务体系""政府、市场、社会共同参与公共文化服务体系建设的格局逐步形成",❹要求政府、市场、社会多元参与共同提供普遍均等的公共文

---

❶《全国地市级公共文化设施建设规划》正式印发.(2012-02-07)[2017-04-24]. http://www.gov.cn/gzdt/2012-02/07/content_2060392.htm.

❷❸中共中央办公厅、国务院办公厅印发《关于加快构建现代公共文化服务体系的意见》.(2015-01-14)[2017-04-25]. http://www.fdi.gov.cn/1800000121_23_72063_0_7.html.

❹关于加快构建现代公共文化服务体系的实施意见.(2015-07-24)[2017-04-25]. http://zjnews.zjol.com.cn/system/2015/07/24/020754197.shtml.

服务。"服务标准"进一步细化了"国家基本公共文化服务指导标准"的指标，诸如"乡镇（街道）、村（社区）建有标准配置的公共电子阅览室或文化共享工程基层服务点""乡镇公共电子阅览室每周开放时间不少于28小时，农家书屋每周开放时间不少于40小时""村（社区）公共服务中心设立由政府购买服务的公益文化岗位"[1]。同年8月17日，浙江省颁发《浙江省实施基本公共文化服务标准化均等化行动计划（2015—2020年）》。该"行动计划"要求到2020年，基本建成城乡、区域、人群"三个均等"的现代公共文化服务体系：（1）推进区域均等，即推动26县和10个基本公共文化服务标准化重点市县实现基本公共文化服务的跨越式发展，全省基本公共文化服务达到一个新的高度；（2）推进城乡均等，加快农村基本公共文化设施建设、产品供给与服务改善，实现公共文化资源的科学配置与重心下沉，让城乡群众享受到基本均等的公共文化服务；（3）推进人群均等，重点关照弱势群体、特殊群体，根据不同需求提供有针对性的服务，使全体民众享受到标准化的基本公共文化服务。[2] 在一系列公共文化服务制度的规范之下，浙江省积极推进公共文化服务体系构建并开展城乡一体、区域均衡、人群均等的公共文化服务，从而极大地促进了社区文化的持续发展。

  2015年8月7日，上海市"两办"印发的《〈关于加快构建现代公共文化服务体系的意见〉的实施意见》强调："以文化设施服务人口、服务半径为基本依据"，"重点研究街道乡镇、居村公共文化设施布局，着力实现市中心城区10分钟、郊区15分钟标准化的公共文化服务圈"，"形成市、区县、街道乡镇、居村四级资源共建共享的服务网络"，"推进红色文化、社区文化、乡土文化、校园文化、职工文化、军旅文化、家庭文化建设"。[3] 该"实施意见"要求根据"服务人口标准"与"服务半径标准"大力优化基层文化设施布局，建立"城乡均衡服务"与"人群均衡服务"的基层公共文化设施网络体系，从而确保常住人口乃至流动人口都享有公共文化服务的基本权益。"实施意见"的附件《上海市基本公共文化服务实施标准（2015—2020年）》规定："采取总分馆制等方式，实现市、区县、街道乡镇公共图书馆资源共享和一卡通服务""乡镇社区文化活动中心至少配备事业编制人员1至2人，规模较大的适当增加；居村委会综合文

---

[1] 浙江省基本公共文化服务标准（2015—2020年）. (2015 - 07 - 24) [2017 - 04 - 25]. http://news.163.com/15/0724/04/AV8SRMAM00014AEF.html.

[2] 浙江省实施基本公共文化服务标准化均等化行动计划（2015—2020年）. (2016 - 02 - 03) [2017 - 04 - 25]. http://www.cacanet.cn/detail_politrid.aspx?fuwuid=8890.

[3] 中共上海市委办公厅上海市人民政府办公厅印发《上海市贯彻〈关于加快构建现代公共文化服务体系的意见〉的实施意见》的通知. (2015 - 08 - 07) [2017 - 04 - 25]. http://www.shdrc.gov.cn/fzgggz/shfz/zcwj/18961.htm.

化活动室通过财政资金购买服务等方式设立公益文化岗位,配备相应的工作人员""社区文化活动中心、居村委会文化专兼职人员每年参加集中培训时间不少于 5 天"。❶目前,上海已经形成市、区、街道公共文化三级配送体系并正在向村居第四级延伸,各级各类文化设施和基础网络建设取得了显著成效。为了打造"十五分钟服务圈"的公共文化服务体系,上海加强了作为顶层设计的制度建设。2016 年,市政府出台加强建设基层综合性文化中心的指导意见,其目标在于打通公共文化服务的"最后一公里"。❷上海市发动新闻出版行业单位和社会力量,持续开展书香"进社区、进校园、进楼宇、进企业、进农村、进军营"系列活动,使全民阅读活动覆盖面不断拓展;每年"4·23 世界读书日"期间,全市范围内开展的重点阅读文化活动达 120 余项,覆盖市民群众近 20 万人次;各区发挥图书馆、社区文化中心等资源优势,动员社会力量广泛参与,举办讲座、论坛、读书分享会、征文、演讲、诵读等主题阅读活动,让书香进入社区,惠及更多市民群众。❸上海市已经建立覆盖社区的相对完善的公共文化服务体系,从某种意义上来说是在相对完善的公共文化服务制度规范下的运行结果。

其实,上海市公共文化服务能力较强绝非偶然,因为其相关制度建设早已启动。2007 年"两办"颁布《关于加强公共文化服务体系建设的若干意见》之后,上海市就发布了《关于完善社区服务促进社区建设的实施意见》(2007 年)、《上海市社区文化活动中心管理暂行办法》(2009 年)与《上海市关于加强社区文化活动中心建设与管理的指导意见》(2011 年)等实施政策。难能可贵的是,上海一些区(县)政府也颁发配套的公共文化服务政策,有力地推动了社区文化设施建设。譬如,2016 年 4 月 1 日,上海市静安区人民政府关于印发《静安区关于加强社区文化活动中心管理的办法》的通知,强调"中心提供的基本公共文化服务全部免费开放,非基本公共文化服务可适当收取合理的费用""收费项目收费标准需低于同类活动的市场平均价格,所有收取的费用应当用于补充事业发展所需经费,不得挪作他用""区文化局负责各中心的日常监管和业务指导""区文化馆、图书馆等对中心负有业务指导、公共文化资源支撑等职责""逐步健全'十分钟文化圈'"。❹毋庸置疑,无论是社区文化服务制度,还是社

---

❶ 上海市基本公共文化服务实施标准(2015—2020 年).(2015 - 09 - 22)[2017 - 04 - 25]. http://sh. bendibao. com/news/2015922/144599. shtm.

❷❸ 上海:2020 年率先建成现代公共文化服务体系.(2017 - 04 - 25)[2017 - 04 - 29]. http://sh. people. com. cn/n2/2017/0425/c134768 - 30092498. html.

❹ 上海市静安区人民政府关于印发《静安区关于加强社区文化活动中心管理的办法》的通知.(2016 - 04 - 01)[2017 - 04 - 29]. http://www. jingan. gov. cn/xxgk/016001/016001001/20160501/383194b3 - a104 - 457a - 8006 - 0893805dfd53. html.

区图书馆服务体系，上海市均走在全国前列。

倘若再拓展分析社区文化发展的地方政策，东部沿海地区不少城市在21世纪初就采取了不少相关措施。2004年之后，东莞市委、市政府相继出台了《关于印发东莞地区图书馆总分馆制实施方案的通知》（2004）、《关于印发〈东莞市建设图书馆之城实施方案〉的通知》（2005）和《关于贯彻落实〈东莞市图书馆之城建设实施方案〉的意见》（2005）等指导公共图书馆发展的文件；东莞市文化广播新闻出版局也相继下发了《关于印发〈2007年东莞市文化信息资源共享工程建设工作方案〉的通知》（2007）和《关于印发〈东莞市"农家书屋"工程实施方案〉的通知》（2007）等相关文件❶。此外，《东莞市建设文化名城规划纲要（2011—2020年）》（2011）、《东莞城市形象总体规划工作方案（2011—2015年）》（2011）、《东莞市文化产业发展专项资金管理办法》（2015）、《沙角社区文化建设发展规划纲要（2010—2014年）》等地方性文化政策亦陆续颁布，这些政策、措施有力地促进了社区文化的快速发展。

各级政府应当制定社区文化发展战略，颁布社区文化政策法规，完善社区文化基础设施，强化社区文化人才队伍，推动社区文献资源共享，这是提升社区公共文化服务水平的重要途径。也就是说，政府部门需要通过战略布局、政策控制、舆论引导、经费拨付、资金扶持、典型示范、合理组织与人才培育等，推动社区公共文化服务设施免费开放，确保社区居民享有优质的公共文化服务。社区公共文化建设应当广泛接纳各种社会资金，建立以财政拨款为主、以社会资助为辅的多元化发展模式。这种多元化的社区文化发展模式仍须坚持公益性的基本理念，并采取适当措施激活社会力量积极参与的能量与热情。政府文化行政部门需要与非营利组织、青少年活动中心、志愿服务机构、社会服务中心等建立密切的合作关系，采取公有民营制、股份合作制、目标责任制等管理方式吸纳社会资本，从而建立政府管理、行业自律的社区文化管理体制。

3.3.3 公共图书馆建设政策

我国基层图书馆事业经历了一段曲折的发展过程，从整体上来说并没有留下多少可以称道的成绩。直至20世纪90年代末，国内基层图书馆事业仍然非常落后，甚至在很多地方连县级公共图书馆都是名存实亡❷。"十六大"之后，我国实施稳妥推动公共文化服务事业的发展战略，社区图书馆等基层公共文化设施建设因而搭上了文化发展的"顺路车"。《国家"十一五"时期文化发展规划纲要》

---

❶ 方瑞璋. 社区图书馆建设实践与经验——以虎门镇沙角社区图书馆为例. 科技情报开发与经济, 2013（22）: 97-99.

❷ 龚蛟腾. 基层图书馆的定位、反思与趋向. 图书馆工作与研究, 2013（12）: 4-9.

提出"充分发挥县图书馆对乡镇、村图书室的辐射作用""支持农民群众开办'农家书屋'"❶。当时,政府已经认识到农村基层图书馆落后的严峻事实,从而要求图书馆服务设施向农村地区辐射并免费向基层弱势群体提供文化服务。2007年初,新闻出版总署牵头发出的《关于印发〈农家书屋工程实施意见〉的通知》要求积极援建"农家书屋",解决农村"买书难、借书难、看书难"的问题❷。"农家书屋"工程的高调推出与加紧实施,实际上就是政府部门着手农村图书馆(室)建设的一次重大尝试。同年,乡镇综合文化站开启大规模投资建设计划,旨在满足广大农民群众的精神文化需求。尽管乡镇综合文化站跟图书馆还有很大差别,但其建设无疑为乡镇图书馆(室)的创办提供了良好条件。2010年,文化部、财政部下发"国家公共文化服务体系示范区(项目)创建工作"的通知,基层公共图书馆建设又成了"示范区(项目)"中的热门话题❸。乡镇综合文化站建设与"示范区(项目)"建设,有力地促进了社区图书馆等基层公共文化设施建设。《国家"十二五"时期文化改革发展规划纲要》要求"加强县级文化馆和图书馆、乡镇综合文化站、村文化室建设"❹。2012年,"十八大报告"强调"加快推进重点文化惠民工程""着力在城乡规划、基础设施、公共服务等方面推进一体化"❺。随着公共文化服务体系城乡一体化有条不紊地快速发展,我国各级政府逐渐重视并推进城乡社区图书馆建设。

街道(乡镇)图书馆、社区(村)图书馆、农家书屋以及其他民办图书馆(室),应当成为公共图书馆事业建设重要的、必要的组成部分。《公共图书馆服务规范》提出:公共图书馆是指"由各级人民政府投资兴办、或由社会力量捐资兴办的向社会公众开放的图书馆,是具有文献信息资源收集、整理、存储、传播、研究和服务等功能的公益性公共文化与社会教育设施"❻。由此可知,不管

---

❶ 国家"十一五"时期文化发展规划纲要. (2006-09-13) [2017-04-29]. http://www.gov.cn/jrzg/2006-09/13/content_388046.htm.

❷ 关于印发《"农家书屋"工程实施意见》的通知. (2007-03-28) [2017-04-29]. http://www.gov.cn/zwgk/2007-03/28/content_563831.htm.

❸ 龚蛟腾. 基层公共图书馆创办的政府行为分析. 山东图书馆学刊, 2015 (1): 13-18.

❹ 国家"十二五"时期文化改革发展规划纲要. (2012-02-16) [2017-04-29]. http://www.china.com.cn/policy/txt/2012-02/16/content_24647982.htm.

❺ 坚定不移沿着中国特色社会主义道路前进, 为全面建成小康社会而奋斗. (2012-11-08) [2017-04-13]. http://news.china.com.cn/politics/2012-11/20/content_27165856.htm.

❻ 公共图书馆服务规范(国家标准GB/T 28220-2011). (2014-06-18) [2017-04-29]. http://www.mcprc.gov.cn/whzx/bnsjdt/ggwhs/201407/t20140704_434289.html.

是各级政府创办的还是社会力量所创办的面向公众开放的图书馆,都属于公共图书馆的范畴。2013年年初,《全国公共图书馆事业发展"十二五"规划》反复强调大力加强基层公共图书馆建设,诸如"以城乡基层公共图书馆设施建设为重点""实现基层图书馆全覆盖,形成比较完备的国家、省、市、县(区)、乡镇(街道)、村(社区)六级公共图书馆设施网络""在全国乡镇和街道文化站、村和社区文化室都设立图书室或图书馆服务网点,巩固和规范已有独立建制的基层图书室""推动图书馆服务进一步向基层、社区延伸"[1]。2017年7月,文化部公共文化司发布《"十三五"时期全国公共图书馆事业发展规划》,明确提出"推进乡镇(街道)、村(社区)图书室建设","村级不具备单独设立图书室条件的,可开辟图书阅览区";"加快推进县级图书馆总分馆制建设","建立以县级图书馆为总馆,乡镇(街道)综合文化站为分馆,村(社区)综合性文化服务中心为基层服务点,上下联通、资源共享、有效覆盖的总分馆体系"[2]。显然,要构建覆盖城乡、普遍均等、方便快捷的公共图书馆服务体系,就要大力加强街道(乡镇)、社区(村落)级基层公共图书馆建设。因此,为了达到公共图书馆服务全覆盖的基本目标,公共图书馆服务体系必须将触角有效地延伸到基层,尤其是区(县)级以下的街道(乡镇)、社区(村)图书馆。

我国少儿图书馆通常附属于公共图书馆,因而可以看作是公共图书馆的一种特殊类型。少儿图书馆是专门为未成年人服务的图书馆,它直接关系到未成年人的健康成长与国家发展的美好未来。2010年12月,文化部下发《关于进一步加强少年儿童图书馆建设工作的意见》,强调"各级公共图书馆都要开设专门的少年儿童阅览室""有条件的地区……建立独立建制的少年儿童图书馆""在乡镇、街道、社区等建设少年儿童图书馆分馆(少年儿童阅览室)"[3]。少儿图书馆建设同样需要以社会力量为补充,形成多元化的办馆模式与服务机制。近年来,随着公共图书馆事业建设力度的逐步加强,少儿图书馆(室)的创办与服务亦有明显改善。因此,在社区图书馆的发展规划之中,少儿文化信息服务应当占有相当重要的地位。

图书馆学会与行业组织的积极参与,进一步丰富、贯彻与落实了国家图书馆事业的发展政策。中国图书馆学会以及其他社会组织,举办了一系列旨在加强公

---

[1] 文化部关于印发《全国公共图书馆事业发展"十二五"规划》的通知. (2013-01-30) [2017-04-30]. http://www.gov.cn/gongbao/content/2013/content_2404725.htm.

[2] 文化部关于印发《"十三五"时期全国公共图书馆事业发展规划》的通知. (2017-07-07) [2018-01-03]. http://zwgk.mct.gov.cn/auto255/201707/t20170726_685747.html.

[3] 文化部关于进一步加强少年儿童图书馆建设工作的意见. (2010-12-09) [2017-04-30]. http://www.gov.cn/zwgk/2010-12/14/content_1765361.htm.

共图书馆建设的会议，并为推动公共图书馆事业发展而积极向相关部门提出了可行性建议。2001年10月18日至21日，由中国图书馆学会和辽宁、河北、天津、山东、江苏、上海、浙江、福建、广东、广西十省、市、自治区）图书馆学会与无锡市惠山区人民政府共同主办，江苏省图书馆学会和无锡市惠山区文体局承办的"21世纪中国沿海地区乡镇图书馆发展战略研讨会"在江苏省无锡市成功举办❶。70余名参会代表聚集一堂踊跃交流，为推动基层图书馆建设建言献策❷。次年11月21~24日，由中国图书馆学会社区乡镇图书馆委员会主办的第二届中国社区乡镇图书馆发展战略研讨会，在辽宁省大连隆重召开❸。这届会议将上届会议名称"21世纪中国沿海地区乡镇图书馆发展战略研讨会"更改为"中国社区乡镇图书馆发展战略研讨会"，2007年第六届研讨会再次更名为"中国社区乡镇图书馆发展战略研讨会暨全国中小型公共图书馆联合会2007年研讨会"。此后，中国社区乡镇图书馆发展战略研讨会已经形成几乎每年举办一届的惯例，至2014年已经举办了第十三届研讨会（见表3-4）。2007年，中国图书馆学会在江苏省常熟市举办第二届"百县馆长论坛"——中德社区乡镇图书馆建设与发展研讨会，旨在探讨县（区）级图书馆在社区乡镇图书馆建设和发展过程中的核心作用及其在管理体制、资源调配、社会力量参与等各环节所面临的共性问题。❹ 在总分馆体系构建之中，区（县）级图书馆居于"中枢"地位，往往决定了社区分馆的建设成效。各级图书馆学会组织、图书馆行业相关部门、图书馆学界专家学者等积极探索基层图书馆发展议题，无疑为社区图书馆建设做出了不容忽视的贡献。

表3-4　历届中国社区乡镇图书馆发展战略研讨会

届次	时间	地点	会议主题
第一届	2001.10	无锡	21世纪中国沿海地区乡镇图书馆发展战略
第二届	2002.11	大连	21世纪中国社区乡镇图书馆理论研究与实践
第三届	2003.10	神农架	中国社区乡镇图书馆建设理论与实践研究

---

❶ 王学熙．乡镇图书馆定位、定性新思路——"21世纪中国沿海地区乡镇图书馆发展战略研讨会"纪要（摘录）．江苏图书馆学报，2001（6）：60.

❷ 徐向东，黄丽华．探社区乡镇图书馆幽微　促中国图书馆事业发展——"第二届中国社区乡镇图书馆发展战略研讨会"论文综述．图书馆学刊，2003（1）：63-64.

❸ 徐向东．第二届中国社区乡镇图书馆发展战略研讨会在大连召开．图书馆学刊，2003（1）：57.

❹ 龙叶，陶海宁．2005—2009年我国社区图书馆研究的文献计量分析．现代情报，2010（5）：124-128.

续表

届次	时间	地点	会议主题
第四届	2005.3	深圳	建设社区乡镇图书馆——步入学习型社会
第五届	2006.6	襄樊	社区乡镇图书馆与和谐社会
第六届	2007.9	大同	市县图书馆与社区乡镇图书馆的建设与发展
第七届	2008.11	南宁	图书馆：服务均等化与文献资源共享
第八届	2009.8	漠河	基层图书馆合作与可持续发展
第九届	2010.9	宜昌	基层图书馆的创新服务与可持续发展
第十届	2011.9	西安	基层图书馆——服务创新与文献资源共享
第十一届	2012.9	武夷山	图书馆：文化传承·阅读·服务
第十二届	2013.9	呼伦贝尔	图书馆知识服务与阅读推广
第十三届	2014.12	海口	图书馆员与社会发展创新

在我国现行的图书馆体制之中，县（区）级馆是明确纳入全国图书馆事业基本统计数据的基层公共图书馆，乡镇（街道）、村（社区）的图书馆（室）则处于灰色地带。它既没有清晰的主管部门，又没有合适的管理机制，因而这些图书馆甚至没有基本的统计数据。图书馆是文化的象征，也是文明的标志，更是公众的权利。正如程焕文先生所言：没有图书馆，就是没有文化；有多少图书馆，就有多少文化；有多先进的图书馆，就有多先进的文化；图书馆建设多多益善，不患其多而患其少，不患其大而患其小。[1] 社区图书馆是社区文化的集散之地，是社区居民休戚与共的第三文化空间。作为社区基础性的公共文化设施，社区图书馆保障了基层民众自由、平等、免费地享受文化的权利。当前，社区图书馆积贫积弱的现象急需根本改变，因而其政策、规范、措施等制度建设有待进一步加强。

3.4 社区图书馆的发展根基

3.4.1 社区图书馆之整体落后

我国社区图书馆发展历程较短、基础薄弱，整体处于相当落后的状态。尽管古代实际意义上的社区早就存在，并有零星的准公益性藏书处所存在，但近现代意义上的基层图书馆却诞生于清末民初。由于西方近现代图书馆具有非常强大的信息机能与社会作用，因而当时各种新兴力量或时代先驱都积极推动西式图书馆

---

[1] 程焕文. 图书馆有多大 舞台就有多大. 公共图书馆，2013（2）：2.

建设。然而我国近代基层图书馆建设尚处于滥觞阶段，只有为数甚少的通俗图书馆、民众教育馆等。这个时期图书馆事业在风雨飘摇中艰难成长，基层图书馆建设几乎处于一片空白的状态，全国只有极少数零星的社区级别的图书馆（室）。中华人民共和国成立后前三十年，公共图书馆主要承担政治宣传与扫盲教育的职责，基层图书馆因为受到政治运动的绑架而起伏不止。❶ 此时文化领域同样是公有制独步天下，社会团体、民营企业、慈善组织等都经历了"一化三改造"，社会力量完全丧失了办馆助馆的基本能力。在"大跃进""文革"等政治运动的裹挟下，基层公共图书馆事业在折腾与挫折中蹒跚而行。譬如，"大跃进"时期所创办的农村图书馆（室）由于缺乏经费支持与制度保障，喧嚣一时之后很快就陷入困境而不复存在。这个时期我国文化事业经费所占比例长期严重偏低，基层公共图书馆建设缺乏稳定条件，社区级别图书馆（室）"硕果"无存，尤其是农村地区基层图书馆的发展状况令人触目惊心。

改革开放后之前期，公共图书馆事业发展深受政策桎梏，社区级别图书馆（室）依然难以成长。20世纪80—90年代公共图书馆界"以文补文"与"以文养文"的有偿服务，几乎扼杀了基层公共图书馆正常生长的空间。尽管公共图书馆事业从整体上来说已有一定的发展，但"以经济建设为中心"和"社会主义市场经济"等国家政策亦存在一定的负面影响，基层公共图书馆事业仍然没有受到重视与扶持。尤其是在"以文养文""以文补文"的政策导向之下，大中型图书馆在经费上都面临入不敷出的窘境，诸多工会图书馆由于企业改制而被无情裁撤，至于基层图书馆基本上是无影无踪了。❷1987年2月，文化部等发布《文化事业单位开展有偿服务的经营活动的暂行办法》；1991年6月，国务院转批《文化部关于文化事业若干经济政策意见的报告》❸。在政府文化部门默许与国家有偿服务政策支持下，江苏、河北、湖北等省颁布了有关图书馆开展有偿服务的实施细则或具体措施。当时图书馆纷纷实施商业化的经营与管理，收取办证费、借阅费、服务费，或开办商店、餐饮与舞厅，或出租馆舍、场地与设备等。❹ 至1994年开展"以文补文"活动的图书馆共1242所，占总数的47.8%，其中湖北、北京、湖南、上海分别达到96%、95.5%、93.1与83.9%。❺ 即使剔除"大跃进""文革"时期基层图书馆的畸形发展以及20世纪80—90年代基层图

---

❶❷ 龚蛟腾. 基层图书馆的定位、反思与趋向. 图书馆工作与研究，2013（12）：4-9.

❸ 鲍振西. 深化改革 继续前进——纪念《图书馆工作汇报提纲》通过十五周年. 图书与情报，1995（1）：1-7.

❹ 龚蛟腾. 改革开放后图书馆事业的复兴与开拓（续）. 图书馆，2015（3）：32-39.

❺ 荀昌荣，张白影，刘元奎. 中国图书馆事业1988—1995. 成都：四川科学技术出版社，1997：21.

书馆的间歇发展，我国公共图书馆事业发展也长期存在"抓大放小"的误区，侧重于城市的大中型图书馆建设，而忽视基层图书馆事业发展❶。正是在一系列不甚恰当的大政方针的支配下，我国基层公共图书馆事业发展陷入了严重的危机之中。绝大多数基层公共图书馆在有偿服务中迷失了方向，其建设既无财政预算的政府担当又无社会力量的办馆助馆。这种错位的文化政策导致图书馆产业化的声音甚嚣尘上，基础较好的上层公共图书馆被迫想方设法搞创收，至于基础较差的底层公共图书馆就难逃破产的命运，即乡镇图书馆（室）、企业图书馆（室）、工会图书馆（室）等基层图书馆日趋没落。❷ 长期以来，我国基层图书馆建设屡兴屡毁，至今仍是图书馆事业发展最薄弱的环节。随着公共文化服务逐渐受到重视以及文化共享工程、文化站建设工程、送书下乡工程、农家书屋工程等诸多文化惠民工程逐渐实施，我国基层公共文化设施乃至基层公共图书馆设施得到了一定程度的改善。这些活动尽管换名为"工程"，但依然残留着"运动"的痕迹；过多地依靠"运动"开展图书馆工作，实际上表明基层图书馆事业发展缺乏长效机制。❸长期以来，政治运动或文化活动间歇性地铺开，决定了基层公共图书馆事业发展的剧烈波动与整体低迷。

　　直到"十六大"之后，党和政府充分认识到公共文化事业的重要性与迫切性，我国基层公共图书馆事业才迎来良好的发展契机并成为人们关注的重点❹。基层公共图书馆事业发展绝非一日之功，因而从整体来说尚有许多不如人意之处。截至 2017 年年底，我国（不含港澳台）行政区划共有 43105 个，其中中央级行政区划单位 1 个，省级行政区划单位 31 个，地级行政区划单位 334 个，县级行政区划单位 2851 个，乡级行政区划单位 39888 个（其中镇 21116 个、乡 9394 个、街道 8241 个、其他 1137 个）❺。据《中国统计年鉴》❻记载：截至 2016 年末，全国公共图书馆 3153 个（每万人拥有建筑面积 103.0 平方米），其中少儿图书馆 122 个，县市级图书馆 2744 个；公共图书馆有效借书证 5593 万个，其中少儿图书馆借书证 340 万个，县市级图书馆借书证 2404 万个；公共图书馆阅览座席 98.6 万个，其中少儿图书馆阅览座席 3.6 万个，县市级图书馆阅览座席 64.4 万个；公共图书馆总藏量 90163 万册（件），人均拥有藏书 0.65 册；

---

❶❸❹ 龚蛟腾. 基层图书馆的定位、反思与趋向. 图书馆工作与研究，2013（12）：4-9.

❷ 龚蛟腾. 基层公共图书馆创办的政府行为分析. 山东图书馆学刊，2015（1）：13-18.

❺ 2017 年社会服务发展统计公报. （2018-08-02）[2018-08-08]. http://www.mca.gov.cn/article/sj/tjgb/201808/20180800010446.shtml.

❻ 中华人民共和国国家统计局. 中国统计年鉴 2017. [2018-08-09]. http://www.stats.gov.cn/tjsj/ndsj/2017/indexch.htm.

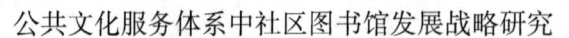

公共图书馆书刊文献外借54725万册次，其中少儿图书馆书刊文献外借3347万册次，县市级图书馆书刊文献外借27693万册次。此外，该年我国（不含港澳台）总人口138271万人，其中城镇人口79298万人（比重57.35%），乡村人口58973万人（比重42.65%）。从上述数据我们不难得出：我国平均43.85万人或3044.72平方公里才设有1座公共图书馆，平均1402.34人才有1个阅览座席，持证读者数仅占总人口的4.04%，每人年均借阅文献0.40册。这一年我国（不含港澳台）有县级以上行政区划3217个，而县级以上公共图书馆3031个（不包括少儿图书馆），尚有186个县级以上行政区划没有公共图书馆。其中，县级行政区划2851个，县市级图书馆2744个，仍有107个县级行政区划没有公共图书馆（比重为3.75%）。这些统计数据无疑揭露了公共图书馆建设所面临的残酷现实。不少县级图书馆因缺乏馆藏而成为难以为继的"空壳"，至于县级以下的街道（乡镇）、社区（村）级图书馆往往连"空壳"都踪影难觅。我国基层公共图书馆陷入了衰败不堪的境地，县（区）级公共图书馆尚且仍未普及，乡镇街道图书馆举步维艰，至于最基层的社区图书馆往往只能画饼充饥。事实上，我国社区图书馆家底空虚，一直缺乏权威、准确的统计数据。同时，由于实地考察困难，原始数据难以有效获取与收集，因此关于社区图书馆的调研数据亦问题频出。

　　社区图书馆是社区公共文化设施的重要成员，为提高国民素质与传播公共文化发挥了关键作用。由于受到文化体制不健全、资金投入没保障、业务管理欠规范等各种因素的严重制约，社区图书馆自身发展以及参与社区文化服务等都面临一系列的困境与难题。目前我国图书馆馆舍狭小、设施陈旧、经费短缺、生存困难，仅有5万多个社区图书馆（室），甚至尚有144个县没有馆舍、108个县有馆无舍；而一些欧美国家规定1.5公里半径内或从住处步行10~15分钟就应有一个图书馆，法国4.4万人、美国1.5万人、德国0.58万人、西班牙0.03万人就有一所图书馆❶。我国社区图书馆建设尚处于初创时期，其设施、馆藏、规模与服务都不甚理想，大多存在馆舍条件差、设备不配套、经费无保障、文献资源短缺、管理人员不足与服务水平低等问题。有学者概括了当前社区图书馆所面临的困境：缺乏总体规划，发展不够平衡；馆藏资源有限，投入没有保证；缺乏管理人才，服务水平较低；开放时间少，读者活动很少，甚至只建不用等。❷ 绝大多数地区的社区图书馆建设问题相当突出，馆舍设施、馆藏资源、建设经费、管理人员等都难以达标，其最基本的借阅服务都难以保证。河北省11个地市级城

---

❶ 王宇沛. 公共图书馆的发展与建设社区图书馆的必要性. 民营科技，2010（1）：67, 87.

❷ 周丽琴. 依托城市社区大学建设社区图书馆. 图书馆理论与实践，2010（1）：106-108.

镇社区图书馆建设均不理想，截至 2013 年初，石家庄市社区图书馆建设相对较好，馆均面积为 91 平方米，最大 1 家 2000 平方米，最小仅 1 平方米，占半数以上社区图书馆藏书 100 册左右，一个图书角、一个书架、1 平方米就构成了一个阅览室；唐山市社区图书馆普及率高但层次低，藏书 100 册以上的达 2250 个，藏书 1500 册以上的 637 个，城区仅有一家社区图书馆藏书 4000 余册❶。河北地级市社区图书馆的调研数据在中西部地区颇有普遍性，1 平方米的场地、100 册左右的藏书就构成了一个图书馆（室），这样的图书馆（室）居然在石家庄超半数、在唐山市占 78%。社区图书馆如此破败，国人情何以堪？

我国社区图书馆的整体发展状况并不乐观，与国外相比在规模数量、藏书结构、设施设备、运行推广、服务范围、服务水平、服务能力上，都有着很大的差距。❷即使与我国港澳台地区相比，大陆基层公共图书馆建设也有很大的发展代差。我国台湾公共图书馆建设标准规定："凡人口满 2 万人之社区，应设立社区图书馆，为县（市）图书馆之分馆"，"人口未满 2 万人之地区得设借书站时，设置图书巡回站"，并鼓励私人或私人团体依法"设立私立公共图书馆，公开为民众服务"。❸社区图书馆是公共图书馆网络体系的基层节点，应当为推动学习型社会建设创造条件。截至 2004 年，全国共有 47317 个城市社区拥有图书馆（室），覆盖率为 66.69%。❹然而，这些所谓的社区图书馆（室）徒有其名、愧对其名甚至玷污其名，它们大多数是由"一间房屋、两只书柜"组成的"门面"馆，往往面临馆舍狭小、经费拮据、文献稀缺、内容陈旧、队伍不稳、管理混乱与服务缺失等不良现象。在公共文化服务设施之中，图书馆长期处于弱势地位。我国公共图书馆发展整体落后，尤其是社区图书馆极不景气，基本上处于被忽视的状态。

尽管一些经济发达城市近年来在社区图书馆创办方面取得了很大成绩，但在设施配备、馆藏建设、人员设置、服务管理等方面都存在不少问题，从而严重地影响了社区图书馆的基本形象、服务能力与设置效果。当前，不少社区图书馆空有其名，因不能满足居民文化需求而屡屡出现"门可罗雀"的冷清现象。天津滨海新区现有社区图书馆的调查数据表明：（1）馆舍设施简陋与馆藏量少质差，

---

❶ 李菊花. 河北省社区图书馆一体化建设的构想. 河北学刊, 2013 (4)：249-251.

❷ 张小琴. 社区图书馆阅读推广计划——以金陵图书馆为例. 公共图书馆, 2012 (4)：35-38.

❸ 朱凡. 台湾地区图书馆与大陆图书馆的比较与分析. 图书馆工作与研究, 2003 (2)：31-33.

❹ 姚红军. 社区图书馆终生教育职能在构建和谐社会中的作用. 农业图书情报学刊, 2009 (1)：156-158, 168.

面积一般10~50平方米，藏书数量很少且更新缓慢；（2）专业馆员缺乏与服务能力不足，管理人员多为兼职，开馆时间随意性很大，既无法保证图书馆正常开放，又缺乏业务管理和信息服务技能；（3）服务形式单一与服务效果较差，书刊借阅、文化休闲、信息咨询及讲座培训等服务几乎空缺（见表3-5）❶。除了一些隶属总馆的社区分馆（服务点或流通点）相对较好之外，大多数农家书屋等社区（村）图书馆（室）均不理想。构建完善的社区图书馆服务体系仍然任重而道远，即使在硬件设施方面完成了初步的配置要求，也难掩社区图书馆服务效能低与社区居民满意度低的客观现实。

表3-5 天津滨海新区社区图书馆建设现状统计表

区划	街镇居委会村委会（个）	图书馆数量（所）	平均覆盖率（%）	人口数量（人）	藏书总量（册）	人均拥有藏量	图书馆总面积（m²）	计算机数量（台）	管理人员（人）	
									专职	兼职
塘沽区	139	76	54.68	847 658	101 592	0.12	3 894	125	1	74
汉沽区	73	57	78.08	225 141	113 384	0.5	1 938	7	18	53
大港区	141	73	51.77	573 099	124 700	0.22	2 540	20	—	73
开发区	10	5	50	73 000	8 000	0.11	300	48	—	5
合计	363	211	58.13	1 718 898	347 676	0.2	8 672	200	19	205
									\multicolumn{2}{c}{224}

2013年7月至2014年2月，我们通过实地考察与问卷调查的形式，在25个省/市（不包括北京、上海、天津、西藏、新疆、青海6省/市）进行基层公共图书馆的发展现状调研。❷ 调研数据表明：城市地区（街道、社区）基层公共图书馆的整体设置率为31.81%，其中街道、社区的图书馆设置率分别为64.83%、28.75%；农村地区（乡镇、行政村）基层公共图书馆的整体设置率为15.90%，其中乡镇、行政村的图书馆设置率分别为52.62%、12.73%。我们还从调研数据中发现了三大值得警惕的问题：（1）数据失真相当严重，相关部门的统计数据与实际情况有较大差别；（2）地区差异非常突出，地区之间、城乡之间社区图书馆设施有较大差别；（3）数字鸿沟愈发突出，农村地区的信息设施、数字资源与网络服务比较落后。总而言之，无论是有关部门的统计数据，还是文献资料

---

❶ 许江涛. 城市社区图书馆建设现状与公众需求研究——基于对天津滨海新区的调查分析. 河南图书馆学刊，2013（12）：5-7,18.

❷ 龚蛟腾. 城镇化进程中基层公共图书馆建设研究. 北京：知识产权出版社，2015：61-64.

的记录数据，抑或是调查研究的原始数据，都表明了我国社区图书馆整体落后的基本事实。

3.4.2 社区图书馆之东部领跑

我国社区图书馆建设的地区差异乃至地区鸿沟极其显著，东部地区社区图书馆的发展水平明显高于中西部地区、欠发达城市，仅就硬件设施而言，部分发达城市基层公共图书馆服务体系的技术应用水平达到甚至超过了西方发达国家。社区图书馆属于文化事业这种上层建筑的范畴，其布局规划、创办运行、发展程度等都跟经济基础有十分密切的关系。经济发展水平决定文化建设和文化服务的水平，地区之间经济发展差距导致地区之间公共文化服务的非均等化，即我国东部地区经济发达、文化设施比较齐全，西部地区经济落后、文化设施较为薄弱❶。经过21世纪初的快速发展，上海、广州、深圳等东部经济发达城市的社区图书馆建设明显达到较高层次，其社区图书馆服务已经走入社区居民的日常生活之中。东部沿海地区以及内地一线发达城市的经济发展程度相对较高，其社区图书馆等基层公共文化服务设施因而也达到一定发展水准。

北京市已经建立相对完善的公共图书馆服务体系，一方面政府部门积极主导公共图书馆不断向基层延伸，另一方面政府部门积极引导社会力量参与基层公共图书馆运营。近年来，首都图书馆和各区县图书馆开始探索和实践进社区、建分馆的途径和方法，争取更多的人能利用图书馆资源❷，从而有效地提升了基层民众享受图书馆服务的水平。北京市采取公共图书馆开设社区分馆、两个以上主体联合办馆、住宅小区自建图书馆、创办民营或私营图书馆、创建农村图书室或文化大院等方式构建基层图书馆体系（顺义区农村图书室覆盖率达100%），到2011年年底已建立以首都图书馆为中心馆、22个区（县）级图书馆为分中心馆、159个街道（乡镇）图书馆（街道乡镇共322个）以及2690个社区（村）图书馆或图书室（居委会2773个、村委会3941个）为网点的多元化通借通还公共图书馆服务网络：其中，有社区与企业、学校等共同筹建的社区图书馆，如由房地产企业提供馆舍、管理人员与运营经费的首都图书馆山水文园分馆；有小区物业部门解决人、财、物的社区图书馆，如2007年天通苑住宅区物业部门投资10余万元开设5个社区图书馆；有个人或民间力量创办并实行市场化收费服务的社区图书馆，如2003年成立首家股份制的"北京科教图书馆"，等等❸。除了政府部门建立基层公共图书馆总分体系外，北京还通过多种方式引入社会资金创办民营

---

❶ 徐文宇. 新型城镇化背景下公共文化服务均等化研究. 湖北工业大学, 2016: 20.
❷ 张爱梅. 论社区图书馆发展的对策. 内蒙古科技与经济, 2010 (1): 128 – 130, 132.
❸ 于书平. 北京市社区图书馆运行机制创新研究. 北京教育学院学报, 2013 (1): 42 – 47.

社区图书馆。

上海市作为近代公共图书馆事业的重要发源地之一,其公共图书馆服务体系已经达到相当高的发展水平。早在1989年,上海220个乡镇就全部办有图书馆❶,这在当时绝对是一件了不起的文化成就。1998年,上海市开始实施借还书"一卡通"网络化管理,将社区图书馆成功地纳入公共图书馆服务体系。"九五"期间(1996—2000年),上海市的市、区(县)、街道(乡)、居委会(村)四级公共图书馆网络体系已经初具规模,中心城区里弄(村)图书室的总数达到3200多个❷·❸。20世纪末,上海公共图书馆服务体系建设卓有成效,社区图书馆建设远远走在全国前列。2007年上海已建成200多家街道图书馆,95%的社区拥有自己的图书馆或阅览室❹,平均3.7万人拥有1所图书馆❺。上海市社区图书馆发展比较迅速和规范,一般都有3万册以上的藏书,并且有常规资金的投入,每年达到十几万元甚至几十万元❻。经过21世纪初的快速发展,上海基层图书馆服务基本普及,达到了比较理想的布局状态。现在,上海市共有街道(乡镇)级别以上的图书馆238家(市级馆2家,区级馆23家,街道与乡镇级馆213家),每10万市民拥有1.2家图书馆(限街道与乡镇级别以上图书馆),人均藏书3.27册,均处于国内领先地位;每年图书外借服务7000余万册次,流通服务人次达3400万余人次❼。即使是最底层的社区图书馆(里弄图书馆或村图书馆),也基本达到服务体系全覆盖的建设要求。上海市建立"上海阅读文化推广新媒体联盟",创设"书香上海"微博、微信(公众号68个),推介精品图书和特色阅读活动,开展线上线下互动交流,覆盖粉丝数量超过200万以上。❽显然,上海公共图书馆建设又在积极应用数字化新媒体技术,引领全国公共图书馆的虚拟数字服务阔步向前。

广州市作为东部经济发达地区的省会城市,其街道(乡镇)、社区(村)级基层公共图书馆建设同样取得了令人瞩目的成就。广州市文化主管部门制定了在成熟住宅小区联合办馆的政策,要求由市图书馆和社区联合共建社区图书馆。截

---

❶ 谷遇春. 新形势下乡村社区图书馆的发展思路. 图书馆,2008(3):115-117.

❷ 王流芳等. 社区图书馆的理论与实践. 北京:中国民族摄影艺术出版社,2002:150.

❸ 孟广菊. 论社区图书馆可持续发展的根本途径. 图书情报工作,2009年增刊(1):84-86,120.

❹ 秦子淮,傅秀兰. 社区图书馆信息服务发展对策探析. 农业图书情报学刊,2010(6):285-288.

❺ 丁小明. 论义乌市社区图书馆之构建. 科技情报开发与经济,2010(7):72-74.

❻ 张爱梅. 论社区图书馆发展的对策. 内蒙古科技与经济,2010(1):128-130,132.

❼❽ 上海:2020年率先建成现代公共文化服务体系.(2017-04-25)[2017-06-21]. http://sh.people.com.cn/n2/2017/0425/c134768-30092498.html.

至2009年年底，该市基本建立市、区、街（镇）、社区（村）四级公共文化服务体系，图书馆、文化馆、文化站、文化室建设率达到100%；在文化室配套建成1228家农家（社区）书屋，759家绿色网园；全市总藏书约900万册，人均1.67册。❶ 广州市形成了社区图书馆（室）与社区文化站（室）相结合的办馆特色，如荔湾区社区图书馆（室）大多设在社区文化室之内，而文化室通常又与社区居委会、老年活动中心、居民娱乐场所等合在一起共用。该区22个街道有社区数量193个，其中111个社区已建成文化室，社区文化室总面积为5482.29平方米，藏书总量为86170册，社区图书馆的总普及率为57.5%（见表3-6）。❷ 如表3-6所示，社区文化室面积多为50平方米左右，14个100平方米以上（占比12.6%），33个20平方米以下（占比29.7%）；社区图书馆（室）总藏书量86170册，大多藏书量只有400~500册，18个藏书量1000册以上（占比16.2%），最少的藏书仅有20多册。广州市不少社区图书馆的硬件资源相对较好，如海珠区素社文化站之下的素社家园图书馆亦属于海珠区图书馆的分馆，扩建后面积有260多平方米，分阅览、上网、外借三个区域，其中阅览区有100平方米，上网区有10台电脑，外借区藏书量有2万多册。❸ 此外，广州还积极创办流通服务站点，方便广大社区居民利用文献资源。计划到2020年，全市街（镇）图书馆实现通借通还，社区（村）图书室、24小时自助图书馆、流动图书车等全面落实❹。由此可知，广州市社区图书馆服务设施相当完备，为广大社区居民享受图书馆服务提供了硬件保障。

表3-6　广州市荔湾区街道社区文化室情况统计表（2009年）

街道名称	社区数量/个	未建文化室数量/个	已建文化室数量/个	文化室总使用面积/m²	有专人管理的社区数量/个	藏书数量/个	备　注
彩虹街	11	7	4	215	0	1 377	其中1个文化室面积20m²以下，与居委合用
多宝街	12	0	12	447	0	6 792	其中1个文化室面积20m²以下，与居委合用

---

❶ 广州市举行公共文化服务体系建设座谈会．（2010-04-23）[2017-05-21]．http://news.dayoo.com/guangzhou/201004/23/73437_12591106.htm．

❷ 杨文珠．广州市社区图书馆的建设研究．科技情报开发与经济，2010（18）：73-76．

❸ 肖永英，阳娟兰．广州市社区图书馆读者满意度调查．图书馆，2010（5）：53-57．

❹ 广州市建设"图书馆之城"．（2015-12-17）[2017-06-21]．http://www.guangzhou.gov.cn/node_2190/node_2222/2015/12/17/1450323825611029.shtml．

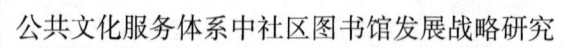

续表

街道名称	社区数量/个	未建文化室数量/个	已建文化室数量/个	文化室总使用面积/m²	有专人管理的社区数量/个	藏书数量/个	备注
金花街	12	6	6	220	0	4 250	其中5个文化室面积20m²以下,与居委合用
南源街	13	3	10	112	0	3 582	其中8个文化室面积20m²以下,与居委合用
岭南街	10	10	10	0	0	0	
龙津街	11	8	3	145	1	1 650	
逢源街	14	3	11	470	0	4 248	其中1个文化室面积20m²以下,与居委合用
西村街	8	3	5	95	0	3 580	其中3个文化室面积20m²以下,与居委合用
昌华街	7	0	7	131	7	4 220	其中4个文化室面积20m²以下,与居委合用
华林街	14	9	5	425	4	3 700	其中1个文化室面积20m²以下,与居委合用
沙面街	2	0	2	80	0	30 000	要缴纳租金,两间共9 600元/a
站前街	6	0	6	75.29	6	1 975	其中5个文化室面积20m²以下,与居委合用
桥中街	6	0	6	270	6	2 400	
石围塘街	13	11	2	50	2	4 200	其中1个文化室兼老人活动中心
花地街	9	0	9	252	0	1 040	其中1个文化室面积20m²以下,与居委合用
茶 街	11	9	2	550	2	3 200	
东漖南	6	4	2	120	1	6 500	
冲口街	10	0	10	1 340	10	3 446	

续表

街道名称	社区数量/个	未建文化室数量/个	已建文化室数量/个	文化室总使用面积/m²	有专人管理的社区数量/个	藏书数量/个	备注
白鹤洞街	9	8	1	25	0	1 000	
东沙街	4	0	4	315	2	8 060	其中1个文化室面积20m²以下
中南街	2	1	1	50	0	5 000	
海龙街	3	0	3	95	0	12 350	其中1个文化室面积20m²以下
合计	193	82	111	5 482.29	41	86 170	其中33个文化室面积20m²以下

深圳市基层图书馆建设走在全国前列，这与深圳市倾情实施"百村书库""图书馆之城"等文化项目有莫大关系。1995年，溪头村图书馆建设开启了深圳市宝安区"百村书库"工程之序幕；1996年年底，宝安区出台的《创建高标准文明区实施办法》提出"加强文化阵地建设，建立和完善区、镇、村三级活动网络"，"文明镇（街道）""文明村"分别要求"1997年底以前建成一个图书馆""1998年底前建立一个图书馆（室）"。❶当时，这种公共文化设施计划颇具前瞻性，其基层图书馆建设要求也可圈可点。1997年，根据《关于在全国组织实施"知识工程"的通知》的"万村书库"建设要求与《广东省关于贯彻实施"知识工程"意见的通知》的"千村书库"建设要求，宝安区推出1997—2000年全区125个行政村各建立1个图书馆的"百村书库"工程，即采取由村集体提供场地、工作人员，区、镇两级政府资助，区图书馆负责技术指导的形式在各村大规模建设图书馆。❷在各相关部门的通力合作之下，宝安区"百村书库"工程的建设成效极为显著，成了乡村社区图书馆发展的一面旗帜。2003年，深圳市启动"图书馆之城"建设工程并发布"三年实施方案（2003—2005）"，制定了社区图书馆达标评估标准：馆舍面积不小于100平方米，藏书3000册以上，报纸30种以上，期刊100种以上，有专职人员，每周开放时间不少于36小时。❸

---

❶❷ 温友平. 文化的力量. 深圳：海天出版社，2012：36-37.
❸ 白淑春. 城市图书馆资源的整合与创办社区图书馆的途径. 当代图书馆，2008（1）：34-36.

"图书馆之城"项目的顺利实施,有力地推动了深圳市基层公共图书馆的建设。深圳市在2006年就拥有517家达标的社区图书馆,已初步形成了一个以市图书馆为龙头、以区图书馆为骨干、以街道以下图书馆为节点且社区图书馆遍布全市的四级公共图书馆网络。❶ 该市"图书馆之城"力图打造"无边界图书馆网络",提供无所不在、无时不有的图书馆服务。截至2015年年底,全市共有公共图书馆620座,其中3座市级馆,8座区级馆,609座基层图书馆,实现了每15万人拥有一座公共图书馆、每1.5万人拥有一座社区图书馆(室)、人均藏书量2册的目标,同时还布点了240个城市街区自助图书馆。❷ 深圳市已经建成星罗棋布的四级公共图书馆服务体系,能够确保每一个社区都能享受到公共图书馆服务。

南京市作为东部经济发达的核心城市之一,其基层图书馆在建设成就中透露出了不少隐忧。2011年金陵图书馆6个社区分馆总借阅量为77499册,若以年开馆313天计算(每年52周,每周闭馆1天),则平均每个社区图书馆每天的借阅量约为41册。❸ 每天40余册的借阅量显得有点寒碜,但相比中西部农村地区"无馆可开"或"有馆不开"来说也过得去了。南京市11个区82个街道办事处的抽样调查表明,目前社区图书馆的知晓度、影响力、利用率与服务质量都比较低,只有36.75%的公众听说过社区图书馆,更有甚者仅有6.56%的公众从社区图书馆借书;调查对象中5.07%的人办了社区图书馆借书证,不去或不利用社区图书馆的原因与比例分别为:书太少33.25%,没有需要的书31.06%,新书少28.08%,不了解24.76%,服务环境差24.41%,不需要14.70%,没时间10.24%,其他6.74%❹。从市民图书馆利用率偏低的事实来看,南京基层公共图书馆有待进一步加强资源建设与提高服务水平。南京市民对社区图书馆建设布局总体感觉,满意与不满意以及介于两者之间者几乎各占1/3,88.71%的被调查公众认为有必要建设社区图书馆,公众住所附近(1.5公里内)有社区图书馆的仅占20.56%(不包括11.55%的不知道者)(见表3-7)❺。南京作为我国经济非常发达的大都市,拥有相对较好的社区图书馆建设条件与人文环境,然而竟然有高达2/3的市民不满意社区图书馆的建设布局。显然,经济欠发达地区的社区

---

❶ 秦子淮,傅秀兰. 社区图书馆信息服务发展对策探析. 农业图书情报学刊,2010(6):285-288.

❷ 图书馆之城简介. [2017-06-01]. https://www.szln.gov.cn/lib/about/9.do.

❸ 张小琴. 社区图书馆阅读推广计划——以金陵图书馆为例. 公共图书馆,2012(4):35-38.

❹❺ 夏彦,刘磊,冯英华. 城市社区图书馆现状与公众需求调查与分析. 图书馆杂志,2010(6):31-33,60.

图书馆更难以满足居民要求,东西部地区之间的社区图书馆失衡问题尚无有效缩小之迹象。

表3-7 公众对社区图书馆设置的认知

样本项目	选择项目	人数	比重(%)
您认为您所在的社区有必要建社区图书馆吗?	有必要	1014	88.72
	无必要	43	3.76
	不知道	86	7.52
您家附近(1.5公里以内)是否有社区图书馆?	有	235	20.56
	没有	776	67.89
	不知道	132	11.55
您对社区图书馆建设布局的评价如何?	很满意	97	8.49
	比较满意	277	24.23
	一般	388	33.95
	不太满意	257	22.48
	很不满意	124	10.85

此外,东莞市、天津市、宁波市、大连市等东部发达城市,都在社区图书馆建设中取得了骄人成绩。2011年,东莞市政府实施"文化惠民"工程,提出市、镇(街)按比例共同投资建设,要求社区(村)公共文化设施达到如下标准:文体广场、综合文化活动室、公共图书阅览室、公共电子阅览室分别不小于1000平方米、200平方米、60平方米、40平方米。❶ 显然,东莞市公共文化设施配置达到了较高水平,为中西部地区做出了良好的示范。2013年,天津市滨海新区社区图书馆总量达211个,平均覆盖率为58.13%,每1.2万人拥有一个社区图书馆,人均拥有藏书量0.2册(见表3-5)❷。滨海新区在社区图书馆布局规划方面无疑是比较成功的,但在馆藏资源配置方面仍然需要加大投入,否则难以满足社区居民的文献信息需求。宁波市已经建立一批高标准、现代化的新型社区阅览室,社区居民通过"宁波文化网"开展网上借书,只要发出借书的电子邮件,

---

❶ 叶静婷. 浅议社区图书馆可持续发展途径——以虎门镇社区图书馆为例. 科技情报开发与经济,2012(12):79-80.

❷ 许江涛. 城市社区图书馆建设现状与公众需求研究——基于对天津滨海新区的调查分析. 河南图书馆学刊,2013(12):5-7,18.

市图书馆就会在48小时内将书送到读者所属的社区阅览室。[1] 大连市西岗区下辖7个街道,建立了一卡通用的资源共享体系,每个社区均建有服务半径不超过1公里的社区图书馆(见表3-8)。[2] 显而易见,东部发达城市的社区图书馆建设取得了长足进展,业已建成市、区(县)、街道(乡镇)、社区(村)四级公共图书馆网络体系,从而为社会提供普遍、均等、自由的图书馆服务。

表3-8 大连市西岗区社区图书馆数量分布

街道名称	辖区面积（平方公里）	社区数量（个）	社区图书馆数量（个）	每个社区图书馆服务半径（公里）
八一路街道	7.15	8	8	0.89
人民广场街道	3.42	6	6	0.67
白云街道	7.09	8	8	0.88
日新街道	1.84	6	6	0.31
北京街道	1.93	7	7	0.27
站北街道	3.07	4	4	0.77
香炉礁街道	2.32	6	6	0.39
合计	26.82	45	45	0.51

我国东部社区图书馆建设一直处于领跑状态,而中西部地区社区图书馆建设则明显存在令人遗憾的发展差距。调查数据表明社区图书馆事业整体发展不甚理想,在馆舍、经费、资源、人员、管理、服务等方面均存在不少弊端:(1)馆舍不合要求,63.25%的受调查者不知道有社区馆,91.8%的社区馆面积约30~100平方米,常因图书存放在活动室、会议室的角落而名曰图书角;(2)经费严重不足,39.66%的社区馆有年度经费投入,但其中91.3%的馆不足5000元;(3)资源相当拮据,社区馆馆藏很少,书刊采购随意,数字资源欠缺;(4)管理人员紧缺,他们不专业和不稳定,仅1/5的社区馆有专职人员,41.38%的社区馆对工作人员组织过业务培训;(5)管理机制不全,一般由各社区居委会管理,馆藏资源管理较为混乱;(6)服务难以保证,大多数社区馆开放时间不稳定,面向残障人士与未成年人的服务缺乏。[3] 这些因素严重地钳制了社区图书馆

---

[1] 张爱梅. 论社区图书馆发展的对策. 内蒙古科技与经济, 2010 (1): 128-130, 132.

[2] 赵莉, 田广琴, 李萍. 大连市社区图书馆状况调研及思考. 图书馆论坛, 2012 (4): 115-119.

[3] 夏彦, 刘磊, 冯英华. 城市社区图书馆现状与公众需求调查与分析. 图书馆杂志, 2010 (6): 31-33, 60.

建设，尤其成了中西部地区社区图书馆建设难以逾越的障碍，政府部门需要通过政策、投入、措施等途径加强对社区图书馆的管理、扶持与引导。

3.4.3 社区图书馆之城市较好

我国城市之间、城乡之间的社区图书馆发展极不平衡，发达城市社区图书馆发展水平明显高于欠发达城市，而非发达城市社区图书馆发展水平又明显高于农村乡镇。城乡各类基层公共文化服务设施相差甚远，这也体现在城乡社区图书馆建设之上。截至2015年年底，全国建成城乡社区综合服务设施15.3万个，城市与农村的覆盖率分别为82%、12.3%❶。城乡社区综合服务设施设置存在明显差异，从而也折射出城乡社区图书馆存在明显差距。近年来，一线大城市或经济发达城市往往建立了包括社区图书馆在内的层次分明的总分馆体系，甚至还配置了流动图书馆、汽车图书馆等服务设施。社区图书馆加盟区域性"通借通还"的总分馆体系，有利于确保社区居民在家门口就能够方便地借阅与归还该体系中的文献资源，也有利于设置一定数量的专业管理人员并为社区居民提供文化信息资源服务。二线城市或经济中等城市的社区图书馆建设开始加快，但绝大多数社区图书馆还达不到相关服务标准的基本要求。它的资源配置、人员设置、经费支持以及服务水平，都远远不及一线大城市或经济发达城市的社区图书馆。至于三线城市以及农村乡镇的社区图书馆建设，则明显处于非常尴尬的落后状态。这些社区图书馆设施破旧、人员空缺、文献紧缺、经费拮据，甚至连日常开馆都难以为继。显然，我国社区图书馆建设至少可以分为三个层次：发达城市的社区图书馆建设卓有成效，非发达城市的社区图书馆建设开始起步，农村乡镇的社区图书馆建设明显欠缺。

（1）发达城市的社区图书馆建设卓有成效。近年来，经济发达城市的社区图书馆（室）逐渐增多，其文献信息服务效果亦逐步提升。广东省作为改革开放的前沿地区，经济、文化发展都达到了很高的层次。截至2012年12月，佛山市南海区初步建成覆盖区、镇、村三级的公共文化服务设施网络，基本实现村村有社区图书馆（室）：该区有280个社区图书馆（室），总建筑面积近3万平方米，总藏书量超90万册，专职工作人员比例不足30%，年进馆（室）读者超83万人次，书籍年流通超66万册次（详见表3-9）❷。南海区各社区图书馆的硬件设施、馆藏资源都达到了一定规模，能够较好地满足社区居民的信息需求。社区图书馆的大力创办与正常运转，离不开制度与政策的充分保障。在国家宏观政策

---

❶ 关于印发《城乡社区服务体系建设规划（2016—2020年）》的通知. (2016-10-28) [2017-06-30]. http://www.mca.gov.cn/article/yw/jczqhsqjs/fgwj/201612/20161200002614.shtml.

❷ 麦伟焰. 浅论南海区社区图书馆（室）建设的现状与思考. 黑龙江科技信息, 2013 (10): 122-123.

的引导之下，大中城市所在地的地方政府往往也制定了相关的配套制度。2008年，虎门镇制定的《关于加快虎门镇社区图书馆建设的意见》规定政府补贴藏书量3000册以上、面积150平方米以上的社区图书馆，即政府对藏书量在3000册、5000册、8000册以上的社区图书馆分别一次性补贴10000元、30000元、50000元❶。当年，虎门镇补贴17个社区图书馆共51万元，其中13个为新建社区图书馆。地方政府补贴社区（村）创办社区图书馆，显然是一条推动社区图书馆建设的可行途径。2011年初，虎门镇下发《关于虎门镇建设"图书馆之镇"实施方案的通知》，将社区图书馆建设纳入各社区文化建设规划，要求形成以东莞图书馆为总馆、以虎门图书馆为中心分馆并在27个村（社区）及企事业单位设立分馆的总分馆体系；其中，沙角社区图书馆面积约800平方米，设置图书阅览区、报刊阅览区、少儿阅览区、电子阅览室和村史展览室等5个基础功能室，设计阅览座椅120席，设计藏书约8万册，计划设置工作人员5名❷。该馆仅2012年首批购买文献就达1.5万册，这显然不是一般的社区图书馆所能达到的规模。2012年，张家口市桥西区、桥东区共有12个街道办事处，83个社区居委会，总人口46万；有71个社区图书室（"图书角"），总面积2436平方米，藏书总量74995册，阅览座位1089个，馆均面积29.3平方米，馆均藏书905册，馆均座位15.34个，人均藏书0.16册。大部分社区图书室是集图书、活动、会议、娱乐为一体的多功能、综合性场所，面积最小的只有10平方米左右，藏书最少的仅有20册，90%以上社区开馆时间不固定、读者随来随开，个别图书馆双休日开放。❸经济发达地区通常以城市为中心，构建了基层公共图书馆服务体系。

表3-9 南海区社区（村级）图书馆（室）概况统计表（截至2012年12月）

序号	镇（街道）	社区图书馆（室）数量（个）	管理员数量 注：（）内数字为专职管理员数量	建筑面积（m²）	藏书量（册）	年进馆人次	年流通册次
1	西樵	37	38（10）	4378	118344	105811	43789
2	狮山	52	52（51）	4760	152269	172186	208573

---

❶ 叶静婷. 浅议社区图书馆可持续发展途径——以虎门镇社区图书馆为例. 科技情报开发与经济，2012（12）：79-80.

❷ 方瑞璋. 社区图书馆建设实践与经验——以虎门镇沙角社区图书馆为例. 科技情报开发与经济，2013（22）：97-99.

❸ 牛金凤，王剑和，杨晔. 中小城市社区图书馆建设研究——以冀西北城市为例. 郑州航空工业管理学院学报，2013（6）：70-74.

续表

序号	镇（街道）	社区图书馆（室）数量（个）	管理员数量 注：（ ）内数字为专职管理员数量	建筑面积（m²）	藏书量（册）	年进馆人次	年流通册次
3	里水	36	36（0）	4570	44600	71900	26900
4	九江	10	10（2）	730	24361	41264	26669
5	大沥	64	64（3）	7280	104000	109170	114493
6	丹灶	29	29（0）	2690	212812	136800	47900
7	桂城	38	38（3）	2660	96443	139081	852335
8	罗村	14	14（5）	1700	149645	58350	108170
	合计	280	281（74）	28768	902474	834562	661729

浙江省经济发达、文化繁荣，因而其社区图书馆建设起步较早。截至2007年年底，宁波市11个县（市、区）、149个乡镇（街道）均建有图书室，覆盖率为100%；423个社区中有337个建有图书室，覆盖率为79.67%；2652个行政村中有1259个建有图书室，覆盖率为47.47%（见表3-10）❶。不管城乡社区图书馆设施、资源与服务之差距，单就社区图书馆数量来说，宁波城区社区馆几乎比农村社区馆多出一倍。2008年浙江省衢州市城区7个街道30个社区已有29家社区图书馆，其中19家藏书超过2000册，2家拥有万册以上藏书；其经费来源主要有：（1）大部分靠街道补助；（2）社区自筹、单位捐赠以及社会扶持；（3）业务主管部门的奖励和扶助。❷江浙地区为人文渊薮之地，社会公众历来就有阅读传统，因而社区图书馆建设达到较高水准亦不足为怪了。

表3-10 宁波市社区（村落）图书室建设情况

县（市、区）	社区（村落）总数	社区（村落）图书室总数	覆盖率（%）
海曙区	72	63	87.50
江东区	72	69	95.83
江北区	148	96	64.86

---

❶ 刘燕．宁波乡村、社区图书馆网络的健全及特色服务．图书馆学刊，2009（4）：46-48．

❷ 李雪仙．衢州社区图书馆发展现状剖析及对策思考．图书情报工作，2010（9）：99-102，42．

续表

县（市、区）	社区（村落）总数	社区（村落）图书室总数	覆盖率（%）
鄞州区	483	388	80.33
镇海区	86	58	67.44
北仑区	262	227	86.64
慈溪市	344	234	68.02
余姚市	314	155	49.36
奉化市	354	42	11.86
宁海县	426	91	21.36
象山县	514	173	33.66
合　计	3075	1596	51.90

辽宁省沈阳市历史比较悠久、经济条件较好、基础设施较强，社区图书馆的创办与运营因而相对较好。2010年全市1824个社区/乡镇中社区图书馆的总普及率达到67%，就普及率而言，市区的沈河、和平、大东、东陵高达100%，而郊县社区图书馆的普及率相对较低，如郊区的新民、康平分别仅为54%与56%（详见表3－11）[1][2]。尽管社区图书馆67%的创办率离基本普及尚有一定差距，但相对中西部农村地区来说已经是一个难以企及的数据了。该市和平区面积37.6平方公里，人口66万人，12个街道、82个社区图书馆发展情况见表3－12，其中面积在100平方米以上的图书馆只有15%，总藏量在万册以上的占29%[3]。该市大多数社区图书馆的建设问题多于成绩，有待今后进一步加大投入、强化管理与提升绩效。譬如社区图书馆馆舍往往是集图书、活动、娱乐室于一体的多功能、综合性场所，馆舍面积多数在50平方米左右，和平区皇寺路社区图书馆、铁西区霓虹街道新湖图书馆等有200平方米以上，最小的仅有十几平方米；馆藏数量在千册左右，超过5000册的只有29个，数量最少的约500册；90%以上的社区馆每周开馆5天（早9点~晚5点），每周开馆时间平均在40小时[4]；管理人员大多为身兼数职的退休干部、中小学教师，没有受过图书馆专业培训，只能做一些简单的借阅工作；购书经费极其紧缺，主要靠街道办事处挤出一点创收款

---

[1] 董秀菊. 沈阳地区社区图书馆建设综述. 图书馆学刊，2010（1）：71－73.

[2][4] 刘文慧. 近5年沈阳地区社区图书馆建设调研分析. 中小学图书情报世界，2010（1）：10－11，22.

[3] 段秀红. 社区图书馆评估的问题与对策. 图书馆学刊，2010（5）：13－14.

购买图书,以及靠社区居民捐赠图书。[1] 作为省会城市的沈阳,其社区图书馆建设尚且暴露如此之多的问题,中西部农村地区社区图书馆的发展状况就更加令人忧心了。

表3-11 沈阳市各区社区图书馆数量分布

	大东	和平	沈河	铁西	皇姑	东陵	苏家屯	沈北	于洪	新民	辽中	康平	法库
社区或村	88	86	67	131	101	119	187	119	178	368	207	174	240
图书馆	88	86	67	84	81	119	150	78	125	198	145	97	144
普及率	100	100	100	64	90	100	80	66	70	54	70	56	60

表3-12 沈阳市和平区社区图书馆情况统计

单位名称	面积100m² 以上(家)	总藏量万册以上(家)	人员(个)	社区数量(个)
南市场街道	1	1	3	6
浑河湾街道	0	4	1	8
太原街道	1	4	2	11
八经街道	1	0	5	7
集贤街道	1	2	3	9
西塔街道	3	2	3	6
北市场街道	1	4	2	6
马路湾街道	1	4	3	8
南湖街道	2	0	4	9
新华街道	2	7	1	10
长白街道	0	0	1	1
沈水湾街道	租用房子,等待回迁			1

辽宁省朝阳市社区图书馆发展程度与沈阳市相比存在较大的差距,这在很大程度上也诠释了两市的基本地位与经济差距。2013年,朝阳市双塔区政府将社区图书馆建设列入政府民生工程计划,在辖区内10个街道54个社区中选出12个社区进行试点建设(见表3-13),现已初步形成区中心馆下设社区分馆的公共图书馆服务体系。[2] 由表可见,这些社区图书馆的馆舍面积严重偏少,文献资

---

[1] 董秀菊.沈阳地区社区图书馆建设综述.图书馆学刊,2010(1):71-73.
[2] 张红宇.关于我国社区图书馆建设的思考.科技情报开发与经济,2014(5):110-112.

源非常欠缺，管理员均为兼职，开馆时间极不规范。辽阳市宏伟区的城区13个社区都建立了社区图书馆，总藏书量达5万余册，其中面积最大的200平方米，最小的30平方米；藏书最多的1万余册，少的500余册；报刊种数最多的50余种，少的10来种。❶ 同一个城市不同区域之间存在经济发展代差，因而在基层公共图书馆设施建设方面也出现了较大的差距。近年来，在东部沿海发达城市或中西部一线城市，基层图书馆建设确实取得了一定成效。

表3-13 辽宁省朝阳市双塔区社区图书馆建设情况

社区名称	原有藏书/册	配套藏书/册	兼、专职	学历	年龄/岁	面积/m²	座席/位	开馆时间
蓬莱社区	200	2 000	兼	专科	38	25	10	半天
怡盛园社区	1 000	2 000	兼	中专	59	40	20	2 h
商行社区	1 340	2 000	兼	本科	35	18	8	周六、日
凌东社区	108	2 000	兼	专科	36	17	8	上午
文化社区	997	2 000	兼	专科	31	35	18	4 h
燕北社区	362	2 000	兼	专科	32	22	30	下午
富祥社区	610	2 000	兼	本科	41	25	12	上午
云竹社区	无	2 000	兼	本科	43	32	14	周六、日
鹏程社区	280	2 000	兼	本科	25	28	10	下午
北塔社区	1 200	2 000	兼	专科	39	47	14	下午
燕园社区	860	2 000	兼	专科	39	47	14	下午
朝柴社区	1 120	2 000	兼	本科	37	36	16	半天

（2）非发达城市的社区图书馆建设开始起步。我国许多经济欠发达城市，尤其是中西部广大农村地区，基层图书馆建设仍然问题远远多于成绩。洛阳作为中原地区重要的历史文化名城，或多或少承传了古代士子的读书传统，社区图书馆建设的人文条件与社会环境相对不错。该市自2000年在创建国家优秀旅游城市时开始创办社区图书馆（室），当前面临馆藏、人员、管理多方面的困难，譬如藏书多为捐赠，数量较少，内容陈旧；人员多为兼职，缺乏专业培训，业务极不规范；管理非常混乱，有的无固定开放时间，有的初建时开放但应付完上级检查后就不再对居民开放。❷ 由此可见，洛阳市社区图书馆建设存在不少通病，今

---

❶ 刘丽，王宝芝．社区图书馆建设实践与思考．图书馆学刊，2010（2）：90-92．
❷ 张秀敏．洛阳社区图书馆（室）现状调查及对策思考．河南图书馆学刊，2010（1）：127-129．

后需要加强探索并彻底解决这些问题。据洛阳市图书馆业务辅导部调查（部分社区图书馆数据见表3-14），该市35家被调查的社区图书室均无独立馆舍，借阅面积平均不足50平方米，最小的一家仅为8平方米；20家社区图书室无经费来源，10家为办事处自筹经费，2家为市馆外借服务点（物业赞助少量购书费），另外财政拨款、工会赞助与个体书店（有租书业务）各1家；每天固定时间开放的仅有6家，每周开放数小时的只有18家，其余皆不开放。❶社区图书馆设施、资源与经费极度短缺，严重地影响其社会形象与正常开放。

表3-14　洛阳市部分社区图书馆（室）调查表

项目名称	体育场路社区图书室	市政府社会图书室	014中心工会图书室	健康新村社区图书室	纱西社区图书室	健康西社区图书室	市委院社区图书室	石油路社区图书室
阅览面积	20m²	12m²	100m²	24m²	60m²	40m²	30m²	40m²
藏书量	6种80册	9种350册	3480册	6种100册	500种	215种354册	1000册	45种980册
经费来源	办事处经费	无	物业，市馆外借点	财政拨付（办事处给一点）		办事处经费	无	无
年购书经费	无	无	物业	300	无	无	无	500
年借阅册次	300	1000	3000	1800	500	1500	800	1300
年接待人次	500	约1000	约4000	约1000	约700	约800	不固定	约700
开放时间	不固定	每天4小时	每天8小时	每周4小时	每天4小时	每天6小时	不固定	每天3小时
工作人员	兼职1人	专职1人	专职1人	兼职1人	兼职1人	专职1人	兼职1人	兼职1人

四川省雅安市是西部地区比较典型的地级市，近年来社区图书馆建设尽管有所发展但问题相对明显。该市雨城区17个社区中曾经建有7个社区图书馆，这些社区馆场地面积太小，无专项购书经费，藏书数量较少且全为赠送；图书管理员只有一个社区为专职人员，其余均为兼职人员；坚持正常开放的只有2个，偶

---

❶ 张秀敏．洛阳市社区图书馆（室）现状调查及对策思考．河南图书馆学刊，2010（1）：127-129．

尔开放的2个，闭馆的3个，大部分馆不能正常开放（见表3-15）。❶ 由于受到资金投入不足、场地设施简陋、馆藏既少又旧、专职管理员缺乏、开放时间太少、舆论宣传欠缺等因素的桎梏，社区图书馆几乎不能发挥作用而成为一种可有可无的摆设。雅安市在西部地区社区图书馆建设中具有一定的代表性，尽管与乡村比较已经取得了一定的成绩，但社区图书馆建设的整体水平尚不容乐观。几年前，处于中部地区的长沙市市区有193万人口，355个社区居委会，共建起223个社区图书馆；总藏书43.68万册，人均藏书仅为0.23册。❷ 长沙市雨花区赤岗社区图书馆总藏书量就已经达到48000册❸，这也是一个馆藏相对比较丰富的社区图书馆。一般来说，经济越发达地区社区图书馆设施就越好，其文献服务水平也就越高。显而易见，非发达城市的社区图书馆发展状况，与中部发达城市相比有较大的发展差距，更别说与东部发达城市进行比较了。

表3-15　四川省雅安市雨城区7个社区图书馆的发展状况

图书馆	场地面积	藏书量	图书来源	开放情况	管理人员
育才路社区	30m^2	2300册	赠送	正常开放	专职
上坝路社区	25m^2	1100册	赠送	正常开放	兼职
康藏路社区	20m^2	1200册	赠送	偶尔开放	兼职
沙湾路社区	25m^2	600册	赠送	偶尔开放	兼职
东大街社区	20m^2	467册	赠送	关闭	兼职
中大街社区	50m^2	500册	赠送	关闭	兼职
羌江南路社区	15m^2	650册	赠送	关闭	兼职

长期以来，我国社区图书馆建设主体不明确，缺少政府财政支持。现有体制中的基层文化建设主体——无论是乡镇政府、街道办事处，还是居委会、村委会，已被多次证明无力承担建设的重任。❹ 因此，社区图书馆建设面临一系列的棘手问题，诸如"财政拨款少、自筹比重大""馆舍面积小，设备设施差""藏书靠捐赠，新购比例低""专职人员缺乏，专业素质不高""服务手段单一，开放时间短"等。于是，尽管社区图书馆建设似乎颇受重视，但大多数社区的现实

---

❶ 晏显蓉. 社区图书馆现状及可持续发展探讨. 四川图书馆学报, 2010 (6): 38-41.
❷ 唐虹. 湖南省校地共建社区图书馆服务模式探讨. 图书馆, 2010 (2): 100-102.
❸ 杨玉蓉. 新时期社区图书馆为老年读者服务摭谈. 河南图书馆学刊, 2010 (5): 29-31.
❹ 丁小明. 论义乌市社区图书馆之构建. 科技情报开发与经济, 2010 (7): 72-74.

情况是：麻将室比图书室大，闲聊者热闹无比，阅读者寥若晨星。截至2010年年底，阿勒泰地区已建成并投入使用的社区图书馆有6个，占全地区社区总数的90%。❶ 社区图书馆建设的布局与数量当然重要，但其文献资源保障、信息服务水平与用户利用情况等更值得关注。

城乡社区图书馆之间发展极不平衡，布局不尽合理，网络化水平不高。东部经济发达地区的社区拥有一定的经济实力，因而能够为社区图书馆建设提供经费支持。譬如，沙角社区居委会负责该社区新馆建设的专项经费，即落实设备添置、书刊采购、人员招聘等各项费用。社区图书馆发展需要制定合理、可行、长期的发展规划，形成设施、经费、馆藏、人员等配置方案，确定其发展目标、定位、短期和长期任务。❷ 社区图书馆只有深深地扎根社区，才能充分体现其文化传承的社会价值。可以聘用学有专长的退休人员参与管理工作，打造学习、培训与娱乐的第三公共文化空间，并与社区居委会合作举办社区文化活动。社区分馆建设实际上就是将其纳入市或区（县）级公共图书馆体系，从而有利于集中使用资金、合理配置资源、统一安排人员、统筹业务管理与深入开展服务。总分馆体系能够最大限度地共享信息资源与保障就近借阅，一方面拓展了总馆的服务范围，提升了总馆的服务效能；另一方面规范了分馆的业务工作，提高了分馆的服务水平。

社区图书馆是现代社区发展的文明标志，也是新型社区建设的基本要求。我国中小城市发展相对滞后，社区图书馆建设大多存在凑合、应付、充数等不良倾向，因而出现了经费不够、馆藏短缺、人员不足、管理落后、效益低下等糟糕现象。截至2010年，北海市80多个社区中仅有独树根社区等30个居民委员会、企事业单位住宅区建设了图书室（占全部社区的36%左右），平均藏书量为2000册，人均拥有藏书仅0.15册。❸ 社区图书馆陷入了"创办"与"倒闭"反复不止的怪圈，创建难、巩固难、发展更难！有文献表明：截至2009年，全国90%的社区没有设立图书阅览室，极个别社区有设施也无人管理，流于形式。❹ 它既没有独立建制，也没有独立编制。社区图书馆配置存在"盲点"，离统一、均衡发展要求还有很大的差距。街道（乡镇）没有独立的财政预算权限，社区

---

❶ 韩晶. 浅谈加快阿勒泰地区社区图书馆建设的对策措施. 西域图书馆论坛, 2013 (4): 42-45.

❷ 方瑞璋. 社区图书馆建设实践与经验——以虎门镇沙角社区图书馆为例. 科技情报开发与经济, 2013 (22): 97-99.

❸ 李建民. 关于中小城市社区图书馆建设的思考. 网络财富, 2010 (5): 116-117.

❹ 程超. 浅谈结合本地实际的社区图书馆建设. 科技情报开发与经济, 2010 (30): 111-112.

（村）居委会根本就没有财政能力，因而它们都难以支撑社区图书馆的创办与运行。社区图书馆应当加强与居委会的合作力度，积极开展各种公益性的文化服务活动。

（3）农村城镇的社区图书馆建设明显落后。农村发展相对落后导致农村文化服务能力严重不足，乡镇文化站形同虚设且没有发挥其用途，大部分乡镇没有图书室、大部分村没有农家书屋，文化下乡的实际工作与农民需求存在很大差距。[1]由于各级文化部门的行政隶属关系与管理职责界限不甚明朗，导致区（县）文化局、区（县）图书馆、街道（乡镇）文化站与社区文化室似乎都可以插手管理而又都可以推卸责任，现行社区分馆制容易出现"多头管理，多头均不管"的不良现象。截至2010年底，县级公共图书馆2491个，覆盖率达87.16%；县级文化馆2890个，覆盖率达到100%；乡镇（街道）文化站40118个，基本实现了公共文化服务体系全覆盖。[2]当前，社区图书馆不仅发展现状令人心痛，而且发展定位相当尴尬。一般来说，县（区）级图书馆才被视为基层公共图书馆，而社区图书馆往往只隶属于社区文化站。由于社区图书馆没有纳入公共图书馆体系，其社会定位、设施布置、馆藏建设、人员配备、管理模式与服务工作等离图书馆的行业标准相距甚远。

广大乡村地区社区图书馆的管理人员通常为社区岗位人员兼职，或者为退休教师、退休干部与社区义工等。社区图书馆建设往往是缺乏长远规划的短期行为，即政府在一期投入之后就不再拨付经费，"重建设轻规划""重建设轻发展"的现象相当突出。[3]社区图书馆常常处于闭馆或半闭馆状态，西部地区许多社区馆的基本藏书不足千册，累计购书款不到万元。四川省宜宾市翠屏区城区地段8个街道办事处下辖城市社区59个（单位型社区7个），其社区图书室面积大多在30平方米左右，没有固定阅读室和休闲室；图书室藏书极少，有的藏书量仅有200~300册；图书资料大多为居民捐赠和书店淘汰过时的书籍，所记载的知识、技术大多已经过时或不符合当前社会发展的需要[4]。社区图书馆（室）的开放时间与社区居民的上班（学）时间同步，上班族光临图书馆必须面对诸多不便，显然时间冲突加剧了中青年读者的大批流失。调查表明中青年读者不知道或无时间去附近社区图书馆的比例分别为97%、85%，老年读者以浏览报刊为主，少儿

---

[1] 徐文宇.新型城镇化背景下公共文化服务均等化研究.湖北工业大学，2016：20-21.

[2] 我国公共文化服务体系建设基本情况和重点工作.（2012-02-29）[2017-06-30].http://www.cpcss.org/newsitem/273808203.

[3] 张爱梅.论社区图书馆发展的对策.内蒙古科技与经济，2010（1）：128-130,132.

[4] 毕娟.城市社区图书馆建设的困境与创新对策.现代情报，2010（5）：108-110.

读者以上网为主,而查阅资料、借阅图书的读者非常少。❶ 这就是说,社区图书馆分布不均,区域发展不平衡;实施陈旧,办馆规模较小;资金不足,馆藏难以满足读者需求;开放时间短,图书利用率低;管理员紧缺,服务效益较差。没有强制性规章和政策支持,社区图书馆建设就缺乏长效机制。这些社区图书馆存在明显的地域失衡现象,应当加强读书活动、阅读宣传、征文比赛、文献复印等活动。社区图书馆的文献服务与文化活动必须分别满足社区居民的阅读需求与文化需求,否则就会拒人于千里之外而成为无人问津之摆设。

3.4.4 社区图书馆之国际差距

众所周知,西方发达国家早就建立了基层公共图书馆体系,社区图书馆已成为居民活动的重要场所。20 世纪 70 年代 IFLA 颁布的《公共图书馆标准》规定,每 5 万人拥有一所图书馆,人均拥有藏书量最少 3 册,一座图书馆服务半径通常标准为 4 公里❷。当前,IFLA 规定平均 2 万人左右拥有一所公共图书馆,人均藏书 2 册及增量 0.25 册,一所公共图书馆的服务半径为 1.5 公里❸·❹。IFLA 规定了公共图书馆设置标准,并深刻地影响各国政府确定各自的建馆标准。目前发达国家通常规定每 1 万人或步行 10 分钟就应有一家公共图书馆,英国平均每 2800 人有一个图书馆或信息服务机构,以色列每 4000 人有一家图书馆,德国每 5500 人有一家图书馆,丹麦每 10000 人有一家图书馆。❺西方主要国家公共图书馆的建设标准高于 IFLA 的规定,某些国家甚至要求几千人就设置一座公共图书馆。这些国家的公共图书馆遍布各个社区,譬如美国旧金山人口仅 70 万却有 30 多座社区图书馆,纽约市皇后区有 62 个通借通还的社区图书馆;❻ 英国伦敦市 32 个行政区中每个区都有十几个社区图书馆,该国约 60% 的居民经常去图书馆;德国汉堡市有 52 个社区图书馆,大多数居民步行约 10 分钟就能到达图书馆。❼社区图书馆数量最多且随处可见,为社区居民随时提供信息服务与文化活动。发达国家司空见惯的基层公共图书馆,通常就是为社区居民服务的社区图书馆。社区图书馆具有贴近实际、贴近群众与贴近生活的巨大优势,理应成为社区居民休戚与共的公共文化服务空间。

---

❶ 杨文珠. 广州市社区图书馆的建设研究. 科技情报开发与经济, 2010 (18): 73-76.

❷ Christie K., Barbara G.. IFLA Public Library Service Guidelines. Berlin: Walter de Gmyter, 2010: 35-66.

❸❺ 马艳霞. 基于案例分析的私人图书馆运作模式与启示. 情报资料工作, 2011 (2): 105-109.

❹❼ 丁小明. 论义乌市社区图书馆之构建. 科技情报开发与经济, 2010 (7): 72-74.

❻ 王利伟. 发达国家社区图书馆儿童服务及其启示. 图书馆工作与研究, 2014 (1): 94-97.

美国博物馆与图书馆服务协会发布的2013财政年度公共图书馆调查报告表明：美国共有9091所公共图书馆，其中城市、郊区、城镇、农村分别有484所、2315所、2214所、4078所，它们通过16545家图书馆服务站点提供资源与服务；30480万人（占总人口比例约95.6%）居住在公共图书馆服务区（76.8%的公共图书馆面对的服务人口少于25000人），平均每10万人就有3个公共图书馆与5.4个图书馆服务站点（见表3-16）。❶从表中数据可知，在美国9091所公共图书馆之中，城市公共图书馆的占比仅为5.32%，农村公共图书馆占比达到44.86%，农村、郊区、城镇三者的公共图书馆占比高达94.68%；服务人口小于2500人的公共图书馆比例为27.22%，小于10000人的公共图书馆比例高达57.53%，服务对象少于10000人的公共图书馆几乎占总数的2/3。倘若以16545家公共图书馆服务站点计算，基层公众就能够更加方便地享受它们提供的文献信息服务。显而易见，美国基层公共图书馆服务体系相当完备，建立了区域均衡、城乡平等的公共图书馆服务体系，为社区居民提供了无所不有的公共文化服务。

表3-16 2013财政年美国不同服务人口的公共图书馆数

服务人口（人）	城市	郊区	城镇	农村	总计
小于2500	3	67	100	2305	2475
2500~9999	9	517	965	1264	2755
10000~24999	19	783	684	267	1753
大于25000	453	948	465	242	2108
总计	484	2315	2214	4078	9091

美国社区图书馆通常为服务人口较少的基层公共图书馆，它深深地融入了社区居民的生活之中。譬如，伊利诺伊州亚塞社区人口约为5700人，拥有一个馆舍面积约450平方米并建有自己独立网站的社区图书馆，该馆有职工3名（馆长1名、全职员工1名、兼职员工1名），年经费18万~19万美元；馆藏2万册（件），年入藏量2000册（件）；年流通量7.5万册（件），外借不限册次，可续借两次；开馆时间为周一至周四9:00至20:00以及周五至周六9:00至17:00，阅览不需要任何证件，借阅资料则需凭有效证件免费办理借书证；运行和管理完全独立，董事会为最高决策层；馆长由董事会任命，负责执行董事会决定。❷亚

---

❶ 美国博物馆与图书馆服务协会. 美国公共图书馆调查：2013财政年. [2017-06-30]. http://www.chinalibs.net//DownAtt.aspx?file=Upload/Pusfile/2016/3/29/2016329171018394.pdf.

❷ 王开学. 无处不在 不可或缺——美国社区图书馆印象. 图书馆建设, 2011 (11): 10-12.

塞社区图书馆提供文献借阅服务、功课辅导服务以及会议室等公共设施免费使用服务，成了社区居民不可或缺的公共文化空间，仅以文献外借而言每年流通率高达375%，人均外借超过13册。美国几乎每个社区都有免费的公共图书馆，较大的社区有两至三座，社区图书馆成为文化活动的纽带，给不同的人群提供不同的服务。❶ 美国社区图书馆通常为城市公共图书馆所设立的社区分馆，总馆统一管理资源、人员、财务及设备，分馆能够全面利用总馆的文献信息资源。

美国家庭大多经常光顾公共图书馆，尤其是有小孩的家庭光顾公共图书馆频率更快。早在2000财政年度内，就有11亿人次光顾了美国主要公共图书馆，共借阅各种图书、音像等17亿册/盒，相当于每个美国人光顾4.3次，人均借阅6.4册/盒。❷ 美国大约62%的公民拥有图书馆借书证，平均一年光顾公共图书馆的人次达10亿人次。❸ 据文献报道，美国约有12万个各类图书馆，平均每2500人就有一个图书馆；公共图书馆除了提供各类图书、音像供居民免费借阅外，还举办读书会、校外辅导、兴趣小组活动等各种文化活动；每年光顾美国公共图书馆的人次，已远远超过观看体育比赛、听音乐会以及参观博物馆的人次总和。❹ 国外社区图书馆设施布置相对温馨，诸如家庭式阅览坐席并配置台灯，休闲式聚会沙发配置落地灯等，极大地吸引了社区居民自觉地"泡图书馆"。2016年，皮尤研究中心对1601位16岁以上美国公民进行电话访问的结果表明：77%的受访者认为公共图书馆能够为他们提供所需的资源（其中16～29岁的受访者中有84%认同图书馆的资源服务），66%的受访者认为本地公共图书馆关闭将会对社区产生重要影响。❺ 我国学者龙叶与陶海宁认为："社区图书馆提供的各种服务，既是塑造社区民众的归属感和社区参与意识的过程，也是增强社区凝聚力、重塑社会资本的过程"。❻ 他们在阐释社区图书馆社会资本的基础上，分析了美国纽约三家社区图书馆社会资本的培育情况（见表3-17）。显然，西方发达国家的社区图书馆已经成为基层民众必不可少的公共文化场所，它深刻地影响着社区居民的政治参与、公民参与、文化参与、工作联系以及志愿者服务活动。

---

❶ 袁锡宏. 石家庄市社区图书馆发展调查分析. 兰台世界, 2010 (20): 69-70.

❷ 李医平. 美国公共图书馆学习实践与思考. 图书馆界, 2009 (1): 91-93.

❸ 谢耘. 中美社区图书馆的发展状况及比较分析. 科技情报开发与经济, 2010 (20): 83-86.

❹ 美国图书馆事业 | 全美12万图书馆，每2500人一个. (2016-07-05) [2017-06-22]. http://edu.163.com/16/0705/17/BR7Q9LDN00294MA4.html.

❺ John B. Horrigan, etc. 美国公共图书馆2016年度报告. 图书馆论坛, 2016 (12): 1-12.

❻ 龙叶, 陶海宁. 社会资本视角下透析纽约三家社区图书馆给予的启示. 科技情报开发与经济, 2010, 20 (2): 9-11.

表3-17 纽约三家社区图书馆社会资本水平情况（2002年）

社区图书馆		St. Agnes 图书馆		Woodstock 图书馆		Flushing 图书馆	
		人数/人	百分比/%	人数/人	百分比/%	人数/人	百分比/%
政治参与	上次总统选举投票	93	76	27	57	40	49
	去年在请愿书上签名	53	43	17	36	15	18
公民参与	参加某个俱乐部	28	23	2	4	13	16
	参加某个社区组织	28	23	8	17	14	17
	参加运动队	13	11	2	4	2	2
	每日读报	85	70	30	64	59	72
	来自一个信教的家庭	23	19	17	36	28	34
文化参与	去年看过一部电影	100	82	60	60	59	72
	去年参观过博物馆	105	86	40	40	45	22
	去年参加过音乐表演	82	67	9	19	36	44
	去年去过剧院	88	72	16	34	27	33
工作联系	周工作时间大于30h	86	70	18	38	43	52
	没有工作	21	17	13	28	19	23
志愿者		47	39	10	21	24	29
总计		122		47		82	

美国社区图书馆服务方式多种多样、服务内容极其丰富，能够为不同文化背景、不同年龄层次的基层公众提供个性化信息服务。例如，纽约市的社区图书馆为未成年人提供故事讲演、朗读欣赏、智能开发、视听休闲、厨艺学习、工艺品制作、计算机学习、家庭作业辅导、动手能力培养、心理咨询辅导、艺术歌曲欣赏等不同类型的针对性服务，也为成年人提供阅读学习、孩子教育、电脑培训、烹饪技巧、音乐休闲、经营理财等一系列专项服务。这样的社区图书馆不仅是一个社会阅读的第三空间，设有成人阅览区、青少年阅览区以及儿童活动阅览区等；而且是一个社区信息共享中心，提供医疗保健、就业就职、社会福利等方面的信息服务；更是一个学习共享中心，增进个人能力和拓展人际关系的场所，居民还可以免费使用计算机、打印机、复印机和网络终端接口等自助设施。纽约社区图书馆服务对象的分类十分细致，分别为婴儿（0～18个月）、幼儿（18～36个月）、学龄前儿童（3～5岁）、学龄儿童（5～12岁）、青少年（13～18岁）、成年人、50岁以上老人以及残障人士等提供人性化的区别服务（学龄儿童与青

少年的服务活动分别见表3-18和表3-19）。❶ 美国社区图书馆就是建立在社区的基层公共图书馆，能够面向各个年龄层次的社区用户提供多种多样的图书馆服务。

表3-18 纽约社区图书馆1个月服务统计（5~12岁学龄儿童）

服务名称	所在图书馆	参与图书馆数量	单项服务总数	平均每馆服务次数	占总数比率
儿童故事会	Inwood Library 等	15	15	1	4.8%
工艺品制作	Port Richmond Library 等	5	9	1.8	2.9%
读书俱乐部	Port Richmond Library 等	3	5	1.7	1.6%
国际象棋俱乐部	Grand Concourse Library 等	4	12	3	3.8%
计算机互联网知识	Tremont Library 等	16	30	1.9	9.5%
写作讲习班	Richmondtown Library	1	1	1	0.3%
儿童电影	Bronx Library Center 等	4	7	1.8	2.2%
棋类、扑克游戏	West Farms Library 等	12	42	3.5	13.3%
儿童计算机游戏	Fort Washington Library 等	15	37	2.5	11.7%
儿童音乐制作	Hudson Park Library 等	5	8	1.6	2.5%
朗诵训练	Harlem Library 等	38	123	3.2	39%
戏剧欣赏	Bronx Library Center 等	4	6	1.5	1.9%
家庭作业辅导	Clason's Point Library	1	11	11	3.5%
家庭娱乐时间	Francis Martin Library 等	7	8	1.1	2.5%
舞蹈培训	Fort Washington Library	1	1	1	0.3%

表3-19 纽约社区图书馆1个月服务统计（13~18岁青少年）

服务名称	所在图书馆	参与图书馆数量	单项服务总数	平均每馆服务次数	占总数比率
电脑游戏锦标赛	Mott Haven Library 等	25	103	4.1	34.4%
青少年休息时间	Tottenville Library 等	3	8	2.7	2.7%
故事改写	City Island Library	1	4	4	1.3%

---

❶ 曾湘琼．美国社区图书馆服务理念及对我国"两型社会"社区图书馆建设的启示．图书馆论坛，2010（3）：175-178.

续表

服务名称	所在图书馆	参与图书馆数量	单项服务总数	平均每馆服务次数	占总数比率
电影短片制作	96th Street Library 等	3	5	1.7	1.7%
青少年科技时间	Hudson Park Library 等	13	45	3.5	15.1%
演讲会	115th Street Library	1	1	1	0.3%
青少年休闲时间	New Dorp Library	1	4	4	1.3%
搭积木比赛	Mulberry Street Library	1	3	3	1%
棋类游戏	Eastchester Library 等	7	33	4.7	11%
青少年咨询	Morrisania Library 等	15	49	3.3	16.4%
动、漫画制作	New Dorp Library 等	4	11	2.8	3.7%
时事讨论	Mosholu Library 等	3	12	4	4%
时装设计	Tremont Library	1	4	4	1.3%
国际象棋俱乐部	Fort Washington Library 等	2	8	4	2.7%
艺术歌曲欣赏	Bruno Walter Auditorium	1	4	4	1.3%
电影欣赏	Yorkville Library	1	1	1	0.3%
学业能力测试	Huguenot Park Library	1	1	1	0.3%
青少年瑜伽	Harlem Library	1	1	1	0.3%
UNO 扑克比赛	Baychester Library	1	1	1	0.%
厨艺学习	Soundview Library	1	1	1	0.3%

美国社区图书馆管理信息化程度很高，互联网使用率在95%以上，基本上由中心馆进行采购编目，社区图书馆负责流通并实现通借通还，并与城市公共图书馆、大学图书馆、政府图书馆和各类专业图书馆链接，实现数字化文献资源共享以及信息服务的立体化。[1] 社区图书馆并非割裂的信息孤岛，而是整个信息服务体系中密切关联的信息节点。纽约公共图书馆下辖4个研究图书馆和89个分馆，平均每4万人或每4平方公里区域就建有1座公共图书馆；该市曼哈顿区41家社区图书馆从周一到周六分别采取15种开放时间段，周一至周四日均开放9.4小时，周五、周六日均开放7.1小时，周日也有个别图书馆照常开放，平均每周

---

[1] 曹海霞. 城市社区图书馆信息化网络化建设. 国家图书馆学刊, 2010 (4): 73 - 76.

开放51.8小时（见表3-20）。❶这些社区图书馆犹如蛛网一样覆盖全市居民，并提供每周长达51.8小时的便捷服务。佛罗里达州迈阿密·达德公共图书馆系统共设置34个分馆为当地30个社区的220万人口服务，亚利桑那州佛里克斯公共图书馆系统设有13个分馆为当地140万人口服务。❷美国社区图书馆按照相关的制度与标准创办，形成了布局合理、设施先进、服务全面的社区图书馆服务体系。

表3-20 曼哈顿区社区图书馆对外开放时间段统计

开放时间段	社区图书馆数量（个）×日开放时间（小时）					
	星期一	星期二	星期三	星期四	星期五	星期六
10：00am—8：00pm	14×10	17×10	15×10	17×10	0	0
10：00am—6：00pm	15×8	12×8	14×8	13×8	1×8	3×8
10：00am—5：00pm	1×7	0	1×7	0	35×7	35×7
9：00am—8：00pm	2×11	0	2×11	0	0	0
8：00am—6：00pm	0	1×10	0	1×10	0	0
9：00am—7：00pm	2×10	3×10	2×10	3×10	0	0
12：00am—7：00pm	0	1×7	0	1×7	0	0
8：00am—7：00pm	2×11	2×11	2×11	2×11	0	0
8：00am—5：00pm	0	0	0	0	1×9	1×9
8：00am—11：00pm	1×15	1×15	1×15	1×15	0	0
8：00am—8：00pm	0	0	0	0	1×12	0
12：00am—8：00pm	2×8	1×8	1×8	1×8	0	0
11：00am—6：00pm	1×7	1×7	1×7	1×7	3×7	1×7
10：00am—9：00pm	0	1×11	1×11	0	0	0
8：00am—6：30pm	1×10.5	1×10.5	1×10.5	1×10.5	0	0
日总开放时间（h）	379.5	387.5	384.5	383.5	295	285
日均开放时间（h）	9.3	9.5	9.4	9.4	7.2	7

澳大利亚的社区图书馆面向所有公众平等服务，其磁卡式借书证的办理手续极其便利。一般来说，本地市政府管辖区内的居民申请办理借书证，需要出示有效的纳税卡、驾驶执照、银行信用卡、医疗保健卡、老人优惠卡等身份证明与住

---

❶ 曾湘琼. 美国社区图书馆服务理念及对我国"两型社会"社区图书馆建设的启示. 图书馆论坛, 2010 (3): 175-178.

❷ 任燕燕. 城市新型社区图书馆管理模式研究. 民营科技, 2010 (12): 150.

址证明,并交纳手续费2澳元;而非本地市政府管辖区内的居民办理借书证,需要出示前述所说的个人身份证明与个人住址证明,并交纳手续费12澳元(儿童、老人只需交6澳元)。社区图书馆通常配置有自助借还机以及自助复印机,用户可以自行办理借书、还书、续借(可续借两次)与复印(可投币复印)等事务,甚至用户只要把所借书刊放在图书馆设置专用收集箱里就可由馆员办理还书手续。这些社区图书馆坚持贯彻以人为本的服务理念,如免费为残障人士等提供送书上门服务。倘若所借图书超期,每天需交0.25澳元,超期5天以上者发送提示还书信函,超期罚款最高达10澳元即停止累计;如果所借图书遗失,管理员给予续借2~3次的时间让读者寻找图书,找不到则累计图书价格、12澳元手续费与超期罚款一起赔偿。❶ 澳大利亚社区图书馆采取各种人性化的服务方式,切实满足社区民众个性化的信息需求。

芬兰社区图书馆集借阅、活动、展览、交流、休闲、娱乐于一体,已经成为广大市民多姿多彩的城市公共文化空间。譬如,赛络图书馆(Sello Library)位于赫尔辛基西部艾斯堡市(Espoo)的一个购物中心,常规员工五十来人,加上活动临时聘请的则有七八十来人,日均接待的读者多达万人;成年服务区、青少年阅览室、儿童阅览室分区设置,既有检索查询终端、自助借还书终端等文献服务,又有适合各层次读者选取的听音乐、玩游戏、弹吉他、做作业、弹钢琴、玩桌球台、下国际象棋盘、毛线织品展示以及睡充气睡垫、玩儿童玩具等技艺服务;该馆与当地音乐、艺术、出版社、学校等文化教育部门合作,还可开展丰富多样的能与专职文化机构媲美的文化活动。❷ 由此可知,这些社区图书馆不仅是社区居民最重要的阅读场所,而且是社区居民展示、表演、唱歌、研讨的活动场地。

日本是七国集团成员之一,新加坡是亚洲四小龙之一,这两个国家都建立了完善的社区图书馆体系。日本政府在1977年颁布以"定居圈为中心方案"的"第三次全国综合开发计划",要求建立生活、文化与娱乐设施齐全的居民小区,并提出小区图书馆建设的基本要求。该计划规定居民徒步20分钟之内必须建有一个图书馆,每月享有至少两次以上的巡回送书服务,从而极大地推动了日本社区图书馆的建设。❸ 日本每个社区都采取政府规划、财政拨款与社区管理相结合

---

❶ 李娟.澳大利亚社区图书馆的管理与服务.高等函授学报(哲学社会科学版),2008(10):30-32.

❷ 黄群庆.多姿多彩的城市公共客厅——芬兰社区图书馆参观记.公共图书馆,2012(3):74-75.

❸ 万群华,胡银仿.图书馆创新服务与可持续发展.武汉:湖北科学技术出版社,2010:274.

的建设模式设置社区图书馆,由掌管社区福利事务的社会团体(财团法人)审计、监督与管理社区馆的日常事务。新加坡每个社区均需根据《社区住宅规划法》规定依法创办社区图书馆,社区图书馆营运经费由政府财政补贴,社区居民凭证支付 5 元新币就可注册为社区馆会员。

一般来说,国外社区图书馆达到了一定的规模,通常按读者对象分为儿童活动阅览区、青少年阅览区和成人阅览区等,譬如儿童活动阅览区配置适合儿童的低矮书架、儿童读物、益智游戏等,父母可以陪同小孩进行读书、写字、画画及游戏,管理员或志愿者甚至还开展讲故事、学习功课等服务活动。无论是成人部、青少年部还是儿童部,都采取开架阅览方式管理书刊资源。美国社区图书馆特别注重开展儿童服务,设有儿童阅览专区或读书角,配有儿童专用的查询系统,由工作人员陪同或引导孩子们读书、讲故事、听音乐、做游戏、做手工等。❶ 社区图书馆儿童部是儿童们不折不扣的乐园,既可满足他们借阅图书、音像、磁带的文献需求,又可满足他们玩耍、活动甚至外借玩具的娱乐需求。澳洲社区图书馆设有专门为小朋友服务的儿童部,只需交几十元的年费,孩子便可以把馆内大大小小的玩具及儿童读物借回家。❷ 社区图书馆的服务对象是社区全体居民,包括婴幼儿、儿童、青少年、中年人、老年人等各个年龄层次的居民。

国外社区图书馆坚持开放服务理念,利用网络平台构建信息资源共享体系,并采取"通借通还"的人性化服务模式。社区居民只要提供护照、驾照、银行凭证、租房合同等相关证明材料就可以申请办卡,且申请后很快就能够收到图书馆按社区地址邮寄的借书卡;借还书已完全自动化,读者插入借书卡并将要借的书籍通过机器认读就可完成借书手续,将图书放到馆外自动还书装置或投入馆外还书箱就可完成还书过程;图书馆提前五天左右发送电邮提示读者还书,可通过电话或网站办理延期与续借手续。❸美国社区居民只要能够出示相关的居住证明材料,就可以免费办理社区图书馆的图书借阅证。

国外社区图书馆注重构建信息共享平台,提供地方政府、社区机构、居民生活、当地历史、家族系谱等方面的特色化信息服务。譬如,美国底特律公共图书馆于 1973 年建成了涉及绝大多数有关社区信息的主题信息库,英国曼彻斯特的社区图书馆将"参考咨询服务与社区信息服务"作为首要服务项目。❹ 社区图

---

❶❸ 朱丹,张忠凤. 社区图书馆:概览、评价与思考. 图书馆学研究,2010(6):19 - 22.

❷ 李娟. 澳大利亚社区图书馆的管理与服务. 高等函授学报(哲学社会科学版),2008(10):30 - 32.

❹ 秦子淮,傅秀兰. 社区图书馆信息服务发展对策探析. 农业图书情报学刊,2010(6):285 - 288.

馆非常注重开展多元化服务，举办免费讲座和培训，提供读书学习场所、信息交流平台、文化活动场所、其他便利服务或特殊服务，诸如在图书馆门口开展"取一放一"的交换服务，即拿走一本你需要的书，同时留下一本你不需要的书。❶社区图书馆服务涉及各个领域，倾情打造社区居民身边的信息服务中心。

总之，国外社区图书馆通常是社区的中心角色，拥有培育社区文化、传递实用信息、举办专项活动、开展社会教育与开发闲暇时间等服务功能。人们在考察社区图书馆的功能作用或社会效益的过程中，通常利用社会资本理论评价与衡量社区图书馆的发展水平。20世纪70年代，西方国家开始兴起社会资本研究。它一般是指个人在一种组织结构中利用自己的特殊位置而获取利益的能力❷，当前大多数学者视其为一种有利于行动者的资源——"一种镶嵌在社会结构或社会关系之中，以信任、规范以及网络等多种形式存在，对人们的社会行动产生正负两方面影响，人们通过自身有目的的行动可以获取或改变其流动方向的一种资源"❸。西方发达国家社区图书馆不仅数量多，而且规模较大，平均馆舍在800~1500平方米，藏书数万册并拥有大量的电子读物和网络资源。❹由此可见，西方发达国家社区图书馆的数量星罗棋布、设施相当完备、资源极其丰富、服务无微不至，我国社区图书馆建设尚处于初步兴起阶段，与它们在馆舍、设施、馆藏、经费、服务等各个方面都有非常大的差距。因此，我国应当"借鉴国际先进管理和服务经验，提升基本公共服务供给质量和水平"，❺切实满足社区居民基本的文化信息需求。

---

❶ 朱丹，张忠凤. 社区图书馆：概览、评价与思考. 图书馆学研究，2010（6）：19-22.

❷ Wakefield S., Poland B.. Family, friend or foe? Critical reflections on the relevance and role of social capital in health promotion and community development. Social Science & Medicine, 2005（12）：2819-2832.

❸ 张宽福. 社区图书馆功能及发展模式研究. 图书馆理论与实践，2004（6）：120-122.

❹ 廖腾芳，刘宣春. 发达国家社区图书馆建设及启迪. 晋图学刊，2010（6）：60-62.

❺ 国务院关于印发"十三五"推进基本公共服务均等化规划的通知.（2017-01-23）[2017-06-03]. http://www.gov.cn/zhengce/content/2017-03/01/content_5172013.htm.

4 公共文化服务体系中社区图书馆发展战略规划

公共文化服务体系是"政府主导、社会参与形成的普及文化知识、传播先进文化、提供精神食粮、满足人民群众文化需求、保障人民群众文化权益的各种公益性文化机构和服务的总和",❶ 主要涵盖公共文化政策法规、公共文化基础设施、公共文化机构和人才、公共文化活动主体、公共文化活动方式、公共文化事业经费等。另外,有学者认为公共文化服务体系的组成部分包括:公共文化服务理论、政策体系,公共文化服务生产和供给体系,公共文化服务资金、人才和技术保障体系,公共文化服务组织支撑体系,公共文化服务指标体系,公共文化服务评估、激励、监督体系。❷ 尽管专家学者对公共文化服务体系构成要素的表述颇有差异,但制度体系、基础设施、文化资源、人员队伍、服务活动、管理机制等都是其重要内容。作为公共文化服务体系的组成部分,社区图书馆发展战略规划同样涉及这几个方面,即社区图书馆的制度体系、馆舍设施、馆藏资源、人员队伍、服务活动与管理机制。社区图书馆"制度"或"政策"的规划具有宏观性、特殊性、复杂性与行政性(其规划主体往往超出公共图书馆界,规划内容常常涉及国家/政府文化发展的大政方针),具体落实与反应在馆舍设施、馆藏资源、人员队伍、服务活动、管理机制等规划之中,因此本章中的社区图书馆发展战略规划主要从后五个方面展开,并分别提出其战略定位、战略目标与战略实施。随着社会的不断变迁,政府职能中的"政治统治"逐渐让位于"公共管理/公共服务"。正如法国公法学家莱昂·狄骥所言:国家就是政府为着公共利益进行的公共服务的总和。❸ 显而易见,现代政府的核心职能就是提供公共服务,公共文化服务则是政府公共服务的重要组成部分。因此,我国各级政府及其文化主

---

❶ 彭道伦,王干江,汪永忠. 文化改革与发展新视野. 北京:中央编译出版社,2012:70.

❷ 于平,傅才武. 中国文化创新报告(2011No.2),北京:社会科学文献出版社,2011:56.

❸ 彭道伦,王干江,汪永忠. 文化改革与发展新视野. 北京:中央编译出版社,2012:70.

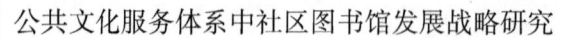

管部门应当制定社区图书馆发展的中长期战略规划,明确社区图书馆的设施布局、资源整合、人员配置、服务改善与管理创新,切实保障社区图书馆事业可持续发展。

4.1 社区图书馆设施布局规划

4.1.1 社区图书馆设施的定位

何为社区图书馆设施?它又发展得怎样呢?公共文化设施是指用于提供公共文化服务的建筑物、场地和设备,❶它是公共文化服务的物质保障,主要包括图书馆(室)、博物馆、文化馆(站)、美术馆、影剧院以及文化广场(文化中心)等各种文化设施设备。依此类推,社区图书馆设施是指用于向社区居民提供图书馆服务的建筑物、场地和设备,这是社区图书馆服务体系构建赖以存在的最基本的硬件之一。然而,我国基层图书馆的馆舍、场地与设备等,大多处于空缺、匮乏或残破状态。中华人民共和国成立后基层图书馆走过了60多年起伏不断地发展历程,譬如湖南基层图书馆事业就经历了3次大起大落。第一次是50年代初期,特别是1958年,农村图书室的发展亦出现过"跃进"的局面;第二次是"文化大革命"中,湖南省城乡基层图书馆(室)的发展出现高潮,特别是1972年醴陵县率先在农村大办图书室,经《红旗》杂志报道之后在全省乃至全国引起轰动,并推动各地大办基层图书馆(室)且高潮迭起;第三次是十一届三中全会以后,随着改革开放新形势的发展,到1985年湖南全省64%的乡镇建立了图书室,数量达1800余个,常德地区在条件较好的乡镇率先办起了万册图书馆,此外还出现了源于沅江而遍及长沙、桃江、益阳、南县、炎陵县、沅陵等地的图书户。❷然而,这些当时红红火火的万册图书馆,或被列为"五个一"文化工程的乡镇社区图书馆,真正被维系下来的恐怕是凤毛麟角。至21世纪初期,我国有34000多个乡镇,但有27000个左右没有或者事实上没有综合文化设施,❸至于乡镇图书馆设施就更加罕见。没有明确的中长期的社区图书馆设施建设规划,就没有社区图书馆可持续发展的保障措施,就会导致社区图书馆重走"创办—关闭"的不归之路。

社区图书馆设施建设的第一要务就是要恰如其分地进行坐标定位,并且制定切实可行的中长期发展规划。然而,国内社区图书馆设施建设缺乏科学定位与整

---

❶ 中华人民共和国公共文化服务保障法.(2016 - 12 - 25)[2017 - 06 - 12].http://www.npc.gov.cn/npc/xinwen/2016 - 12/25/content_ 2004880.htm.

❷ 廖腾芳.乡村社区图书馆的发展方向.图书馆学刊,2007(2):50 - 52.

❸ 周和平通报今年社会文化建设重点工作.(2007 - 10 - 05)[2017 - 06 - 15].http://www.ccnt.gov.cn/xwzx/whbzhxw/t20070207 - 34263.htm.

体规划，许多社区图书馆只是为响应上级政策而临时创办，设施、馆藏、经费、人员、管理与服务等临时拼凑，检查过后一切都恢复原样。如此创办社区图书馆不仅在开展基层公共文化服务方面毫无实效，反而造成人财物的浪费与劳民伤财的折腾。此外，社区图书馆建设还存在重建设轻服务、重馆舍轻馆藏、重文娱轻阅读、重招牌轻管理、重数量轻质量等一系列问题，于是在这种局面之下社区图书馆普及率低、利用率低、知情度低、满意度低与存活率低等也就不足为怪了。赵毅衡先生曾经指出了北京缺乏社区图书馆的难堪现状："整个北京，东半边的人，要看书报，到首都图书馆，西半边，到北京图书馆"，"起个大早来回打八十元的出租"还难以"看到要看的书"。❶继《南方周末》刊登赵毅衡先生《中国人需不需要图书馆?》（2004年12月23日D31版）专文之后，《南方都市报》登载薛涌《公共图书馆是公民的基本权利》（2005年1月7日A04版）一文，社会上批评公共图书馆的声音渐次出现。长期以来，我国忽略了基层公共图书馆尤其是社区图书馆建设，因此许多县级图书馆有馆无书而被人戏曰"图虚馆"，县级以下图书馆（室）甚至连作为"空壳"的馆舍都没有。❷社区图书馆馆舍设施长期处于空无状态，于是出现了读书人无书可借、无书可读的窘况。

社区图书馆是基层居民身边的图书馆，也是社区从事信息传递、知识普及、文化传承的社区传播中心，还是帮助社区居民开展休闲娱乐、情感交流与文化交流的社区交流中心。它作为公共文化空间有着十分重要的意义：（1）形成图书馆公共网络服务空间与提高其服务水平、社会效益，使图书馆真正成为居民的"第二起居室"；（2）引导、规范居民养成积极进取的生活方式，为创建人人读书的"阅读社会"与学习型社会提供场所；（3）保障落实平等的社会责任，为维护居民享有公益性、基本性、均等性、便利性的公共文化服务贡献力量。❸社区图书馆不是社区文化的边缘组织，而是社区文化的核心要件。它能够推动社区文化的健康发展，增进社区成员的情感交流，提升社区居民的文化素质。社区图书馆服务不能凭空产生，它必须依赖一定的馆舍设施、馆藏资源等硬件资源。众所周知，社区图书馆设施属于社区公共文化设施的范畴，其建设成效直接影响公益文化事业与公共文化服务体系等文化民生问题。近年来，城镇社区随着城镇化增速而迅速发展，社区图书馆是城镇社区文化建设的顶梁柱。农村社区化是新农村建设的重要举措，文化均等化是农村社区化的必然要求，社区图书馆则是农村

---

❶ 赵毅衡. 中国人需不需要图书馆?. （2004-12-23）[2017-06-15]. http://www.nanfangdaily.com.cn/zm/20041223/wh/whxw/200412230059.asp.
❷ 龚蛟腾. 从社会视角看社区图书馆发展. 高校图书馆工作，2013（6）：3-8.
❸ 吕亚娟. 公共文化空间视角下的社区图书馆联盟构建. 合作经济与科技，2014（10）：115-116.

文化均等化的关键所在。如要创建公平和谐的信息社会,就必须建立完善的公共文化服务体系,不断发展城乡社区图书馆事业,逐步满足公众的精神文化需要。❶ 新型城镇化、农村社区化与城乡一体化需要创建相对完善的公共文化服务体系,而社区图书馆设施建设则是公共文化服务体系构建的重头戏。

社区图书馆是保障公共文化供给的基础设施,也是社区居民享受公共文化服务的重要场所。人的社会性决定了人们需要进行相互联系与心灵交流,正如宗教信徒离不开日常开展教会活动的各式教堂一样,社区居民也离不开维系身心愉悦与思想交流的公共场地。社区图书馆设施无疑是社区居民交流的公共空间,即是一个文化供给与获取的理想场所。❷ 城乡社区图书馆为基层居民提供全面、可靠、方便、及时的信息服务与文化活动,是公共文化服务体系不断走向完善的必然要求,也是公共图书馆事业持续纵深拓展的必要选择。《公共文化服务保障法》规定:公共文化设施"主要包括图书馆、博物馆、文化馆(站)、美术馆、科技馆、纪念馆、体育场馆、工人文化宫、青少年宫、妇女儿童活动中心、老年人活动中心、乡镇(街道)和村(社区)基层综合性文化服务中心、农家(职工)书屋、公共阅报栏(屏)、广播电视播出传输覆盖设施、公共数字文化服务点等"。❸ 社区图书馆作为社区综合性的公共文化服务机构,应当成为社区名副其实的文献信息中心、智力开发中心、社会教育中心、娱乐休闲中心、文化活动中心。它必须承担公共文化服务的基本职责:保存文化遗产,促进社区发展;培育社区文化,打造和谐社区;传播知识信息,提高居民素质;开展社会教育,引导终身学习;开发闲暇时间,提供休闲娱乐。无论是城镇社区图书馆,还是乡村社区图书馆,都是担当社区记忆功能与沟通功能的基础性公共文化设施,也都是集合文化、信息、知识、交流、休闲与娱乐于一体的综合性活动场所。社区图书馆宜为相对独立的建筑,如设在其他建筑内则应为相对独立区域的底层,或带有底层的连续楼层。❹ 馆舍布局与设施添置不能由领导拍脑袋决定,应当与地域特点、人口密度、社区文化、服务半径、读者需求等密切匹配。在做好公共图书馆服务体系整体布局规划的基础上,选取人口集中、环境优良、交通便利的地址建设社区图书馆。

社区图书馆设施发展现状不容乐观,亟待加强科学规划与合理布局。至2017年末我国(不含港澳台)总人口139008万人,县级以上公共图书馆仅3162所,

---

❶❷ 龚蛟腾.从社会视角看社区图书馆发展.高校图书馆工作,2013(6):3-8.

❸ 中华人民共和国公共文化服务保障法.(2016-12-25)[2017-06-12].http://www.npc.gov.cn/npc/xinwen/2016-12/25/content_2004880.htm.

❹ 孙颖.社区图书馆标准化建设问题浅析.黑龙江档案,2012(3):131.

平均 43.96 万人才有一所,❶ 绝对不可能满足社区居民的文献需求。基层公共图书馆设施十分简陋、经费严重亏缺,其服务能力明显不足甚至连外借服务都难以保证。其中,社区图书馆不仅发展现状极其落后,而且各种障碍极其突出。目前,城镇社区图书馆十分落后,农村社区图书馆基本空缺,尤其是乡村地理位置偏僻、经济发展落后、财政支持不足、文化设施薄弱、人口密度较低和居民素质不高等问题极大地制约着农村社区图书馆的建设与发展。❷ 社区图书馆独立性差,常常与社区机构共用,一室多用现象突出;馆舍面积普遍偏小,往往只有十几到二三十平方米;重建设轻发展,后续管理跟不上。社区图书馆发展极不平衡,地区差距与城乡差距突出;基础设施欠缺,服务网点建设相当薄弱。一些社区根本就没有图书馆,居民对图书馆建设漠不关心;一些社区有图书馆但服务能力极低,因而经常闭馆或无人问津。当前,社区图书馆建设缺乏相关政策、法律与法规的保障,大都处于无序管理的混乱状态。我国尽管建成了国家、省(市)、地(市)、县(市)四级公共图书馆服务体系,但仅仅依靠它们不可能满足人民群众日益增长的文化需要。为了实现普遍、均等的公共图书馆服务,加快社区图书馆设施建设无疑是当务之急。资金短缺和技术不足严重阻碍着社区图书馆信息化的发展,同时软件设备缺乏和人力资源危机加剧了解决问题的难度。❸ 一些大中城市尤其是东部经济发达城市,近年来社区图书馆设施建设取得了长足进展。

国家着手推动公共文化服务体系构建,开始重视城乡社区图书馆设施建设。近年来,我国出台了一系列大政方针、政策措施,旨在加强基层公共文化实施、基层公共图书馆设施的规划与建设。《十二五规划纲要》要求"改善农村文化基础设施""完善城市社区文化设施",从而"增强公共文化产品和服务供给"。❹ 该"纲要"突出了农村文化设施建设,力图保障城乡一体化的公共文化服务。《中央关于深化文化体制改革若干重大问题的决定》提出"统筹规划和建设基层公共文化服务设施","把社区文化中心建设纳入城乡规划和设计";到 2020 年基本建立"覆盖全社会的公共文化服务体系","努力实现基本公共文化服务均

---

❶ 中华人民共和国国家统计局.中华人民共和国 2017 年国民经济和社会发展统计公报.(2018-02-28) [2018-05-06]. http://www.stats.gov.cn/tjsj/zxfb/201802/t20180228_1585631.html.

❷ 龚蛟腾.从社会视角看社区图书馆发展.高校图书馆工作,2013 (6):3-8.

❸ Khan NS, Bawden D. Community informatics in libraries in Pakistan: Current status, future prospects. New Library World, 2005 (11/12): 532-540.

❹ 中华人民共和国国民经济和社会发展第十二个五年规划纲要.(2011-03-16) [2017-04-23]. http://www.npc.gov.cn/wxzl/gongbao/2011-08/16/content_1665636.htm.

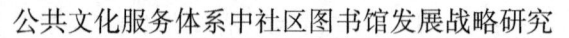

等化"。❶ 该"决定"强调通过统筹基层文化设施建设而实现城乡一体化的公共文化服务，通过加强弱势群体与老少边贫地区的文化设施建设而实现公共文化服务体系全覆盖和公共文化服务均等化的既定目标。《国家基本公共服务体系"十二五"规划》强调"坚持公益性、基本性、均等性、便利性，建立健全公共文化服务体系""以农村基层和中西部地区为重点，加快公共文化基础设施建设"。❷ 农村基层和中西部地区的文化设施建设受到关注，公共文化服务更加注重平等与便捷。《国家"十二五"时期文化改革发展规划纲要》提出：到2015年，"覆盖全社会的公共文化服务体系基本建立，城乡居民能够较为便捷地享受公共文化服务"。❸ 该"纲要"强调建立健全公共文化服务体系，其目的在于维护社会公众的基本文化权益。《文化部"十二五"时期文化改革发展规划》强调"依循'保基本、强基层、建机制、重实效'的基本思路""全面提升公共文化服务均等化水平"，其基本原则是"政府主导、坚持公益""保障基本、促进公平""统筹城乡、突出基层""创新机制、强化服务"。❹ "十二五"期间，文化改革的目的是增加基层公共文化设施，促进公共文化服务均等化。国家大力推动基层公共文化设施建设，这必然加快社区图书馆设施的创办。

社区图书馆设施建设的战略规划应当与国家发展公共文化的大政方针相吻合，从公共图书馆、社区文化、公共文化服务、基本公共服务等宏观视角入手进行定位与筹划。2017年1月23日，国务院印发的《"十三五"推进基本公共服务均等化规划》提出基本公共服务的指导思想是"兜住底线，引导预期""统筹资源，促进均等""政府主责，共享发展""完善制度，改革创新"；其主要目标是"均等化水平稳步提高""标准体系全面建立""保障机制巩固健全""制度规范基本成型"。❺ 基本公共服务均等化需要制度规范来保驾护航，这是"兜住底线""促进均等"最根本的护身符。此外，该"规划"还要求"落实国家基本公共文化服务指导标准和地方实施标准""以县级文化馆、图书馆为中心推进总分

---

❶ 中央关于深化文化体制改革若干重大问题的决定．(2011-10-25) [2017-04-19]．http：//www.gov.cn/jrzg/2011-10/25/content_1978202.htm.

❷ 国务院关于印发国家基本公共服务体系"十二五"规划的通知．(2012-07-11) [2017-04-15]．http：//www.gov.cn/zwgk/2012-07/20/content_2187242.htm.

❸ 中办国办印发国家"十二五"文化改革发展规划纲要．(2012-02-15) [2017-04-23]．http：//www.gov.cn/jrzg/2012-02/15/content_2067781.htm.

❹ 文化部关于印发《文化部"十二五"时期公共文化服务体系建设实施纲要》的通知．(2013-01-14) [2017-04-11]．http：//zwgk.mcprc.gov.cn/auto255/201301/t20130121_474074.html.

❺ 国务院关于印发"十三五"推进基本公共服务均等化规划的通知．(2017-01-23) [2017-06-03]．http：//www.gov.cn/zhengce/content/2017-03/01/content_5172013.htm.

馆制，实现农村、城市社区公共文化服务资源整合和互联互通""为村文化活动室购置基本公共文化服务设备""（加快）数字文化服务平台建设""推动全国文化信息资源共享、数字图书馆博物馆建设等公共数字文化工程建设"。❶ 公共文化服务均等化是基本公共服务均等化的重要内容，完善社区图书馆（室）等基层文化设施则是基本公共文化服务均等化的基本要求，因此社区图书馆发展战略规划应当牢牢把握与着重领悟基本公共服务均等化的精神内核。《"十三五"推进基本公共服务均等化规划》高度强调基本公共服务的"均等化"，无疑为城乡社区图书馆服务均等提供了发展契机，尤其是为农村地区、边远地区的社区图书馆建设迎来了前所未有的机遇。《国家"十三五"时期文化发展改革规划纲要》鼓励"健全各级各类公共文化基础设施""建设乡镇（街道）、村（社区）的综合文化服务设施""以县级图书馆、文化馆为中心推进总分馆制""鼓励社会组织和企业参与公共文化设施运营和产品服务供给"。❷ 该"纲要"不仅要求加强基层综合文化服务设施供给，而且提出推进总分馆制模式建设。《文化部"十三五"时期文化改革发展规划》提出到2020年，"现代公共文化服务体系基本建成"，"县级公共图书馆、文化馆和乡镇（街道）综合文化站设施建设基本达标，基本实现每个行政村（社区）都建有综合性文化服务中心，贫困地区县县有流动文化车"。❸ 近年来党和政府密集出台了一系列加强公共文化服务的规划文件，推动了城乡基层公共文化服务体系建设。《中华人民共和国公共图书馆法》（简称《公共图书馆法》）则硬性规定"国家建立覆盖城乡、便捷实用的公共图书馆服务网络""地方人民政府应当充分利用乡镇（街道）和村（社区）的综合服务设施设立图书室""县级以上地方人民政府应当根据本行政区域内人口数量、人口分布、环境和交通条件等因素，因地制宜确定公共图书馆的数量、规模、结构和分布，加强固定馆舍和流动服务设施、自助服务设施建设"❹，这必然有利于促进城乡社区图书馆的规划、布局与建设。

4.1.2 社区图书馆设施的目标

社区图书馆设施在正确定位之后，还需要制定长期、中期、短期相结合的发

---

❶ 国务院关于印发"十三五"推进基本公共服务均等化规划的通知. (2017-01-23) [2017-06-03]. http://www.gov.cn/zhengce/content/2017-03/01/content_5172013.htm.

❷ 国家"十三五"时期文化发展改革规划纲要. (2017-05-08) [2017-06-01]. http://www.scio.gov.cn/zxbd/wz/Document/1550922/1550922.htm.

❸ 文化部"十三五"时期文化发展改革规划. (2017-02-23) [2017-06-01]. http://zwgk.mcprc.gov.cn/auto255/201702/t20170223_491392.html.

❹ 中华人民共和国公共图书馆法. (2017-11-04) [2018-05-06]. http://zwgk.mct.gov.cn/auto255/201711/t20171106_693582.html.

展目标。社区图书馆服务体系的整体构建,就是要确定一定区域内社区图书馆设施的规划与创建。任何一个图书馆的覆盖范围与服务能力都是有限的,因此政府应当综合考虑面积大小、人口多少等因素,科学规划基层公共图书馆设施的布局与设置。研究表明,距图书馆4公里以内的读者利用图书馆的频率较高,4公里以外利用图书馆的可能性随距离增加而呈指数下降,也就是说一个较大的图书馆理想的服务半径应该为4公里,理想的服务面积在50平方公里左右。❶ 发达国家基层图书馆的覆盖标准,远远小于这个服务半径、服务面积。20世纪70年代IFLA颁布的《公共图书馆标准》(Standards for Public Library, 1973)规定,每5万人拥有一所图书馆,人均拥有藏书量最少3册,❷·❸ 在市内主要居民区通常离图书馆1.5公里左右就需设立分馆,3~4公里就需设立一个较大的图书馆。❹ 根据《中国统计年鉴》相关数据计算,2015年我国公共图书馆馆均辐射半径为30.63公里,平均每3058.30平方公里或平均每43.79万人才有一个公共图书馆。由于城乡基层公共图书馆普遍缺失,仅靠现有区(县)级以上公共图书馆很难承受推广社会阅读之重托。只有从宏观上进行社区图书馆设施的布局规划,才能构建合理的社区图书馆服务体系。

　　政府部门需要不断缩小公共图书馆设施的辐射半径、服务面积与服务人口,从而逐渐形成星罗棋布的社区图书馆网络体系。2012年,《国家基本公共服务体系"十二五"规划》提出"建立城乡一体化的基本公共服务制度""以服务半径、服务人口为基本依据""制定实施城乡统一的基本公共服务设施配置和建设标准""促进公共服务资源在城乡、区域之间均衡配置"❺。基本公共服务体系构建打破城乡界限,而以服务人口、服务半径为主要依据,这无疑有利于开展普遍均等的公共文化服务。为了积极推动基本公共服务不断向基层深化、延伸与拓展,国家要求继续推进"文化共享""数图推广""电子阅览室""农家书屋"等文化惠民工程建设。农村信息基层设施快速改善,有利于基层公共文化服务的普及与推广。该"规划"规定了"十二五"时期公共文化体育服务国家基本标准(见表4-1),并要求各类公共文化体育设施布局、场馆建设、设备配置、人员配备、服务规范等具体标准由文化部等有关部门制定实施。❻ 街道(乡镇)图

---

　　❶ 叶华. 新农村建设背景下农村图书馆发展探讨. 情报探索, 2009 (5): 38-40.

　　❷ 曹树金等. 网络环境中公共图书馆和高校图书馆用户需求实证研究. 北京: 学习出版社, 2015: 13.

　　❸ 潘燕桃等.《广州市公共图书馆条例》解读. 广州: 广东人民出版社, 2015: 39.

　　❹ 贺巷超. 文献价值: 理论文献学的价值论解读. 成都: 电子科技大学出版社, 2014: 158.

　　❺❻ 国务院关于印发国家基本公共服务体系"十二五"规划的通知. (2012-07-11) [2017-04-15]. http://www.gov.cn/zwgk/2012-07/20/content_2187242.htm.

书馆、社区（村）图书馆作为基层公共文化服务体系的核心部分，应当根据国家公共文化服务发展规划进行战略规划。"公共文化体育服务国家基本标准"从"公共阅读服务"的角度要求村村建有农家书屋，并由中央与地方财政按比例拨付经费，保障农家书屋的图书不少于 1500 册等。然而，这种"先开张后建设"的普遍撒网规划，导致政府、社区与居民三方面均不满意，政府拨付了经费但没有收到预期效果，社区接收少量书刊但无法正常运转，居民信息需求得不到满足而无法认可。因此，社区图书馆设施建设亟待做好中长期发展规划，即制定符合实际且又切实可行的发展目标与行动方案。

表 4-1 "十二五"时期公共文化体育服务国家基本标准（节录）

服务项目	服务对象	保障标准	支出责任	覆盖水平
公益性文化服务				
公共文化场馆开放	城乡居民	公共空间设施和基本服务项目免费，全年开放时间不少于 10 个月	中央和地方财政按比例共同负担	除文物建筑及遗址类博物馆外，各级文化文物部门归口管理的公共文化场馆主面向社会开放
公益性流动文化服务	城乡居民	免费享有影视放映、文艺演出、图片展览、图书销售和借阅、科技宣传为一体的流动文化服务；每个乡镇每年送 4 场地方戏曲；每学期中小学生观看两部爱国主义教育影片	地方政府负责，中央财政适当补助	基本建立灵活机动、方便群众的公益性流动文化服务网络，保障公益性演出场次
新闻出版				
公共阅读服务	城乡居民	农村行政村建立农家书屋，图书不少于 1 500 册，报刊 20~30 种，电子音像制品不少于 100 种，并及时更新；城市和乡镇主要街道、大专院校、居民小区等人流密集地点设公共阅报栏（屏），及时提供各类新闻和服务信息	中央和地方财政按比例共同负担	基本实现行政村村村有农家书屋，新增城乡公共阅报栏（屏）10 万个，国民综合阅读率达到 80%

续表

服务项目	服务对象	保障标准	支出责任	覆盖水平
民文出版译制 盲文出版	新闻出版中"民文出版译制""盲文出版"两栏的具体内容本书从略,未予摘录			
"广播影视""文化遗产展示""群众体育"三栏的具体内容本书从略,未予摘录				

我国社区图书馆设施建设面临东西分化、城乡失衡的基本现实,今后必须加强中西部地区尤其是中西部农村地区社区图书馆设施的布局规划。2015年年底,《"十三五"时期贫困地区公共文化服务体系建设规划纲要》强调"到2020年,贫困地区公共文化服务能力和水平有明显改善,群众基本文化权益得到有效保障,基本公共文化服务主要指标接近全国平均水平"❶。该"纲要"明确规定实施范围为集中连片特困地区,西部特殊政策实施地区,国家扶贫开发工作重点县等地区。这些区域大多为边远地区、革命老区县、连片特困地区、民族自治地区,通常没有条件与财力创办公共文化服务基础设施。国家实施补短板、兜底线、建机制、畅渠道、促发展的公共文化设施扶持计划,无疑为这些地区社区图书馆馆舍设施的布局与改良提供了有力保障。当地政府文化行政部门应当根据国家大政方针的基本要求,切实做好社区图书馆馆舍设施的布局规划与实施计划。

社区图书馆设施布局的规划重点是场地选择、馆舍规划、设施购置等硬件资源,当然与设施布局规划配套的经费投入也应当跟上,否则就会面临空有宏伟规划蓝图而没有实现可能的窘境。UNESCO、IFLA颁布与修订的《公共图书馆宣言》明确指出:"建立和维持公共图书馆是地方和国家当局的责任","必须由国家和地方政府提供经费。"❷美国公共图书馆经费主要来自政府税收,其中80%由联邦政府、州政府和地方政府共同支付,20%由社会力量捐赠资助。我国《关于加快构建现代公共文化服务体系的意见》明确提出到2020年基本建成覆盖城乡、便捷高效、保基本、促公平的现代公共文化服务体系:公共文化设施网络全面覆盖,公共文化管理、运行和保障机制进一步完善,政府、市场、社会共同参与公共文化服务体系建设的格局逐步形成,人民群众基本文化权益得到更好保

---

❶ 文化部等7部委联合印发《"十三五"时期贫困地区公共文化服务体系建设规划纲要》.(2015-12-09)[2017-06-04].http://politics.people.com.cn/n/2015/1209/c70731-27907466.html.

❷ 程焕文,张靖.图书馆权力与道德(上).桂林:广西师范大学出版社,2007:38.

障，基本公共文化服务均等化水平稳步提高。❶ 毋庸置疑，只有普遍建立社区图书馆，才能构建完备的基层公共文化服务体系。当然，普遍、均等服务也是一个相对的概念，不可能实现绝对均等的"平均主义"。从社会公平与办馆效益来说，社区图书馆设置也应当有一个最低标准的服务人口数量限定。对于人口数量少于3000人的超小型社区，目前并不适合建立社区图书馆，而可以通过配置定期的流通服务点等解决居民的阅读需求。

社区图书馆设施建设的战略规划，显然是发展公共图书馆事业乃至公共文化事业不可或缺的一个环节。2007年，广州市制订的《广州市社区图书馆服务体系2007—2010年建设方案》指明了社区图书馆的发展要求：建立健全市、区（县级市）、街（镇）、居委（村）四级公共图书馆服务城域网络，在街镇建立独立的图书馆，到2010年基本实现每5万常住人口拥有一座独立的公共图书馆，拥有500个社区服务点，人均公共图书馆藏书达到2册。❷ 该"建设方案"还要求各区（县）图书馆按每2万常住人口的标准，设置1个社区服务点；街道（乡镇）图书馆馆藏不低于人均0.5册（件），开放时间每周不少于48小时；社区（村）文化室必须有书刊阅览区域，至2010年实现所有社区（村）的全面覆盖服务。东部发达地区社区图书馆设施建设无疑取得了可喜成绩，但在中西部地区尤其是中西部农村地区的社区图书馆设施建设却面临难以解决的历史难题。我国的"六五"计划曾经提出"县县有图书馆、文化馆，乡乡有文化站"的发展目标，然而中西部地区至今仍然未能全面实现。基层图书馆屡建屡毁，甚至出现了"年年检查年年建，年年建馆不见馆"的调侃。只有设施规划合理、经费来源充足与管理制度创新，社区图书馆才能避免重蹈覆辙而闯出一条办馆的新路子。

综合国家基层公共文化设施的设置标准、城乡基层公共图书馆的发展实际以及发达地区社区图书馆建设的实践经验，可以制定不同时期的社区图书馆设施的布局规划（见表4-2）。尽管在公共文化服务体系构建中，绝大多数文件要求建立区域均衡、城乡一体的基层公共文化设施，但是对基层公共图书馆尤其是社区（村）图书馆的基本要求相对较松。社区图书馆设施建设是社区文化建设的重点，也是社区文化建设的难点，因而相关基础设施、资源建设、人员配置、服务标准及其管理规范等不可能一步到位，也不可能完全按照公共文化服务体系中文

---

❶ 中共中央办公厅、国务院办公厅印发《关于加快构建现代公共文化服务体系的意见》. (2015-01-14) [2017-04-17]. http：//www.gov.cn/xinwen/2015-01/14/content_2804250.htm.

❷ 广州市社区图书馆服务体系2007—2010年建设方案——广州市公共图书馆城域网建设方案. (2010-02-24) [2017-06-02]. http：//www.gzlib.gov.cn：8080/stxh/XZXTDetail.do? id=327612.

化站（室）的建设标准同等对待。因此，我们认为先划分"现在—2020年""2021—2025年""2026—2030年"三个时期，再分别规划各个时期的发展标准比较适宜。2020年以前，城乡全面普及社区图书馆不太现实，即使勉强达到普遍设置标准也很难达到其服务要求，甚至有新一轮有名无实的"造馆运动"之嫌。这个时期社区图书馆设施建设的重心在街道（乡镇）图书馆，应该达到服务人口3000~60000人或覆盖范围的服务半径小于6公里的建设标准。第二个时期，社区图书馆设施建设的重心在社区（村）图书馆，其服务人口为3000~30000人或服务半径小于3公里。第三个时期，应当充分考虑人口数量问题与服务覆盖范围，3000~15000人或1.5公里范围内就需要建立社区图书馆设施。倘若地理区域过大以及人口分散聚居，那么就应当考虑采取"一村多社区"的办馆方式，真正建立以社区分布为基础的普遍均等的社区图书馆体系；而若社区（村）人口过于稀少，则应当考虑采取"几村一社区"的办馆方式，切实提高社区图书馆的办馆效益。由此可见，我国农村社区化刚刚起步，农村社区主要有一村一社区、一村多社区和几村一社区等三种形式，其图书馆设施建设必须坚持地域相近、规模适度、便于服务的原则，采取分级指导与管理的总分馆制服务模式，即县级公共图书馆指导乡镇图书馆，乡镇图书馆下辖各社区图书馆。❶ 经过十几年的分步实施与逐次推进，至2030年全面建成城乡一体的社区图书馆服务体系。

表4-2 社区图书馆设施布局的战略规划

战略时期	覆盖人口	覆盖范围	配置标准	馆舍规模	配置特征	配置要求
现在—2020年	3000~60000	小于6km	30m²/千人	90~1800m²	覆盖城乡	街道乡镇
2021—2025年	3000~30000	小于3km	30m²/千人	90~900m²	城乡一体	社区（村）
2026—2030年	3000~15000	小于1.5km	30m²/千人	90~450m²	普遍均等	社区分布

这三个时期社区图书馆设施布局与设置的任务各不相同，其覆盖区域、服务人口等都有很大的区别。第一个阶段的设施建设任务主要是普及街道乡镇图书馆，它的服务人口较多、覆盖范围较广、馆舍规模较大。第二个阶段的设施建设任务主要是普及社区（村）图书馆，其覆盖半径3公里正好是街道乡镇图书馆覆盖半径6公里的一半，能够有效地避免图书馆服务范围的重合，但社区（村）图书馆的发展规模也会随着人口减少而相应地下降。第三个阶段的设施建设任务主要是按社区分布进行查漏补缺，即按1.5公里服务半径（前一阶段3公里服务半

---

❶ 龚蛟腾.从社会视角看社区图书馆发展.高校图书馆工作，2013（6）：3-8.

径的一半）或者按 3000~15000 人的标准进一步完善社区图书馆的布局。最后落实到具体的基层社区，居民较少社区拥有 90 平方米以上的文献借阅场所，能够开展简单的阅读推广、知识讲座等服务活动；而居民较多的社区拥有较大的社区图书馆，集文献服务与多种文化活动于一体。当然，各个地区经济、文化发展水平存在一定的差异，社区图书馆设施建设的要求可以因地制宜地适当修改。随着社区图书馆配置标准的提高，馆舍规模亦需逐渐加大。至 2030 年，社区图书馆设施建设的主要指标基本应当接近美国等发达国家，从而确保普遍均等的公共文化服务落到实处。

4.1.3 社区图书馆设施的改善

社区图书馆设施配置需要纳入城乡一体化社区的发展规划。由于社区图书馆设施配置的重点在于合理布局，其布局规划要从当地公共文化服务体系构建出发，建立区域性、系统性与均衡性的图书馆服务网络。《公共文化服务保障法》规定"县级以上地方人民政府应当将公共文化设施建设纳入本级城乡规划""国家鼓励和支持公民、法人和其他组织兴建、捐建或者与政府部门合作建设公共文化设施""加强乡镇（街道）、村（社区）基层综合性文化服务中心建设"❶。目前，社区图书馆普遍存在馆舍面积小、条件差、设备不配套等问题，因而急需规范社区图书馆的服务设施：（1）根据社区人口分布与居民信息需求，规划与创建社区图书馆；（2）根据业务工作的实际需要，配备提高自动化水平所必需的各种服务设施。❷ 政府统筹社区图书馆设施的规划、设置与管理，有利于最大限度地调动与协调各种资源参与办馆，也有利于解决条块分割、各自为政的历史积弊。社区图书馆担当社区文化活动的纽带，既是以文献为主体的信息服务中心，又是开会、报告、讨论与交流的文化活动场所。❸ 农村图书馆（室）数量稀少，馆舍设施极其落后，服务能力空前缺乏，因而加强农村图书馆（室）建设是一项非常紧要的现实任务。各级政府需要"以农村和中西部地区为重点"，"加强社区公共文化设施建设"，"缩小城乡文化发展差距"。❹ 只有全面建立达标的城乡社区图书馆，才能真正形成完善的城乡公共图书馆服务体系。

社区图书馆设施配置需要纳入城乡公共文化服务体系的建设规划。社区图书馆是社会文明的重要标志，也是国民获取知识信息的重要渠道，因而其发展水平

---

❶ 中华人民共和国公共文化服务保障法．（2016 - 12 - 25）[2017 - 06 - 12]．http：//www.npc.gov.cn/npc/xinwen/2016 - 12/25/content_ 2004880.htm.

❷ 张爱梅．论社区图书馆发展的对策．内蒙古科技与经济，2010（1）：128 - 130, 132.

❸ 龚蛟腾．从社会视角看社区图书馆发展．高校图书馆工作，2013（6）：3 - 8.

❹ 中央关于深化文化体制改革若干重大问题的决定．（2011 - 10 - 25）[2017 - 04 - 19]．http：//www.gov.cn/jrzg/2011 - 10/25/content_ 1978202.htm.

是衡量社会、国家或城市文明程度的基本指标。它是社区基础性的公共文化设施，因而是区域性公共文化服务体系构建的组成部分。党的十八大提出："积极发展继续教育，完善终身教育体系，建设学习型社会。"❶ 丹麦古城奥尔堡一栋高层老年公寓时有鳏寡老人坠楼身亡，该城中央图书馆把老年公寓一层改建成分馆后，老人因有阅读与交流场所而绝迹了自杀现象。于是，年轻的女馆长难掩兴奋和自豪之情："图书馆员的职责十分重大，我们是生命的守护神。"❷ 社区图书馆能使生命之树常青，为老年人提供排忧解难的好去处。它是基层公益性文化服务中心与基层文化性休闲娱乐中心，主要包括街道/乡镇图书馆、社区/村图书馆、民间图书馆、农家书屋等。我国社区图书馆发展历经坎坷，受到观念落后、运动突击、主体失位与制度缺失等因素的严重制约；社区图书馆是公共文化服务体系的中坚力量，无疑应当坚持走社区化、虚拟化、协同化与特色化的发展道路。❸ 只有纳入当地公共图书馆事业乃至公共文化服务体系的发展规划，才能保障社区图书馆设施的规划、布局、设置与管理走上制度化、规范化的发展轨道。

　　社区图书馆设施的布局应当纳入社区文化基础设施的建设规划。社区图书馆通常具有社区性、公共性、开放性、多样性等特征，能够提供大众化、区域化、动态化、个性化的文化知识服务。它是一种重要的"社区资产"，它为民众提供阅读机会、开阔视野、扩宽兴趣爱好，从而提高民众的生活质量。❹ 社区图书馆通过用户的信息交流与合作能增进用户群的文化融合，从而提升图书馆在文化融合方面的社会价值。❺ 它是社区信息的集散地与信息交流的"信息港"，具有促进社区发展、培育社区文化、传播科学知识、开展社会教育、传递实用信息与开展文娱休闲等基本职能。譬如，美国社区图书馆是社区信息集散中心，它拥有大量反映社区生活、设施和事件的动态性资源，成为居民了解社区、融入社区的门户。❻ 社区图书馆通过组织文化活动，增加居民之间的交往与互动，巩固和发展社区和谐的人际关系，增强社区居民的归属感和认同感。❼ 它既是社区居民最重

---

　　❶ 坚定不移沿着中国特色社会主义道路前进，为全面建成小康社会而奋斗．（2012 - 11 - 08）[2017 - 04 - 13]．http：//news. china. com. cn/politics/2012 - 11/20/content_ 27165856. htm.

　　❷ 程亚男．流动的风景——图书之旅．北京：北京图书馆出版社，2006：168.

　　❸ 龚蛟腾．基层图书馆的定位、反思与趋向．图书馆工作与研究，2013（12）：4 - 9.

　　❹ Hendry J. D.. The Public Library as a Community Resource. Library Review，1990（1）：33 - 35.

　　❺ Atuti R. M.. Managing adaptation of buildings to library use：a case study of community libraries in Kenya. Library Review，2001（5）：231 - 236.

　　❻ 石烈娟．美国社区图书馆服务及其启示．图书馆，2009（2）：70 - 72.

　　❼ 高珲．论如何加快社区图书馆建设．贵图学刊，2010（3）：63 - 64.

要的文化休闲场所，极大地丰富了社区的文化生活；又是社区居民最重要的知识传播组织，极大地提升了国民的整体素质。社区图书馆是信息资源宝库、终身学习场所、休闲娱乐去处，也是进行文化休闲、亲子活动、影片放映、才艺展示等社区文化活动的纽带。由此可见，社区图书馆不仅是拓展公共图书馆服务的重要途径，而且是开展社区文化活动的基础设施。

社区图书馆设施配置需要坚持政府的主导地位。政府对于创办基层公共图书馆具有不可推卸的责任，这是公共文化产品的内在要求，也是社会协调发展的基本保障，还是国外社区图书馆建设的成功经验。可是我国政府兴办基层图书馆存在三大误区：实施了文化错位的大政方针，开展了没有保障的运动突击与推行了难以持续的面子工程。❶ 社区图书馆可持续发展必须有明确的建设主体，我国社区图书馆建设主体却严重失位。我国政府曾经不够重视公共文化服务而留下了历史欠账，如当时重点投资工业体系而压缩了教科文事业的建设经费，政治运动此起彼伏亦使基层图书馆事业遭受很大的影响与制约。❷ 由于缺乏政府政策与财政预算的实质性支持，基层公共图书馆尤其是乡村图书馆在停停办办之间反复摇摆。社区图书馆建设应当充分发挥政府的作用，政府肩负制度构建、经费拨付、政策引导、管理规范等责任。正如程焕文先生所说，"社区没有图书馆的配套是不完善的社区""在城市社区规划中不硬性规定图书馆（室）配置，是政策的一个盲点"。❸ 区（县）政府、街道办事处（乡镇政府）、社区（村）居委会等显然是社区图书馆创办的当然主体，应当采取政府投资兴建、政府扶持创办、社区自助自建、社会基金创建、社区与学校联合共建、社区与企业单位联合共建等方式相结合的办馆模式。扶持社会力量兴办公益性文化事业、资助文化机构和文化活动，扶持农民文化户、社区民间文艺社团等社会自办文化，从而形成政府主导、多种文化主体多方参与公共文化服务体系建设的局面。❹ 政府预算、街道补助、社区自筹、奖励和扶助等，是搞活社区图书馆的基本药方。基层图书馆建设往往呈现"一窝蜂"现象，注重数量而轻视质量，看重当前而忽视长远。社区图书馆是公共图书馆不断向基层延伸的必然产物，具有丰富居民文化生活、提高国民综合素质、促进社会全面繁荣等作用。加强社区图书馆建设本身就是政府应有的责任，因而政府应当积极推动社区图书馆的规划与创设。

---

❶ 龚蛟腾. 城镇化进程中基层公共图书馆建设研究. 北京：知识产权出版社，2015：244-245.

❷ 龚蛟腾. 基层图书馆的定位、反思与趋向. 图书馆工作与研究，2013（12）：4-9.

❸ 杜星等. 广州的图书馆喘着粗气喊"老了". 羊城晚报，2002-05-29（A4）.

❹ 钱江潮. 构建完善的公共文化服务体系——和谐社会与文化建设（五）. 中国文化报，2005-12-8（007）.

社区图书馆设施配置需要依靠社会力量的办馆助馆活动。倘若能够将政府部门资源与社会力量资源进行有序整合，就能够为社区图书馆设施筹划注入强劲动力。北京市"书香西城"建设旨在让居民在15分钟内找到买书、借书、读书的空间，近年来除了加强公共图书馆建设之外还积极推动民营图书馆的创办。2014年，北京金中都公园护城河畔的"宣阳驿站"开门迎客，这是一家由西城区文化委员会联合民营连锁图书馆"第二书房"共同打造的非营利性图书馆——西城区文化委员会提供房租全免、会员办卡补贴、图书采购补贴等优惠措施，"第二书房"创始人李岩亲自选购了1.2万种图书并全部供借阅；西城区的繁星戏剧村书吧主要依托繁星戏剧村资源，打造艺术和戏剧主题书店；此外西城区文化委员会尝试建设"书香酒店""书香银行"等主题图书阅读空间，并提供更便捷的数字化阅读服务，诸如与龙源期刊网合作开发可用手机扫二维码就能下载期刊在有限时间阅读的"云借阅"机器，与字里行间书店合作研发可由厢式货车改装后能运载上千本图书的"移动书店"。[1] 正是通过公共图书馆与民营图书馆的同生、共赢、互补，迎来了让公众便利地享受公共阅读服务的"书香西城"时代。2015年年底，高晓松投资近500万元的民营公益图书馆"雜・書舘"开馆，其价值几十亿的近百万册（件）馆藏图书及纸质文献来自于藏家们二三十年的竞价拍卖或网络交易；该馆为书友们提供了免费阅读、免费抄录、免费茶水及水果的服务，预计以后几年仍要投入将近300万元来维持运营。[2] 北京成功引入社会资源参与社区图书馆的布局与营运，为经济发达城市社区图书馆设施筹划提供了宝贵经验。

社区图书馆设施配置需要坚持以社区用户为中心的基本原则。它的规划、布局、创办与运行都应当以用户需求为导向，坚决避免社区居民信息需求与社区图书馆建设相脱节的现象。社区图书馆建设应按照现代公共文化服务体系的要求，建立群众评价和反馈机制，推动文化惠民项目与群众文化需求有效对接。[3] 当前社区图书馆的建设与发展充满矛盾，一方面公共文化服务体系需要全覆盖的基层图书馆服务，另一方面百姓身边的社区图书馆却寥寥无几；一方面百姓的文化生活需要社区图书馆，另一方面许多已建成的社区图书馆却无人问津，成了摆设；一方面文化大发展大繁荣的时代背景点燃了社区图书馆的建设热情，另一方面资

---

[1] 张黎姣. 民营图书馆：让一部分人先读起来. 中国青年报，2014-12-02（10）.

[2] 卢扬，冯雪菲. 一家民营图书馆的生存之道.（2015-12-03）[2017-06-18]. http：//www.bbtnews.com.cn/2015/1203/130766.shtml.

[3] 中共中央关于全面深化改革若干重大问题的决定.（2013-11-12）[2017-06-06]. http：//cpc.people.com.cn/n/2013/1115/c64094-23559163-11.html.

源闲置、无人问津的尴尬现实却又为之蒙上了阴影。❶ 社区图书馆应当实现布局合理化,创办多元化;馆藏实用化,借阅超市化;功能综合化,服务多样化。建设主体应当将社区图书馆建设纳入社区文化建设规划之中,在经济发展、观念转变、政府战略、城镇化发展的大环境下去推动社区图书馆建设。广州和番禺两市的调查结果表明:农民工业余文化生活比较单调,大多数人选择看电视、打牌、打麻将、睡觉、逛街,仅少数人选择看书学习;农民工满意、不满意和很不满意目前文化生活状况的比例分别为26.50%、65.27%与8.23%,希望有社区图书馆、宣传栏之类的学习场所的比例高达85.6%,认为不需要的仅占14.40%;农民工缺乏就业信息和用工指导,由老乡亲戚朋友介绍就业的占54.20%,89.30%的农民工希望政府能免费提供《外来工指南》等信息资料;农民工因社会培训机构收费过高、就业信息渠道不畅通和缺乏信息意识等,没有接受过正规技能培训的占48.30%,其他的只是参加过临时的、短期的岗前培训。❷ 构建全面、均衡的社区图书馆体系,有利于促进图书馆服务从书本位向人本位转移、从阵地向社区与家庭延伸。

  社区图书馆设施配置需要因地制宜地选择合理的办馆模式。政府将社区图书馆纳入公共图书馆总分馆体系,是进行社区图书馆统筹规划与合理布局的重要方式。早在"九五计划"期间(1996—2000年),上海市就建立了我国第一个完整的市、区(县)、街道(乡镇)与里弄(村)四级公共图书馆服务体系。2007年,该市"一卡通"系统图书流通量1300万余册,流通人数340万余人次❸。至2017年初,除上海图书馆外,上海市16个区(县)还有268家区(县)、街道(乡镇)图书馆加入了"一卡通"系统,其中崇明县有崇明区图书馆及其4个服务点、18家街道(乡镇)图书馆(见表4-3);❹除上海少年儿童图书馆外,还有171家区(县)、街道(乡镇)图书馆加入了少儿"一卡通"系统(见表4-4)。❺ 作为国家的政治、经济、文化中心,北京市社区图书馆服务体系建设同样硕果累累。北京市建立了以首都图书馆为中心馆、以区(县)馆为分中心馆、以街道(乡镇)馆与社区(村)馆(室)为远程用户的四级公共图书馆联合服务网络,实现了联合检索、馆际互借、资源共享和图书"一卡通"服务,至2014年年底已覆盖20个区县图书馆、177家街道乡镇级图书馆及部分社区

---

 ❶ 魏建琳. 公共物品理论视阈下社区图书馆的概念与演变规律探析. 图书馆建设, 2014 (3): 9-11.
 ❷ 陈喜红. 社区图书馆为农民工服务的探讨. 图书馆论坛, 2010 (4): 170-172.
 ❸ 卢盛华等. 图书馆知识管理与知识服务. 长春: 吉林文史出版社, 2009: 331-332.
 ❹ "一卡通"外借. [2017-06-16]. http://www.library.sh.cn/fwzn/wjfw/list1.asp.
 ❺ 少儿"一卡通"外借. [2017-06-16]. http://www.library.sh.cn/fwzn/wjfw/list2.asp.

（村）图书馆（室）。❶ 此外，由首都图书馆牵头各区县图书馆共同实施建设的城市街区 24 小时自助图书馆，突破了时间、地点等因素的制约，市民可就近享受申办读者卡、自助借还书、续借图书、查询图书等免费服务。❷ 社区图书馆加入总分馆体系，对其业务与服务的制度化、标准化、规范化发展大有裨益。坚持贯彻以总分馆模式主导、以其他发展模式为辅助的整体规划方案，这是社区图书馆服务体系不断走向成熟与完善的可行途径。

表 4-3　上海市各区（县）、街道（乡镇）"一卡通"系统成员馆

浦东新区	黄浦区	静安区	徐汇区	长宁区	普陀区	虹口区	杨浦区
45	14	19	15	12	12	12	15
宝山区	闵行区	嘉定区	金山区	松江区	青浦区	奉贤区	崇明县
17	16	18	13	16	11	10	23（服务点 4）

表 4-4　上海市各区（县）、街道（乡镇）少儿"一卡通"系统成员馆

浦东新区	黄浦区	静安区	徐汇区	长宁区	普陀区	虹口区	杨浦区
24	9	18	13	12	11	10	12
宝山区	闵行区	嘉定区	金山区	松江区	青浦区	奉贤区	崇明县
7	10	13	3	8	11	7	3

总而言之，馆舍设施规划是社区图书馆发展战略规划的重点与核心，没有规划恰当与布局合理的设施体系，就没有完善的基层公共图书馆服务体系乃至基层公共文化服务体系。社区图书馆设施配置需要纳入城乡一体化社区发展规划、城乡公共文化服务体系构建规划、社区文化基础设施建设规划，需要坚持政府部门的主导地位、社会力量的辅助活动，需要坚持以社区用户为中心的基本原则并需要因地制宜地选择合理的办馆模式。在社会变革与文化转型时期，社区图书馆建设必然面临诸多困难。英国前文化大臣 Chris Smith 认为：图书馆必须改变自身生存方式，学习银行、超市、书店的经营模式——看这些机构是如何与现代人的生活方式相适应，学习它们如何融入人们的生活中去。❸ 在明确社区图书馆实施的定位与目标的基础之上，政府部门与社会力量通力合作共同落实设施规划的中长期目标，从而逐渐保障普遍、均等的社区图书馆服务。

---

❶ 北京市公共图书馆计算机信息服务网络．[2017-06-16]．http：//www.bplisn.net.cn/guide.html．

❷ 城市街区图书馆．[2017-06-16]．http：//www.clcn.net.cn/special/24hour/．

❸ 丁小明．论义乌市社区图书馆之构建．科技情报开发与经济，2010（7）：72-74．

4.2 社区图书馆文化资源规划

4.2.1 社区图书馆资源的定位

馆藏资源是社区图书馆最重要的资源，也是社区图书馆的立身之本与服务之源。书籍是人类生活的精神食粮，也是人们立身处世的行为智慧。社区图书馆是推动社会阅读的重要场所，也是国民获取阅读材料的重要渠道。在我国公共图书馆服务体系中，大中型图书馆达到了相当的发展规模，而基层公共图书馆却不如人意。至 2017 年年底，全国共有公共图书馆 3162 个，总流通 72641 万人次。❶显然，仅靠县（区）级以上公共图书馆去推动社会阅读，这是一个根本就达不到普遍均等要求的美妙幻想。社区图书馆肩负保障社会阅读的重任，也承担引导社会阅读的职责。苏联作家布罗茨基曾说过："一个不读书的民族，是没有希望的民族。"❷阅读兴趣是个人阅读最大的动力，正所谓"知之者不如好之者，好之者不如乐之者"。❸印度图书馆学家阮冈纳赞曾经无限憧憬"读者有其书""书有其读者"，社区图书馆无疑是"读者"与"书"发生黏合的理想场所。社区图书馆的理想效果是让每一位慕名而来的读者都能找到自己需要的书，也让每一本书都有如获至宝的读者。为了实现这种美妙的"天堂般的模样"，社区图书馆就必须根据社区居民的文献需求加强馆藏资源建设。

社区图书馆必须注重未成年人馆藏资源的建设与服务，它在未成年人成长与教育中扮演关键角色。社会阅读不仅是成年人奋进与成功的阶梯，还是未成年人进步与成才的营养品。社会学家 M. D. R. 埃文斯团队研究全球 73000 人的数据表明，家庭藏书量对孩子的未来发展有重要影响，其中在中国父母有藏书 500 本的孩子比起家中没有藏书的孩子平均多受 6.6 年的教育，而在美国这个数字依然是非常显眼的 2.4 年。❹阅读习惯与阅读能力应当从小培养，这是影响一个人一生阅读行为的内在理念。藏书、尊书、读书和爱书是一种家庭的"生活方式"，也是一个家庭的"学术修养"。未成年人浸染于这种书香家庭的氛围之中，"能培养出对上学有用的技巧和能力"或"对书籍和阅读的喜好和享受，这使上学变

---

❶ 中华人民共和国国家统计局. 中华人民共和国 2017 年国民经济和社会发展统计公报. (2018-02-28) [2018-05-06]. http://www.stats.gov.cn/tjsj/zxfb/201802/t20180228_1585631.html.

❷ 乌日娜. 社区图书馆在建设阅读型社会中的作用. 河南图书馆学刊, 2013 (10): 16-17.

❸ 东篱子. 孔子学堂. 北京: 中国华侨出版社, 2014: 216.

❹ 家中藏书 500 本能给孩子带来多大的影响？. (2016-07-31) [2017-06-19]. http://www.sohu.com/a/108434357_362274.

得合意或有趣"。❶ 人们所获取的知识主要来自阅读，而阅读习惯需要从小培养。由于国民阅读习惯的培养关键在儿童时期，儿童阅读应当成为社会阅读的重要组成部分。美国心理学家刘易斯·推孟的研究表明，44%的天才男童和46%的天才女童是在5岁以前开始阅读的。❷ 国外基层图书馆极其重视儿童阅读，国内儿童阅读与发达国家尚有明显的差距。2007年美国少儿图书馆馆藏已达81248万册，而2008年我国所有少儿馆馆藏仅1498万册。❸ 我国少儿馆藏仅占美国少儿馆藏的1.84%，人均少儿馆藏的拥有量差别就更加巨大了。丹麦公共图书馆中少儿读物通常占1/3左右，国内基层公共图书馆无疑应当增加少儿读物，譬如提供《十万个为什么》《安徒生童话》《一千零一夜》《中国少年报》《儿童漫画》《故事会》等文献资源。

社区图书馆本身就是基层公共图书馆，其馆藏建设涉及各个领域的文献资源。尽管社区图书馆规模一般比较小，但馆藏文献具有大众化、多样化特征，涉及科普知识、时事新闻、生活常识、实用资料、医疗保健、休闲娱乐、就业信息等诸多方面。农村社区图书馆需要优先考虑购置种植业、养殖业、实用技术等可读性、大众性的图书，有针对性地提供相关资料，使农民朋友充分认识到图书是重要的致富工具。❹ 城镇社区图书馆的书刊资料更加广泛，可以采购汽车养护、家电维修、家政服务、美容美发等关于劳动技能培训的书刊。就文献类型而言，既包括纸质文献、声像资料、电子出版物、数据库资源等正式出版物，又包括小册子、宣传单、说明书、商业广告、服务指南等非正式出版物；就文献内容而言，包括学习、科技、法律、健康、休闲、娱乐等各方面的文献；就文献阅读对象而言，包括儿童、少儿、成人、老年、妇女、劳务工、外籍人员等各个层次的读物。有学者通过分析不同公共图书馆服务体系下不同的文献资源建设模式，提出文献资源建设需要政策和法律的保障❺。2012年，《中国基层图书馆基本藏书推荐目录》正式发布，这将促进基层图书馆的藏书建设与阅读推广❻，从而提高

---

❶ 家中藏书500本能给孩子带来多大的影响？. (2016-07-31) [2017-06-19]. http://www.sohu.com/a/108434357_362274.

❷ 乌日娜. 社区图书馆在建设阅读型社会中的作用. 河南图书馆学刊, 2013 (10): 16-17.

❸ 王利伟. 发达国家社区图书馆儿童服务及其启示. 图书馆工作与研究, 2014 (1): 94-97.

❹ 张爱梅. 论社区图书馆发展的对策. 内蒙古科技与经济, 2010 (1): 128-130, 132.

❺ 肖希明, 张新兴. 公共图书馆服务体系中文献资源建设探讨. 中国图书馆学报, 2011 (6): 4-10.

❻ 中国基层图书馆基本藏书推荐书目. (2012-07-14) [2017-03-30]. http://www.lib-read.org/committee_newsshow.jsp?id=286.

其藏书质量与服务效果。

社区图书馆馆藏建设既要注意普及性、实用性、多样性与娱乐性，又要注意层次性、特色性、新颖性与休闲性。根据社区居民的实际需要选择书刊，生活类、少儿类、文学类的文献资源通常是配置重点。教师安居工程小区的图书馆（室）可以收集教育教学方面的书刊，为教育工作者查找资料提供帮助。根据社区用户需求配置文化资源，甚至打造艺术、教育、养生等特色图书馆。社区图书馆应当成为社区的综合信息中心，及时发布有关生活、生产、文化等方面的信息。社区读者的生活信息需求具有实用性与集中性，职业信息需求具有稳定性与特色性，娱乐信息需求具有多样性与叠加性。在社区馆馆藏方面，增加实事实用、教育培训、休闲娱乐、网络信息等方面的信息资源。社区图书馆不能是公共文化服务体系虚无缥缈的点缀，而应当是社区居民看得见、摸得着、离不开的实际需要。只有让社区图书馆成为社区居民的必需品，社区图书馆才能真正体现其不可或缺的社会价值。只有引入加强馆藏文化资源的"活水"，才能从根源上解决社区图书馆"遇冷"现象。社区图书馆应当成为社区的信息港，及时提供生活、工作、安全、保健、普法等常识信息，诸如为居民普及纳税、养老保险、医疗保险、住房公积金等方面的知识。馆藏资源必须满足社区居民的信息需求，社区图书馆才能受到社区居民的喜爱。社区图书馆既提供知识普及、技能培育、文化修养等学习型书刊，又提供修身养性、医疗保健、美容时尚等休闲性读物。

社区图书馆蕴含当地的乡土特色或文化特质，应当成为地域性的特色资源中心。国外社区图书馆往往具有特色资源展览、观摩等博物馆属性，或者举办各种各样的手工、绘画等特色服务活动。社区图书馆可以建立工艺、刺绣等非物质文化遗产馆藏，甚至搜集真人馆藏等隐性知识资源。杭州张铭的音乐图书馆、兰州刘易的"绿云书庵"、宁波冯平良的劳务工图书馆、复旦学子的寝室楼图书馆、南京张舞阳的水西门社区图书馆等，提供的服务大多和公共图书馆相似，但馆藏更有针对性。[1] 特色资源是社区图书馆馆藏建设的内容，也是社区图书馆特色服务的根本。《乡镇图书馆统计指南》明确设置了"展览"类别，将"公开展示、陈列实物、图片等，供读者观看、欣赏"之"美术作品、书法作品、摄影作品、各类出版物、其他手工艺品或生产生活用品展等"[2] 的举办场次与参观人次纳入统计指标。社区图书馆馆藏资源建设应避免"大而全""小而全"的弊病，坚持"少而精""少而优"的原则，最终通过实用性与利用率来体现馆藏价值。社区

---

[1] 孙洪. 试谈现阶段社区图书馆的可持续发展. 科技情报开发与经济，2012（2）：28 - 30.

[2] 中华人民共和国文化部. 乡镇图书馆统计指南（WH/T 69 - 2014）. 北京：国家图书馆出版社，2016：1.

图书馆应当根据居民需求不断优化馆藏结构，建立有地域群体特色的馆藏体系。馆藏建设努力做到"人无我有，人有我优"，充分发掘地方志、当地作家作品、当地人物传记、当地风土人情书籍等地方特色文献资源。社区图书馆特色文献资源能够提供乡土文化教育素材，提升社区文化的内在品位，增强社区居民的社区情感，促进和谐社区的平稳建设。社区图书馆应当承担收集、整理、提供反映社区历史与现状的乡土资料，注重社区特色文化的建设与传承。譬如，旅游社区图书馆通过挖掘、整理与保存当地独特的文化资源，不仅为社区居民提供信息保障，而且为广大游客提供文化服务。

社区图书馆馆藏资源建设必须注重居民的信息需求，如果馆藏资源无法满足基层居民的信息需求，那么即使丰富的馆藏资源价值连城也不会得到读者的青睐。譬如，将种植、养殖等农业书刊放在城市社区图书馆，而将花卉、盆景等装修书刊放在农村社区图书馆，都是本末倒置或乱点鸳鸯的行为。只有充分挖掘社区居民的信息需求，社区图书馆才能成为社区居民的宠儿。潘跃勇作为中国民办图书馆的开拓者，无疑取得了令人瞩目的成就。1998年他从济宁市纺织品总厂下岗之后，开办了一间面积20多平方米的书屋，一个月下来亏损了1000多元，然后他通过尝试从各方收购旧书拿到店里出租，并于次年正式创办为学生配置了大量的教学参考书和卡通读物的"科教图书馆"。[1] 他失败与成功的事实表明：广大学生是一个极其庞大的读书群体，各类参考资料、教辅资料、考试资料以及素质教育书籍都有广阔的市场。一般来说，未成年人读物颇受婴幼儿、儿童、青少年的喜爱。然而我国少儿图书馆至2015年年底仅有113所，大多数公共图书馆附设的少儿阅览室书刊极其有限，因而社区图书馆在未成年人教育方面大有可为。

社区图书馆除了不断充实实体馆藏之外，还需要加强数字信息资源建设。它可以联合其他图书馆合作开发信息资源，创建信息共享与学习交流的平台，最终让数字阅读与网络文化走进每个家庭。[2] 图书馆云服务促使社区图书馆积极利用网络信息技术与网络信息资源，馆藏建设包括实体文献资源的采购征集、电子出版物的收藏利用，网络信息资源的整合开发，特色文献数据库的建设等。近年来，信息基础设施不断改善与数字信息资源急剧增加，尤其是移动服务网络与手持阅读终端的迅速普及，为无时无刻、无所不在的数字阅读创造了有利条件。社区图书馆应当积极打造虚拟数字服务平台，并成为文化信息资源共享工程的基层服务点，既能为上班族等用户群体提供信息服务，又能为网虫、博客、创客等网

---

[1] 华南. 中国民办图书馆开拓者潘跃勇. 人民日报海外版，2008 - 07 - 16 (07).
[2] 周丽琴. 依托城市社区大学建设社区图书馆. 图书馆理论与实践，2010 (1)：106 - 108.

民群体提供数字服务。

社区图书馆馆藏数量相对有限，需要打造区域性的信息资源共建共享体系。县级以上公共图书馆尽管馆藏相对丰富、设施相对较好，但整体数量较少、地域覆盖广阔，因而不可能提供普遍、均等的公共文化服务。近年来逐渐兴起的社区图书馆具有小型、分散、便利、快捷等特征，虽然能够更广泛、更直接为民众提供公共文化服务，但服务能力与服务水平都难以满足基层民众的基本要求。因此，县级以上公共图书馆和社区图书馆进行"捆绑"发展是一种相得益彰的战略组合，既能发挥公共图书馆的馆藏优势、管理优势、人才优势与服务优势，又能提升社区图书馆的建设层次、地域优势、保障能力与服务水平。显然，这是一种颇具可行性的互利发展模式，有利于真正构建共建共享的信息资源保障体系。

4.2.2 社区图书馆资源的目标

馆藏资源是社区图书馆业务工作的基本对象，也是社区图书馆信息服务的重要保障。大多数社区图书馆属于政府主导创办的公共图书馆，同时也有一小部分社区图书馆属于政府引导创办的准公共图书馆。作为公共图书馆网络体系最基层的信息服务终端，社区图书馆无疑成了公共图书馆体系与社区居民之间的桥梁和纽带。没有丰富的馆藏资源做支撑，社区图书馆服务就犹如"巧妇难为无米之炊"。《文化部"十三五"时期文化发展改革规划》提出到2020年，"全国人均拥有公共图书馆（含分馆）藏量达到1册，全国公共图书馆年流通人次达到8亿"。❶ 在短短3年多的时间内实现该目标，显然任务还相当艰巨。2008年颁布的《公共图书馆建设标准》要求：服务人口10万~20万的小型图书馆总藏量12万~24万册（件），人均藏书1.2册（件）；服务人口3万~10万的小型图书馆总藏量4.5万~12万册（件），人均藏书1.2~1.5册（件）。❷ 当前，我国社区图书馆馆藏建设的阶段性目标，就应当达到小型图书馆馆藏的基本要求。IFLA和UNESCO颁布的《公共图书馆服务发展指南》规定：公共图书馆藏书标准应达到平均每人1.5~2.5册，在最小服务点的最低藏书量应当不少于2500册。❸通常来说，大中型图书馆都有一定的馆藏规模，购书经费相对充裕；而基层公共图书馆藏书数量较少，购书经费严重不足。因此，要达到人均藏书1.2~1.5册（件）的标准，小型图书馆尚面临非常艰巨的任务；至于达到IFLA与

---

❶ 文化部"十三五"时期文化发展改革规划．（2017-02-23）[2017-06-01]．http://zwgk.mcprc.gov.cn/auto255/201702/t20170223_491392.html．

❷ 公共图书馆建设标准．（2012-08-24）[2017-07-03]．http://www.zj.gov.cn/art/2012/8/24/art_14513_50741.html．

❸ 菲利普·吉尔（Philip Gill）主持的工作小组代表公共图书馆专业委员会．公共图书馆服务发展指南（中文版）．上海：科学技术文献出版社，2002：63．

UNESCO 人均公共图书馆藏书 1.5~2.5 册的要求，绝大多数小型图书馆短期内更是遥不可及。即使将社区图书馆视为最小的服务点（服务点标准远远低于图书馆标准），国内许多社区图书馆的藏书量也达不到 2500 册这个最低标准之要求。

中西部地区社区图书馆馆藏严重匮乏，需要实现馆藏资源的跨越式发展。政府要履行好发展公益性文化事业的责任，文化基础设施建设和公共文化资源配置要向基层、特别是农村和中西部地区倾斜，❶ 这已成为我国公共文化服务领域政策调控的基本原则。《全国公共图书馆事业发展"十二五"规划》要求到 2015 年实现地市和县级公共图书馆 100% 覆盖，全国人均藏书量 0.7 册，人均年新增图书 0.05 册，人均购书经费 1.65 元，提供远程访问服务的省级馆、地市级馆、县级馆分别达到 100%、90% 与 50%。❷ 当然，社区图书馆馆藏资源建设力度远远比不上县级以上公共图书馆，但其人均馆藏指标本应该远远高于县级公共图书馆。这是因为社区图书馆馆藏规模必须达到一定数量才能吸引读者，而县级馆拥有人均数量略少而总体数量较高的规模效应。孙颖将社区图书馆划分为大、中、小三种类型，并提出了大型馆、中型馆、小型馆相应的文献配置标准：图书分别在 10000 册以上、5000 册以上、2000 册以上，期刊分别在 80 种以上、40 种以上、20 种以上，报纸分别在 40 种以上、20 种以上、10 种以上，电子音像制品分别在 200 件以上、100 件以上、50 件以上，年增藏量分别在 2000 册以上、1000 册以上、500 册以上。❸ 这些衡量馆藏众寡的数据标准明显偏低，应当从源头规范其馆藏建设标准。

东部地区社区图书馆馆藏仍显不足，需要进一步加强馆藏资源建设。经济发达地区不仅建立了相对完善的基层公共图书馆体系，而且制订了城市基层图书馆建设方案或项目，甚至还颁布了有关社区图书馆建设的制度规范或实施标准。深圳市宝安区的社区图书馆就较普遍，全区已建有 133 个社区图书馆，镇级馆、村级馆、住宅区馆的馆藏分别为 20000 册、10000 册、5000 册以上，并分别以每年 2000 册、500 册、500 册的速度递增。❹ 深圳社区图书馆深受社区居民青睐，其

---

❶ 2010 年政府工作报告. (2010 - 03 - 15) [2017 - 07 - 03]. http://www.china.com.cn/policy/txt/2010 - 03/15/content_ 19612372. htm.

❷ 文化部公共文化司. 文化部关于印发《全国公共图书馆事业发展"十二五"规划》的通知. (2013 - 01 - 31) [2017 - 07 - 13]. http://59.252.212.6/auto255/201302/t20130205_ 29554. html.

❸ 孙颖. 社区图书馆标准化建设问题浅析. 黑龙江档案，2012 (3)：131.

❹ 林国明. 基于新公共服务理论视角的社区图书馆构建. 神州民俗（学术版），2013 (1)：70 - 72.

中一个重要原因就是能够保障"读者有其书"。此外,《上海市基本公共文化服务实施标准（2015—2020年）》规定"全市人均藏书量达到2册、人均新增藏书量达到0.13册""街道乡镇图书馆平均藏书量不少于3万册（件）"。❶《浙江省基本公共文化服务标准（2015—2020年）》规定"村（社区）设置图书室（含农家书屋）""农家书屋图书不少于1200种、1500册,报刊不少于10种,年新增图书不少于60种"。❷除了一些文化大省（直辖市）之外,地级市也开始制订基层公共图书馆的相关规范。2016年,《宁波市乡镇（街道）图书馆建设与服务规范》正式发布,明确提出"藏书量不少于1万册,馆藏图书50%以上应是近5年内出版的,且人均占有藏书应不少于1.0册,人均年增藏书应不少于0.04册,报刊总量应不少于120种"。❸中西部地区社区图书馆馆藏资源建设的制度规范相对滞后,应当参考与借鉴东部地区的相关政策并逐渐形成符合当地实际情况的建设标准。

鉴于我国基层公共图书馆极其落后的社会现实,硬性规定社区图书馆馆藏建设的高指标徒劳无益。这不仅不能在短期内改变社区图书馆馆藏资源匮乏的发展现状,而且无法企及的评价指标反而会成为挫伤基层积极性的一纸空文。因此,《社区图书馆服务规范》仅对社区图书馆馆藏建设设定了保守要求,即"基本馆藏文献资源应包括图书、期刊、报纸、试听资料等,按服务人口计算,基本馆藏量应不低于人均0.5册（并适当考虑少年儿童图书的比例）,复本不大于2册,年更新数量不少于10%,报刊年订阅数量应不少于50种""藏书宜由中心图书馆统采统编,期刊、报纸可根据社区居民需求自行订购"。❹当然,东部沿海经济发达地区以及中西部经济发达城市的基层公共图书馆事业发展相对较好,无论是基层图书馆的基础设施、文献资源,还是社会阅读保障及其活动都远远超出了全国平均水平。《2015年武汉市全民阅读综合测评》报告显示,2015年武汉市图书馆（室）、书店、书屋、报刊亭、24小时自助图书馆共有2224个,其中区级以上公共图书馆人均藏书量为1.6册,而这一年全国的人均公共图书藏书量应达到0.7册（东部地区1.0册,中部地区0.5册,西部地区0.5册）;全市已形成

---

❶ 上海市基本公共文化服务实施标准（2015—2020年）.（2015-09-22）[2017-04-25]. http：//sh. bendibao. com/news/2015922/144599. shtm.

❷ 浙江省基本公共文化服务标准（2015—2020年）.（2015-07-24）[2017-04-25]. http：//news. 163. com/15/0724/04/AV8SRMAM00014AEF. html.

❸《宁波市乡镇（街道）图书馆建设与服务规范》9月22日起实施.（2016-09-22）[2017-07-02]. http：//zw. nbwh. gov. cn/art/2016/9/22/art_ 48_ 88236. html.

❹ 中华人民共和国文化部. 社区图书馆服务规范（WH/T 73-2016）. 北京：国家图书馆出版社,2016：2-3.

中心城区15分钟、新城区30分钟阅读圈，即分别步行15分钟或30分钟就能找到图书借阅、购买或漂流点。❶ 馆藏资源建设必须认真对待，这直接关系到社区图书馆服务的满意度。

数字资源是馆藏建设新的增长点，社区图书馆应"具有稳定可靠的互联网接入条件，网络接入带宽不小于4兆。用于读者服务的计算机数量按服务人口计算应不低于1台/千人，并适应新技术的发展配备各种现代化设备"，"相关设备配置可结合国家重点文化工程项目的要求统筹安排"，"通过计算机网络共享中心图书馆的数字资源，如电子图书、电子期刊、电子报纸及其他各种数据库资源"。❷ 社区图书馆应当依托网络技术、数字技术等现代信息技术，将文献信息资源从不可得状态变为可得状态、有用状态乃至高水平使用状态。这就要求建设社区图书馆特色网站，构筑新型的服务平台；建立社区电子阅览室，开展电子信息服务，全面提升社区图书馆的服务水平。❸ 因此，新型社区图书馆具有传统的检索、预约、续借、还书等功能，也具有在线阅览、实时咨询、交流讨论等功能。"知识的一半就是知道到哪里去寻找它"，❹ 图书馆馆员应当充分掌握知识查找的技巧并切实肩负知识导航的职责。

在社区图书馆资源建设的战略规划（见表4-5）之中，三个不同时期不同级别社区图书馆的硬件资料必然存在差别。第一个发展时期（现在—2020年），乡镇街道图书馆服务人口较多，馆藏总量应当保持人均1册而达到3000~60000册的标准，并每年以150~3000册的标准新购文献，报刊与计算机分别设定为50~200种、3~60台的配置要求。第二个发展时期（2021—2025年），社区（村）图书馆的馆藏总量为3000~30000册，并以年均150~1500册的速度递增，报刊与计算机分别设定为50~100种、6~60台的配置要求。第三个发展时期（2026—2030年），社区图书馆已经进入巩固发展阶段，报刊种数因人口相对较少而降为50种，但人均藏书与计算机设备分别提高到"1.5册/人""3台/千人"的标准，因而其馆藏总量应当达到4500~22500册（年新增文献360~1800册），计算机9~45台。

---

❶ 钟磬如，郑晓彤．公共图书馆人均藏书超全国平均水平．武汉晚报，2016-04-09（3）．

❷ 中华人民共和国文化部．社区图书馆服务规范（WH/T 73-2016）．北京：国家图书馆出版社，2016：2．

❸ 宋志宇．浅谈网络时代社区图书馆建设．河北科技图苑，2010（2）：10-11，26．

❹ 韩静娴，赵曼娟．信息素养教育理论与实践．广州：世界图书出版广东有限公司，2014：17．

表4-5 社区图书馆资源建设的战略规划

战略时期	图书总量	人均图书	年新增图书	年人均新增	包括数量	计算机设备
现在—2020年	3000~60000	1册/人	150~3000	0.05册/人	50~200	3~60（1台/千人）
2021—2025年	3000~30000	1册/人	150~1500	0.05册/人	50~100	6~60（2台/千人）
2026—2030年	4500~22500	1.5册/人	360~1800	0.08册/人	50	9~45（3台/千人）

4.2.3 社区图书馆资源的优化

社区图书馆应当纳入区域性公共图书馆体系，确保社区居民能够享受区域图书馆网络的文献信息资源。尽管县级以上公共图书馆服务体系已经基本建立并拥有相对比较丰富的文献资源，但仅仅依靠3000多个公共馆（含少儿馆）并采取现有服务模式，无论如何都不可能充分发挥大中型公共图书馆的社会作用，都不可能切实维护社区居民的文化信息资源获取权利。显然，街道（乡镇）图书馆、社区（村）图书馆开展"社区化"图书馆服务，是加强公共图书馆服务乃至公共文化服务的基本要求。因此，政府文化行政部门统筹规划区域性公共图书馆服务体系，积极改善区（县）级以上公共图书馆，普遍建立街道（乡镇）图书馆、社区（村）图书馆（室），从而构建比较完整的文化信息资源共享网络。社区图书馆通过加入区域性图书馆服务体系而获取更多的文献资源保障，区（县）级以上公共图书馆通过接纳社区图书馆加盟而更好地为社会居民服务。西方发达国家通过建立完善的"总分馆"体系来服务基层居民，譬如美国洛杉矶市立图书馆下设72个分馆，纽约皇后区图书馆下设63个分馆；日本东京圈内有100多个分馆，并被称为"家庭的书柜"。[1] 因此，通过创办"社区化"的基层图书馆，保障了社区居民的信息获取空间；而通过建立"总分馆制"的管理模式，保障了社区居民的信息获取层级。[2] 社区图书馆借助区域性图书馆服务体系提升了本馆文献资源的保障能力，也保障了社区居民享受区域性图书馆文化服务的基本权利。

社区图书馆文献采购经费是决定其馆藏建设成败的关键因素，必须采取相关措施保障足额的经费投入。东部地区由于经费保障相对较好，社区图书馆馆藏建设颇有起色。譬如，上海社区图书馆的藏书高达3万册以上，常规资金投入每年达十几万元甚至几十万元。[3] 在中西部地区，经费短缺、馆藏陈旧、结构单一往

---

[1] 王燕．基层图书馆建设是国家文化战略实施的基石——浅议基层图书馆发展．科技广场，2013（2）：149-153．

[2] 龚蛟腾．基层图书馆的定位、反思与趋向．图书馆工作与研究，2013（12）：4-9．

[3] 林国明．基于新公共服务理论视角的社区图书馆构建．神州民俗（学术版），2013（1）：70-72．

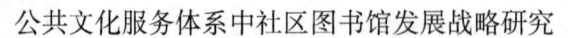

往是社区图书馆馆藏建设的通病。一般来说，社区图书馆普遍存在购书经费短缺而书刊匮乏、藏书质量差而比例失调、藏书数量少而结构欠妥、文献载体单一而内容陈旧等问题，甚至一些社区图书馆为了节约经费而购入盗版书，或者为了装点门面而购置武侠、言情、暴力等不雅书刊。2011年，准格尔旗农家书屋配送涉及全旗9个乡镇、4个街道办事处，共54个由专人管理的"草原书屋"建设点。其中，每个"农家书屋"建设点平均获赠图书1669册，价值3239余元；报刊27种，价值1924元；音像制品180种。❶毋庸讳言，社区图书馆建设仅靠捐赠、援助，绝非可持续发展的长久之计。现有社区图书馆设施简陋、资源匮乏、经费短缺，亟待政府部门加强扶持力度与业务管理。许多在援建活动中创办的社区图书馆根本就无钱购买新书，其馆藏多来自社会的捐赠与援助。随着时间不断推移，援建图书内容老化而新书补充难以为继，居民捐赠书刊亦多为处理过的陈旧版本，于是社区图书馆馆藏资源就成了无人问津的摆设。社区图书馆应当积极接收社会团体、慈善机构、成功人士以及普通民众的捐赠，通过"图书银行""图书漂流""图书义捐"等活动增加馆藏。企业捐赠图书、设备乃至经费，支援社区图书馆建设；社区授予企业冠名权，通过宣传提升企业的知名度。

社区图书馆隶属于文化行政系统，地方政府应当加大各项经费的财政拨付力度。街道（乡镇）政府财政能力羸弱，不足以承担相应级别图书馆的经费开支。社区是根据一套规范制度结合而成的地域性社会共同生活实体，居（村）民委员会是社区居民的自治组织与政府人口管理的协助组织，根本就不是为社区图书馆进行财政支出的行为主体。社区图书馆没有固定的财政拨款，其馆藏资源建设常常受到严重制约。欠发达地区的社区图书馆藏书数量少，较好的有近千册图书以及数量不多的报刊；较差的往往只有几百册图书，甚至根本就不配称为馆藏资源。这种现象导致社区图书馆建设面临实实在在的生存危机，形成了"购书经费紧张——馆藏严重不足——服务水平低下——领导不够重视——经费投入减少"的恶性循环。社区图书馆的建设重点在广大农村，中西部地区的乡村图书馆建设亟待扶持与推动。中西部农村地区公共服务活动费用捉襟见肘，即使是县级政府也难以支撑公共文化服务经费拨付，相关公共项目活动经费大多依靠转移支付来维持。社区图书馆办馆经费来源不一，通常有区（县）文化局的社区文化建设专项经费、区（县）图书馆的图书捐赠与设施资助、社区文化室的自筹经费、社会力量的零星捐助等。2002年，《关于进一步加强基层文化建设的指导意见》强调："切实加大对基层文化建设的投入，确保文化事业经费的增长不低于当年

---

❶ 将文化惠民工程落到实处——内蒙古准格尔旗群众文化生活掠. http://hxfz.org/News/? 5081. html.

财政收入的增长幅度,文化事业建设费的安排应向基层文化建设项目倾斜。"❶此外,由于馆藏资源存在市场获得与公益输出的基本矛盾,这必然影响社区图书馆联盟中各成员馆的利益诉求和参与意愿。因此,社区图书馆联盟建设必须考虑各馆资源不等、条件不一,应当坚持经济实惠、利益均衡、互利互惠的基本原则,通过"无偿共建、有偿共享"来调动与协同成员馆的业务工作。

社区图书馆只有走联网合作、资源共享的道路,才能达到文献资源保障能力与服务能力的最大化,从而由以纸型文献为中心、单向操作、大众服务的实体架构体系过渡到以数据资源为中心、双向互动、个性化服务的网络架构体系。❷ 分馆型社区图书馆依托市或区(县)总馆共建共享文献资源,总馆定期向其所属社区分馆派送与调整书刊。总分馆制形成了庞大的信息资源共享体系,社区分馆是架在社区居民与中心馆(总馆)之间的桥梁。我国部分地区基层图书馆建设实行总分馆体制或准总分馆体制,各街道(乡镇)财政每年应当统一上交一定数额经费给区(县)图书馆,然后区(县)图书馆统筹专项购书经费,实现统一采购、统一编目与统一配送文献资源。联建型社区图书馆依托机构图书馆、学校图书馆、民营图书馆等建立图书馆资源共享机制,满足与保障社区居民的文献信息需求与文化活动需求。因而社区图书馆可以通过"借米下锅,借船出海",利用其他文献机构丰富的馆藏资源提升自己的文献保障能力。社区图书馆依托市馆、区(县)馆的文献资源优势,通过借用文献资源这种"借瓮酿酒"方式来满足社区居民的文献需求。《"十三五"时期全国公共图书馆事业发展规划》要求完善文献资源共建共享机制,已经建立总分馆体系的县级总馆需要"统筹分馆文献资源建设",尚未建立总分馆体系的县级公共馆应当"指导乡镇(街道)和村(社区)图书室文献资源采集"❸。显然,馆藏资源建设是社区图书馆一项长期的基础性业务,应当加强社区图书馆信息资源的协同化、特色化与虚拟化建设。

馆藏资源建设历来就是社区图书馆创办中的短板,加强信息资源的协同化建设、特色化建设、教导化建设与虚拟化建设是弥补短板的重要途径。

(1)社区图书馆需要加强信息资源的协同化建设。社区居民整体的文化资源需求是无限的、分散的,而任意图书馆藏文化资源都是有限的、集中的。由于受到馆藏基数较少与购书经费拮据等种种因素的无情制约,单个社区图书馆的

---

❶ 文化部、国家计委、财政部《关于进一步加强基层文化建设的指导意见》. (2002 - 01 - 30)[2017 - 07 - 04]. http://www.gxwht.gov.cn/affairs/show/12281.html.

❷ 宋志宇. 网络时代的社区图书馆资源建设. 科技文献信息管理,2010(1):63 - 64.

❸ 文化部关于印发《"十三五"时期全国公共图书馆事业发展规划》的通知. (2017 - 07 - 07)[2018 - 01 - 03]. http://zwgk.mct.gov.cn/auto255/201707/t20170726_685747.html.

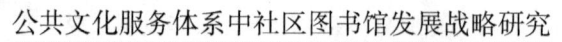

文化资源很难满足社区居民的现实需求。因此，社区图书馆应当加入区域性公共图书馆服务体系，同时加强同各种类型图书馆以及实体书店、网络书店等其他信息机构的合作而达到信息资源共建共享合作的目的。譬如，文化信息资源共享工程汇聚了国内大量优秀的文化资源，在很大程度上提升了基层公共文化设施的服务能力，这对于打破信息闭塞、缩小"数字鸿沟"、提高国民科学文化素质、推进新农村建设和构建和谐社会具有重要的作用。[1] 区域性的公共图书馆服务网络或联盟体系，默默地守护着社会公众的信息资源获取权利。上海建立了全球城市图书馆最大的单一集群系统，其中心图书馆已达100家，建设重点逐步向街道（乡镇）发展；杭州市、区两级图书馆形成了联盟式的总分馆制格局，建立了街（镇）、村图书馆服务点共170个，并实现了"一证通"；深圳市建立"图书馆之城"，全市各级图书馆达500余座，网络化社区图书馆规模堪称全国第一。[2] 2005年，香港公共图书馆推出与申请"团体借阅服务"类似的"便利图书站——社区图书馆伙伴计划"，志愿服务机构、社会服务中心、教育教学机构、社区文化团体、社区居民组织等各种非牟利机构或团体可以申请创办特别阅读社区的"社区图书馆"，即这些注册的非牟利组织向公共图书馆申领团体借书证，就可以借出200本以上的外借图书供该团体及其成员使用。[3] 社区图书馆建设必须走协同化发展道路，建立以县（区）级图书馆为中心的总分馆体系、图书馆联盟或图书馆协作网络，从而实现各种类型图书馆的资源共享与利益互惠，并切实提高图书馆的服务能力与满足公众的信息需求。[4] 毋庸置疑，通过合作、协作、互助等方式构建信息资源共建共享体系，是社区图书馆加强文献资源建设的重要手段。

（2）社区图书馆需要加强信息资源的特色化建设。社区文化是社区建设的灵魂，社区图书馆也是社区博物馆。社区馆可以建立社区档案，保存社区特色文献，弘扬社区特色文化。社区都有根植于特定文化之中的社区特色，因而产生了基于自然地域的"板块型社区"，基于封闭小区的"小区型社区"，基于职工家属的"单位型社区"，等等。在计划管理模式的支配下，公共图书馆形成了整齐划一的设置方式，即组织结构、资源配置、管理方式与服务措施等相差无几，从而产生了"千馆一面"的不良现象。各地社区文化千姿百态、信息需求各不相同、风土人情截然不同、娱乐方式迥然有别，因此社区图书馆应当因地制宜地坚持走特色化发展道路，并通过特色服务满足当地居民的特色文化需求。社区图书馆是面向社区居民的信息服务机构与文化传承中心，必须在经济建设、乡土文化、历史积淀、人文底蕴等方面形成个性化的发展特色，譬如，少数民族地区的

---

[1][4] 龚蛟腾. 基层图书馆的定位、反思与趋向. 图书馆工作与研究, 2013 (12): 4-9.
[2] 索春玲. 试谈基层图书馆的现代化建设. 内蒙古科技与经济, 2012 (6): 156-157.
[3] 郑学仁. 便利图书站——香港的社区图书馆经验. 图书馆建设, 2008 (1): 15-18.

基层图书馆需要反映本民族的文化特色，特色行业地区的基层图书馆应当加强该行业的信息服务。❶ 任何一个公共图书馆，无论大小都应该拥有自己鲜明的特色。或许是馆藏资源特色，或许是馆舍设施特色，或许是办馆模式特色，或许是服务方式特色，这些特色都应当深深地留下社区文化的印迹。社区图书馆坚持特色化发展理念，有利于更好地开展个性化的服务，从而为旨在促进信息资源共建共享的协同平台建设奠定坚实的基础。

（3）社区图书馆需要加强信息资源的教导化建设。社会教育与文化导向潜移默化地影响未成年人的成长，因而社区图书馆应当增加未成年人教导类馆藏。西方发达国家基层公共图书馆相当完备，为儿童提供了极其丰富的阅读资源。公共图书馆开展儿童阅读服务，在国外已有较长的历史。1890 年，马萨诸塞州布鲁克林公共图书馆率先在地下室开放了第一个儿童阅览室，其后各地公共图书馆纷纷附设儿童图书馆、儿童阅览室或亲子阅读室；俄罗斯《儿童图书馆示范标准》明确规定，公共图书馆馆藏的 30% 至 50% 应是儿童文献。❷ 美国儿童 4 岁左右便进入独立的大量阅读阶段，其年阅读量约为中国儿童的 6 倍。❸ 社区图书馆采取措施引导与加强儿童阅读，是维护少儿基本阅读权利的需要，也是开展少儿知识普及活动的需要。儿童阅读本身就是儿童享受基本文化服务权利的体现，也是儿童享受教育、获取知识、开展娱乐与培养阅读习惯的体现。除了数量充足的儿童图书外，国外社区图书馆还向儿童提供各种有声读物、电子出版物、网络资源、各种文字的录音、光盘、磁带等，甚至包括儿童游戏、儿童玩具等。❹ 借助数字文献、益智玩具等新媒介与高科技"读物"，积极开发与培养儿童的阅读能力。

（4）社区图书馆需要加强信息资源的虚拟化建设。现代信息组织与传播技术彻底改变了人们的活动空间，也改变了社会的运作机制。社区图书馆应当通过拥抱现代信息技术来创立虚拟社区，从而向社区居民提供无障碍、零门槛的信息服务。智能手机、手持终端、移动终端等阅读设备司空见惯，匆匆出行、下班歇息、闲暇娱乐等各色人等不时掏出手机把玩、搜索、浏览或阅读。每一个人都是知识资源的欠缺者，都需要通过合适途径获取所需信息，甚至向信息服务商购买信息；因此绝大多数手机用户可以发展为图书馆现实的虚拟用户，而绝大多数非手机用户也应当能够发展为图书馆潜在的虚拟用户。❺ 倘若社区图书馆能够创建数字平台与虚拟社区，切实加强数字信息资源建设及其服务，那么社区图书馆的发展前景就更加值得期待。李小蓉提出成立跨系统的图书馆管理机构和组织协调

---

❶❺ 龚蛟腾. 基层图书馆的定位、反思与趋向. 图书馆工作与研究，2013（12）：4-9.
❷❸❹ 王利伟. 发达国家社区图书馆儿童服务及其启示. 图书馆工作与研究，2014（1）：94-97.

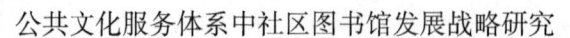

机构，建立以重庆图书馆为中心、县级图书馆为支点的跨系统的重庆图书馆联盟，建立基于 VPN 技术的重庆市数字信息资源共建共享协作网，开展数字资源服务。❶ 通过完善数字服务平台与开辟虚拟数字社区，社区图书馆就能够提供更加全面、准确、便捷、及时的虚拟信息服务。

4.3 社区图书馆人力资源规划

4.3.1 社区图书馆人员的定位

社区图书馆馆员是负责社区图书馆运营的工作人员，既承担馆藏资源的采购、加工、分类、编目、典藏、流通等业务工作，又承担一切相关的文献信息服务乃至公共文化活动。公共图书馆是社会文化的载体、社会文明的象征与社会发展的保障，而贴近广大民众的基层公共图书馆更是社会文明的倡导者、传播者和实践者。基层图书馆是图书馆体系中的主体与基础，是面向社会服务的最直接服务组织与前沿阵地，是广大读者利用文献资源的最主要的社会文化服务保障机构，是为各层次群众提供文化服务的窗口；它具有"服务对象多、影响范围大、分布区域广"三大特点，在图书馆体系中有着举足轻重的作用和不言而喻的意义。❷ 倘若没有街道（乡镇）、社区（村）级基层公共图书馆的支撑，社会公众就不可能享受无差别、个性化、多样化的图书馆服务。基层图书馆的社会作用越来越突出，其社会影响也越来越强烈，但所有的业务工作与服务活动都离不开馆员的辛勤劳作。社区图书馆所有业务活动最终必须由人来承担，因此馆员队伍建设是社区图书馆不可忽视的一项重要工作。

社区图书馆发展离不开专业馆员，专业馆员是社区图书馆建设的重要条件。人是生产力中最活跃的因素，社区图书馆各项工作的成败在很大程度上由馆员来决定。阮冈纳赞说过："一个图书馆成败的关键在于图书馆工作者。"❸ 列宁指出：图书馆员是图书馆事业的灵魂；美国学者认为图书馆服务所发挥的作用，5% 来自图书馆的建筑物，20% 来自信息资料，75% 来自图书馆员的素质。❹ 这些观点都坚定地表明，管理人员是社区图书馆建设的关键因素之一。他们关系到社区图书馆业务工作的得失，更关系到社区图书馆服务活动的成效。澳大利亚社区图书馆的全体职员除"行政管理人员（Administrative staff）"以外，其他的通常划分为三类："图书馆专业馆员（librarians）""图书馆技术馆员（library techni-

---

❶ 李小蓉. 我国西部地区基层图书馆发展思考. 图书馆研究，2013，43（1）：20 - 22.
❷ 胡银仿. 图书馆事业科学发展（上）. 武汉：湖北科学技术出版社，2009：433.
❸ 陈喜红. 社区图书馆为农民工服务的探讨. 图书馆论坛，2010（4）：170 - 172.
❹ 崔雪茹. 高校图书馆人力资源管理存在的问题及其对策分析. 图书馆研究与工作，2017（3）：73 - 76.

cians)""图书馆助理馆员（library assistants）"。其中，"图书馆专业馆员"是需要有大学图书馆管理系文凭才能申请的专业职员职位，"图书馆技术馆员"是只要取得 TAFE 学历就可申请的半专业职员职位，"图书馆助理馆员"则是任何学历都可申请的非专业职员职位。❶ 因此，社区图书馆应当全面提高馆员的专业水平和业务素质，树立以用户为中心的敬业精神和服务理念，聘用积极主动、精通业务、爱岗敬业、甘于奉献的专职人员。

社区图书馆需要加强制度建设，建立专业素质过硬的馆员队伍。无论是专业化的业务工作，还是专业化的业务管理，都需要具有专业知识的工作人员来引导与支撑。长期以来，我国街道（乡镇）、社区（村）级基层图书馆屡建屡毁、屡毁屡建，一直未能走上稳定的、持续的发展轨道。这些曾经出现的绝大多数基层图书馆都没有被赋予专业化品质：大多数此类图书馆是项目或运动的产物，由兼职人员维护；也有一些图书馆是社会力量办馆的产物，由志愿者维护；还有一些由其他社会机构（如新华书店）建设，并由这些机构提供业务指导。❷ 由此可见，社区图书馆建设急需加快实施专业化改造，由专业人员根据公共图书馆理念、理论、技术与方法等开展业务工作与服务活动，从而走上从全覆盖战略转向可持续发展战略之路。建立切实可行的馆员管理制度，打造一支专业素质较高的馆员队伍，是社区图书馆可持续发展的人力资源保障。

社区图书馆馆员队伍建设亟待加强，应当解除工资待遇偏低、人事编制欠缺等不利因素的制约。曾几何时，社区图书馆工作者的事业编制通常难以落实，诸如其他单位占用图书馆编制、行政机关调用图书馆馆员以及图书馆馆员兼职过多等不良现象屡见不鲜，这在很大程度上导致图书馆专业人员过度流失，从而"种植人家的田，荒了自己的地"。笔者认为，聘请社区干部、退休老人、下岗职工、文化志愿者、公共图书馆馆员参与社区图书馆管理，可以提高社区图书馆工作人员的整体素养。有学者认为基层图书馆需要"从行政模式转向公共模式"，适应"社区居民自治的变革潮流"，纳入"社区公共服务事业整体规划"，实现"人力资源配置模式的变革"。❸ 这种思路的优点是充分调动了社区居民的积极性，有利于培养一批稳定的社区图书馆工作人员。不过，其隐忧是社区居委会等自治组织资源非常有限，社区图书馆的馆员素质、业务工作与服务活动等难以提升层次。

---

❶ 李娟. 澳大利亚社区图书馆的管理与服务. 高等函授学报（哲学社会科学版），2008（10）：30-32.

❷ 于良芝. 我国基层图书馆的专业化改造——从全覆盖到可持续的战略转向. 图书馆建设，2011（10）：7-11.

❸ 王宗义. 社区图书馆员职业空间局限与人力资源配置模式的变革——基层图书馆从行政模式转向公共模式的思考之一. 图书馆，2012（5）：11-13.

工作人员是社区图书馆的管理者与服务者，也是社区先进文化的倡导者与传播者。社区图书馆应当招收具有一定专业素养的大学毕业生，聘请大学生当义务馆员或志愿者，加强社区馆工作人员的专业教育与技能培训。公共文化服务人才是从事公共文化服务的核心力量，主要包括专业人员、管理人员与辅助人员等。《中央关于深化文化体制改革若干重大问题的决定》指出："基层文化人才队伍是文化改革发展的基础力量""制定实施基层文化人才队伍建设规划，完善机构编制、学习培训、待遇保障等方面的政策措施，吸引优秀文化人才服务基层""设立城乡社区公共文化服务岗位，对服务期满高校毕业生报考文化部门公务员、相关专业研究生实行定向招录"。❶ 目前绝大多数社区图书馆规模有限，通常可以配置1名专职馆员，并辅之以若干兼职馆员或志愿服务者。自2006年起，中国图书馆学会接连组织志愿者行动，专门面向中西部地区培训基层图书馆的馆长与馆员。截至2017年年底，全国社区志愿服务组织共9.6万个，全年有1716.4万人次在社会服务领域提供了5395.6万小时的志愿服务。❷ 社区图书馆通过招募"义工"，缓减管理人员紧缺的压力。社区居民中不乏某些领域的专门人才，如果能够用志愿者形式吸收他们参与社区图书馆的管理与服务，那么既能有效激发居民关心、支持和参与社区建设的热情，又能保障、改善和提升社区图书馆的服务水平。总之，社区图书馆为了更好地完成文献收藏、整理、传递与服务的神圣使命，需要建立由专职、兼职与志愿者相结合的管理人员体系。

4.3.2 社区图书馆人员的目标

IFLA、UNESCO颁布的《公共图书馆服务发展指南》（中文版）规定："每2500名服务对象就需要一名全日制员工。"❸ 倘若严格按照这个标准配置，2016年我国（不含港澳台）138271万人就需要55万多名全职馆员。然而该年我国公共图书馆从业人员只有57208人❹，仅相当于IFLA、UNESO规定标准的1/10。这与我国每43.85万人才有一个公共图书馆一样，公共图书馆从业人员总数也是一个令人尴尬的数据。要想在短时期内接近"指南"规定的人员标准，几乎是不可能达到的苛刻要求。欧美、日本等国家对专业馆员的素质要求高于其他部门和行业，设有分工明确的分类编目馆员、参考咨询馆员、儿童服务馆员等，其专

---

❶ 中央关于深化文化体制改革若干重大问题的决定．（2011 - 10 - 25）［2017 - 04 - 19］．http：//www.gov.cn/jrzg/2011 - 10/25/content_1978202.htm.

❷ 2017年社会服务发展统计公报．（2018 - 08 - 02）［2018 - 09 - 08］．http：//www.mca.gov.cn/article/sj/tjgb/201808/20180800010446.shtml.

❸ 潘燕桃等．《广州市公共图书馆条例》解读．广州：广东人民出版社，2015：56.

❹ 中华人民共和国国家统计局．中国统计年鉴2017．（2017 - 10 - 28）［2018 - 07 - 11］．http：//www.stats.gov.cn/tjsj/ndsj/2017/indexch.htm.

业馆员首先必须获得职业资格认证，其次还须有 5 年以上的工作经历，譬如美国大多数图书馆要求馆员具备图书馆学会认可的硕士学位（还必须是美国图书馆协会核准的 50 所学校颁发的图书馆学专业硕士研究生资格）才能在图书馆的专业岗位上工作，专业馆员必须具有双学历，第一要具备国家图书馆协会认证的高等院校图书馆专业学士或硕士学位，第二还要有一门其他专业本科以上学历背景的学科知识。❶ 如何建立专业知识牢固、专业技能突出与专业思想稳定的馆员队伍，在很大程度上决定了社区图书馆服务的未来。

社区图书馆应当建立专职人员主导业务工作的规章制度，即形成以社区馆员为主，以社区工作人员、社区志愿服务者等为辅的管理人员团队。国外社区图书馆通常都达到了一定的规模，并且所开展的服务活动也不少，因而工作人员相对较多。国内社区图书馆尚处于起步阶段，往往只有兼职管理人员甚至是挂名的兼职管理人员。在目前这种发展现状下，社区图书馆应当"至少配备专职工作人员 1 名，并根据需要配备一定数量的兼职工作人员或招募志愿者""积极导入志愿者服务机制，建立志愿者队伍，吸引民众参与社区图书馆服务"。❷ 无论是专职馆员，还是兼职馆员，抑或是志愿服务者，都应该加强专业技能培训。倘若是总分馆体系中的社区分馆，就应当将社区馆员纳入总分馆体系，由总馆统一配置与统一培训。即使暂时没有合适的社区图书馆馆员，也可以由总馆以派出、支援、培训等多种方式解燃眉之急。

社区图书馆馆员的数量与素质并重，坚持"两手抓"策略常抓不懈。政府部门或行业组织规定了公共图书馆馆员的基本条件，譬如文化部近期颁布的《社区图书馆服务规范》就规定了社区图书馆管理人员的基本素质要求。社区图书馆工作人员应"具有大专及以上学历，受过基本的图书馆专业技能培训，能够熟练操作和使用计算机及相关设备，并具备良好的职业道德""每年参加继续教育学习应不少于 5 天"。❸ 2015 年，浙江省根据《国家基本公共文化服务指导标准（2015—2020 年）》的基本要求，制订了《浙江省基本公共文化服务标准（2015—2020 年）》。该"服务标准"提出"乡镇（街道）综合文化站配备编制人员 1~2 名，规模较大的乡镇适当增加"，"乡镇（街道）、村（社区）基层文化专兼职人员每年参加集中培训时间不少于 5 天"。❹ 不过，社区图书馆（室）管理人员的

---

❶ 朱丹，张忠凤. 社区图书馆：概览、评价与思考. 图书馆学研究，2010（6）：19 - 22.

❷❸ 中华人民共和国文化部. 社区图书馆服务规范（WH/T 73 - 2016）. 北京：国家图书馆出版社，2016：2，4.

❹ 浙江省基本公共文化服务标准（2015—2020 年）. （2015 - 07 - 24）［2017 - 04 - 25］. http://news.163.com/15/0724/04/AV8SRMAM00014AEF.html.

业务水平整体较低，一般由没有任何图书馆学专业知识背景的文化水平较低的兼职人员担当。基层图书馆制度欠缺导致管理无章可循、无例可依，仅凭经验管理就想获得良好效果显然是不合实际的。社区图书馆的各种管理弊端积重难返，其工作人员聘用及其相关制度规范亦需痛下猛药才行。当前社区图书馆馆员专业素质堪忧，必须通过职业资格认定、专业知识学习、操作技能培训等方式来提升职业技能。

社区图书馆办馆经费必须包括馆员工资，以往基层图书馆的购书经费、馆员工资以及其他运行费用均无着落，这在很大程度上导致社区馆馆员不断流失。《中华人民共和国公共文化服务保障法》规定：各级政府应"将公共文化服务经费纳入本级预算，安排公共文化服务所需资金""通过转移支付等方式，重点扶助革命老区、民族地区、边疆地区、贫困地区开展公共文化服务""国家鼓励社会资本依法投入公共文化服务，拓宽公共文化服务资金来源渠道""国家采取政府购买服务等措施，支持公民、法人和其他组织参与提供公共文化服务""捐赠财产用于公共文化服务的，依法享受税收优惠"。[1] 有了相对可靠的工资津贴保障，社区馆馆员队伍才有稳定的安心的工作条件，才有参加培训并提升自身素质的内在需求。上海注重提升公共文化机构社会化、专业化管理水平，在全市已经建成并运行的216家标准化社区文化活动中心里，有超过90%的社区文化活动中心委托企业、社会组织、群众文艺团队等各类主体参与运行管理；从2013年起，连续开展两轮公共文化从业人员培训，总计13747人次参训，有效提升了管理和服务水平。[2] 社区图书馆管理人员培训需要制度化、规范化，通过制度规范促使馆员提升自身业务素质。

在社区图书馆人力资源的战略规划（见表4-6）之中，三个不同时期不同级别社区图书馆的工作人员数量必然存在差别。社区图书馆的整体规模跟服务人口密切相关，因而可以根据"1人/15000人"的标准分别配备正式馆员、兼职人员与志愿者。第一个发展时期（现在—2020年），乡镇街道图书馆覆盖的服务人口通常为3000~60000人，正式馆员、兼职人员与志愿者均配置1~4人。第二个发展时期（2021—2025年），社区图书馆覆盖的服务人口通常为3000~30000人，正式馆员、兼职人员与志愿者均配置1~2人。第三个发展时期（2026—2030年），社区图书馆以及流动站点覆盖的服务人口通常为3000~15000人，正式馆员、兼职人员与志愿者均配置1人。此外，社区图书馆工作人员素质高低直

---

[1] 中华人民共和国公共文化服务保障法．（2016-12-25）[2017-06-12]．http：//www.npc.gov.cn/npc/xinwen/2016-12/25/content_2004880.htm.

[2] 上海：2020年率先建成现代公共文化服务体系．（2017-04-25）[2017-07-12]．http：//sh.people.com.cn/n2/2017/0425/c134768-30092498.html.

接影响业务工作与服务效能,因而应当对这些人员尤其是正式馆员实施每年5天以上的专业培训。

表4-6 社区图书馆人力资源的战略规划

战略时期	正式馆员（人）	兼职人员（人）	志愿者（人）	学习培训	配置标准
现在—2020年	1～4	1～4	1～4	大于5天/年	1人/15000人
2021—2025年	1～2	1～2	1～2	大于5天/年	1人/15000人
2026—2030年	1	1	1	大于5天/年	1人/15000人

4.3.3 社区图书馆人员的强化

长期以来,我国政府及其文化行政主管部门多次主导创办街道(乡镇)以下各类基层图书馆,然而绝大部分基层图书馆都面临因人员流失过快而难以形成稳定的人员队伍的管理难题。文化主管部门无论是配置基层图书馆工作人员,还是借调政府机关或企事业单位的编制人员,抑或是采取其他措施吸收社会人员等,最终结果都改变不了管理人员不断流失的现象。社区图书馆缺乏专职管理人员,即使是兼职管理人员也极不稳定,这种状况无疑严重地制约着其业务工作与服务活动的正常开展。近年来,我国高等教育已经从精英教育转型为大众教育,一些高学历的毕业生因就业压力而进入图书馆,但"有限的职业发展空间使得许多刚熟悉业务的青年人又选择了离开""越是社会经济发达地区,这样的人员流失状况就越为突出",这就是"基层图书馆专业队伍难以稳定的根本原因:基层图书馆不能为青年员工提供较大的职业发展空间"。[1] 毋庸置疑,如何配置一批专业素质较高的稳定的人员队伍,直接关系到社区图书馆可持续发展大计。

当前,社区图书馆专业馆员普遍缺乏,不仅制约着业务工作及其管理的正常开展,而且桎梏了公共图书馆界典型模式的借鉴与应用能力。基层图书馆管理者多半是因为缺乏理论准备,不懂得从专业活动角度去进行理论的提升;失去专业思维前提的创新工作总结和交流,只能停留于思想动员层面,可以鼓舞人心,但不能真正形成推进事业健康发展的效用。[2] 近年来,"佛山模式""深圳模式""东莞模式""苏图模式""杭图模式""嘉兴模式"等公共图书馆发展模式层出

---

[1] 王宗义. 社区图书馆员职业空间局限与人力资源配置模式的变革——基层图书馆从行政模式转向公共模式的思考之一. 图书馆, 2012 (5): 11-13.

[2] 王宗义. 专业思维与专业方法——关于当代中国图书馆学基础研究的散思. 图书情报工作, 2009 (21): 21-24, 133.

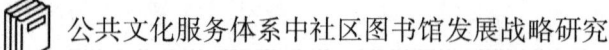

不穷,然而这些模式的推广与移植似乎产生了问题,出现南橘北枳现象者比比皆是,甚至出现画虎不成反类犬的瞎折腾。图书馆是多元载体文献的集合体,其"核心能力"建设包括文献复合整序能力、文献获取能力以及信息(情报)服务能力。❶无论是哪一种能力,没有专业知识支撑的工作人员都难以胜任。因此,社区图书馆建设不仅需要具有一定专业技能的人员队伍,而且需要能够保持良好工作状态的稳定的人员队伍。上海某些区域经济实力较强的社区,街镇年投入百万元以上的日常活动与管理经费,或能大体维持设施的常规运转,但即便给予相应的较高的经济报酬也依然不能保证青年员工的稳定。❷经济实力相对较弱的社区,尤其是中西部农村地区,社区图书馆馆员的稳定维持无疑面临更多困难。

由于基层图书馆馆员队伍持续流失的严重问题,王宗义通过基于马斯洛"人类需求五层次理论"的分析后首先认为基层社区图书馆"无法为当代青年提供足够的发展空间",其发展需要"根本转变图书馆员工队伍建构的基础模式";然后主张"基层图书馆活动的专业技能要求偏低",其工作人员"偏重于良好周全的服务姿态";进而提出"社区图书馆及其员工队伍建设完全可以转向社区公众自治范畴","社区中提前离开工作岗位的人群"因年龄偏大而没有年轻人那样的职业空间提升需求,他们具有"承担基层图书馆管理与服务的职责有着先天的优势"。❸这些中老年离岗人群大多拥有社会性收入保障,其中不乏热爱阅读、关心公益的热心人士。社区图书馆及其主管部门可聘请他们充实馆员队伍或者担任志愿者,并根据贡献大小给予适当的津贴或者奖励。

上述这种自治管理方式,既能在一定程度上解决馆员空缺或不稳定现象,提升社区图书馆的服务能力与服务质量;又能在很大程度上节约一部分馆员工资,从而用于改善馆舍设施、购买信息资源或开展服务活动。譬如,洛阳市少儿图书馆每年要举办300多场活动,倘若没有志愿者仅靠现有的19名员工根本就忙不过来,志愿者服务每年可为图书馆降低近8万元的活动成本。❹志愿者行动既可以缓减社区图书馆馆员不足的压力,又能够提供积极、热情、周到甚至专业的服务。社区图书馆通过组建以社区居民为主体的馆员队伍来获取更多的发展机遇:(1)立足并生活于社区居民之中的员工群体,能够在第一时间获悉社区读者及潜在读者的文化需求,为图书馆发展提供真切的依据;(2)基层图书馆的管理

---

❶ 王宗义.图书馆"核心能力"建设的思考——"新世纪图书馆管理变革的散思"之三.图书馆建设,2003(3):1-4.

❷❸ 王宗义.社区图书馆员职业空间局限与人力资源配置模式的变革——基层图书馆从行政模式转向公共模式的思考之一.图书馆,2012(5):11-13.

❹ 社会力量为图书馆建设注入新活力.(2016-07-21)[2017-07-14]. http://news.lyd.com.cn/system/2016/07/21/010756027.shtml.

4 公共文化服务体系中社区图书馆发展战略规划

与服务成为社区公众能够直接参与的事项,在社区公众的直接监督之下,政府或相关部门投入的文化发展资源才有可能获得最大的利用效益;(3)社区自己建设与管理的图书馆员工队伍,将彻底改变传统文化事业类机构人浮于事、因循敷衍的痼疾,为基层图书馆的长久发展奠定坚实的基础。❶ 显而易见,社区图书馆自治管理在稳定馆员队伍与保障经费支出方面的效果明显,但在提升专业素养与创新信息服务方面有待加强。

社区图书馆应当配备专职或兼职管理人员,并加强其技能培训与业务考核。社区图书馆人员往往承担大量的社区工作,因而造成专职人少、素质不高、更换频繁的不良现象。《中华人民共和国公共文化服务保障法》要求"地方各级人民政府应当按照公共文化设施的功能、任务和服务人口规模,合理设置公共文化服务岗位,配备相应专业人员""国家鼓励和支持文化专业人员、高校毕业生和志愿者到基层从事公共文化服务工作"。❷ 健全公共文化人力资源管理制度,有利于加强社区图书馆人才队伍建设。2018年3月,文化部根据《2014—2018年全国文化干部教育培训规划》,制定了《2018年全国基层文化队伍培训工作计划》。该计划要求"继续开展示范性培训、公共文化巡讲和远程培训,重点开展县级图书馆馆长、文化馆馆长轮训和群众文艺创作骨干培训,发挥示范带动作用,进一步加强基层文化队伍建设"❸,并专门安排了图书馆专业类的全国公共文化巡讲活动。社区图书馆馆员聘用需要引入竞争机制,通过自荐、推荐、考评等多种方式竞争上岗。针对管理人员综合素质不高、专业知识缺乏的现状,需要建立馆员教育与培训制度,将继续教育、岗位培训、教育培训与人事政策等有机地结合起来。公共图书馆在工作管理及人力资源管理方面尽量多地向社区图书馆提供帮助,要为社区图书馆举办图书馆情报专业知识讲座,有计划地培养一支综合素质高、作风过硬、适应社区文化工作需要的图书馆工作者。❹ 国家图书馆、省市区(县)图书馆等经常面向下级图书馆举办业务培训班,此外也可跟其他社会机构联合举办业务培训班。2010年4月28日,湖北省图书馆与武汉市江汉区文体局、武汉市江汉区图书馆联合举办社区图书馆(室)基础业务培训班,江汉各社区

---

❶ 王宗义. 社区图书馆员职业空间局限与人力资源配置模式的变革——基层图书馆从行政模式转向公共模式的思考之一. 图书馆, 2012 (5):11-13.

❷ 中华人民共和国公共文化服务保障法. (2016-12-25) [2017-06-12]. http://www.npc.gov.cn/npc/xinwen/2016-12/25/content_2004880.htm.

❸ 文化部办公厅关于印发《2018年全国基层文化队伍培训工作计划》的通知. (2018-03-12) [2018-07-12]. http://zwgk.mct.gov.cn/auto255/201803/t20180319_831512.html.

❹ 王宇沛. 公共图书馆的发展与建设社区图书馆的必要性. 民营科技, 2010 (1):67, 87.

约120余人参加培训。❶ 通过业务培训等多种途径提升社区图书馆工作人员的业务素质,打造一支具有较高业务水平的馆员队伍。

社区图书馆人员管理涉及诸多方面,需要按需设岗并建立差异化的薪酬制度。社区图书馆工作人员可"采取不同的用工方式保障其待遇,保持队伍的稳定性"。❷ 譬如,借鉴澳大利亚社区图书馆的人员管理模式,形成专业馆员与其他馆员或志愿者人员相结合的馆员队伍,并辅之以差异性的工资待遇或津贴补助。据报道,在银川市图书馆总分馆体系中,街道图书馆是最末端的一环,但也扮演着比较尴尬的角色。这是因为市图书馆对于街道图书馆只有业务上的指导关系,比如业务培训、各级图书馆之间的通借通还服务、由上级区县图书馆定期进行流通图书等;但街道图书馆的人员编制、经费等方面难以保证,尤其是人员变动很快,有时候刚培训完就换人了。❸ 社区图书馆馆员管理机制有待加强,需要建立一支比较稳定、业务可靠的基层文化工作队伍。

社区图书馆应当积极倡导终身学习理念,努力提高馆员队伍的专业素质、文化素质、思想素质与敬业精神。政府文化主管部门通过组织各种专业培训活动,提升工作人员的专业素养与操作技能,无疑是打造社区图书馆员工队伍的重要途径。在总分管制公共图书馆服务体系中,社区分馆的人员配备与人员培训具有一定的优势。一般来说,社区图书馆配备专职管理人员,区(县)级总馆应当承担统一培训、统一考核、统一上岗与统一管理的责任。譬如,义乌市公共图书馆实行总分馆体制,管理人员由总馆统一招聘、统一培训、统一考核并持证上岗,❹ 从而在提升管理人员素质方面取得了良好效果。总馆(中心馆)或图书馆学会要为社区分馆培训业务人员,如讲授基础知识、传授管理技能、加强业务辅导与提供工作指导。

社区图书馆需要配备活动型馆员,或者吸收志愿者担当活动型馆员。公共图书馆通过"广泛招募志愿者""加强志愿者培训"与"提供必要条件",有利于他们"辅助做好图书管理、借阅咨询、阅读辅导和推广活动等工作"❺。近年来,图书馆界屡屡出现的真人书(Living Book),既是"真人"馆藏又是"真人"馆

---

❶ 付道. 湖北省图书馆等举办社区图书馆(室)基础业务培训班. 图书情报论坛,2010(2):69.

❷ 中华人民共和国文化部. 社区图书馆服务规范(WH/T 73 - 2016). 北京:国家图书馆出版社,2016:4.

❸ 张贺. 基层图书馆众生相. 银川晚报,2016 - 09 - 19(18).

❹ 丁小明. 论义乌市社区图书馆之构建. 科技情报开发与经济,2010(7):72 - 74.

❺ 文化部关于印发《"十三五"时期全国公共图书馆事业发展规划》的通知. (2017 - 07 - 07)[2018 - 01 - 03]. http://zwgk.mct.gov.cn/auto255/201707/t20170726_685747.html.

员。所谓真人图书馆，又称活人图书馆或活体图书馆，其英文表达为 Living Library 或 Human Library。它源于 1993 年丹麦 5 个年轻人所建立的"停止暴力"非营利性组织，旨在劝导人们放弃暴力。❶ 真人图书馆的馆藏资源主要是真人书，通过开展读者与真人书的深度交谈活动，促使个性化的隐性知识在"真人"与"读者"之间发生转移。它所开展的服务活动具有互动性、开放性、互荐性、不可复制性等特点，因而受到社会的广泛喜爱和充分肯定。❷ 真人图书馆打造了便利的魅力四射的知识交流平台，任何社区居民既可以是真人书的读者，也可以是被读的真人资源。真人图书馆所提供的每一本真人书都是真实、生动、形象的"经历""故事""感悟"，通过"交互式阅读"方式促进参与者之间实现知识碰撞、思想交流、兴趣挖掘、隔阂消除与偏见消失等，从而推动人际和谐、文化和谐与社会和谐。这种新型的交互式真人服务，既满足了社区居民的文化交流，又创新了社区图书馆的服务形式。社区图书馆馆员不可能都是活动型的"真人"馆员，因而需要组建"真人"志愿者队伍，切实提供各项文化活动的服务水平。

除了社区志愿者服务之外，社区图书馆还应当吸纳社区居民充当"馆员"参与管理。有了大量群众馆员的参与，既能减轻社区图书馆人手缺乏的积弊，又能提升社区图书馆的建设层次与服务水平。社区中存在各种各样的读书人群，倘若由图书馆专业人员"独断专行"，就难以真正形成满足居民需求的特色化馆藏资源。究其原因，不管专业馆员的专业能力或敬业精神如何强，都会不自觉地在实际操作中顾此失彼，最终造成部分读书人群无书可读的现象。社区图书馆不能满足居民需求，就会导致他们远离或拒绝其服务活动。若能让各种不同的读书人群自主地决定所在社区图书馆的书刊文献的补充与更新，社区图书馆在此基础上将形成丰富的藏书结构，建立在读书人群的需求满足基础上的馆藏特色；当社区中的"读书人群"获得基层图书馆文献资源建设自主建设与管理的支配权以后，他们自然会将主要资金用于共同爱好、兴趣一致的文献资源建设，具有各种藏书与文化特色的图书馆就会逐渐地形成规模，共同构建起社会阅读的公共资源。❸ 因此，社区图书馆应当走"从群众中来到群众中去"的群众路线，让社区居民成为当家做主的"额外馆员"或"业余馆员"。

---

❶❷ 王晔. 城市社区图书馆 LivingLibrary 活动策划——基于湿营销策略. 科技情报开发与经济，2013（23）：14 – 16.

❸ 王宗义. 社区图书馆资源行政配置与自主集聚和交流的模式选择——基层图书馆从行政模式转向公共模式的思考之二. 图书馆，2012（6）：24 – 26，32.

4.4 社区图书馆文化服务规划

4.4.1 社区图书馆服务的定位

社区图书馆服务是"为满足社区居民学习、阅读、交流及其他文化需求所开展的各项工作"[1]，也是社区图书馆社会价值的集中体现与实现过程。只有普遍布局与创办社区图书馆，才能构建普遍、均等、便利的公共图书馆服务体系，才能开展免费、自由、平等的公共图书馆服务。1994年UNESCO与IFLA共同颁布最新修订的《公共图书馆宣言》（1949年发布，1972年与1994年分别修订），继承了前两个版本的基本精神与核心思想，强调"必须制定清晰的政策，明确与社区需求相关的目标、重点和图书馆服务"与"图书馆服务必须适合乡村和城市社区的不同需求"[2]。社会的自由与繁荣离不开个人的自由与发展，只有充分保障普通公众自由、平等地获取信息的权利，才能真正地提高国民素质与实现社会文明。因此《公共图书馆宣言》高度强调公众平等地获取图书馆服务的权利，即每一位民众的图书馆利用权不受年龄、种族、性别、信仰、语言或地位等条件的限制。社区图书馆服务涵盖知识、信息、文化等各个层面，应当成为社区居民生活、学习、工作与休闲的一部分。社区图书馆具有公共性、公益性、开放性的大众化特征，也具有区域性、普及性、多样性的个性化特征，还具有知识性、动态性、休闲性的通俗化特征。国外基层公共图书馆尤其是社区图书馆都是社区信息服务中心，其信息咨询涉及儿童与家庭、医疗与卫生、福利与保险、法律与权益、教育与培训、就业与理财、家政与房产、交通与旅游等。西方发达国家的社区图书馆遍及每个社区，通常设有儿童活动阅览区、青少年阅览区和成人阅览区，遵循让居民便利地享受免费而完善的公共文化服务的理念，提供馆藏借阅、信息获取、参考咨询、专题讲座、知识培训等服务活动。因此，我们应当以社区图书馆为中心，加强同中小学图书馆、工会图书馆、企业图书馆、私人图书馆之间的联系，组建区域性的信息传播中心、休闲娱乐中心与文化传承中心，[3] 从而更好地为社区居民提供各种公共文化服务。

社区图书馆作为呵护社区居民的文化港湾，正日益成为不可或缺的文化共享与文化活动第三空间。美国社会学家雷伊·欧登伯格（Ray Oldenburg）提出：家庭居住空间为第一空间，职场为第二空间，而城市中心的闹市区、酒吧、咖啡

---

[1] 中华人民共和国文化部. 社区图书馆服务规范（WH/T 73—2016）. 北京：国家图书馆出版社，2016：1.

[2] 王云祥. 我国高校图书馆制度与读者权利冲突研究. 长沙：中南大学出版社，2011：307-308.

[3] 龚蛟腾. 基层图书馆的定位、反思与趋向. 图书馆工作与研究，2013（12）：4-9.

店、图书馆、城市公园等公共空间为第三空间。❶ 城镇化大发展极大地挤压了人们的活动领域，因而人们需要有超脱家庭角色与职场等级束缚的公共场所来缓解压力、愉悦身心与恢复体能，第三空间就是这样一种在家庭与职场之外的能够保障人们自由、平等、宽松、便利、廉价地参与其中的公共活动场所。社区图书馆享有社区居民"第二起居室"之美称，是他们进行知识获取、信息传递、文化享受、人际交流与休闲娱乐等寻常活动的第三文化空间。现代意义上的公共图书馆已经实现了多时空、全媒体的服务，变成了一个"触手可及，无处不在"的"第三文化空间"，即一个以书为媒介的知识、情感和信息的交流场所。❷ 社区图书馆无疑是除家庭空间、工作空间以外的第三空间，为人们自由地开展知识共享、文化交流等活动提供了必不可少的公共服务平台。

（1）它是未成年人的学习园地。社区图书馆是儿童的乐园、学园与校园，应当设置促进儿童身心发展的各种区间及其配套活动，譬如可以在阅读区提供填色画纸、看故事书、欣赏图画等服务，也可以在学习区接受义工辅导家庭作业、讲解生活知识、传授手工技能等学习培训，还可以在活动区开展拼搭积木、手工拼图、手绘涂鸦、益智玩具、知识迷宫等智能型活动，甚至还可以在游乐区享受骑木马、坐摇椅、爬滑梯等运动型活动。2003年，《关于幼儿教育改革与发展的指导意见》提出"建立以社区为基础"的"幼儿教育服务网络"，"为0~6岁儿童和家长提供早期保育和教育服务"❸。培养学龄前儿童的早期阅读习惯，有利于增强他们的语言表达、观察事物、空间想象、抽象思维、情感交流以及行为控制等各个方面的能力。社区图书馆应当成为未成年人理想的乐园，利用少儿读物、智力期刊、读者活动等将他们从网吧游戏转向快乐阅读。尤其是在寒暑假期间，如何督促孩子远离不良行为往往是父母不得不考虑的难题。倘若社区图书馆成为孩子们喜欢的首选场所，那么其培养读书兴趣、陶冶情操与增长见识的功德就无量矣。社区图书馆作为少年儿童的第二课堂，能够开展作业辅导、课外阅读、兴趣培养、科技讲座、知识竞赛、征文比赛等服务活动，从而促使他们主动地学习知识、开阔视野与提升素质。

（2）它是成年人的文化宝库。社区图书馆承担了文献借阅、知识普及、素质教育、技能培训、在职学习等社区教育服务职能，也承担了社会福利、家政管理、就业求职、医疗卫生、法律救济等社区信息服务职能，还承担了文化讲座、

---

❶ 吴建中．世博启示录．上海：上海大学出版社，2010：130．
❷ 褚树青．让图书馆成为"第三文化空间"．光明日报，2012-11-28（13）．
❸ 国务院办公厅转发教育部等部门（单位）关于幼儿教育改革与发展指导意见的通知．(2003-01-27)[2017-07-15]．http://old.moe.gov.cn//publicfiles/business/htmlfiles/moe/moe_35/200303/61.html．

文化传承、文化休闲、文化创新等社区文化享受场所。这就是说，社区图书馆承载着信息资源集散与娱乐休闲活动的社会职能，应当成为社区居民普遍参与其中的第三公共文化空间。它通过举办各种专题讲座、知识培训、信息咨询与技能训练等服务活动来提高居民的文化素质、生存技能与生活情趣，其内容涉及学习、竞赛、辅导、医疗、保健、书法、美术、舞蹈、钓鱼、养花、理财、养殖、家政、剪裁、营销、就业等诸多方面。在当今世界，国家之间的竞争主要表现为以经济和科技为中心的综合国力的竞争，归根结底是知识、人才乃至国民素质水平的竞争。国民道德素质、文化素质、专业素质与心理素质的整体提升，需要社区图书馆承担责无旁贷的任务。我国政府倡导建设终身学习的学习型社会，国民教育必须实现从"被动"到"主动"、从"普及"到"提高"、从"短期"到"终身"的转变。社区图书馆不仅可以通过开展阅读、演讲、讲座、报告、培训等教学活动，创建社区居民"悦读"的第三学习空间；而且可以通过组织摄影、书画、琴棋、竞赛、交流等文娱活动，创办社区居民"和谐"的第三休闲空间。截至 2018 年 6 月 30 日，我国网民规模达 8.02 亿，互联网普及率为 57.7%。❶ 社区图书馆应当着手加强计算机网络建设，构建多用户、多界面的社区文化信息体系，为居民提供求学、就业、心理、健康、护理、法律等方面的虚拟参考咨询。

（3）它是老年人的精神乐园。截至 2017 年年底，全国 60 周岁及以上老年人口 24090 万人，占总人口的 17.3%，其中 65 周岁及以上老年人口 15831 万人，占总人口的 11.4%。❷ 老年人容易产生失落、孤独、自卑等不良情绪，近年来不少老年人依靠饲养宠物来排遣忧愁。他们渴望跟上时代步伐、参加社会生活、参与人际交流，社区图书馆显然是人们融入社会的基本途径之一。世界卫生组织提倡"积极老龄化"，支持老年人充分参与社会的文化和精神生活，为老年人提供继续受教育和受培训的机会。❸ 发达国家的社区图书馆、老年大学与社区学院，是开展老年教育服务与交流学习的重要机构。作为社区内人数最多、居住最稳定、活动范围最小的群体，老年居民对社区的依赖性最大，所以立足于社区、服务于社区居民的社区图书馆，就成为老年群体学习、休闲和交流的最佳场所。❹ 社区图书馆需要适当增加老年读物，诸如提供《现代家庭》《老人春秋》《家庭

---

❶ 中国互联网络信息中心．第 42 次《中国互联网络发展状况统计报告》．（2018 – 08 – 20）[2018 – 08 – 26]．http：//www.cnnic.net.cn/hlwfzyj/hlwxzbg/hlwtjbg/201808/t20180820_70488.htm.

❷ 2017 年社会服务发展统计公报．（2018 – 08 – 02）[2018 – 08 – 08]．http：//www.mca.gov.cn/article/sj/tjgb/201808/20180800010446.shtml.

❸❹ 张雅丽，龙叶．试论社区图书馆对老龄群体的电子信息技术教育．图书馆工作与研究，2010（5）：48 – 52.

医生报》《家庭保健报》等文献资源。国外公共图书馆大多开设信息技术培训课程，或者为老年人提供相关的兴趣爱好培训机会。譬如，2002年英国开设了6000个信息技术培训中心，其中2/3设于公共图书馆。❶ 空巢老人心情暗淡、沮丧、孤寂，因对现状倍感失落而得过且过，甚至因对生活失去念想而郁郁寡欢。社区图书馆是老年人读书看报、休闲娱乐与互动交流的最佳场所，也是老年人老有所为、老有所养、老有所乐的理想平台。老年读者包括工作型、学习型、消遣型、社交型等多种类型的老年人，不管何种类型的老年读者都享有获取所需文化的基本权利。老年人的听力、视力往往有不同程度的退化，需要社区图书馆提供助听器、放大镜、老花镜等辅助设备。2006年，全国老龄办在全国启动了"助老上网"工程。❷ 随着社会的不断发展，老年网民的比例逐年上升。截至2018年6月，我国10~39岁群体占总体网民的70.8%。❸ 这就是说，10岁以下低龄群体和40岁以上中高龄群体占整体网民的29.2%，与前几年相比其比例继续提升，互联网络仍在向低龄与中高龄人群渗透。当前我国老龄化趋势急剧加快，社区图书馆需要提高为老年读者服务的层次与能力。

（4）它是弱势群体的救助场所。弱势群体包括鳏、寡、孤、独等无依无靠的社会成员，也包括无经济保障或无生活来源的困难人群，甚至包括贫困地区知识极度缺乏与信息获取艰难的底层居民。因此，国家提出"完善面向妇女、未成年人、老年人、残疾人的公共文化服务设施"，"加大对革命老区、民族地区、边疆地区、贫困地区文化服务网络建设支持和帮扶力度"。❹ 社区图书馆应当成为社区的文化信息中心，为残障人士、无业人员、贫困群体等提供针对性服务。用人单位招聘员工一般比较重视文化素质与技能水平，然而许多劳务工没有较高的学历教育或正规的技能培训，往往与招聘单位的用人要求存在差距。我国绝大多数入城劳务工文化水平较低、工作技能欠缺与生活方式单调，因而难以真正地适应或融入都市文明。他们往往成了"城市边缘人"，仅就心理感受而言就有38.2%的农民工"感觉到受歧视"。❺ 下岗职工、待业人员、残疾人员等弱势群

---

❶ 于良芝，李晓新，朱凡. 发达国家公共图书馆可持续发展策路分析. 情报资料工作，2003（6）：65-68.

❷ 张雅丽，龙叶. 试论社区图书馆对老龄群体的电子信息技术教育. 图书馆工作与研究，2010（5）：48-52.

❸ 中国互联网络信息中心. 第42次《中国互联网络发展状况统计报告》.（2018-08-20）[2018-08-26]. http://www.cnnic.net.cn/hlwfzyj/hlwxzbg/hlwtjbg/201808/t20180820_70488.htm.

❹ 中央关于深化文化体制改革若干重大问题的决定.（2011-10-25）[2017-04-19]. http://www.gov.cn/jrzg/2011-10/25/content_1978202.htm.

❺ 陈喜红. 社区图书馆为农民工服务的探讨. 图书馆论坛，2010（4）：170-172.

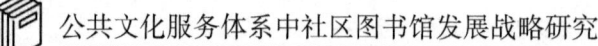

体亟待信息服务,社区图书馆需要设置残疾人通道、专用厕所、专用座位、盲文书刊等,为失业者、残疾人等提供有针对性的个性服务。社区图书馆应当为女性打造多元化的公共文化服务平台,既提供符合女性的情感读物、时尚娱乐、保健美容、家庭教育与阳光生活类书刊资料,又举办由专家名人、专业人士等主持的"女性话题"专题讲座与专门报告会。女性阅读无疑是全民阅读的重要组成部分,尤其是母亲在家庭阅读和亲子阅读中具有极其关键的引导作用。英国学者赫胥黎曾经说过"欲造伟大之国民,必自家庭教育始";德国教育家福禄倍尔也说过:"国民的命运,与其说是操在掌权者手中,倒不如说是握在母亲的手中。因此,我们必须努力启发母亲——人类的教育者。"❶ 然而,我国阅读人群及其阅读投入整体堪忧,女性阅读尤其是乡村女性的阅读不容乐观。长沙市内5区20家(每区各选4家)社区图书馆的调查表明:51.32%的女性表示阅读"不可或缺",32.54%的女性认为阅读"较为重要",13.77%的女性认为阅读"可有可无",2.37%的女性表示阅读"完全不需要";12.13%的女性经常去社区图书馆看书,43.25%的女性从来不去社区图书馆。❷ 尽管大多数女性认可需要阅读,但能够找到合适读物并坚持长期阅读的女性并不多,而利用社区图书馆满足阅读需求的则少得可怜。

总之,社区图书馆是社区学习资源中心、社区教育推广中心、社区文化传播中心,具有文化导向与培育的功能、文化规范与整合的功能、文化服务与传承的功能。它既是社区信息咨询中心的重要成员,又是社区终身教育服务体系的组成部分;既可以有效传递各种实用信息,又可以拓展为技能培训中心。《"十三五"时期全国公共图书馆事业发展规划》强调服务均等化建设,诸如"提升免费开放工作水平""深入开展全民阅读""提高专业化服务能力""加强特殊群体服务"❸。传统图书馆既是一种以实体文献为载体的书刊借阅机构,又是一种以用户集聚为中心的文化交流场所。当前,尽管互联网络为人们提供了丰富的数字信息资源与自由的虚拟交流空间,但它不能提供人们进行"心灵相通""情境交流""情绪共鸣"所必需的实体交流空间。譬如,人们仍然喜欢坐在影院里看电影,到赛场观看足球比赛,去图书馆享受书香,因为这些场所给大家提供了一个交流和共享的空间,享受、体验同他人的心灵交流和情感共鸣❹。冰冷的数字符号需要人性去温暖,而社区图书馆等第三空间则是化冰的暖房。因此,图书馆在

---

❶ 朱永新. 致教师. 武汉:长江文艺出版社,2015:200.
❷ 杨玉蓉. 社区图书馆女性阅读现状及对策. 图书馆工作与研究,2010(9):75-79.
❸ 文化部关于印发《"十三五"时期全国公共图书馆事业发展规划》的通知. (2017-07-07)[2018-01-03]. http://zwgk.mct.gov.cn/auto255/201707/t20170726_685747.html.
❹ 龚蛟腾. 从社会视角看社区图书馆发展. 高校图书馆工作,2013(6):3-8.

全媒体时代应当以人为中心，营造自由、闲适、充满智慧感的第三空间氛围，吸引更多的"利益相关者"走进这个空间、享受这个空间。❶ 社区图书馆作为社区居民休戚与共的知识共享空间，应当积极整合人、资源、空间三大元素，营造"第三空间"的知识生态圈；作为社区居民息息相关的心灵净化空间，需要倡导与开展人性化、个性化、多样化的文化服务，从而真正成为社区居民的知识"厅"、信息"吧"与娱乐"场"。❷ 社区图书馆应当成为倡导全民阅读、保障公民权利、服务弱势群体、活跃群众生活的第三空间，其服务特征主要包括服务范围区域性、服务对象复杂性、服务内容大众性、服务方式多样性和服务手段灵活性。

4.4.2 社区图书馆服务的目标

当前，我国应当抓紧构建布局基本合理、全覆盖无死角的公共图书馆服务体系，形成以区（县）图书馆为核心、以街道（乡镇）分馆、社区（村）分馆为网点、以馆外流动站为补充的服务网络，提供多功能、多层次、多角度、多形式的公共文化服务。政府应当综合考虑人口规模与区域大小进行社区图书馆的布局规划，通常可以按照一村一社区的标准创建社区图书馆。倘若出现地域较广、人口过多的情况，就考虑以一村多社区的方式建立社区图书馆或设立服务站点；如果出现地域较窄、人口过少情况，就建立多村一社区的跨村社区图书馆。乡镇是人口相对集中的经济、文化中心，通常可以作为农村社区图书馆的"中心馆"。

社区图书馆作为公益性的公共文化服务机构，必须免费、普遍地开展基层图书馆的基本服务工作。《十二五规划纲要》规定：图书馆、文化馆、博物馆等"公共文化设施免费向社会开放"，注重满足"特殊人群的公共文化服务需求"。❸ 在坚持公益性基本服务的前提之下，社区图书馆可以适当地开展"不以营利为目的"的非基本服务。其特色服务是市场经济需求的产物，大多属于非基本服务的有偿服务范畴。当然，只有充分满足市场主体的深层次个性化需求，特色信息服务才能得到大家认可。社区图书馆作为公益出版信息的重要传播中介之一，目前面临的主要困局有单一的传播模式、过于单调的信息内容和数字应用上的滞后，这些困局使得它传播公益信息的成效不高。❹ 社区图书馆应当成为居民学习、教育、生活与娱乐的第三空间，可以开设精品书屋、信息中介、休闲茶座、儿童接送、课程补习、技能培训等营利性服务项目。

---

❶ 周芸熠. 基于"第三空间"的图书馆范式转换. 情报资料工作，2013（3）：40-43.
❷ 龚蛟腾. 从社会视角看社区图书馆发展. 高校图书馆工作，2013（6）：3-8.
❸ 中华人民共和国国民经济和社会发展第十二个五年规划纲要.（2011-03-16）[2017-04-23]. http://www.npc.gov.cn/wxzl/gongbao/2011-08/16/content_1665636.htm.
❹ 曾梁羚. 社区图书馆的公益传播困局及发展路径. 中国出版，2013（6）：39-41.

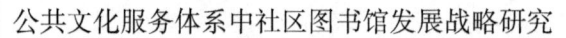

社区图书馆是社区居民获取图书馆基本服务的场所，因而需要注意打造普遍、均等、公益、基本等文化信息服务平台。《中央关于深化文化体制改革若干重大问题的决定》提出"以公共财政为支撑，以公益性文化单位为骨干，以全体人民为服务对象""完善覆盖城乡、结构合理、功能健全、实用高效的公共文化服务体系"。❶ 只有建立覆盖城乡的公共文化供给网络，才能真正形成普遍均等、惠及全民的公共文化服务。社区图书馆是"区域公共图书馆服务体系的重要组成部分，应遵循以人为本的原则，通过公开、平等、免费、就近的服务，保障社区居民的基本文化权益"。❷ 倘若社区居民能够便利地获取所需文化资源，基本文化权益保障才落到了实处。显然，普遍创办社区图书馆（室）是完善区域性公共图书馆服务体系的前提条件，也是维护社区居民基本文化权利的必然要求。

地方政府应当以市、区（县）级公共图书馆为中心，积极构建并不断完善当地的公共图书馆服务体系。正如《社区图书馆服务规范》所指出，社区图书馆"宜纳入地区一体化服务体系，接受中心图书馆的业务辅导，依托中心图书馆服务网络和业务管理平台，通过协作与共享，联合开展各项工作""应不断提高服务水平和质量，保持进馆读者量、图书外借量、电子文献使用量、读者活动场次的增长"。❸ 任何一个图书馆的经费与馆藏都是有限的，因而仅仅依靠本馆资源绝对不可能满足所有社会公众的文献信息需求。在信息即时传播的"数字地球村"时代，构建区域性的公共图书馆服务体系显得非常必要与极其迫切，它不仅可以形成区域性的信息资源共建共享网络，而且能够打造无差别、无歧视的信息资源统一服务平台。上海市已经形成公共文化三级配送体系并正在向四级延伸，其中市级配送注重优化内容结构，强化示范性、引领性、指导性；区级配送注重集聚本区域各类文化资源、提倡多样化和普惠性；街镇配送注重满足市民百姓的自我教育、自我娱乐、自我服务，并向居村委延伸。❹ 在区域性信息资源共享服务方面，上海市公共图书馆系统成了创新服务的先导力量。

公共图书馆服务城乡一体化是一项重大的战略部署，建立普遍、均等的社区图书馆服务网络则是实现这项战略任务必不可少的重要环节。《国家基本公共服务体系"十二五"规划》强调"促进城乡基层公共文化服务资源的共建共享"

---

❶ 中央关于深化文化体制改革若干重大问题的决定．（2011-10-25）[2017-04-19]．http://www.gov.cn/jrzg/2011-10/25/content_1978202.htm．

❷❸ 中华人民共和国文化部．社区图书馆服务规范（WH/T 73—2016）．北京：国家图书馆出版社，2016：2，4．

❹ 上海：2020年率先建成现代公共文化服务体系．（2017-04-25）[2017-07-23]．http://sh.people.com.cn/n2/2017/0425/c134768-30092498.html．

"实现公共文化场馆向全社会免费开放""广泛开展社区文化、村镇文化、校园文化、家庭文化等群众性文化活动,积极开展面向农民工和残疾人等群体的公益性文化服务"。❶ 社区文化、村镇文化是城乡公共文化一体化的表现形式,也是城乡公共文化向全社会免费开放的实现途径。该"规划"还提出"加大农村基本公共服务支持力度""新增预算内固定资产投资要优先投向农村基本公共服务项目""提高县级财政保障基本公共服务能力"。❷ 公共文化城乡一体化的重点在乡村,政府需要加强财政扶持力度与项目支持力度,从而确保乡村社区图书馆等公共文化设施的创办与运行。《中央关于深化文化体制改革若干重大问题的决定》明确要求"把主要公共文化产品和服务项目、公益性文化活动纳入公共财政经常性支出预算""采取政府采购、项目补贴、定向资助、贷款贴息、税收减免等政策措施鼓励各类文化企业参与公共文化服务""引导和鼓励社会力量通过兴办实体、资助项目、赞助活动、提供设施等形式参与公共文化服务"。❸ 社会力量参与社区图书馆等公共文化实施建设,为社区居民享受更加优质的文化信息服务提供了另类保障,各级政府应当正确引导、积极鼓励与强化管理。

  社区图书馆的优质服务不是只需重视就可以凭空产生的,而是建立在馆舍、设施、馆藏等硬件资源基础之上的。因此,各地区(县)级政府应当加强社区图书馆基础设施建设,切实保障文献信息服务的正常运转。根据《社区图书馆服务规范》的硬性规定,社区图书馆"网点设置应遵循普遍均等原则,按服务半径不大于1.5千米,或服务人口不少于5000人的标准进行统筹规划、合理布局""使用面积按服务人口计算应不低于20平方米/千人,阅览座位应不低于4席/千人。有条件的宜设立独立出入口和无障碍设施"。❹ 地方政府可以按照《公共图书馆服务规范》《社区图书馆服务规范》等政策文件的要求,因地制宜地制订本地区的社区图书馆服务规范。尤其是经济发达城市公共文化服务水平较高,更应当提高社区图书馆建设与服务的基本要求。2004年,《深圳市社区图书馆达标评估标准》规定:"馆舍面积不小于100平方米,藏书为3000册以上,报纸30种以上,期刊100种以上,有专职工作人员,每周开放时间不少于36小时。"❺ 政

---

❶❷ 国务院关于印发国家基本公共服务体系"十二五"规划的通知. (2012 – 07 – 11) [2017 – 04 – 15]. http://www.gov.cn/zwgk/2012 – 07/20/content_ 2187242. htm.

❸ 中央关于深化文化体制改革若干重大问题的决定. (2011 – 10 – 25) [2017 – 04 – 19]. http://www.gov.cn/jrzg/2011 – 10/25/content_ 1978202. htm.

❹ 中华人民共和国文化部. 社区图书馆服务规范(WH/T 73—2016). 北京:国家图书馆出版社,2016:2.

❺ 李金玲,许芳敏. 天津市社区图书馆现状及其发展构想. 图书馆工作与研究,2006(6):103 – 105.

府部门需要建立健全考核制度、评估制度，通过评估、反馈、改进、创优等提升社区图书馆服务成效。

社区图书馆应当成为全体居民的文化天使，确保任意居民都有平等地获取文化服务的权利。《社区图书馆服务规范》明文规定："应免费提供文献借阅服务，关注少年儿童、老年人、残障人士及其他特殊群体的阅读需求，并为读者获取各类文献提供帮助""应有固定的开放时间，每周开放时间应不少于36小时，双休日应对外开放""因故临时闭馆应向上级主管部门及中心图书馆报告并提前向读者公告"。[1] 这就是要求社区图书馆应当有固定的开馆时间，并切实保障全体公众利用图书馆的权利。社区图书室中，老人与学生是光顾最多的群体，而上班族相对很少去光顾。社区图书馆应当踏上数字时代的节拍，"免费提供上网服务（包括无线互联网接入服务），通过计算机网络开展数字资源服务，并加强电子阅览服务管理"。[2] 在信息基础设施与文献信息资源建设方面，社区图书馆可以借"全国文化信息资源共享工程""数字图书馆推广工程"之东风积极发展自己。"公共电子阅览室建设计划"要求基层服务点终端计算机不少于10台，社区图书馆的建设可与公共电子阅览室的建设合并推进。[3] 借助国家公共文化设施及其资源建设之契机，社区图书馆应当成为数字文化资源的服务平台。

社区图书馆是社区居民公有共享的基础性公共文化设施，需要提供文献知识、社区资讯、人际交流与文化活动等综合性公共文化服务。《社区图书馆服务规范》明确指出：它是"社区公共文化空间，应发挥信息交流和文化休闲功能，参与社区生活"[4]。正如乔伊斯·卫科夫所言："我去图书馆不是为了看书，而是为了获取信息、知识、智慧和教育""我想见到的不是一排排书架，而是人。他们在谈论书，在传授某种知识，在研究某一主题，在创立新的思想。"[5] 这就是说，社区图书馆不能只是简单的书刊借阅的场所，而应当成为社区居民信息获取、思想交流与文化共享的空间。它应当"在全民阅读推广中充分发挥作用，自主组织或配合中心图书馆开展讲座、沙龙、培训、展览等读书活动及各种形式的文化活动，并重点组织开展适合老年人、少年儿童特点的活动"。社区图书馆通过开展各种各样的贴近居民生活的文化服务，从而成为居民身边文化共享的第三空间。

---

[1][2][4] 中华人民共和国文化部. 社区图书馆服务规范（WH/T 73-2016）. 北京：国家图书馆出版社，2016：2，3.

[3] 许江涛. 城市社区图书馆建设现状与公众需求研究——基于对天津滨海新区的调查分析. 河南图书馆学刊，2013（12）：5-7，18.

[5] 吴建中. 21世纪图书馆新论（第二版）. 上海：上海科学技术文献出版社，2003：1（序言）.

图书馆的参考咨询服务是指"针对用户需求，以各类型权威信息资源为依托，帮助和指导用户检索所需信息或提供相关数据、文献资料、文献线索、专题内容等多种形式的信息服务模式"，其服务对象"包括通过现场、电话、信件、网络及其他形式提交咨询请求的各类型用户"。[1] 社区图书馆同样应当积极开展参考咨询服务，即"通过现场、电话、电子邮件、社交网络、网上咨询系统等多元化方式提供一般性咨询服务""对不能及时答复的咨询请求，响应时间不应超过3个工作日"。[2] 当然，参考咨询是一项高含金量的信息服务，因而对信息资源与馆员素质都有较高的要求。目前，社区图书馆管理人员一方面需要依赖总馆（中心馆）来完成非实时咨询工作，另一方面应当加强自身业务能力的培训。

在社区图书馆服务活动的战略规划（见表4-7）之中，社区图书馆服务活动应当随着时间推移而不断完善。从第一个时期（现在—2020年）经第二个时期（2021—2025年）到第三个时期（2026—2030年），社区图书馆开馆时间需要不断增加，从每周36小时到42小时再到48小时；服务层次及其方式需要不断提升，从文献服务发展到信息服务再发展到文化服务；服务活动内容拓展到讲座、培训、报告、展览等，相应的服务活动次数逐渐增加，从两周一次到一周一次再到一周两次；特色人群服务应当受到广泛关注，其制度应从开始建立到基本建立再到逐步完善。当然，街道（乡镇）图书馆、社区（村）图书馆以及固定服务点等对应的人口差距较大，因而其阅览座席按"4席/千人"的标准设置则分别为"12~240席""12~120席""12~60席"。

表4-7 社区图书馆服务活动的战略规划

战略时期	开放时间	服务方式	服务活动	阅览座席	特殊人群服务
现在—2020年	36小时/周	文献服务	1次/2周	12~240（4席/千人）	开始建立
2021—2025年	42小时/周	信息服务	1次/周	12~120（4席/千人）	基本建立
2026—2030年	48小时/周	文化服务	2次/周	12~60（4席/千人）	逐步完善

4.4.3 社区图书馆服务的改进

中华人民共和国成立后，公共图书馆往往立足于配合宣传教育与扫除文盲，

---

[1] 中华人民共和国文化部. 图书馆参考咨询服务规范（WH/T 71—2015）. 北京：国家图书馆出版社，2015：1, 3.

[2] 中华人民共和国文化部. 社区图书馆服务规范（WH/T 73—2016）. 北京：国家图书馆出版社，2016：3.

却忽略了社会公众的文化服务。长期以来，我国严重忽视了公共图书馆服务应当坚持普及与均等的原则，严重忽视了区（县）、街道（乡镇）、社区（村）级基层图书馆（室）的建设。这种公共图书馆事业发展误区持续发酵，最终导致基层公共图书馆羸弱不堪。近年来国家无疑加强了基层公共图书馆建设，但也出现了"门庭若市"与"门可罗雀"互相矛盾的怪象。基层公共图书馆"门庭若市"说明公众信息需求旺盛，图书馆服务存在分配不均、供给不足的局面；"门可罗雀"则说明公众无声的拒绝与抵制，图书馆服务存在供需脱节、供非所需的现象。社区图书馆（室）服务冰火两重天的现象值得高度重视，文化行政主管部门应当彻底弄清问题的原委，从馆舍布局、资源建设、服务优化与用户开发等多个方面入手齐抓共管。公共文化服务面临着某种自娱自乐的尴尬，一方面老百姓不知有何公益场馆和文化服务，组织方煞费苦心精心制作的"好戏"也时常乏人问津，造成大量公共文化资源浪费；另一方面老百姓的业余文化生活和日益提高的文化需求无法得到满足，只能自己想办法去弥补缺失，比如选择自己周边那些性价比较高的收费兴趣班。❶ 如何让社区图书馆等公共文化服务机构接地气，是社区公共文化服务必须破解的一个问题。社区图书馆应当切实满足用户需求，从而吸引居民心甘情愿地泡图书馆。服务改进是实现社区图书馆价值的基本途径，可以从服务要求、服务内容、服务方式等方面着手进行推动。

从服务要求来看，社区图书馆应当遵循公益性、基本性、均等性、便利性、人本性等服务理念。（1）社区图书馆必须坚持公益性的服务理念。国家必须建立公益性的公共文化传播机制，维护公众知识获取与思想自由的基本权利。公共图书馆作为公共文化传承的主要承担者，无疑是思想自由的一个重要象征。美国波士顿图书馆创办于1848年，其大门上面有一行字"FREE TO ALL"，明确昭示图书馆向所有人免费开放。《公共文化服务保障法》规定："公共文化设施开放或者提供培训服务等收取费用的，应当报经县级以上人民政府有关部门批准；收取的费用，应当用于公共文化设施的维护、管理和事业发展，不得挪作他用。"❷这与国家实施的基本公共文化服务免费供给政策相吻合，有偿性非基本公共文化收费服务需要报批且所收费用应用于公共文化事业。社区图书馆尤其是民营社区图书馆作为公共文化服务组织，即使需要提高延伸服务等有偿性非基本服务的经济效益，也需要提供高公益性基本服务的社会效益。自从2011年之后，我国基本公共文化服务免费供给，这当然也是对包括社区图书馆在内的所有公共图书馆

---

❶ 徐可．新华网评：公共文化服务别沦为"桌上的花瓶"．（2016 - 12 - 31）［2017 - 07 - 16］．http：//news.xinhuanet.com/comments/2016 - 12/31/c_ 1120217607.htm.

❷ 中华人民共和国公共文化服务保障法．（2016 - 12 - 25）［2017 - 06 - 12］．http：//www.npc.gov.cn/npc/xinwen/2016 - 12/25/content_ 2004880.htm.

(2) 社区图书馆必须坚持基本性的服务理念。社区图书馆不仅可以提供图书借阅、租赁、售卖以及开设书吧等多种形式服务，而且能够提供书刊评论、文摘快报、专题索引、信息剪报和宣传报道等二次文献服务，从而帮助社区居民自主地完成信息的收集、选择、整理、组织、存储、传播与利用等工作。社区信息服务是帮助个人或团体解决日常问题、参与民主进程的服务，服务重点在于人们所面临的至关重要的问题，即与其家庭、职业和权利等有关的问题。❶ 社区图书馆是集阅读、展览、讲座、培训、咨询为一体的文化机构，应当提供借阅、视听、检索、展览等多功能文化服务。英国每个社区图书馆每天约为1000多人提供文献信息服务，每位读者可以一次性借阅10多册书刊、电子读物等。❷ 中国香港特区政府近年相继推行了"阅读城建设工程""一生一卡计划""儿童及青少年阅读计划""自在人生自学计划"等阅读推广计划。❸ 然而，我国绝大多数社区没有专门的图书阅览室或文化活动场所，社区信息服务基本处于"小国寡民"的原生状态。社区居民信息需求与社区文献供给之间存在巨大矛盾，这种基层文献信息资源服务保障坍塌的现象并不少见。即使是东部沿海经济发达城市，也存在社区图书馆（室）服务亟待改进的空间。国内社区图书馆的利用率、馆藏文献的流通率以及社区居民的满意度，大多数数值在低水平的状态徘徊。譬如，许江涛关于天津滨海新区城市社区图书馆建设现状与公众需求的调研结果表明：对于社区图书馆的建设布局及服务评价，满意、一般、不满意的用户分别为25.93%、30.06%、44.01%；对于在住所1000米范围内借阅书刊，希望、无所谓、不需要的用户分别为80.76%、10.76%、8.48%；对于通过上网看电子图书或电影戏曲，希望、无所谓、不需要的用户分别为76.67%、14.69%、8.64%。❹ 此外，天津滨海新区城市社区图书馆服务不满意度（44.01%）远远超过满意度（25.93%），至于中西部经济欠发达地区尤其是这些地域中农村地区的社区图书馆（室）服务就更不值一提了。

　　(3) 社区图书馆必须坚持均等性的服务理念。从国家或地区的宏观角度来看，均等性主要体现在"区域均衡""城乡一体"。而从单个社区图书馆的微观

---

❶ 刘超. 多元治理的社区公共事业管理. 湘潭：湘潭大学出版社，2014：10.

❷ 张红宇. 关于我国社区图书馆建设的思考. 科技情报开发与经济，2014（5）：110 - 112.

❸ 张小琴. 社区图书馆阅读推广计划——以金陵图书馆为例. 公共图书馆，2012（4）：35 - 38.

❹ 许江涛. 城市社区图书馆建设现状与公众需求研究——基于对天津滨海新区的调查分析. 河南图书馆学刊，2013（12）：5 - 7，18.

角度来看，均等性则表现为各类人群的服务平等。因此，社区图书馆需要为老年人、残疾人、未成年人和失业人员免费上门提供保健知识、视听资料、盲文读物、儿童书刊与招聘信息等特殊服务。社区图书馆应当为老年人、残障者等行动不便的读者提供上门服务，开通"一个电话，服务到家"的咨询电话。譬如，我们可以借鉴美国图书馆的服务方式，根据老年读者的不同信息需求分别建档、建册，利用电话为老人提供实用资料情报，并介绍服务的团体、机关及个人地址等。❶ 面对老龄化这个全球性的人口发展趋势，我们应当采取"积极老龄化（active ageing）"应对措施，旨在保障老有所养、老有所医、老有所为、老有所学、老有所乐与老有所教。长沙市岳麓区咸嘉湖社区图书馆坚持定期举办老年书画展览、球类比赛、棋类比赛、老年读者沙龙、有奖征文、诗歌朗诵会、有奖知识灯谜竞猜和春联征集等健康文明的读者活动，吸引了该社区乃至周边社区众多老年读者踊跃参与。❷ 老年人群体是需要得到社会关爱的群体，社区图书馆可以成为他们快乐的家园。

（4）社区图书馆必须坚持便利性的服务理念。社区图书馆作为居民身边触手可及的阅读空间，本来应当成为与社区居民生活息息相关的一部分。然而，社区图书馆的利用度与知晓度却不容乐观。一项关于南京市民和社区图书馆的调查显示，从社区图书馆借书的市民只有6.56%，仅有36.75%的公众听说过社区图书馆。❸ 国外通常在街头巷尾、交通路口等公共场所设置导航标识，方便人们前往社区图书馆。国内社区图书馆则"养在深闺人未识"，居民常常不知道它身处何处，更不用说怎么利用它了。社区图书馆可以通过设立宣传栏或宣传橱窗等来推介馆藏资源、借阅程序与服务项目，或者定期制作宣传小册子提前预告图书馆的近期活动与特色服务，方便社区用户获悉图书评介、科普讲座、文化展示、活动预告等。社区是社会最基本的构成单元，社区图书馆是居民身边的图书馆。如果能够真正做到"进馆如进家""到馆到书房"，那么何愁社区居民不去社区图书馆呢？国外许多社区图书馆为了方便居民还书，通常设有24小时自动还书装置或全天候接纳归还书刊的收集箱。城镇社区图书馆倘若仅安排每周五个工作日的白天开放，则除退休老人之外的上班族、上学族根本就没有登门时间；乡村社区图书馆晚上的读者相对较少，农忙季节、重要节日往往也是空空如也。社区图书馆作为公共文化服务行业，应当采用"代倒作息"制度保证合理的开放时段，城镇社区馆增加双休日以及晚上的开放时间，乡村社区馆保证白天正常开馆并可

---

❶❷ 杨玉蓉. 新时期社区图书馆为老年读者服务摭谈. 河南图书馆学刊，2010（5）：29－31.

❸ 张小琴. 社区图书馆阅读推广计划——以金陵图书馆为例. 公共图书馆，2012（4）：35－38.

根据季节等因素适当调整，从而方便社区公众享受其服务。社区图书馆可以采取灵活办理借阅证的管理方式，诸如以家庭为单位办理借阅证，一个家庭只需办一个借阅证。尤其是农村社区图书馆可以通过办理家庭借阅证，保障家庭成员都能持证享受社区图书馆的各项服务。社区图书馆的服务成效受到诸多因素的综合影响，这些因素包括居民结构（年龄、收入、学历与居住时间）、个人资源（时间分配与精力分配）、参与动机（认知学习、社会交往与娱乐休闲）、社区氛围（周边群体与社区文化）和服务表现（阅读资源、服务内容与服务质量）等，其中年龄、居住时间、时间分配、社会交往、娱乐休闲、周边群体、社区文化、阅读资源以及服务质量对居民参与社区图书馆意愿有显著影响，尤其是社会交往、娱乐休闲、周边群体和社区文化的影响强度最突出。❶ 社区图书馆开展人性化、个性化、多样化的服务活动，有利于改善图书馆的服务质量与提高社区居民的满意度。

（5）社区图书馆必须坚持人本性的服务理念。公共图书馆创建社区分馆和流动图书馆，有利于改变到馆率不高与利用率较低的现象，从而达到拓展服务范围与增强服务效能的目的。1995年我国开始实行5天工作制，工薪阶层每一年共有125天假期，这就是说上班族每年大约1/3的时间可以自由支配。社区图书馆服务手段落后、服务方式单一、服务水平较差、宣传报道不多、服务效益不高，倘若能够加强公共文化服务就必然有利于提高社区图书馆的利用率和社区居民的参与度。不同类型的读者群体对社区图书馆的开放要求各不相同，老年人行动不便而要求白天开放，工作人员缺乏空余时间而要求晚上开放，学龄孩子受到学校约束而要求放学后开放，幼儿需要父母陪同而要求周末开放。因此，社区图书馆理想的开放时间是：全年天天开馆，白天与晚上均开馆。社区图书馆应当践行以人为本的信息服务理念，"通过空间设计、家具配置等方式，营造温馨、舒适的阅览环境"，❷ 并针对不同读者群开展个性化、人性化服务，诸如为儿童配置低矮桌椅、地毯"座位"，为老年读者购买大字号书刊，为视障人士提供放大器、盲文书籍、盲人上网设备，为听障人士添置助听器等专用设备，为残障人士开展送书上门服务，为外地读者或特殊人群增加免费邮寄业务，为相关机构提供定期送书服务，为国外移民配置外文书籍等。针对外籍人员相对集中居住的地区，社区图书馆应当提供语言学习书籍、简易中文书刊、中外文对照文献，积极开展宣传中国文化、介绍服务项目、传递社区信息等服务活动。社区图书馆服务必须坚

---

❶ 于伟，张彦. 基于 Logit 模型影响居民参与社区图书馆因素的实证分析. 2011（1）：10–13.

❷ 中华人民共和国文化部. 社区图书馆服务规范（WH/T 73–2016）. 北京：国家图书馆出版社，2016：2.

持"以用户为中心"的基本理念,如"设立醒目的引导标识和服务公告,包括馆牌、开放时间、文献排架标识、服务项目与规则等""利用宣传栏、宣传资料、媒体及其他现代化手段,宣传和推广图书馆服务,揭示文献资源,吸引读者利用图书馆"。❶ 显而易见,只有切实做好馆藏资源建设与信息服务活动,社区图书馆才能从居民身边的图书馆变成居民必需的图书馆。

从服务内容来看,社区图书馆应当包括文献服务、信息服务、增值服务、教育服务、休闲服务等服务。(1)社区图书馆应当开展文献借阅服务。社区图书馆如果要做好文献信息服务,就必须先做好文献采购、整理、排架等业务工作。于书平提出了总分馆体系文献配置的优化机制,社区图书馆馆藏建设具体的工作流程包括:调查社区居民的阅读需求——确定所需文献——向区(县)图书馆(中心馆)提交需求单或者自行购买——区(县)图书馆进行统一编目著录加工——配送到社区图书馆——通知读者或送书上门——进行读者调查——开展各种读书活动——读者的信息反馈——服务质量的评估。❷ 尽管在这种工作机制之下总分馆体系的工作量有所增加,但它有利于充分把握居民的信息需求,提高馆藏资源建设的满意度。除了总馆开展文献统采统编业务之外,社区图书馆文献应"采取学科、主题等方式规范排架,开架借阅,保持架位整齐。新书配送到馆后应在2个工作日内上架,期刊应在2个工作日内上架,报纸当天上架"。❸ 文化信息服务工作事无巨细,社区图书馆馆员需要发扬爱岗敬业精神,将社区图书馆的业务工作做到位。

(2)社区图书馆应当开展社区信息服务。社区图书馆大量汇集反映社区生活、事件与活动的动态性信息,应当成为社区居民获取社区信息与融入社区生活的基本门路。美国社区图书馆的信息包罗万象,除馆藏文献信息外,从公寓的出租、旧家具的买卖到国税局的缴税通知,从求职信息到开公司所需要的协助,从学习语言训练班到老年健身班,无所不包。❹ 作为社区居民获取信息的理想场所,社区图书馆是提供社会信息、经济信息、生活信息、教育信息、实用信息等的信息中心。它广泛地免费提供各类信息服务,诸如政治、经济、文化、时事、法律与体育等社会信息,投资、理财、金融、保险、销售、广告、技术、交易、市场等经济信息,就业、保障、保险、医疗、保健、心理、股票、天气、交通、

---

❶❸ 中华人民共和国文化部. 社区图书馆服务规范(WH/T 73—2016). 北京:国家图书馆出版社,2016:3.

❷ 于书平. 北京市社区图书馆运行机制创新研究. 北京教育学院学报,2013(1):42-47.

❹ 刘冬梅,龙叶. 社区图书馆个性化服务模式研究. 图书馆工作与研究,2010(8):27-29.

租房、购房与房地产等生活信息,教育、培训、学习、升学、交流等教育信息,政务、新闻、纳税、预警、家政、旅游、救济、政策、求职、招聘等实用信息,以及社团、文化、生活、工作、休闲、娱乐等其他信息。社区图书馆是提供知识传播、科普讲座、知识竞赛、读书比赛等学习行为的教育基地,也是汇集文化大餐、音乐欣赏、书画展览、艺术鉴赏等文化资源的文化家园,还是举办休闲天地、益智比赛、读书活动等雅俗共享文化活动的理想场所。

(3) 社区图书馆应当开展信息增值服务。社区图书馆应当开展多元化、个性化的信息咨询服务,由"物的传递"转型为"知识传递",从馆内服务逐步走向广阔的社会市场。❶ 这就是说,它作为社区的信息服务中心,还应当开展各类增值性的信息咨询服。《美国图书馆状况报告》表明,招聘信息已成为公共图书馆提供的最重要、最受欢迎的技术资源之一,有2/3的公共图书馆帮助读者在线填写求职表,有些则提供招聘数据库和其他在线资源(88%)以及公务员考试材料(75%)的访问,还有的提供软件或其他资源(69%)以帮助读者书写个人简历与其他求职材料。❷ 这就是说,社区图书馆还要根据居民信息需求变化,不断调整信息供给的类型与内容。它应当诸如提供文献流通、资料查询、宣传导读、读者调研、读者培训、名著导读、读书品书、读书沙龙等读者服务,提供远程学习、知识竞赛、文化讲座、课外辅导、升学指南、升学辅导、文化讲座、电脑培训、技能培训等教育服务,提供音像播映、书画展览、音乐欣赏、器乐培训、书画摄影、艺术表演、手工制作、棋牌游戏、插花盆景等文娱服务,提供专题陈列、新书推荐、主题活动、二手书市、知识导航、影视观摩、参观考察、交流集会、专题报告、学术研讨等专题服务,提供社区广播、信息宣传、窗口宣传、社区信息、消费信息、电话黄页、政府政策、生活信息、以书会友、休闲空间、推进阅读等信息服务,还可提供棋牌娱乐、歌咏比赛、露天舞会、健身活动、卫生保健等社区文化活动。总之,社区图书馆应当满足不同层次、不同群体的社区居民多样化的文化需求,培养社区居民信息获取的意识与能力,开展个性化、全方位的按需服务、特色服务与延伸服务,从而推动社区经济与文化的健康发展。

(4) 社区图书馆应当开展教育培训服务。社区图书馆应当成为满足社区居民学习需求的科技文化教育中心,如举办新书评论、社交礼仪、绘画艺术、服饰文化、饮食文化等各类知识讲座;成为满足社区普通读者需求的社区休闲娱乐中心,如开辟展览厅、健美厅、放映厅、视听室、智力游戏室、体育竞技室等。❸ 社区图书馆通过提供早期教育、家庭教育、就业培训、岗位培训等教育服务,满

---

❶ 钱仁贵. 高职校图书馆信息咨询服务的实践与思考. 价值工程, 2010 (11): 256-257.
❷ 谭榕. 2010年美国图书馆状况报告. 图书与情报, 2010 (3): 53-55.
❸ 陈勇. 浅论社区图书馆的科学发展. 图书馆论坛, 2010 (5): 26-28.

足不同居民群体的教育或培训需求。社区图书馆通常采用借、阅、藏一体的全开架服务，开展预约借书、代查代借、信息咨询等多样化与个性化的人文服务。为社区居民提供科普知识、文学故事、时事新闻、医疗保健、娱乐休闲、影视评论等文献资料，组织社区活动、生活服务、生活讲座、文艺活动、知识竞赛、科普活动等服务活动，甚至收集、整理与提供其他相关的实用性信息。社区图书馆可以定期或不定期地举办普法、健康、美容等专题讲座，或开展竞赛、征文、沙龙与培训等专项活动。针对社区贫困家庭开展知识扶贫服务，诸如为低收入家庭提供致富信息，为困难家庭的学生提供学习资料。更有甚者，社区图书馆可以针对部分低龄儿童开展帮教服务，设置辅导班、兴趣班、手工班等照顾、引导、帮助他们健康成长。社区图书馆通过建立培训机制来推动继续教育，打造自学、培训、进修、互助等功能完备的学习型社区平台。

（5）社区图书馆应当开展文化活动服务。社区图书馆只有开展接地气、针对性强的服务工作，才能吸引广大用户参加各种服务活动。譬如，组织社区文化活动，促使社区居民走进社区图书馆；开展家庭读书活动，鼓励社区居民"读好书，用好书"。自 2000 年创建以来，五联社区图书馆积极开展针对外来群体的服务活动，其服务对象中 95% 以上是外来农民工及其子女，其开展服务活动的方式主要如下：①联合街道工会、妇联、劳动保障部门等其他社会力量，聘请不同行业的专家技师免费开办技能培训班；②深入企业借阅点开设电子阅览室，联合区、街道文化部门组织各类文化活动；③联合街道劳动、法律服务中心合作举办法律、法规讲座等，仅 2009 年度举办专题讲座和法律咨询就有 9 场，参与人数近 3 万人次；④定期邀请专家举办"家庭教育报告会""青少年法律教育讲座"，成为学校德育教育扩展阵地和课堂。❶ 除了提供传统的文献信息服务外，社区图书馆应当根据地域特色、经济特色、文化特色等开展特色服务：①针对少年儿童（故事会、朗诵会、科普讲座）、中青年（投资创业、子女教育）、老年读者（养生保健）、下岗工人和农民工（技能培训）等开办知识讲座或技能培训；②提供劳动就业、法律法规、财经、求职、升学等有关信息的咨询服务；③定期举办激发居民读书的兴趣与热情的"读书月"活动；④举办棋牌活动、放映电影、举办展览、健身操活动等休闲娱乐活动。❷ 社区图书馆应当积极参与社区公共文化建设，开展专题报告、文化讲座、知识竞赛等服务活动，甚至协作相关部门成立书画社、合唱团等文化社团组织。现代社会的生活与工作节奏不断加快，普通公众的阅读时间不断被侵蚀而逐渐碎片化，即使是白领阶层也出现了"阅读亚健

---

❶ 方玲. 社区图书馆发展的路径探析——五联社区图书馆知识援助服务的实践与探索. 公共图书馆，2010（2）：29-32.

❷ 晏显蓉. 社区图书馆现状及可持续发展探讨. 四川图书馆学报，2010（6）：38-41.

康"现象。阅读是个体了解世界、认识世界和思考世界的行为,也是心灵灌溉与休息以及精神洗涤与升华的过程。社区图书馆除了吸引与指导未成年人多读书、读好书外,还需要为他们开展朗诵、拼图、辩论赛、猜灯谜、环保讲座、智力接力赛等丰富多彩的活动。五联社区图书馆为农民工子女开展免费绿色阅读服务,把知识性、趣味性、科学性强的合适图书推荐给学生;在"第十届深圳读书月"期间,该馆挑选1000余册青少年读物开展"送书进校园"活动,并举办"青少年读书益智"系列活动,包括走迷宫、手工制作、益智拼图和脑筋急转弯等。❶社区图书馆具有文化导向、规范与整合功能,应当为外来劳务工适应城市、融入城市发挥积极作用。

从服务方式来看,社区图书馆应当采用数字化、多元化、个性化、特色化等新型服务。(1) 社区图书馆必须采取数字化的服务方式。社区图书馆作为公共、分散、简易的文化设施,应当具有便捷、灵活、多样的服务方式。董继红提出:社区图书馆既要开展"儿童阅读启蒙的'天堂'""内外兼修的阅读'管家'""残障人士的贴心'保姆'"等实体个性化服务,又要开展"第三代手机图书馆""个人数字图书馆""社区信息'便利店'"等虚拟个性化服务。❷除了为普通居民、少年儿童、残障人士等提供人性化的文化服务之外,还应该积极打造网络虚拟社区文化服务平台。譬如,"第三代手机图书馆"可以建立用户与图书馆的实时、动态、交互的沟通机制,从而方便用户完成个性化定制服务。个人数字图书馆旨在将用户个性化需求与图书馆推送服务结合起来,根据用户个性化信息需求创建量身打造的数据集合,即利用书签、收藏、抓取等方式整合馆藏资源与网络资源。"社区信息'便利店'"通过一站式的门户网站,提供工作、学习、生活、休闲等各种方便的信息服务。我们正在走进无所不在、随处可见的 U (Ubiquitous) 时代,从而实现任何人 (anyone)、任何物 (anything) 在任何时间 (anytime) 以及任何地点 (anywhere) 的互通互联。社区图书馆只有建立真正的数字社区,社会公众才能在任意时间任意地点享受其无所不在的数字服务。湖南省图书馆建立的网上电子图书馆,已经辐射各区县图书馆和有条件的乡镇、街道、村和社区基层图书馆(室),只要从省馆信息部获取一个用户名和密码即能便捷地在网上下载借阅所需图书。❸社区图书馆积极开展数字服务,这是时代赋予的要

---

❶ 方玲. 社区图书馆发展的路径探析——五联社区图书馆知识援助服务的实践与探索. 公共图书馆,2010 (2):29-32.

❷ 董继红. 社区图书馆全程个性化服务模式探析. 图书馆工作与研究,2011 (2):96-98,122.

❸ 杨玉蓉. 新时期社区图书馆为老年读者服务摭谈. 河南图书馆学刊,2010 (5):29-31.

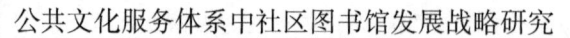

求与使命。社区图书馆个性化服务系统既能满足用户个性化的信息需求,又能吸引用户参与社区馆建设。基层公共图书馆应当开辟智能化的数字服务平台,提供最新资源通告与发送、信息定制与推送、阅读书签与笔记等个性化服务,社区居民可以随心所欲地定制图书馆资源以及网络资源。

(2) 社区图书馆必须采取多元化的服务方式。社区图书馆应当成为名副其实的信息共享中心、教育培训中心、人际交往中心与文化休闲中心,设立图书阅览区、报刊阅览区、电子阅览区、多媒体展示区、少儿阅览室、视障阅览室、多功能报告厅等,为社区居民提供援助咨询、免费培训、文化休闲等服务活动。社区图书馆根据用户需要增加特色化与家庭化服务,诸如提供代查服务、上门服务、讲解服务、咨询服务等。社区图书馆是社区居民感知、体验、交流文化的重要场所,也是社区居民突显、传承、增强文化软实力的基本途径。美国芝加哥市长理查德·达雷认为:"要评价一种文化就要看它所创造的城市,而评价一个城市就要看它的生活质量——即市民的生活、工作、抚养子女、娱乐休闲的状况,以及居住和工作环境状况。"❶ 社区图书馆利用文化服务项目带动文化广场建设,注重农闲时间、节假日以及晚上的借阅服务,倡导"推荐书籍选读""必读书籍深读""专题书籍精读"社会阅读风气。社区图书馆可在街头巷尾、公交车站等处设立宣传栏,告知、吸引与帮助社区居民普遍树立社会阅读意识。社区图书馆通过不断追求读者驱动和自我完善,积极开展"一站式多元化"服务,实现本土与外来、农民与非农民、现代与传统的文化和谐共处。社区图书馆应当打造集学习、交流、教育与娱乐为一体的公共文化服务平台,购买普及性、大众性、知识性、生活性、娱乐性、艺术性、实用性的书刊资源,设置文献借阅、信息咨询、文化交流、资料视听、教育培训、休闲娱乐等功能厅室,提供网络检索、通借通还、虚拟咨询、交互会话、实时交流、数字视听等多元化服务。

(3) 社区图书馆必须采取个性化的服务方式。个性化服务是指根据用户个人爱好或特点提供针对性、连续性和专业性服务,其目的是满足用户各取所需与各得其所的多样化信息需求。美国社区图书馆通常根据服务人群的习惯或爱好设置成人阅览区、青少年阅览区和儿童活动阅览区,为不同年龄层次的居民提供多样化的个性化服务。譬如儿童活动阅览区既有图文并茂、绘声绘色的儿童读物,又有拼图游戏、益智游戏、开小火车、搭积木等娱乐活动。社区图书馆应当秉持积极、主动、开放的服务姿态,根据居民需求开展个性化、专业化的文化服务,最大限度地满足社区居民的文化需求。只有充分拓展社区居民的入馆动机并切实满足社区居民的文化需求,社区图书馆才能真正发挥其社会作用与文化价值。它

---

❶ 丁晓惠. 图书馆在提升公民信息素养中的责任. 新校园(学习版), 2013 (6): 7-8, 160.

不仅是社区居民进行阅读的好去处,而且是社区居民开展活动的好场所。温州市图书馆成功开展了一系列社团活动,曹雪梅因而提出社团活动是基层图书馆读者活动的一种创新尝试。❶ 目前,大多数社区图书馆服务手段单一、开放时间短,难以开展面向困难群体的主动服务与面向特殊群体的区分服务,因而根本满足不了困难群体与特殊群体的基本服务要求。譬如,社区图书馆存在儿童阅读与儿童教育的盲区,倘若能够提供幼儿护理、健康常识等信息服务或者"家庭亲子阅读"专题报告,就必然能够吸引与激发广大儿童和年轻妈妈群体的泡图书馆的欲望;社区图书馆为青少年开通绿色网吧,就能引导他们利用现代信息技术查找与处理所需信息,同时杜绝黄赌毒、暴力游戏以及不良内容的负面影响。显而易见,社区图书馆可以针对不同年龄、不同职业、不同文化、不同信仰、不同兴趣的读者实施个性化服务策略。

(4) 社区图书馆必须采取特殊化的服务方式。社区图书馆可以针对残疾读者、老年读者、儿童读者、妇女读者与学生读者等不同群体特征实行特殊化服务。除开展常规的儿童图书、声像制品等借阅服务外,国外社区图书馆通常组织展览、表演、讲故事、讨论会、亲子阅读、参考咨询、作家见面会等免费的服务活动,甚至还能提供儿童托管服务。Stooke R. 提出开展社区图书馆婴幼儿早期教育服务,Wemett L. C. 提出进行青少年学习教育服务。❷ 这就是说,除了成年人的技能培训服务之外,未成年人的教育服务应当受到重视。布鲁克林的皇后区图书馆针对该地区的少数族裔群体,量身定制特色服务。❸ Naperville 公共图书馆为加强图书馆的社区合作,以 MALL 的形式与商业机构合作,鼓励当地的商家和企业对持有他们图书馆借阅证的购物者或者客户给予折扣。❹ 近年来,国内文献服务的创新方式逐渐增多,并且深受广大用户的喜爱。2011 年 10 月,中国少年儿童新闻出版总社创办了国内规模最大、品种最全、专业性最强的青少年主题书店——青少年阅读体验大世界,它集图书阅览、销售、表演、游戏为一体,随后又推出"体验式阅读成长计划"。❺˙❻ 该主题书店旨在创办以阅读为主题的儿童

---

❶ 曹雪梅. 依托社团开辟基层图书馆读者活动新天地. 图书馆杂志, 2012 (5): 48 – 50.

❷ Wemett L. C.. Teen Space and the Community's Living Room: Incorporating Teen Areas into Rural Libraries. PNLA Quarterly, 2008 (4): 7 – 18.

❸ Steckman B., Schull D. D., Tandler AA. Library Services to a Linguistically Diverse Community: A Workshop Report from New Jersey. Reference Services Review, 1998 (2): 57 – 65.

❹ 王玉波. 国外图书馆社区服务的进展研究. 图书馆, 2008 (5): 55 – 56, 79.

❺ 最大青少年书店正式开门迎客人. (2011 – 10 – 05) [2017 – 07 – 15]. http://news.cntv.cn/20111005/100446.shtml.

❻ 北京青少年阅读体验大世界推出"体验式阅读成长计划". (2012 – 04 – 22) [2017 – 07 – 15]. http://www.jyb.cn/book/dssx/201204/t20120422_489466.html.

乐园——"阅读花园",汇集了儿童书、阅读吧、故事汇、小舞台、儿童剧、数码街、玩具街、婴幼趣读、早教优读、亲子学堂、知心姐姐、益智游戏、游乐城堡等各种服务活动,还拥有宝贝淘成长馆、小飞鱼艺术中心、幸福树咖啡屋、红袋鼠美食屋等配套服务设施。国内一些社区已经出现私办儿童图书馆(屋),仅北京就有皮卡书屋、蓝月亮儿童图书馆、悠贝亲子图书馆、小考拉亲子童书馆、墨盒子绘本书馆、蒲蒲兰绘本馆等,这些会费从几百元至千元不等的会员制儿童图书馆(屋),既提供国内外畅销儿童原版图书借阅服务,又举办小规模的故事会、手工制作、绘画等活动。❶社区图书馆可以联合其他社区组织,共同策划、组织与开展公共文化服务活动。有条件的社区还可以建立创客图书馆、音乐图书馆、绘本图书馆、艺术图书馆、保健图书馆、亲子图书馆、真人图书馆等特色社区图书馆,重视乡土文献、地方艺术、非物质文化遗产等特色馆藏建设,开设专题书架、专题信息、专题活动等特色服务。

  总而言之,社区图书馆是公共文化服务的中坚力量,在社区公共文化建设中具有不可或缺的重要作用。自 2000 年开始,民政部要求各省(自治区、直辖市)有组织、有计划、有步骤地开展社区建设示范活动。❷老百姓的业余文化生活在不断丰富,但有些现象却不得不引起注意:与各地火爆的收费兴趣班形成鲜明对比的是,那些免费的公益型文化娱乐场所却显得有些门庭冷落,上座率欠佳、利用率偏低,甚至一些诸如绘画、象棋、歌舞等本应很具吸引力的文体活动项目亦是如此。❸一些地方却在公共文化服务上"重设施建设,轻管理利用",很少注意到这些真实所需,仅是如完成任务一般建起公共文化设施、简单提供一些公共文化产品就了事;再加上一些公益性的公共文化设施也渐渐背离了公益的初衷,开始过度商业开发,过度从事商业收费、商业运作。❹社区图书馆从社会文化服务功能的角度出发,与读者协会等其他社区组织联合策划各种文化推广活动,构建大众学习、大众教育、大众娱乐与大众交流空间。社区居民通过集资建馆,打造公共文化服务空间,实施超市化运营管理。《公共文化服务保障法》规定:"国家倡导和鼓励公民、法人和其他组织参与文化志愿服务""公共文化设施管理单位应当建立文化志愿服务机制""县级以上地方人民政府有关部门应当对文化志愿活动给予必要的指导和支持,并建立管理评价、教育培训和激励保障机

---

  ❶ 王利伟. 发达国家社区图书馆儿童服务及其启示. 图书馆工作与研究,2014(1):94-97.

  ❷ 谢耘. 中美社区图书馆的发展状况及比较分析. 科技情报开发与经济,2010(20):83-86.

  ❸❹ 徐可. 新华网评:公共文化服务别沦为"桌上的花瓶". (2016-12-31)[2017-07-16]. http://news.xinhuanet.com/comments/2016-12/31/c_1120217607.htm.

制"。❶该"保障法"一方面倡导社会力量参与公共文化志愿服务,另一方面要求有关部门管理公共文化志愿服务,县级以上政府有关部门加强引导、评价、培训与监管。政府部门需要积极引导社会力量参与公共文化服务,形成各有所长、互相补充、相得益彰的合作机制。社区图书馆的创办需要社会力量的资助,其服务同样离不开社会力量的扶持。

4.5 社区图书馆战略管理规划

4.5.1 社区图书馆管理的定位

管理是指为了达到预定目标而采取的计划、组织、领导和控制等行为过程,社区图书馆可持续发展必然离不开其战略管理规划的制定与实施。长期以来,我国街道(乡镇)、社区(村)级公共图书馆建设堪忧,有名无实、名实俱无、时有时无等虚无现象绝非少数。社区图书馆管理体制相对混乱,常常将社区图书馆业务工作纳入社区日常行政管理,从而导致社区图书馆业务工作虚无化。这就是说,社区图书馆管理不是当作社区必要的文化工作,而是当作社区额外的"托管/代管"工作;同时其内部管理严重失位,缺乏相应的监管与考核。于是,诸多社区图书馆因管理松散而名存实亡,成了徒有其名的"空架子"。为了推动基层公共图书馆事业发展,我国政府接连推出了许多文化工程等发展规划,然而事实表明急功近利性的专项经费投入,固然可以一时解决某些问题;但没有约束机制与后期投入的"一夜情"式基层公共图书馆建设,必然是难以持续乃至前功尽弃的治标不治本!❷ 为了构建完善的社区图书馆服务体系,我国政府必须加快制定相关的制度规范,并尽快形成可行的管理机制。只有建立健全法律、法规、政策等制度体系,才能规范社区图书馆资源投入与运营管理的主体,明确相关参与者的责任、权利与利益。

社区图书馆应有明确规范的管理体制,厘清其相关建设主体的职责。我国按行政区划构建多层次的公共图书馆体系,形成了各公共图书馆分属于不同层次文化主管部门的管理体制。然而,社区图书馆的管理体制却不甚明确,街道居委会、市文化局和市文明办都能管,却没有一个部门能一管到底。❸ 社区居委会是社区居民实施自我管理、自我教育、自我服务的自治组织,但在实际工作中它具

---

❶ 中华人民共和国公共文化服务保障法. (2016 - 12 - 25) [2017 - 06 - 12]. http://www.npc.gov.cn/npc/xinwen/2016 - 12/25/content_ 2004880.htm.

❷ 龚蛟腾. 基层公共图书馆创办的政府行为分析. 山东图书馆学刊, 2015 (1): 13 - 18.

❸ 王宇沛. 公共图书馆的发展与建设社区图书馆的必要性. 民营科技, 2010 (1): 67, 87.

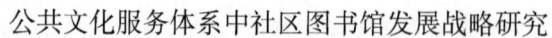

有一定的"行政化"倾向并成为政府准下属机构,即若干名社区干部日常忙于各种评比、检查等上级安排的行政事务。于是,社区图书馆作为最底层的公共图书馆,往往呈现羸弱无助的管理空缺状态,经常面临"资金无着落""管理不到位""工作无成效"的窘境。其设施、馆藏、经费、人员的平衡供给,需要有切实可行的管理体制来保障。因此,制定科学的社区图书馆管理战略规划,是解决管理制度混乱、管理措施缺乏、管理水平低下的根本途径。《中共中央关于全面深化改革若干重大问题的决定》指出,"城乡二元结构是制约城乡发展一体化的主要障碍""城乡一体化必须规划先行""大力推进城乡公共服务均等化"。❶管理体制是组织/机构基本制度的重要表现形式,社区图书馆建设迫切需要合理、健全、高效的管理体制。

社区图书馆应有完整有效的经费管理制度,促使其创办与运行有法可依。长期以来,社区图书馆的创办与运行极其艰难,相关经费没有法律法规保障,主要依靠资助、捐款、捐书或自筹等勉强维持。没有足够的购书经费与运行经费的支持,社区图书馆的各种服务寸步难行。近年来,中央充分地认识到基层公共文化设施残破不堪与建设经费极度紧缺,于是提出"保证公共财政对文化建设投入的增长幅度高于财政经常性收入增长幅度""扩大公共财政覆盖范围""保障公共文化服务体系建设和运行""支持社会组织、机构、个人捐赠和兴办公益性文化事业,引导文化非营利机构提供公共文化产品和服务"。❷通过建立政府拨款为主、社会筹措为辅的经费投入机制,积极推动社区图书馆运营的"公办民助""民办公助",这是社区图书馆事业发展壮大的前提条件。

社区图书馆应有切实可行的监督管理机制,致使其业务与服务等工作有例可循。近年来一些社区图书馆创建之后就闭馆不开了,从挂牌后就一直处于未运营状态。社区图书馆应当避免自我边缘化,杜绝有馆无书、有馆不开的不良现象。建立健全基层公共文化服务制度就需要积极探索社区图书馆的长效管理机制,应当将其建设成效作为领导业绩、先进社区等考评的重要依据。基层公共文化设施建设离不开制度的保障与规范,因此各级政府应当"制定公共文化服务指标体系和绩效考核办法"。❸建立健全公共文化服务制度,无疑是公共文化服务走向基层的根本保证。1999年,深圳市文化局实施《深圳市社区(村)图书馆达标评估标准》,并对评估达标的社区(村)馆给予购书经费、管理软件和共享设施等奖励。政府加强文明小区评选办法和考核标准,将文化室、文体场所、图书馆(室)等纳入考评范围。

---

❶ 龚高健. 经济社会热点问题追踪与观察. 厦门:厦门大学出版社,2015:191.
❷❸ 中央关于深化文化体制改革若干重大问题的决定. (2011-10-25)[2017-04-19]. http://www.gov.cn/jrzg/2011-10/25/content_1978202.htm.

社区图书馆应有法制化的合作机制,形成信息资源共建共享体系。基层图书馆往往采取总分馆、联盟与协作等途径开展信息资源共建共享,但在资源统一采集、资源集群服务、馆际互借、文献传递、资源协作共建、资源协作共享等业务工作中,可能存在具体法律行为不规范而产生一定的法律风险。一般来说,基层图书馆资源共建共享过程中法律风险管理可以概括为四个阶段:发现问题的法律风险识别阶段,分析问题的法律风险评价阶段,防治问题的法律风险预防阶段,解决问题的法律风险控制阶段。信息资源共建共享活动无疑有利于图书馆拓展服务范围与增强服务效果,但这种业务所产生的法律风险远远高于各自为政的传统业务。因此,图书馆界应重视资源共享中的法律风险,健全法律风险管理机制,实现"以法律为准绳"的资源合法利用,从而促进基层图书馆资源共建共享的可持续发展。❶ 社区图书馆信息资源共建共享必须加强管理,这既是规避法律风险的应对措施,又是提高各成员馆业务效益的可行方法。社区图书馆馆藏资源共建共享,需要遵守复制权和信息网络传播权等知识产权保护规定。当然,知识产权法规定了"合理使用"条款,允许图书馆等公益性公共文化服务机构为了陈列或保存版本需要而少量地复制本馆文献。譬如,《信息网络传播权保护条例》明确规定图书馆享有信息网络传播的豁免权,"通过信息网络向本馆馆舍内服务对象提供本馆收藏的合法出版的数字作品和依法为陈列或者保存版本的需要以数字化形式复制的作品"❷·❸。城乡文化信息资源共建共享体系的顺利推进,需要在相关法律制度、政策法规的规范下合理组织。

4.5.2 社区图书馆管理的目标

社区图书馆管理亟待建立规范的制度体系,而制度构建需要坚持循序渐进的建设原则。各级政府在社区图书馆建设中肩负重大职责,首先需要担负图书馆制度建设的责任,其次必须根据制度规定承担经费等公共投入,然后建立切实可行的管理机制。❹ 长期以来,公共图书馆条块分割与分散管理的运行体制形成了经费、人员、物资等分灶吃饭的管理格局,这从根本上桎梏了基层公共图书馆业务工作的正常运转。基层图书馆建设不仅创办经费极度紧缺,而且购书费、活动费、水电费、馆员工资等运行经费也很难保障。当前社区图书馆建设同样面临这

---

❶❸ 周淑云,龚蛟腾. 基层图书馆资源共建共享法律风险分析. 图书馆理论与实践,2014(8):5-8.

❷ 中华人民共和国国务院令第634号. 国务院关于修改《信息网络传播权保护条例》的决定. (2013-07-26) [2017-07-19]. http://www.gov.cn/zwgk/2013-02/08/content_2330133.htm.

❹ 龚蛟腾. 基层公共图书馆创办的政府行为分析. 山东图书馆学刊,2015(1):13-18.

种亟待解决的窘境，诸如政府不重视、投资无反响、制度不健全、馆舍不达标、馆藏无着落、居民不认同等。2002年初，国务院转发《关于进一步加强基层文化建设的指导意见》，明确要求"十五"期间基层文化建设应当"以社区和乡镇为重点"，"努力满足广大人民群众日益增长的精神文化需求"❶。政府在社区图书馆建设中发挥主导作用，只有通过制定与执行相应的法规政策，才能保障社区图书馆建设有法可依与有章可循。2008年，《公共图书馆建设用地指标》与《公共图书馆建设标准》相继颁发，明确要求以服务人口为依据创办公共图书馆，分别规定服务人口达到"5万~20万"与"3万~20万"应当设置小型图书馆。地方性的基层公共图书馆管理制度，也是社区图书馆建设的重要依据。早在20世纪80年代初，上海、天津等发达城市就制定了《街道图书馆工作条例》，极大地促进了当地基层图书馆建设。1996年上海市制定了《公共图书馆管理办法》，2002年进一步修订了该"办法"，为上海市基础公共图书馆建设提供了制度保障。社区图书馆既要建立制度化、标准化的管理规范，又要采取灵活化、人性化的管理措施。

社区图书馆建设必须走制度化发展轨道，将其纳入城镇化建设规划（新城区建设规划与旧城区改造规划），纳入社区文化事业发展规划，纳入社区数字化建设规划，纳入公共文化服务体系城乡一体化规划。老社区文化设施依靠政府协调，新社区文化设施依靠小区配套。北京市基层图书馆服务体系相对比较完善，2011年已有1238个城市社区图书室且其覆盖率约为50%，但也存在规划布局欠考量的重复建设现象：交道口路口方圆一公里内有三个馆，向北350米有安定门街道图书馆，向南110米有交道口街道图书馆，向东450米则是东城区图书馆；朝阳区新图书馆与首都图书馆毗邻而居，这座规模较大的区级馆跟规模更大的市级馆之间仅有1000米。❷ 这些问题的最终解决，需要依靠制度化、规范化的运转机制。为了促进社区图书馆的有序管理与规范运作，政府部门需要延伸公共图书馆评估体系的覆盖范围，颁布社区图书馆的评估标准与实施方案。学者权品提出社区图书馆评估应当包括三类标准：关于单位性质、办馆模式等规定的定性类标准，关于设施、人员、经费等规定的定量类标准，关于规范、制度、服务等规定的技术类标准。❸ 通过评估把握社区图书馆发展的劣势，达到以评促建、以评促

---

❶ 文化部，国家计委，财政部. 关于进一步加强基层文化建设的指导意见. （2002-01-22）[2017-07-19]. http://www.gov.cn/gongbao/content/2002/content_61941.htm.

❷ 缺少经费藏书陈旧 社区图书室成摆设. （2011-03-17）[2017-07-20]. http://www.sznews.com/culture/content/2011-03/17/content_5439827_2.htm.

❸ 权品. 天津市社区图书馆发展模式探讨. 图书馆工作与研究，2010（8）：32-34，64.

改、以评促管，评建结合，重在建设的目的。

县（市、区）级政府应当充分发挥加强基层文化建设的主导作用，应当积极承担加强基层文化建设的主要责任。我国应当切实建立政府主导机制，积极完善社会参与机制，吸收社会力量参与社区图书馆建设，甚至在有限范围内适当采取非基本服务的收费措施。倘若能够落实这些管理措施，就可以实现社区图书馆的建设主体多元化、服务手段多样化与管理方式灵活化。政府部门应当制定社区图书馆发展的长远规划，提出关于馆舍布局、设施要求、馆藏数量、文献内容、人员配置等方面的标准规范和指导意见。社区图书馆建设是公共文化服务体系构建不可或缺的重要组成部分，文化、财政、规划、建设、民政等政府职能部门都应当做好配套的服务工作。社区图书馆应"按照常规化、标准化的原则，按日、月、年定期做好服务数据统计工作，包括服务资源、文献借阅、电子阅览、信息咨询、读者活动等""统计资料及工作记录应及时收集、整理，建立业务档案"。❶ 文化行政部门只有全面掌握基层公众的信息需求与基层图书馆的发展现状，才能因地制宜地做出社区图书馆的科学规划与合理布局，并采取合适的措施进行有效的管理。

社区图书馆需要厘清与文化站的基本关系，建立指导规范或合作协作的管理方式。文化站是"国家最基层的文化事业机构，是乡、镇人民政府和城市街道办事处设立的群众文化事业单位，是当地群众进行各种文化娱乐活动的场所"❷。从公共文化事业与图书馆事业的发展性质来看，街道（乡镇）政府应当是街道（乡镇）图书馆建设的主体。当前，街道（乡镇）通常实现"站馆合一""站统辖馆"的运行体制，即街道图书馆（室）往往是设置在街道（乡镇）文化站或文体中心中的一个附属部室。北京市的社区图书室实际上是隶属于居委会的图书室，即附属于居委会或居委会文化室一室多用的图书室。这种文化站直接管理图书馆（室）的设置模式，在一定程度上制约了图书馆（室）的发展。譬如购书经费、馆舍设施、管理人员等得不到应有的保障，文化站为了拓展文化娱乐健身等收费项目而有意或无意地缩减经费投入，甚至连馆舍面积与兼职人员都难免受到挤压。因此，即使在文化站附设社区图书馆，也要保持设施、资源、人员等相对独立。

社区图书馆需要理顺与社区居委会的关系，形成集体决策、平等参与、民主监督的管理机制。社区居民委员会是"社区居民实行自我管理、自我教育、自我服务、自我监督的群众性自治组织"，它通过"实行民主选举、民主决策、民主

---

❶ 中华人民共和国文化部. 社区图书馆服务规范（WH/T 73—2016）. 北京：国家图书馆出版社，2016：4.

❷ 常泊等. 中国群众文化辞典. 长沙：湖南文艺出版社，1992：26.

管理、民主监督"来"负责社区日常事务的管理"。❶ 社区图书馆应当在社区居委会的组织下,建立社区文化基础设施合作体系,共同开展公共文化服务活动。居委会通过满意度指标考察社区馆的办馆绩效,并及时调整相关文化管理措施。社区图书馆满意度是指社区居民对社区图书馆服务的满意程度,是通过公众对图书馆的期望与图书馆实际提供的服务相比较后得出的一个对图书馆服务的评价,是公众在接受图书馆一次或多次服务经历后的内心感受和主观评价。❷ 倘若社区居民的满意度偏低,居委会与社区馆就应当改善办馆条件与服务手段,从而确保其服务符合大多数社区居民的意愿。街道办事处通常下辖十几个或几十个社区居委会,可以牵头整合各社区居委会资源,设置配有专职文化员的文化站(室),进而统筹规划与积极推动社区图书馆建设。

社区图书馆管理体制改革的发展方向是建立法人治理制度,逐步建立充分保障社区居民参与社区图书馆事务的管理制度。公共服务改革的核心思想之一是政府应该把政策制定(掌舵)同服务提供(划桨)分开:政府的核心职能不是直接生产与提供公共产品与服务,而是提供维护性公共服务,制度供给是其中最为重要的服务。❸ 加快政府从"组织管理"转向"公共服务"的职能转变,直接关系到社区图书馆的发展路向与建设成效。长期以来,我国政府既是公共图书馆的所有者与创办者,同时又是公共图书馆的管理者与支配者,尽管在大中型公共图书馆建设方面取得了一定成效,但在基层公共图书馆建设方面屡屡出现"办不好"的失灵现象。❹ 因此,政府部门应当尽快完善法人治理制度,形成社区图书馆理事会管理模式。在社区图书馆运作管理的战略规划(见表4-8)之中,社区图书馆管理制度应当随着时间推移而不断规范。在国家公共文化服务制度以及公共图书馆服务制度的引导下,社区图书馆应当加快建立基于法人治理结构改革的理事会制度,从第一个时期的"开始建立"经第二个时期"基本建立"到第三个时期"逐步完善",其对应的组织模式分别是"自主管理""自动化管理""网络协作管理",而管理机制也从"规范化"经"标准化"走向"制度化"。不管社区图书馆如何发展,衡量其创办水平的最终因素还是"读者需求满足度"

---

❶ 民政部关于在全国推进城市社区建设的意见. (2000-12-12) [2017-05-08]. http://www.cctv.com/news/china/20001212/366.html.

❷ 胡杨玲. 社区图书馆满意度及其影响因素分析——基于深圳市宝安区的调查. 河南图书馆学刊, 2011 (1):21-23.

❸ 梁欣. 发展公共图书馆事业的政府制度供给责任. 图书情报工作, 2009, 53 (17): 39-42.

❹ 龚蛟腾. 基层公共图书馆创办的政府行为分析. 山东图书馆学刊, 2015 (1):13-18.

与"用户服务满意度"。因此，社区图书馆管理过程中需要充分调研，并采取适当措施切实提高"读者需求满足度"与"用户服务满意度"，在这三个时期其衡量标准需要从"80%"提高到"85%"再提高到"90%"。社区图书馆必须根据法人治理制度实施民主管理，这有利于调动社区居民参与业务活动的积极性，也有利于提升社区居民参与业务活动的满意度。

表4-8 社区图书馆运作管理的战略规划

战略时期	理事会制度	读者需求满足度	用户服务满意度	组织模式	管理机制
现在—2020年	开始建立	80%	80%	自主管理	规范化
2021—2025年	基本建立	85%	85%	自动化管理	标准化
2026—2030年	逐步完善	90%	90%	网络协作管理	制度化

4.5.3 社区图书馆管理的完善

社区文化设施建设、业务工作以及服务管理，是一项复杂而繁重的系统工程。它涉及如何配置馆舍设施、阅览面积、藏书数量、工作人员、开放时间、管理方式等，任何一个环节出现问题都会影响社区图书馆的正常运转。从管理层面来说，加强宏观管理是完善社区馆管理必要的措施。譬如，2003年全国性的"万家社区图书室援建和万家社区读书活动"如火如荼地展开，然而直到2007年文化部门及其下属的公共图书馆界才参与这种"援建活动"。社区图书馆（室）的主管部门居然缺席四五年之久，其援建效果与后续管理无疑都会大受影响。社区图书馆可持续发展需要加强宏观调控力度，建立长效发展机制，完善内部管理机制，规范信息服务标准。此外，注重微观管理是完善社区馆管理的必要手段。前几年开始，上海不少学校图书馆实行对社区居民开放，经过一段时间运行，由于学校安全、工作人员安排、服务方式不协调等问题，一些学校图书馆对外开放没能坚持下去。❶ 驻区单位图书馆以及学校图书馆向社区居民开放必须满足两个条件，一是不能损害这些组织机构原有的正常的利益，二是能够为这些组织机构带来某些现实的或潜在的利益。倘若不能满足这两个条件，那么这种独立开放或合作开放就很难持续保持下去。尽管社区图书馆管理涉及诸多方面，但制度建设、发展规划、政策措施、建设经费、社会力量、运作机制是完善社区馆管理的重点领域。

社区图书馆管理的不断完善，第一必须加强社区图书馆的制度建设。制度缺失无疑是社区图书馆建设的瓶颈，它严重阻碍了社区图书馆的发展。社区图书馆

---

❶ 王天蔚．延伸世博精神 深化社区图书馆多元文化．现代情报，2010（6）：99-101．

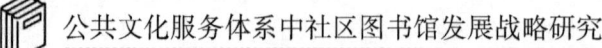

可持续发展需要强有力的制度保障，诸如经费保障、设施配置、馆藏建设、人员配备、服务时间、信息化推进等都依赖合适的制度来规范。中华人民共和国成立之后，我国政府多次制定加强基层图书馆建设的决策，然而由于缺乏权威的制度保障与可行的运行机制，这些基层图书馆建设目标往往难以实现。譬如，1982年《关于第六个五年计划的报告》就明确提出："基本上做到市市有博物馆，县县有图书馆和文化馆，乡乡有文化站。"❶ 当时过度强调以经济建设为中心，这在一定程度上影响了基层公共文化事业的发展进程。直到"十五"期间"六五"文化发展目标才宣告"基本实现"，而令人遗憾的是到2013年我国仍有大约5%的县级以上行政区域没有图书馆；至于基层公共图书馆的发展水平与服务质量，更是一笔难以弄清的糊涂账。❷ 显然，没有可靠的运行机制来保障，社区图书馆服务体系构建难免重蹈覆辙。我国基层公共图书馆建设仍然依靠运动突击来推动，而运动过后"政息图亡"的不良局面似乎没有根本扭转。❸ 如何建立良性的社区图书馆的运行机制，是社区图书馆管理战略实施的关键。显而易见，政府作为基层公共图书馆建设的责任主体，应当承担制定社区图书馆事业发展所必需的制度规范与管理机制的基本职能。譬如，文化部门需要引导图书馆行业组织"依法制定行业规范，加强行业自律"❹，从而促进基层公共图书馆提升管理水平与服务质量。

社区图书馆管理的不断完善，第二必须做好社区图书馆的发展规划。社区图书馆建设是完善公共文化服务体系的必要途径，应当纳入经济与社会的总体发展规划，也应当成为社区文化绩效考核的一个指标与政府部门政绩考核的一项内容。目前社区图书馆一般由区级政府、街道办事处和居民委员会多层级建设和管理，大部分社区馆因投资少、资源寡、人员缺而不能正常开放，甚至只建不管而仅为应付上级检查；市级文化部门和城市公共图书馆又无权管理，只是象征性地进行业务指导。❺ 旧城区可以整合社区内原有图书馆（室）而逐渐完善社区图书馆服务，新城区可以倡导房地产开发商、物业管理部门参与社区图书馆建设。政府管理部门应当设立市、县（区）、街道（乡镇）、社区（村）等多级公共图书馆联席会议，统筹、规划、协调中心馆与社区馆之间的业务工作。建立政府、社会、行业、媒体与居民五位一体的监督体制，通过用户建议、工作座谈、服务反

---

❶ 中共中央文献研究室. 十二大以来重要文献选编（上）. 北京：中央文献出版社, 2011：150.

❷❸ 龚蛟腾. 基层公共图书馆创办的政府行为分析. 山东图书馆学刊, 2015（1）：13-18.

❹ 中华人民共和国公共图书馆法.（2017-11-04）[2018-05-06]. http://zwgk.mct.gov.cn/auto255/201711/t20171106_693582.html.

❺ 王昆. 论社区图书馆的创新建设与发展. 农业图书情报学刊, 2010（7）：38-40.

馈等不断推进社区图书馆建设。诸多城市启动了"图书馆之城""流动图书馆""汽车图书馆"等服务项目,实际上也远远没有达到预期目标。前期研究表明:无论是国家层面的公共图书馆体系,还是区域性的公共图书馆规划,抑或是单个的公共图书馆建设,都必须根据实际情况形成创办、巩固与提高的良性循环;因此制定具有现实性、继承性、延续性与可操作性的长效方案,然后有条不紊且长期不懈地推进社区图书馆建设,才是完善全覆盖的公共图书馆服务体系的必由之路。❶ 制度为保障创新添活力,并为优化管理做贡献,社区图书馆事业的健康发展需要科学的发展规划。

社区图书馆管理的不断完善,第三必须改进社区图书馆的政策措施。社区的经济状况、居民成分与地理位置存在巨大差异,这在很大程度上决定了社区图书馆的需求不一。东部发达地区的社区经济处于良性发展状态,社区图书馆的经费投入与活动开展就有了较好的条件。譬如,上海市社区建设启动较早,经费投入既有政府拨款又有社区创收,从而保证了社区图书馆的健康运行。中西部欠发达地区的社区建设刚刚起步,经费投入主要依靠政府号召、单位摊派、社会资助等非常态途径,社区图书馆等公共文化设施建设必然受制于经费不足的客观条件。不同社区的居民成分必然存在差异,诸如退休群体、白领阶层、蓝领阶层、无业人员、闲散人员等社区群体之间的文化需求截然不同,从而在社区图书馆的服务内容与服务方式等方面形成了不同要求。此外,东西之间、城郊之间、乡镇之间的地理位置差别极大,社区图书馆建设必然相应地出现了很大的差异。政府在提供公共文化服务时受原有的政策实施和发展路径的惯性影响,导致均等化服务结构性失衡,主要体现在区域之间、城乡之间以及各阶层之间。❷ 因此,政府部门制定当地基层公共图书馆发展规划之时,必须充分考虑区域之间、城乡之间以及各阶层之间的非均等化问题,坚定实施向欠发达区域、乡村区域与弱势群体区域倾斜的统筹方案。政府部门应当"全面开展城市社区建设,积极推进农村社区建设","完善社区公共服务",❸ 并"推进城乡基本公共服务制度衔接"。❹ 社区图书馆需要理顺与各个社会组织的关系,进而建立共建共享的信息资源服务体系。《中央关于深化文化体制改革若干重大问题的决定》提出了解决基层公共文化服务均等化的新路子,要求"建立以城带乡联动机制,合理配置城乡文化资源,鼓

---

❶ 龚蛟腾. 基层公共图书馆创办的政府行为分析. 山东图书馆学刊,2015 (1):13 – 18.
❷ 徐文宇. 新型城镇化背景下公共文化服务均等化研究. 湖北工业大学,2016:20.
❸ 中共中央关于构建社会主义和谐社会若干重大问题的决定. (2006 – 10 – 18) [2017 – 06 – 16]. http:∥cpc. people. com. cn/GB/64093/64094/4932424. html.
❹ 国务院关于印发国家基本公共服务体系"十二五"规划的通知. (2012 – 07 – 11) [2017 – 04 – 15]. http:∥www. gov. cn/zwgk/2012 – 07/20/content_ 2187242. htm.

励城市对农村进行文化帮扶,把支持农村文化建设作为创建文明城市基本指标","强化政策调节、市场监管、社会管理、公共服务职能"。❶ 文化体制改革要求建立健全城乡公共文化服务体系,因而为城乡社区图书馆建设提供了必要的政策支持。

社区图书馆管理的不断完善,第四必须保障社区图书馆的建设经费。社区图书馆建设应当根据用户需求与用户服务的主导原则,实行图书经费政府财政统筹机制,建立健全公共图书馆服务保障体系。诸如由区县级政府主导基层公共图书馆服务体系,统一配置办馆经费与统一支付文献采购经费,由中心馆集中完成文献采访、编目等业务工作,并将文献分配给各个街道(乡镇)的社区分馆。对于经费拮据的基层图书馆来说,不仅必须配备文献购置、人员工资等基本经费,而且需要提供设备文献、设施开放等运行经费。曾几何时,中西部地区许多县级图书馆购书费、运行费、业务费、维护费等一概全无,引发了"人吃书"(人员经费挤占购书费用)和"书吃人"(购书经费挤兑职工工资)的现象。❷ 公共图书馆经费增长幅度低于同期国家财政增长幅度,经费总额在国家财政总额中所占比重下滑。❸ 公共图书馆建设面临经费不足的严重困局,表明我国政府在相关的制度保障与政策贯彻方面出现了问题。倘若相关的配套资金不到位,就必然影响图书馆服务的正常开展。譬如,湖南省100多个县级图书馆在"十一五"期间迎来了一批现代化的新设备,然而服务器等设备全天候开启,一天24小时要耗电60度左右,按县城一度电0.6元计算一天要花费36元电费,一个月1080元电费,一年则要12960元;倘若单独连一根互联网的10M独立光纤,当时一年需要1万~2万元左右。❹ 通常来说,县级图书馆年均购书经费只有几万元,这笔额外的运行经费实在是一个不小的负担。于是,许多县级图书馆不得不选择"早开晚关"等尽量少开的方式,尽可能地减少设施运行费用对其他业务正常运转的冲击。

社区图书馆管理的不断完善,第五必须吸纳社区图书馆建设的社会力量。2013年,《中共中央关于全面深化改革若干重大问题的决定》强调"引入竞争机制,推动公共文化服务社会化发展","鼓励社会力量、社会资本参与公共文化

---

❶ 中央关于深化文化体制改革若干重大问题的决定.(2011-10-25)[2017-04-19]. http://www.gov.cn/jrzg/2011-10/25/content_1978202.htm.

❷ 李国新.我国公共图书馆事业进一步发展的突破口.图书馆,2005(6):1-5.

❸ 公共图书馆研究院.中国公共图书馆发展蓝皮书2010.深圳:海天出版社,2010:4-5.

❹ 徐梅.农村社区图书馆的内涵建设探析.农业图书情报学刊,2012(1):24-28.

服务体系建设,培育文化非营利组织"。❶ 政府应当制定建设标准和服务规范,合理补偿社会力量创办的社区图书馆。营利性图书馆渐次出现并有发展壮大之趋势,2004 年杭州翠苑社区的益知图书馆把图书阅览、托管和个性化辅导有机结合起来,上架图书 7000 余册,主要为中小学的课外辅导性读物;2005 年无锡第一家私营图书馆"收获季节图书馆"开张,按需收费租书并送书上门;2007 年鸿图科教图书馆除开展托管和个性化辅导业务外,还开展一些图书批发业务。❷ 长期以来,公益性民间图书馆都是基层公共图书馆有益而重要的补充,在基层图书馆事业发展史上留下了不可磨灭的印迹。1980 年 9 月 1 日,张国祥一手创办了山西省大同市阳高县罗文皂村唯一一个图书室——"一分钱图书馆",图书室的租金从一分、五分到一角都只是象征性的收费,藏书从初建时 800 册发展到 21 世纪初的 25000 册,该馆地处晋、冀、蒙三省交界处且共接待读者百万多人次,而管理员却一直是张国祥老人。❸ "一分钱图书馆"无疑是幸运的,因为有一位一生无儿无女老人"像拉扯个孩子一样"的坚守。同时,它的创办也是非常艰辛的,倘若不解决运营与管理问题就无法一直坚持下去。

  社区图书馆管理的不断完善,第六必须优化社区图书馆的运作机制。社区图书馆建设必须确定发展目标,建立健全各项管理制度,诸如建立考核、督查制度等。为了加强城乡基层公共文化设施建设,必须建立"完善基本公共服务问责机制,增加基本公共服务绩效考核在政府和干部政绩考核中的权重"。❹ 政府应当将社区图书馆建设纳入社区文化建设的硬性指标,制定社区图书馆发展目标、管理制度、运行机制与业务规范等刚性措施,确立社区图书馆馆舍条件、设施配置、馆藏内容、馆藏数量、管理人员的基本要求。通过建立严格的业务工作考核指标体系,诸如量化开馆时间、办证数量、借阅册次、借阅人次、图书管理与服务活动等,从而更好地监督、评价与提升社区图书馆服务的质量、效率、满意度。只有建立完善的竞争和协调机制、激励和绩效机制,社区图书馆建设才能走上良性发展轨道。社区图书馆参与评估定级工作,有利于社区馆加快发展、加强监管、拓展业务,从而确保资源共享与规范服务。各级政府部门应当把社区图书

---

❶ 中共中央关于全面深化改革若干重大问题的决定.(2013 - 11 - 12)[2017 - 06 - 20]. http://cpc.people.com.cn/n/2013/1115/c64094 - 23559163.html.

❷ 孙洪. 试谈现阶段社区图书馆的可持续发展. 科技情报开发与经济,2012(2):28 - 30.

❸ 山西一八旬老人与他的"一分钱图书馆".(2007 - 05 - 16)[2017 - 07 - 15]. http://news.xinhuanet.com/society/2007 - 05/16/content_ 6107716.htm.

❹ 国务院关于印发国家基本公共服务体系"十二五"规划的通知.(2012 - 07 - 11)[2017 - 04 - 15]. http://www.gov.cn/zwgk/2012 - 07/20/content_ 2187242.htm.

馆建设纳入地方经济社会发展规划,作为文化惠民工程与城乡文化设施建设的重点项目常抓不懈。政府应当加强基层图书馆制度化建设,不断完善规划布局、办馆规模、经费来源、馆藏标准、服务对象、馆员素质等制度规范,明确制定社区图书馆建设的实施方案,并建立监督、评估、验收标准以保证发展战略的顺利实施。《"十三五"时期全国公共图书馆事业发展规划》提出健全监督管理,"完善公共图书馆绩效考评制度""加强用户评价和反馈,探索建立第三方评价机制,开展群众满意度调查"[1]。此外,《社区图书馆服务规范》还规定应当"建立安全管理制度,维持正常服务秩序,制定消防安全应急预案,定期开展消防安全教育,确保图书馆文献资源、办馆设施及进馆读者人身安全""做好防盗、防尘、防潮、防虫等文献保护工作""加强计算机网络及信息安全管理,妥善保存各项工作数据"[2]。文化主管部门应当通过建立社区图书馆业务安全机制与信息安全机制,确保社区居民享有获取令人满意的信息资源服务的权利。

---

[1] 文化部关于印发《"十三五"时期全国公共图书馆事业发展规划》的通知. (2017-07-07) [2018-01-03]. http://zwgk.mct.gov.cn/auto255/201707/t20170726_685747.html.

[2] 中华人民共和国文化部. 社区图书馆服务规范 (WH/T 73—2016). 北京:国家图书馆出版社,2016:3-4.

5 公共文化服务体系中社区图书馆发展战略模式

2015年1月,"两办"下发《关于加快构建现代公共文化服务体系的意见》,清晰地指明了现代公共文化服务体系的发展方向。该"意见"肯定了基层公共图书馆总分馆制的作用,提出"以县级文化馆、图书馆为中心推进总分馆制建设,加强对农家书屋的统筹管理,实现农村、城市社区公共文化服务资源整合和互联互通"。❶ 各级政府应当遵循城乡基本公共文化服务均等化的总体要求,高度重视城乡基层公共图书馆服务的普及化与均等化等重要议题。上海市公共图书馆服务体系建设、深圳市与东莞市的"图书馆之城"建设、苏州图书馆总分馆制建设、嘉兴城乡一体化图书馆服务体系建设等,都是进行公共图书馆服务体系构建的先行者。此外,近年来政府创办、社区独办、物业承办、联合共建、"1+X"、图书银行、环保书架、单位文献社会化等多元化的社区图书馆发展方式屡见不鲜。这就是说,新型社区图书馆建设逐渐突破了传统管理模式,走出了一条公办、共建、联办、民营等相结合的办馆之路,形成了政府主导与市场调节共同作用的运作机制,譬如地方政府、社区组织、公益组织、民营机构乃至公益人士都可以参与社区图书馆的创办与管理。❷ 无论是现代公共图书馆服务体系还是现代公共文化服务体系的整体规划与建设要求,社区图书馆无疑都是不可或缺的重要组成部分。因此,我们必须从纷繁芜杂的现象中找出社区图书馆的内在发展规律,积极探索城乡社区图书馆建设的发展模式。从财政支持能力来看,经济较发达地区的财政实力比较雄厚,适宜推广以政府投入为主的社区图书馆建设模式;经济欠发达地区的财政收入相对拮据,更需要采取社区共建、馆社合办、社会赞助等多种形式创办社区图书馆。而从实际运作经验来看,经济较发达地区社会力量参与办馆助馆的途径更多,能够有效地弥补政府投入之不足;经济欠发达地区社会力量参与办馆助馆的途径更少,政府财政预算拨款乃至上级政府的转移支付

---

❶ 中共中央办公厅、国务院办公厅印发《关于加快构建现代公共文化服务体系的意见》. (2015 - 01 - 14)[2017 - 04 - 17]. http://www.gov.cn/xinwen/2015 - 01/14/content_2804250.htm.

❷ 龚蛟腾. 从社会视角看社区图书馆发展. 高校图书馆工作, 2013(6): 3-8.

等显得极其重要。现实情况就是如此吊诡！为了实现公共图书馆服务的全面覆盖、东西平衡、城乡一体与普遍均等，政府应当实施向中西部地区倾斜的财政政策与特别项目，并积极引导社会力量帮助与扶持中西部地区的社区图书馆建设。总之，尽管当前出现了依附型、分馆型、共建型、联办型、托管型、自建型、物业型、住宅型、资助型、流动型等社区图书馆创办方式，但公办民助应当成为社区图书馆建设基本的必需的主体，而民办公助应当成为社区图书馆建设有益的必要的补充。在众多的社区图书馆发展模式之中，依附模式、分馆模式、协作模式、民办模式与网络模式是最主要的模式，其他模式或者可以归入其中，或者可以从中衍生。

5.1 社区图书馆的依附模式

5.1.1 依附模式的发展概况

中华人民共和国成立之后，公共图书馆发展整体形成了依附模式。我国公共图书馆体系往往与行政区划密切相关，通常实行一级政府相应地创办一级公共图书馆的管理体制。行政区划的设置绝非随意而为，而是为了更加有效地实施行政管理。因此，行政区划是根据人口数量、地域大小、社会条件、传统因素等综合平衡设定的，其中人口数量与地域大小无疑是最重要的两大影响因素。20世纪50年代以来，我国实行"一级政府建一级图书馆""一级政府管一个图书馆"的公共图书馆政策。文化主管部门以前往往将县（区）级以上政府创办的图书馆才视为公共图书馆，从这个角度来说传统的文化管理体制较好地完成了区（县）级以上公共图书馆的布局与创建。然而，街道（乡镇）级以下图书馆通常没有纳入公共图书馆体系，其数据一般不会出现在公共图书馆的统计数据之中，因而其发展也不可能得到应有的关注与重视，无疑这种不甚合理的管理政策在一定程度上导致了基层公共图书馆羸弱不堪。这就是说，区（县）以上图书馆被视为公共图书馆，并严格按照依附模式进行设置与管理，已经形成了相对较好的发展局面；而街道（乡镇）以下图书馆游离于公共图书馆之外，并没有严格按照依附模式进行设置与管理，已经产生了极其落后的发展窘境。

当前，我国仍然实行一级政府创办一级图书馆的传统政策，街道（乡镇）图书馆、社区（村）图书馆分别依附于街道（乡镇）政府与社区（村）居民委员会。随着国家公共图书馆建设重心逐渐下移，农村地区的乡镇、村级图书馆（室）开始走俏。2014年11月1日正式实施的《乡镇图书馆统计指南》指出：乡镇图书馆（township library）是"由乡镇政府投资兴办，单独设立或附设于地方综合性文化机构，向所辖乡镇公众开放的，具有文献信息资源收集、整理、存储、传播和服务等功能的公益性文献信息服务机构""应成为我国构建公共图书馆服务体系的有效组成部分"。❶ 由此可知，当前我国仍然保留"一级政府创办一个图书馆"的运作机制，即街道（乡镇）政府负责创办街道（乡镇）图书馆，而社区（村）居民委员会负责创办社区（村）图书馆（室）。不过，街道（乡镇）政府、社区（村）居委会缺乏经费支撑，几乎没有能力办好跟其对应的图书馆。2016年5月1日开始实施《社区图书馆服务规范》，要求社区图书馆的"运营经费应列入区（县）政府财政预算"。❷ 当然，"指南"与"规范"之间存在矛盾，前者认可乡镇政府为投资兴办的主体，后者认为需要依靠区（县）政府财政预算。倘若硬性规定乡镇（街道）政府以及社区（村）自治组织必须创办公共图书馆，鉴于乡镇（街道）政府财政能力薄弱而实施由区（县）以上政府统筹当地公共图书馆建设经费的财政预算政策，并采取专项经费等转移支付方式进行扶持，则这种依附基层组织设置社区图书馆的方式未尝不可。如果自中华人民共和国成立以来数次基层图书馆建设高潮的办馆成果能够保持下来，那么我国城乡社区图书馆体系又何尝不是另一番景象呢。

公共图书馆依附模式在长期实践过程中，产生了街道（乡镇）以下图书馆基本空缺的不良现象。因而依附模式历来为专家学者乃至业界人士所诟病，认为它是导致基层公共图书馆事业落后的根本原因。1992年，廖子良先生就认为：现行按行政区域建置的公共图书馆在服务方面存在名不符实的弊病，虽然打着行政区的牌子，但主要为该行政区域首脑机关驻地（省治、县治等）居民服务而已；并提出应当突破按行政区域设置公共图书馆的传统模式，建立社区图书馆。❸ 不过，这种批判依附模式的观点有一定的合理性，也有很大的片面性，因为没有剖析基层公共图书馆被忽视的根本原因。譬如区（县）图书馆有区（县）政府支撑，但其发展依然不如人意。长期以来乡镇（街道）以下公共图书馆屡受忽视，国家亦无法律、法规、政策支持与约束地方政府兴建社区图书馆。于是，这种本来具有一定合理性的基层公共图书馆创办模式，被视为基层公共图书馆整体性缺失的替罪羊。近年来，公共图书馆服务体系构建已经提上议事日程，但基层行政区划仍然不失为社区图书馆设置的重要依据。构建全覆盖的社区图书馆服务体系，既要避免因图书馆服务半径过大或服务能力不足而产生服务盲点，又要避免因图书馆服务范围重叠或服务能力过剩而出现重复建设。因此，社区图书馆布局应当在重点考虑服务半径的基础上，综合考虑人口密度、服务对象、交通状况等来进行统筹规划与科学布局。基于行政区划的依附模式，能够较好地解决上述诸多问题。

---

❶❷ 中华人民共和国文化部．乡镇图书馆统计指南（WH/T 69—2014）．北京：国家图书馆出版社，2016：1，4．

❸ 廖子良．建立社区图书馆刍议．图书馆界，1992（4）：4-8．

5.1.2 依附模式的利弊分析

社区图书馆依附模式最大的优势就是布局与设置相对均衡，较好地满足了地域覆盖与人口覆盖两大条件。社区范围划分跟基层行政区划或自治组织辖域具有高度的一致性，因而社区图书馆依附模式具有一定的合理性。国内外公共图书馆事业的发展规律表明，社区图书馆布局不能简单地由基层地方政府随意设置，而应当按照区域大小、读者需求、人口密度与服务半径等统筹规划。这就是说，它的建设规模必须跟社区居民的信息需求与活动需求相匹配，杜绝小区大馆、大区小馆、馆馆相邻等服务能力失衡的不合理现象。显然，无论是乡镇（街道）政府还是社区（村）自治组织的所在地，都是人口密度相对较高的天然区域。这些地域作为成熟社区，无疑是社区图书馆创办的首选之地。因此，依托基层组织创办社区图书馆具有天然优势，这当然也是依附模式能够长期存在的根本原因。

社区图书馆依附模式最大的缺陷不是设置布局问题，而是经费拨付问题以及由此衍生的馆舍设施、馆藏资源、管理人员等问题。街道（乡镇）政府作为区（县）政府派出的最末一级政府组织，本身就不具备完整的财政预算职能，因而很难承担街道（乡镇）图书馆的经费拨付。至于社区（村）居民委员会，根本就不是一级政府，更谈不上社区（村）图书馆的经费拨付。此外，街道（乡镇）政府的职能相当有限，在街道（乡镇）图书馆的业务指导、资源调配、人事管理等方面也存在不少短板。社区（村）居民委员会作为最底层的居民自治组织，完全不具备相应的政府行政职能，因而在经费支出、业务指导、资源调配、人事管理等方面只能望洋兴叹罢了。正是因为社区图书馆依附模式存在这些缺点，图书馆界不断产生诸多质疑、批评的声音。倘若不能解决街道（乡镇）政府、社区（村）居委会的办馆经费拮据的根本问题，这些级别的基层公共图书馆建设就会重蹈难以为继的覆辙。社区本身缺乏经费、人力、设施、管理等各种软硬件资源，亟待建立区（县）级政府担负主导责任的管理制度与运行机制。如果由区（县）以上级别政府统筹社区图书馆运行的财政预算，那么这种社区图书馆建设的依附模式就大有发展空间。

社区图书馆依附模式能够将社区、社区居民、自治组织、驻区机构等有机地黏合在一起，因而这种依附模式具有一定的可行性。通常而言，社区图书馆是依据区域人口分布而不是依据行政区划来设置的公共文化设施，并具有区域性、全民性、特色性和多样性等基本的信息服务特征。它可以是街道图书馆、里弄图书馆，也可以是住宅小区图书馆，甚至是这一区域内某一单位的图书馆。[1] 然而，

---

[1] 周丽琴. 依托城市社区大学建设社区图书馆. 图书馆理论与实践，2010（1）：106-108.

乡镇（街道）、社区（村）作为最基层的社会区域，无疑符合社区图书馆的设置要求。由此可知，按照基层行政区划进行社区图书馆布点具有相当的可行性，诸如街道办事处（乡镇政府）与社区居委会（村委会）往往是基层公共图书馆创办的依附组织。我国社区图书馆建设实际情况表明，乡镇（街道）文化站、社区（村）居委会通常与社区图书馆密切关联。此外，在街道（乡镇）、社区（村）图书馆没有有效覆盖的地区，还可采取按照行业系统进行社区图书馆布点的依附模式，如依托驻地部队、公安系统、国有企业、医疗单位、学校系统等设立社区分馆或服务站点。社区图书馆贴近社区居民、地域文化浓郁、服务灵活多样、颇受居民青睐，可依附街道（乡镇）政府、社区（村）自治组织或其他人口聚集单位进行布局与创办。

5.1.3 依附模式的优化途径

社区图书馆依附模式是我国基层公共图书馆建设的基本模式，除了经济发达城市在依附模式基础之上逐步形成总分馆模式之外，其他地区社区图书馆建设仍然以依附模式为主体模式。因此，各级政府部门应当不断改善办馆条件，积极推动依附模式的健康发展。依附模式绝非仅靠街道（乡镇）政府及社区（村）自治组织，需要建立区（县）政府实质参与、各行为主体分工协作的办馆制度。我国社区图书馆（室）通常隶属于街道（乡镇）文化站或社区（村）居委会，一般由文化站或居（村）委会管理。然而，文化站和居委会几乎不可能解决岗位编制与财政预算等问题，因此社区图书馆不能落实人员的数量定额和职务分配，也不能获得根据编制数额配套下发的财政拨款。许多社区居委会一室多用，居委会办公室、图书室和文化室合为一体。这种与居委会、文化室等合并在一起的社区图书馆（室），其实很难称之为"社区图书馆"。社区图书馆经费、设施、馆藏、人员等紧缺，归根结底应当由区（县）级政府依据相关规定通过财政拨款解决。在区（县）级政府足额拨款的基础上，社区还应当通过自筹资金或集资兴办方式，积极优化资金配置、改善硬件设施、丰富馆藏资源、增强馆员素质与提高服务水平。因此，社区图书馆依附模式建设的关键在于办馆经费问题，需要建立由区（县）以上级别政府统筹经费预算并积极引导社会力量参与办馆助馆的管理机制。

社区图书馆依附模式需要走社区文化多元化的发展道路，促使政府配置设施与社区自主经营、财政预算拨款与社会力量捐助、公益性无偿服务和补贴性有偿服务相结合。村委会应当按照"政府组织建设，鼓励社会捐助，农民自主管理，创新机制发展"的建设原则，把各部门类似的援助项目结合起来实现资源整合。❶ 2003 年，国家民政部、中央文明办建议与发起"社区图书馆（室）"的援

---

❶ 范祥中，吴昌合．社区图书馆"图书银行"发展模式初探．图书情报工作（增刊），2010（2）：53 - 55，70．

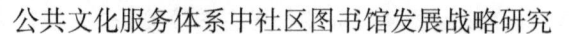

建活动。广州市海珠区素社文化站的行政事务隶属于素社街道办事处，而其文化事务隶属于区文化局管理，下辖除作为海珠区图书馆分馆的素社家园图书馆外，还有棋艺培训中心、跆拳道馆、家教培训中心等。❶ 地方政府通过统筹规划与合理安排，创建独立的社区图书馆；或者鼓励物业管理部门与街道办事处合作，创建独立的社区图书馆。街道办事处、乡镇政府、社区居委会、农村村委会、小区物业管理以及各社会团体都可以参与社区图书馆建设。譬如，地方政府对社区图书馆实行统筹统建规划，将原来的街道（乡镇）图书馆、社区（村）图书馆、机构（组织）图书馆或民营图书馆等进行提质改造，并在缺乏基层图书馆的地域重新创办社区图书馆。

社区图书馆依附模式需要走因地制宜的特色化发展道路，需要根据基层管理组织的调整、社区人口数量的增减等进行设置、运营与调整。随着近年来城镇化进程不断加快，农村人口流失已经成为不可逆转的趋势。街道（乡镇）政府直接对某一行政区域进行全面的综合管理，社区（村）则为一定地域内居民所组成的自治组织。前者所辖人口数量差别很大，少的不足1万人，多的超过10万人。同样，后者的人口亦无定数，少的不足100人，多的可达几万人。更有甚者，一些村庄因村民不断出走而逐渐废弃了，村落消失、村庄合并与城镇化共存于当代中国社会。据《中国青年报》报道：自然村消亡是城镇化的必然结果，10年间我国自然村减少了90万个；85.9%的受访者发现周围的村庄正逐渐减少，农村人口正背离农村而走向城市❷。由此可见，社区图书馆的依附模式固然有一定的创建优势，但也一定要因地制宜并根据具体条件进行布局规划。街道（乡镇）、社区（村）的人口数量有较大差别，应当因势利导地采取依附模式以及相关措施，从而确保社区图书馆服务的均衡性与便利性。

5.2 社区图书馆的分馆模式

5.2.1 分馆模式的发展概况

总分馆制是以业务、经费、人员统一管理与资源共建共享为目的，构建一体化连锁经营式的公共图书馆服务体系。它是国外通行的公共图书馆服务模式，也是国内发达地区普遍应用的公共图书馆服务模式。社区图书馆究其实质乃是基层公共图书馆，因而它主要指基层公共图书馆及其分馆，是公共图书馆面向社区居民服务的深化与拓展。❸ 西方发达国家构建了相当完善的公共图书馆服务体系，

---

❶ 肖永英，阳娟兰. 广州市社区图书馆读者满意度调查. 图书馆，2010（5）：53－57.

❷ 孙震，樊祥叙. 85.9%受访者发现周围村庄正在消失. 中国青年报，2015－08－27（07）.

❸ 龚蛟腾. 从社会视角看社区图书馆发展. 高校图书馆工作，2013（6）：3－8.

其基层公共图书馆的神经末梢往往就是根据法律、法规、政策等设置的社区图书馆分馆。1850年英国议会通过的《公共图书馆与博物馆法》规定每一万人的地区设一所图书馆，我国台湾地区的公共图书馆标准规定"凡人口满2万人之地区"应设立作为"县（市）图书馆之分馆"的社区图书馆，国际图联在公共图书馆建筑标准中提出"在城市内主要居民区，通常离图书馆1.5公里左右就要设立分馆，3～4公里左右就要设立一个较大的图书馆"❶。总馆可以在机关、学校、企业、社区等设立流通服务站或流动服务站，也可以在特定行业建立行业分馆。显然，总分馆制能有效地避免基层图书馆设施的重复建设，统筹馆藏文献资源的合理配置，提高总分馆体系信息资源的利用效率，从而最大限度地满足读者的信息需求。

社区图书馆的分馆模式是指将社区馆纳入市、区（县）或街道（乡镇）公共图书馆体系，由地区中心的总馆统一实施资源分配与业务管理，并构建统一技术支撑的馆藏体系与服务平台。社区图书馆分馆是指依托上级公共图书馆在特定区域所设置的分馆，通常有一定的规模、藏书丰富、管理人员专业，又有地区中心公共图书馆的财力保证，如沈阳市图书馆建立了20多家社区分馆。❷ 从组织结构形式及其功能来看，社区分馆往往属于总馆的派出机构，主要负责所在社区的文化服务工作。随着信息网络基础设施建设的快速推进，总馆与分馆之间、分馆与分馆之间大多实现了一卡"通借通还"，读者可以在任何一个馆借阅或归还总分馆体系所拥有的馆藏。2010年5月29日，由合肥市图书馆和芙蓉社区管委会共同筹建的芙蓉社区图书馆正式开馆，该馆为安徽省首家实现自动化管理的社区图书馆，通过同合肥市馆联网实行图书统一编目、统一配置、统一管理、统一服务、通借通还，并向读者提供远程的数字资源服务；其建筑面积350平方米，设有可同时容纳60人阅览的电子阅览室、成人阅览室、少儿阅览室，馆藏图书2万余册、报纸25种、期刊40种，数字资源包括10万种电子图书、1700余种电子期刊及多个大型全文检索数据库，可提供3000多万篇期刊论文的全文检索、阅读、传递及查阅服务。❸ 总分馆制实现了各项业务工作集成化、规范化与协同化，打造了基于馆际合作、互助的一卡通借通还的文献信息资源服务体系。

总分馆体系是以区（县）图书馆为中心、以街道（乡镇）分馆为分支、以

---

❶ 银瑞芳. 公共图书馆参与社区图书馆建设的构想. 内蒙古科技与经济, 2014（10）: 151–152.

❷ 董秀菊. 沈阳地区社区图书馆建设综述. 图书馆学刊, 2010（1）: 71–73.

❸ 范祥中, 吴昌合. 社区图书馆"图书银行"发展模式初探. 图书情报工作（增刊）, 2010（2）: 53–55, 70.

社区图书馆（室）与图书流动站为节点的公共图书馆网络，读者通过使用"一卡通"实现图书"馆际互借"与"通借通还"，甚至享受馆际代借、送书上门、参考咨询等图书馆服务，从而保障社区居民充分利用图书馆各种信息资源与参加图书馆各种文化活动。周和平曾经呼吁建立由总馆统一管理分馆与支馆的总分馆体系，"市一级建立总馆，区一级建立分馆，街道建立支馆，还可以根据需要办一些流动图书馆和住宅小区图书馆……（1）统一进行人、财、物的管理；（2）统一制定发展规划；（3）统一采访、编目；（4）统一进行信息网络的建设等"❶。近20年来，我国公共图书馆总分馆体系有了一定的发展，尤其东部沿海部分发达城市总分馆建设颇有成效。2007年上半年，大连市沙河口区图书馆在全区84个社区建立了图书室，构建以区图书馆为总馆、下设街道分馆和社区图书室的三级公共图书馆服务网络，实行统一的管理模式、业务规范、技术标准与运行规划，形成资源共享、优势互补的新型图书馆联合体。❷ 流动型社区图书馆是社区分馆的一种创办形式，它主要以"汽车图书馆"为活动形式来开展流动送书服务，将信息服务拓展至偏远地区、新开发区等无馆地区。这种"流动"图书馆以流动汽车为载体，配备包括笔记本电脑、投影仪、监控器等先进设备在内的自动化管理服务系统，现场提供1000～4000册图书借阅，可连接中心图书馆实现通借通还、信息检索与信息下载。❸ 当前，许多城市具备创办汽车图书馆型流动服务站的条件，因而近年来汽车图书馆颇有增多之趋势。汽车图书馆投资少、周期短、见效快，能够主动开展多样化、个性化服务，诸如随车开设讲座、播放音像资料等。上海市虹口区图书馆从提供一辆送书到社区的"文化快餐车"发展到颇具规模的"虹口区文化菜篮子工程—文化快餐车队"，发动社区单位与居民出资购书，利用"文化快餐车"实现"经费各家自筹，购书众家协调、图书居委所有、资源社区共享"的图书交流❹。流动服务点服务方式灵活，有效地弥补了社区分馆之不足。

我国许多大中城市纷纷建立公共图书馆总分馆体系，近年来其建设重心逐渐下行到街道（乡镇）以及社区（村）。上海、哈尔滨、东莞、嘉兴等地区的总分馆制取得了很大成效，上海市建立了全国第一个城市四级公共图书馆网络体系，哈尔滨市形成了以市馆为总馆、区馆为中心分馆、社区图书分馆为子馆的三级公

---

❶ 周和平．建立适合我国国情的图书馆管理体系——在"改革开放20年中国图书馆事业高层论坛"的发言．中国图书馆学报，1999（4）：5－9．

❷ 钱德婧．总分馆制社区图书馆发展探要．图书馆学刊，2010（4）：23－24．

❸ 张爱梅．论社区图书馆发展的对策．内蒙古科技与经济，2010（1）：128－130，132．

❹ 张鹏民．社区图书馆实行多元化的建设模式．农业图书情报学刊，2010（4）：44－47．

共图书馆网等。❶ 从 2004 年起，东莞市先后下发《东莞地区图书馆总分馆制实施方案》《东莞市建设图书馆之城实施方案》《关于贯彻落实〈东莞市建设图书馆之城实施方案〉的意见》等文件，至 2009 年 5 月全市已建成 1 个总馆、41 个分馆、102 个图书流动服务站以及 123 个文化信息共享工程基层服务点❷。广州市建立了以市馆为中心馆、区馆为总馆、街道馆为分馆的中心馆/总分馆体系，并设置了智能流动图书馆与自助图书馆。当前，三十多个流动图书馆服务点遍及广州各区的居民社区、学校、广场、部队和机关等，实现了以身份证为读者证的免费办证服务，自助借书、还书、办证、查询、数字资源阅览及下载服务，跟市馆、区馆、分馆、自助图书馆的通借通还服务，以及全面运用无线射频识别技术（RFID）、触屏查阅系统、GPS 卫星全球定位系统等的智能管理服务；集数字化、人性化、智能化为一体的新型自助图书馆被称为"第三代图书馆"，直接为市民就近提供自助办证、自助借书、自助还书、自助查询、续借、缴滞纳金等图书馆基本服务，可查询在架图书以及触摸阅读电子期刊。❸ 借助现代信息技术的普遍应用，社区图书馆的服务方式日趋智能化、便利化。

5.2.2 分馆模式的利弊分析

社区图书馆以分馆模式加入区域性总分馆体系，有利于总馆延伸服务与分馆提高服务质量。西方发达国家普遍采用总分馆模式，并创建了完善的公共图书馆服务体系。市、区（县）级总馆或中心馆与街道（乡镇）、社区（村）级分馆共同构建总分馆体系，一方面总馆或中心馆通过建立街道（乡镇）、社区（村）分馆促使服务呈放射状延伸，另一方面街道（乡镇）、社区（村）分馆通过依赖总馆或中心馆的技术指导、经费支持与业务协助而迅速发展壮大。总分馆制"避免了各个馆单独建设所造成的重复浪费现象""让老百姓可以方便、快捷、免费地获得公共图书馆'贴身'服务""有利于打破各类型图书馆之间的条块分割""有利于图书馆资源的共建、共享"❹。总馆与分馆具有合作共赢的互补优势，既是基础较弱的社区图书馆迅速成长最有效的途径，又是规模较大的公共图书馆扩充服务最合理的选择。社区分馆设施薄弱、馆藏缺乏、经费紧张，难以针对用户

---

❶ 张鹏民. 社区图书馆实行多元化的建设模式. 农业图书情报学刊, 2010 (4): 44 - 47.

❷ 银瑞芳. 公共图书馆参与社区图书馆建设的构想. 内蒙古科技与经济, 2014 (10): 151 - 152.

❸ 广州数字图书馆延伸服务. [2017 - 07 - 22]. http://www.gzlib.gov.cn/ysSvcNotice/index.jhtml.

❹ 张广钦, 张丽. 关于面向公众的基层图书馆服务网络建设. 中国图书馆学报, 2008 (2): 33 - 37.

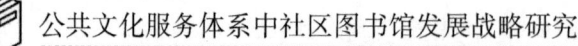

提供专业性的信息服务,因而需要借助总馆支援来吸引读者与优化服务。地区总馆(中心馆)实施完备、馆藏丰富、经费较多,难以满足非邻近用户的信息需求,因而需要借助分馆(图书流通点)加盟来服务读者与提供资源。深圳市龙岗区龙城街道五联社区图书馆秉承"为书找人""书尽其用"的现代图书馆理念,在宏晟、利源、成和等5家企业员工宿舍区域内创办企业图书借阅网点,突破了现有馆址的局限与拓宽了读者服务的覆盖面,并针对农民工采取免办借书证、免收押金而凭工作牌借阅图书的措施,流通时间完全取决于企业读者的阅读需要❶。总分馆模式通过建立信息资源共建共享体系,避免产生重复建设与服务空缺等不良现象。

分管模式确立了总馆的主导地位与管理责任,有利于促进社区图书馆业务工作的标准化、规范化。总馆开通可以辐射各区(县)、街道(乡镇)和社区(村)等基层图书馆(室)的网上电子图书馆,分馆辖区居民只要通过特定账号与密码就能便捷地在总馆借阅相关的电子图书。一般来说,总分馆体系要求采取统一的资金分配、采购编目、资源配置、业务管理与服务标准,但这种管理机制受到当前公共图书馆分级组织与等级管理的严重制约。我国社区图书馆分属于居委会、文化站、中心馆、文化主管机构等不同的管理部门,其组织管理、业务规范、服务活动等尚处于行为失范、监管失位的混乱状态。在现行管理体制之下,任何不改变行政隶属、人事关系与财政关系的总分馆体系,都只是"具有一定的统一管理能力、服务相对规范、联系相对紧密的图书馆共同体(准总分馆体系)"❷。区(县)总馆在社区开设分馆,有利于避免多层管理与条块分割。不过尽管总分馆制在国内外已经"积累了丰富的经验和教训",但它的实施"需要有强大的资金来源作保障,还需要先进的网络技术的支撑来对各个馆的资源进行整合,同时还要冲破传统图书馆事业条块分割、分灶吃饭的体制限制"❸。现行公共图书馆建设体制是分级财政的产物,从而确立了公共图书馆的多元建设主体和多级管理单元,致使任何两个或两个以上的图书馆都难以有效共享资源(包括经费、人员、文献、空间等)❹。社区图书馆分馆模式必须打破各自为政的不良现

---

❶ 方玲. 社区图书馆发展的路径探析——五联社区图书馆知识援助服务的实践与探索. 公共图书馆,2010(2):29-32.

❷ 邱冠华,于良芝,许晓霞. 覆盖全社会的公共图书馆服务体系:模式、技术支撑与方案. 北京:北京图书馆出版社,2008:54.

❸ 张广钦,张丽. 关于面向公众的基层图书馆服务网络建设. 中国图书馆学报,2008(2):33-37.

❹ 于良芝,邱冠华,许晓霞. 走进普遍均等服务时代:近年来我国公共图书馆服务体系构建研究. 中国图书馆学报,2008(3):31-40.

象，切实形成赋予并强化总馆特定权力的管理机制。这种模式通常能够推动社区分馆优化管理措施、业务工作与服务活动，但总馆需要拥有相当的人、财、物的决策权与分配权。区（县）政府作为总分馆建设主体，应当整体规划、合理布局各社区分馆，实施设施、馆藏、人员、财务统一管理，并根据业务标准与服务规范统一开展业务工作与服务活动。社区图书馆建设应当纳入区（县）公共图书馆服务体系规划之中，建立由区（县）文化局统一协调、区（县）财政局统一拨款、基层社区配置基础设施以及由区（县）总馆统一组织的合作机制，从而形成经费、设施、馆藏、人员、服务等统一管理的运行方式，确保共建共享、通借通还与合作协助有条不紊地正常运转。

　　社区分馆模式深受分级管理体制的桎梏，它往往导致总分馆体系的管理失范与运行失灵。当前，我国区（县）以上行政区域通常设置了独立的公共图书馆，而街道（乡镇）以下的图书馆（室）往往附设于街道（乡镇）综合文化站或社区居委会（农村行政村）文化室之内。然而，这些附属于文化站（室）的图书馆（室）大多有名无实，经常处于无购书经费、无专职人员、无正常服务的"三无"状态。一般而言，其场地常为一间狭小的破房，馆藏资源缺乏、陈旧、脏乱，作息时间沿袭政府办公制度，因而基层图书馆（室）陷入了独立开馆困难与开馆读者稀少的恶性循环之中。一方面总馆因到馆读者少而导致书刊闲置，另一方面分馆因书刊不足而读者不愿登门，总分馆体系无疑有利于缓解双方亟待解决的矛盾。市/县总馆应当为社区分馆提供业务指导，提高其采编、管理与服务等业务水平；为社区分馆配备网络终端，开展查询、预约、咨询、共享等远程服务；为社区分馆配置文献资源，定期调剂、轮换与更新书刊。只有实现统一经费、统一业务、统一管理、统一服务，才是真正的基层公共图书馆总分馆体系。然而，全面克服这些条块分割的管理弊端，尚需文化体制改革的深入开展。

　　社区分馆模式需要更大的活动空间，期待国家进一步推出支持总分馆体系的制度与政策。国家公共文化服务政策不断出台，为社区图书馆分馆模式构建创造了一定的条件。2006年，《国家"十一五"时期文化发展规划纲要》提出"实行定点服务与流动服务相结合，鼓励具备条件的城市图书馆采用通借通还等现代服务方式，推动公共文化服务向社区和农村延伸"；❶ 2007年，"两办"《关于加强公共文化服务体系建设的若干意见》指出"各级图书馆和乡镇综合文化站、社区文化中心要发挥自身优势，充实完善设备配置，成为文化信息资源共享工程

---

❶ 我国将以6项举措创新公共文化服务方式．（2006-09-14）[2017-07-17]．http：//www.gov.cn/fwxx/wy/2006-09/14/content_388323.htm．

的各级分中心、支中心和基层服务点"。❶ 国家政策明确要求公共图书馆服务向乡村延伸，乡村逐渐建立基层服务点。农村社区图书馆建设必须坚持地域相近、规模适度、便于服务的原则，采取分级指导与统一管理的总分馆制服务模式，即县级公共图书馆指导乡镇图书馆，乡镇图书馆下辖各社区图书馆。❷ 不断完善村级图书室、农家书屋、汽车图书馆、图书流通点等服务网点，这是加强广大农村地区图书馆服务的重要举措。此外，城乡社区图书馆工作人员多为兼职或义工，从而导致其业务管理水平较低与工作连贯性较差。因此，合理解决社区图书馆人员编制问题（职员、雇员或聘用等），❸ 已经成为社区图书馆建设不容回避的发展瓶颈之一。当前，总分馆制应在不改变原有行政隶属、人事制度和财政关系的情况下，由中心馆负责协调规划全区域内文献资源建设，逐步实现总分馆之间的协同采编、统一检索、统一管理、通借通还。❹ 紧密型的总分馆体系由市/县政府出钱买单，市/县图书馆集中采购、分编与配送，甚至直接派人进行管理与开展服务。松散型的总分馆体系因市/县总馆与乡镇/街道/社区分馆相对独立，各参与馆在不改变原来身份和性质的前提下共同组建服务联盟或服务共同体。

5.2.3 分馆模式的优化途径

总分馆制是一种普遍应用的基层公共图书馆建设模式，能够充分提升社区分馆的业务管理能力与信息服务水平。因而有学者认为总分馆制是发展公共图书馆服务网络主体形式，应当成为我国构建基层图书馆服务网络体系的指导思想❺。总分馆体系统一进行文献资源的采购、加工与管理，有利于实现各馆之间信息资源的合理配置、有效使用与集群服务。赫里格尔和斯洛坎姆将组织结构分为高度集权制、直线职能制、矩阵组织制、多分部制（事业部制）四种类型，社区图书馆服务体系的组织结构管理模式应当采用矩阵混合模式（见图5-1）❻。社区图书馆服务体系通常由县（区）级政府或街道办事处牵头、由辖区各职能部门与各单位图书馆等共同组成的社区图书馆体系，一般通过协议约束来规范各方行

---

❶ 中共中央办公厅国务院办公厅关于加强公共文化服务体系建设的若干意见．（2007-08-21）[2017-04-23]．http://www.waizi.org.cn/law/10730.html.

❷ 龚蛟腾．从社会视角看社区图书馆发展．高校图书馆工作，2013（6）：3-8.

❸ 陈丽冰．广州市社区图书馆的现状及发展对策．广东科技，2010（6）：57-60.

❹ 周淑云，龚蛟腾．基层图书馆资源共建共享法律风险分析．图书馆理论与实践，2014(8)：5-8.

❺ 张广钦，张丽．关于面向公众的基层图书馆服务网络建设．中国图书馆学报，2008(2)：33-37.

❻ 唐虹，李军，金燕．探讨社区图书馆联盟的组织结构与运行机制．图书馆论坛，2010(1)：27-29.

5 公共文化服务体系中社区图书馆发展战略模式

为、协调各方关系并监督各方执行协议。当前公共文化服务体系建设遵循人文化的服务理念与多元化的服务方式,注重改善公共文化服务的技术手段、方式方法和设施设备。公共图书馆服务体系建设可以大力推广总分馆制发展模式,逐步实现文献资源统一采编、统一管理、通借通还。地方政府应当积极推进"以县级公共图书馆为总馆,乡镇(街道)综合文化站、村(社区)图书室等为分馆或者基层服务点的总分馆制",从而"促进公共图书馆服务向城乡基层延伸"❶。总分馆体系既拓宽了服务领域又延伸了服务范围,它实际上就是一个共建共享的信息服务网络,通常由"总馆(中心馆)——分馆(高校馆、公共馆)——社区基层网点"三大部分所组成。当然,总分馆体系在不同地区可以有不同的表现形式,譬如北京、上海等经济发达地区的总馆上升到市馆层级,从而变通为四级总分馆体系。

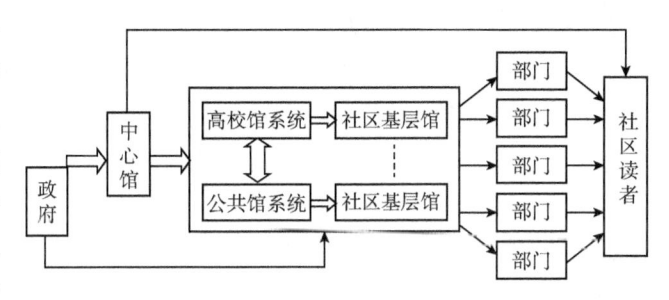

图 5-1 社区图书馆服务体系的组织结构管理模式

经济发达、人口集中、交通发达地区,适合建立区域性的公共图书馆总分体系。公共图书馆只有将服务范围拓展到社区,才能真正地将普遍、均等的信息服务落到实处。一个县(区)创办一所公共图书馆的传统模式,远远不能满足基层居民的阅读需求。每一个社区因地制宜地设置分馆,既可推动公共图书馆服务的延伸与拓展,又可保障社区居民文化信息的获取权利。社区图书馆是区域性"总馆"或"中心馆"的分支组织,"中心馆"或"总馆"是辐射社区图书馆建设的核心组织。"嘉兴模式"是总分馆建设比较成功的典型之一,实现了街道(乡镇)、村(社区)图书馆(室)的全覆盖,也实现了统一进行新增资源的采购、编目与配送,还实现了全市范围内"一卡通"借阅。嘉兴市政府采取"三级投入"和"集中管理"的保障措施,即总分馆体系中乡镇分馆的建设经费与运营经费由市、区、乡镇三级政府共同投入并由作为总馆的市图书馆集中支配使用,每新建一个乡镇分馆所需费用由市、区、乡镇三级财政均摊,乡镇分馆建成运营后市、区、乡镇三级政府财政仍然每年分别投入 10 万元用于保障分馆的正

---

❶ 中华人民共和国公共图书馆法. (2017-11-04) [2018-05-06]. http://zwgk.mct.gov.cn/auto255/201711/t20171106_693582.html.

常运营[1]。总馆应当充分发挥上层公共图书馆的主导与协调作用，在市区、郊区乃至乡下普遍设立社区分馆、图书流通点和汽车服务点等，切实打造普遍、均等的公共图书馆服务网络体系。总馆拨出部分图书、人员以及设施建立社区分馆，并将新进书刊定期、定时、定点送到社区分馆。

经济落后、人口分散、交通不便的地区，缺乏建立区域性的公共图书馆总分体系的办馆绩效。尽管总分馆模式具有很多优点，但必然受到诸多因素的影响，尤其是人口密度与地理位置的影响。城镇人口密度大且交通发达，具备建立一卡通借通还的总分馆体系的基本条件。广大农村地区人口密度小且交通闭塞，强制实施总分馆体制未必能够取得良好成效。不同地区的经济发展程度、文化基础设施等社会条件各不相同，社区图书馆建设应当因地制宜地选择合适的发展模式。中西部地区的"区（县）""街道（乡镇）"两级政府可支配经费捉襟见肘，这在很大程度上钳制了总分馆体系的正常组建。区（县）级以上公共图书馆拥有馆藏、人员、技术与管理优势，应当支援基层创办满足居民文化需求的社区图书馆。总分馆制是一种理想的区域性公共图书馆服务网络，也是经济发达地区公共图书馆服务体系构建的首选模式。不过，目前总分馆制"只在我国经济实力相对比较雄厚、技术比较发达的东南沿海城市实施"，[2]而在经费欠发达地区、交通条件恶劣地区、信息基础设施落后地区并不适宜大规模推广。这些落后地区可以适当地开展合作服务或流动服务，并随着基础条件不断改善而逐渐采用总分馆模式。

社区图书馆分馆模式的逐步推行需要加快传统文化管理体制改革，强化总分馆体系内部人财物的统一管理。尽管基层公共图书馆建设在总分馆体系、通借通还、资源共享等方面取得了长足进展，但其建设过程中的主体不清、体制障碍等问题仍然是难以克服的发展瓶颈[3]。譬如深圳市多数区政府对社区图书馆的投入都是一次性的，由于没有后续经费，很多社区图书馆（有些区高达2/3）不能维持运行[4]。我国公共图书馆分级管理体制严重制约着总分馆制模式发展，形成了行政管理、文化体制、财政预算与人事制度等诸多障碍，尤其"分级财政"直接导致总分馆制存在统一经费的现实难题。总分馆模式必须解决经费统筹统管问

---

[1] 侯丽娟. 太原市公共文化服务体系中社区图书馆的现状与发展对策. 农业图书情报学刊，2011（9）：120-123.

[2] 张广钦，张丽. 关于面向公众的基层图书馆服务网络建设. 中国图书馆学报，2008（2）：33-37.

[3] 龚蛟腾. 基层公共图书馆创办的政府行为分析. 山东图书馆学刊，2015（1）：13-18.

[4] 于良芝，邱冠华，许晓霞. 走进普遍均等服务时代：近年来我国公共图书馆服务体系构建研究. 中国图书馆学报，2008（3）：31-40.

题，才能既符合实际又有可操作性，否则就很难建立真正意义上总分馆体制。倘若以区（县）为基础统一辖区内的财政拨付，就可以构建以区（县）图书馆为总馆、以街道（乡镇）馆为分馆、以社区（村）馆为服务网点的总分馆体系。在总分馆模式之中，总馆是社区分馆的业务协调部门与管理协同中心，社区分馆则是总馆的有益补充与服务延伸。一般而言，社区提供场地、馆舍、人员与设备，公共图书馆提供文献、技术、管理与指导，共同构成信息资源服务体系。社区分馆必须提供符合要求的馆舍、设施与人员，保证文献流通等业务工作的正常开展，不定期地派遣人员到总馆学习进修，及时反馈社区用户的文献信息需求；总馆为社区分馆办理集体借书证，提供一定数量的文献资源（每月定期按用户需求更换书刊），适时培训社区分馆的业务人员的专业技能，定期进行各项业务工作的巡回辅导。有学者提出推广广东省佛山市禅城区联合图书馆的经验，有选择性地将一些社区图书馆建成分馆，克服"分灶吃饭"财政体制的弊端，实现社区图书馆所有权与管理权的分离。❶ 不管社区图书馆属于政府，或企业，或个人，其管理权都统一归属区（县）总馆，总馆统一管理经费、资源、人员与业务，从而构建统筹规划、统采统编、馆际联网、资源共享与通借通还的总分馆体系。

5.3 社区图书馆的协作模式

5.3.1 协作模式的发展概况

社区图书馆的协作模式是指社区居委会跟其他驻区机构共同创办图书馆，或者社区图书馆跟其他图书馆共同构建的业务协同与资源共享的服务体系，其主要形式有联合共建、联盟构建与协作网络。这种模式主要是以地域为中心组建图书馆利益共同体，旨在促进图书馆事业发展、推动图书馆合作交流、实现信息资源共建共享。社区图书馆联合共建就是指社区和各驻区单位通过协商或合作的方式共同创办共享型社区图书馆，即社区内学校、机关、企业、部队、社团等单位图书馆（室）拥有相当的文献资源优势，经过改造或改制之后成为既向单位读者服务又向社区居民开放的"一馆两用"图书馆。社区图书馆联盟构建是一种生长中的基层图书馆联盟建设，是指在自愿、平等、互惠的基础上，通过建立图书馆与图书馆之间的各种合作、协作关系，利用各种技术、方法和途径，有序地组织、整合区域内图书馆信息资源，向用户提供方便、快捷、统一的资源共享服

---

❶ 张秀敏. 洛阳市社区图书馆（室）现状调查及对策思考. 河南图书馆学刊, 2010 (1): 127–129.

务，最大限度的满足用户信息需求❶。图书馆协作网络是指一定区域内各图书馆在合作或联合的基础上，通过利用现代通信技术和计算机网络设备，有计划地将分散在本地区各系统、各种类型的图书馆组织起来，形成一个既有分工又有合作的图书馆联合体，其目的是为了充分发挥图书馆联合体的整体资源优势，实现文献资源共建共享。❷ 总而言之，无论是社区馆的联合共建，还是社区馆的联盟构建，抑或是社区馆的协作网络，究其实质都是走纵向、横向联合发展之路，并充分实现馆藏资源共建共享与业务管理协作互助。

社区图书馆联合共建是一种由社区与驻区机构共同创办图书馆的多元化办馆形式。近年来，社区与社区组织、高等院校、中小学校、企事业单位等联合创办社区图书馆，促使社区最大限度地统筹、整合、共享与开发公共文化资源，从而保障社区居民享有均等、优质、便利地获取图书馆服务的基本权利。2001年佛罗里达的塞米诺尔社区提出与圣彼得堡大学建立一个联合两用型图书馆，塞米诺尔社区提供图书馆的管理与设施设备，塞米诺尔学院提供诸如技术、维护、安全等方面的支持。❸ McNicol S 通过英国等地实例分析，认为如果得到当地社区支持，学校社区联合两用型图书馆发展模式也是一种具有可取之处的新模式。❹ 基层公共图书馆通过联合社会各界人士，吸收社会力量参与全民阅读活动，从而营造全民阅读的文化空间。近年来，遂宁市图书馆秉承"图书馆+"社会合作发展理念，探索"公共图书馆+企事业（机关）"联动机制，据悉已新建立馆外联合图书室62个，针对性地扩大读者服务覆盖面；建立了志愿者深度参与图书馆服务的"公共图书馆+志愿者"服务体系，30余名注册志愿者与寒暑假学生志愿者积极参与图书整理、读者引导、视障和老年读者关爱服务、阅读推广活动等志愿服务。❺ 社区居委会可以跟这些机构开展协作办馆，即居委会提供馆舍、设施、场地及经费，机构提供馆藏资源与管理人员，共建/联建面向社区居民与机构职工服务的新型社区图书馆。

社区图书馆联盟构建是一种由社区图书馆与驻区机构图书馆共同组建联盟体

---

❶ 周慧芳. 基层图书馆联盟资源共享运行机制浅析. 河南图书馆学刊, 2011 (1): 71-74.

❷ 周淑云, 龚蛟腾. 基层图书馆资源共建共享法律风险分析. 图书馆理论与实践, 2014 (8): 5-8.

❸ Olliver J, Anderson S. Seminole Community Library: Joint-use Library Services for the Community and the College. Resource Sharing and Information Networks, 2001 (1-2): 89-102.

❹ McNicol S. What Makes a Joint Use Library a Community Library. Library Trends, 2006 (4): 519-534.

❺ 胡蓉. 用"图书馆+"社会合作推广全民阅读. (2016-10-01) [2017-07-13]. http://www.snxw.com/Article/dzm/201610/2563090.html.

系的办馆形式。社区内机关、单位、企业、学校与科研院所往往设有图书馆（室），并达到了一定的发展规模。社区图书馆联盟模式既推动了文献信息资源的跨机构共建共享，又推进了社区图书馆为基层居民积极开展各种文化服务活动。譬如，北京7309个图书馆中，学校图书馆1081个、科研机构图书馆454个、企事业单位图书馆5428个，各单位图书馆的个数加起来比公共图书馆多出20倍。❶ 社区图书馆倘若能够跟这些图书馆开展合作，就可以构建资源丰富的图书馆服务体系。许多大中城市拥有为数不少的驻区机构，而这些驻区机构又有一定数量可供共享的文献资源。因此，《中央关于深化文化体制改革若干重大问题的决定》提出"鼓励其他国有文化单位、教育机构等开展公益性文化活动"。❷ 高校、企业、机关等驻地机构的图书馆通常不对社区居民开放，其馆舍设施与馆藏资源的有效利用率大多偏低。如果这些驻区单位能够跟社区共同构建互惠互利的图书馆，那么社区居民就能够获得丰富的信息资源与高效的文化服务。2011年，南京都市圈市长峰会签署《2011年度宁马一体化合作协议》，南京、马鞍山图书馆实行一体化合作，首次实现跨行政区域文化交流与服务的创新实践❸。由此可见，跨行政区域的图书馆都能形成一体化的服务网络，同一地域的各类型图书馆更加应当打造信息资源共建共享的服务体系。

社区图书馆协作网络是一种由社区图书馆与各文化机构共同开展信息资源共享服务的办馆形式。全国文化信息资源共享工程持续推进，在基层创建了许多文化信息资源服务点。数字图书馆推广工程、公共电子阅览室计划等文化惠民工程相继推出，也为社区图书馆提供了极其丰富的文化信息资源。为了加快公共文化服务体系建设步伐，文化部还在各地实施了国家公共文化服务体系示范区（项目）创建工程。这些重大文化工程或文化项目，从宏观层面创造了基层文化信息资源协作共享的网络体系。从微观层面来看，图书馆与文化馆、群艺馆、体育场（馆）、市民会馆、学校、书店之间，以及图书馆之间将携手合作，共同为社区居民提供文化设施和配套服务。❹ 社区多元文化主体协同开展公共文化服务，从而实现文化资源的共建共享。

5.3.2 协作模式的利弊分析

社区居委会跟其他文化机构协作创办社区图书馆，有利于形成多元化的办馆

---

❶ 张延智. 我国社区图书馆建设浅析. 晋图学刊，2008（3）：49-50，71.

❷ 中央关于深化文化体制改革若干重大问题的决定.（2011-10-25）[2017-04-19]. http://www.gov.cn/jrzg/2011-10/25/content_1978202.htm.

❸ 李菊花. 河北省社区图书馆一体化建设的构想. 河北学刊，2013（4）：249-251.

❹ 吴建中. 21世纪图书馆新论（第3版）. 上海：上海科学技术文献出版社，2016：167.

合力，极大地改善办馆条件。社区图书馆协作、合作的对象极其广泛，有利于建立共建共享的信息资源服务体系。社区图书馆建设可走联合共建、资源共享的合作发展之路，社区跟企业、高校、科研机构、社会团体、小区开发商等共同参与其创办活动。沈阳市和平区有社区自建的图书馆，还有社区与公共图书馆、驻街道单位、学校图书室以及其他社区联办的图书馆。❶ 这就是说，除"社区自建图书馆"之外，其他几种办馆方式都与协作办馆模式有关。社区图书馆通常由街道（社区）居委会及其文化站（室）管理，自身力量极其薄弱，需要其他机构的扶持与输血。社区可以跟其他系统图书馆乃至企事业单位、团体组织、社会个体等协作办馆，如社区与驻区单位可在双方自愿协调的基础上，采用两个牌子一套人马的方式共同建立社区图书馆。❷ 机关、团体、学校及企事业单位等援助社区图书馆建设，共同组建信息资源共享的文化服务体系。国家鼓励和支持机关、学校、企业事业单位的文化体育设施向公众开放，❸ 从而为多元主体共同创办社区图书馆大开绿灯。

社区与学校协调共建图书馆（室），有利于实现公共文化资源的优化整合，提升其文献保障率与信息服务能力。高等院校等其他驻区机构或社区组织有潜在的参与意愿，有利于推进社区图书馆协作模式的正常创建。社区图书馆应当积极开展馆际共享与协作，不仅要加强公共图书馆内部的纵向与横向联系，而且要实现各类型图书馆之间的互动。❹ 一般来说，高等院校、高职院校、中小学以及驻区企事业单位都拥有一定的文献信息资源，倘若能够跟社区共建文献信息共享平台，就能够极大地提高社区图书馆的办馆层次。尤其是高等院校图书馆、高职院校图书馆，都达到了相当高的发展水平，无论是文献资源还是业务管理都无愧为社区图书馆得力的合作伙伴。譬如，北京海淀区图书馆与北京农业大学图书馆共同建立联合型"海淀农业图书馆"，海淀区政府通过投资 20 万元启动经费来共享北京农业大学六七十万册藏书资源，达到了超过传统运作模式 500 万元以上的投资效果。❺ 显而易见，这种联合办馆有利于海淀居民自由获取北京农业大学的文献信息资源，也有利于北京农业大学推进产学研的新发展。当然，上述事例不是严格意义上的社区图书馆层级的联合办馆，而是跨部门跨行业的区级馆与高校馆的协作。社区机构或社区组织位置相邻、读者相近、情感相同，其实为了共同利

---

❶ 段秀红. 社区图书馆评估的问题与对策. 图书馆学刊, 2010 (5): 13-14.
❷ 董秀菊. 沈阳地区社区图书馆建设综述. 图书馆学刊, 2010 (1): 71-73.
❸ 中华人民共和国公共文化服务保障法. (2016-12-25) [2017-06-12]. http://www.npc.gov.cn/npc/xinwen/2016-12/25/content_2004880.htm.
❹ 龚蛟腾. 从社会视角看社区图书馆发展. 高校图书馆工作, 2013 (6): 3-8.
❺ 杨克香. 论社区图书馆与高校图书馆联合发展的模式. 图书馆学刊, 2011 (4): 8-10.

益更加容易组建文化信息资源共建共享的协作体系。2002 年,《普通高等学校图书馆规程(修订)》提出"有条件的高等学校图书馆应尽可能向社会读者和社区读者开放"❶。2015 年底,重新修订的《普通高等学校图书馆规程》强调高等学校图书馆是"校园文化和社会文化建设的重要基地",应当"开展面向社会用户的服务"❷。高校图书馆拥有庞大的馆藏文献、丰富的数字资源、先进的技术设备与强大的人员队伍,面向社区开展教育服务与社会服务无疑具有很大的优势。江新认为高校图书馆参与社区图书馆联盟建设必须突破认知障碍、体制障碍与利益障碍,它们之间的协作尤其需要建立有效、合理的利益平衡机制(见图 5-2)。❸ 中小学通常设有图书馆(室),并配备专业管理人员。社区与各类学校合作创办社区图书馆,既能提高文献信息资源的保障层次,又能促进双方教育功能的充分发挥。

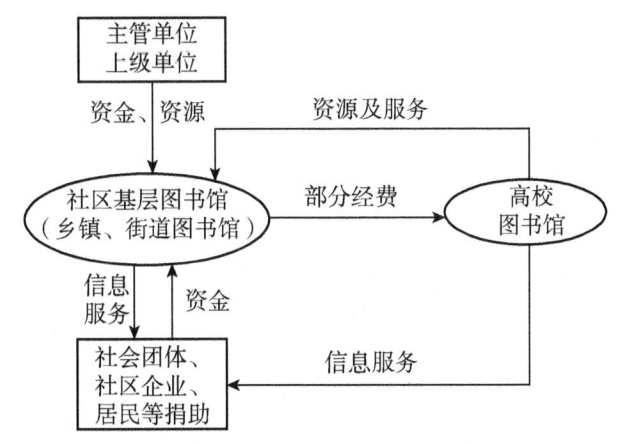

图 5-2 高校图书馆与社区图书馆协作的利益平衡机制

社区与企事业单位协调共建图书馆(室),有利于突破文化管理体制的束缚,开展丰富多彩的公共文化服务活动。驻区机构以及其他社区组织共同参与创办社区图书馆,需要打造各参与主体互惠互利的利益共同体。这种协作模式依赖社区多元主体的积极参与,共同构建互利共赢的长效发展机制。社区内某些大中型的企事业单位,拥有相当丰富的文献资源与相对成熟的服务方式,也是社区图书馆协作办馆的重要伙伴。即使是文献资源相对较少、服务能力相对较弱的组织机构,也可以在共同目标与合作共赢的框架下合作办馆,共同打造惠及全体居民

---

❶ 教育部. 教育部关于印发《普通高等学校图书馆规程(修订)》的通知. (2002-02-21)[2017-07-14]. http://www.moe.gov.cn/jyb_xxgk/gk_gbgg/moe_0/moe_8/moe_23/tnull_221.html.

❷ 教育部. 教育部关于印发《普通高等学校图书馆规程》的通知. (2015-12-31)[2017-07-14]. http://www.moe.gov.cn/srcsite/A08/moe_736/s3886/201601/t20160120_228487.html.

❸ 江新. 高校图书馆参建社区图书馆联盟的障碍研究. 山东图书馆学刊, 2010(5): 57-59.

的公共文化服务体系。社区主动与企事业单位联姻共建社区图书馆,共同打造互惠互利、相得益彰的利益共同体。政府文化管理部门应当建立吸引社会资金进入社区文化建设的管理机制,诸如鼓励书商采用"租、借、阅、卖、赏"等灵活的方式经营社区图书馆❶。社区图书馆(室)跟当地书店联营,有利于满足社区居民的借书与买书需求。深圳书城在1997年被列为"深圳市文化旅游景点",因其良好的品牌影响而被市民称赞为"文化公园""第二图书馆""读书人的幸福城堡"❷。书城"文化活动"设有"简阅书吧""书城资讯""创意活动""星光活动""读书月""文博会""最新活动""晚八点""牵手名家""海天教辅""南山书生活"等专栏,譬如"深圳晚八点"就有周而复始的"健康会客室""读书会""英语角""艺术时空""书友会""家庭教育""学点经济学"等经典专题讲座;其"书城培训"设有"青少年成长中心"和"成人教育中心"两大系列,前者有"少儿美术""少儿书法""少儿英语""少儿舞蹈""少儿器乐""小主持人""跆拳道"等培训项目,后者有网络教育、自考专本、职业技能、会计、口才培训、电脑培训、外语培训等培训项目。2016年7月12日,深圳书城正式上线掌上书城APP——融图书查询、智能导购、书单定制、文化活动、会员服务、掌上销售等多功能于一体的移动应用,具有书城相伴、智能导购、活动荟萃、会员服务、阅读交流等五大功能,从而致力于为读者打造掌上阅读文化生活空间,让书城触手可及,让买书更加便利,让阅读无处不在。❸深圳书城参与落实"深圳文化创新发展2020(实施方案)",实现了线上线下一体化的文化服务。这些措施无疑为社区图书馆协作发展提供了良好思路,即跟文化产业组织合作,在确保基本服务公益、免费的前提下,适当开展经营性文化服务,实行"以文养文"与"多业助图"的有偿服务。这种协作发展模式一方面促进社区图书馆开展社会阅读活动,为读者提供优质的信息服务,另一方面促进文化产业组织增加自身盈利水平,为社会提供专深的文化服务。

　　社区图书馆协作模式的各个参与主体利益诉求不同,在一定程度上制约了协作的形成与运转。尽管社区居委会与其他文化机构都有创办文献信息资源共享服务平台的良好意愿,但是它们各自都有不容回避的个体利益。仅就文献资源建设来说,社区图书馆必然兼顾社区所有居民,应当尽可能地保障与满足绝大多数居民的文献需求;而其他文化组织大多有独特的服务群体,高等院校、高职院校、

---

❶ 权品.天津市社区图书馆发展模式探讨.图书馆工作与研究,2010(8):32-34,64.

❷ 亚洲最大书城落地合肥　联投地产建设文化地标.(2015-10-15)[2017-07-10].http://news.xafc.com/show-339-303132-1.html.

❸ 深圳书城APP掌上书城提供更优服务.(2016-07-15)[2017-07-24].http://www.cbbr.com.cn/article/105240.html.

中小学等主要采购符合师生需求的书刊，企事业单位需要建设满足本单位职工需求的文献资源体系，文化产业组织则更加注重盈利业务的政策开展。因此，在文献资源建设方面，如何协作协调各自利益并最大化共同体利益是一个颇有难度的重要议题。社区图书馆的联合共建、联盟构建或协作网络，均需要双方或多方共同投入才能利益均沾，从而达到共建共享信息资源的目的。文献资源缺乏的一方可以通过资助或补偿方式，跟文献资源丰富的另一方达成文献资源共享协议。此外，这些协作主体原来的服务要求与服务方式也各不相同，社区图书馆应当满足全体居民的文化需求，主要履行获取知识、传播信息、交流学习、娱乐休闲等职责；学校图书馆主要满足师生的求知需要，相对来说以文献借阅、参考咨询为主；企事业单位图书馆通常针对本单位职工的信息需求，一般侧重于业务工作、素质提高等方面的信息服务；而文化产业组织仍然以盈利为目的，只不过想通过服务让利来获取更大的利益。显然，无论是从馆藏资源建设来看还是从信息服务目标来看，社区居委会及其他文化组织都面临互利互让的问题，如何把握"互利"与"互让"的精准平衡直接关系到协作模式的成败。即使是某个地方颇为成功的协作模式，其他地区也可能因利益平衡问题而难以成功复制。

5.3.3 协作模式的优化途径

区（县）街道（乡镇）文化管理部门、区（县）街道（乡镇）公共图书馆、社区居委会（物业部门或业主委员会）以及学校等其他社会机构，可以合作共建社区图书馆。文化管理部门提供制度、资金支撑与资源保障，公共图书馆提供基础馆藏、技术指导与业务培训，社区居委会提供场地、管理人员与运行设备，其他社会机构可以提供资源、资金、设施等各种帮助。譬如，有学者提出由街道办、居委会、物业部门及区（县）图书馆等共同创办社区图书馆，街道办或居委会提供业务管理与活动开展的组织保障，物业部门提供场地、设施及部分资金，区（县）馆提供基础藏书、技术支持、人员培训与业务指导。❶ 大中城市拥有数量众多的楼盘小区，一些开发商或物业公司愿意设置图书馆（室）作为配套设施。因此，一些新型小区出现了开发商或物业公司独办、合办的楼盘社区图书馆的现象，这是新型居民小区社区图书馆建设的一种可行途径。住宅小区的开发商或物业公司注重营造小区文化品牌，往往愿意在小区内创办图书馆（室）等文化设施。社区房地产开发商着眼于提高小区的文化品位，将商业运营模式注入社区图书馆，从而打造惠及商家楼盘销售与社区文化建设的利益共同体。譬如，2006年5月，天津图书馆与房地产开发商合作建立"阳光100社区图书馆"，配置了200多平方米的阅览室与5000多册图书，开发商每年投入2万元并

---

❶ 张爱梅. 论社区图书馆发展的对策. 内蒙古科技与经济, 2010 (1): 128-130, 132.

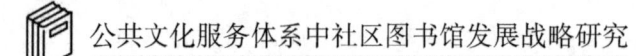

由物业公司负责管理，解决了社区图书馆的后续发展资金问题❶❷。馆企合作共建社区分馆，有利于形成多方共赢的格局，即图书馆提高办馆效益、企业获得广告效应、社区居民分享文化福利。许多新建社区出现了一种由房地产商修建、物业负责管理的配套文化设施（社区图书馆），如沈阳新湖房地产开发有限公司投资150万元，与铁西霓虹街道办事处共同建立了沈阳社区系统最好的图书馆——霓虹街道新湖图书馆。❸ 企事业单位积极参与社区图书馆建设，既有反馈社会公益事业的感恩之心，又有推进合作共赢、互惠互利的发展之机。

社区图书馆可由街道办、居委会、物业部门等机构共同筹建，也可由社区居委会与社区文化组织、企事业单位等驻区单位主动联姻合作共建。社区图书馆协作模式若要保持旺盛生命力，归根到底要依靠合理、有效的利益平衡机制。仅靠文化主管部门的撮合，或者仅靠文化组织领导的激情，社区图书馆联盟建设显然不可能形成稳定、可靠、长效的管理机制。例如，高校图书馆开展社区服务会带来很多问题，诸如占用工作人员、影响师生服务、带来安全隐患、增加运行成本等，因而高校图书馆缺乏参与社区服务原动力。倘若街道办事处、社区居委会与高等院校及其图书馆建立利益平衡的合作机制，就能够形成高校图书馆服务社区的运作模式。这些利益平衡的措施可以形式多样，如当地政府为高校发展提供土地支持、政策扶持与协作服务，街道办事处、社区居委会为高校图书馆服务社区所增加的运行成本买单，高校图书馆为社区居民开展准公益的有偿服务并收取一定用于补偿成本的报酬，高校图书馆通过开拓有偿咨询服务推动当地企业成长等。毋庸置疑，没有互惠互利的利益平衡或利益补偿，社区与高校共建社区图书馆只能说剃头杆子一头热。只有通过政府扶持、财政拨款、社区补偿、企业赞助、个人捐助等形式确保高校及其图书馆的基本利益，才能真正建立校地合作共享文献资源的协作体系。显然，校企地等多主体协作创办社区图书馆，并非各地可以通用的办馆模式，倘若没有各方利益平衡的协调管理机制就没有社区图书馆协作发展的根基。

社区图书馆联盟是通过协商签订信息资源共建共享协议，将分散的社区图书馆和公共图书馆、高校图书馆、机构图书馆等组建成资源共享协作网络与信息咨询服务体系，从而构成业务规范、技术统一、服务协作、管理协同的信息资源联合体。这种联盟的目的是打造以互助协作为基础、以资源共享为目标、以互利共惠为动力的图书馆网络体系，采取组织网络化、管理扁平化、决策实时化的运作机制，从而实现联盟内部设备资源、文献资源、人力资源、技术资源等共建共

---

❶ 陈勇．浅论社区图书馆的科学发展．图书馆论坛，2010（5）：26-28．

❷ 权品．天津市社区图书馆发展模式探讨．图书馆工作与研究，2010（8）：32-34,64．

❸ 董秀菊．沈阳地区社区图书馆建设综述．图书馆学刊，2010（1）：71-73．

享。一般来说，社区图书馆联盟必须建立统一规划、统一组织和统一行动的系统管理机制，通常由政府文化主管领导和各图书馆馆长共同组成"联盟管理委员会"，并成立文献采编中心、信息网络管理中心与公共服务中心等业务管理组织。[1] 社区图书馆联盟需要形成合作信任、资源共享与有效沟通的运行机制，联盟成员应当主动承担分内任务、资源保障与业务协作的义务，最大限度地摒弃因"搭便车"而危害联盟整体利益的自私行为。一般来说，总分馆制采取单一系统、垂直管理、连锁经营的管理体制，配置统一采购、统一标准、统一软件的设施设备，实行集中经费、统一采购、统一编目、统一检索的管理方式，实施一卡通、大流通、通借通还等服务手段；联盟制则采取多系统参与、分散管理、各自经营的管理体制，配置软硬件不一、功能各异的设施设备，实行经费独立、自主采购、统一编目与统一检索的管理方式，实施一卡通、小流通与一馆借还书的服务手段[2]。因此，社区图书馆协作模式面临多元主体的竞合问题，需要切实建立协作、互助、共赢的协调机制。

社区图书馆的协作网络是通过遵循共同协议来实现业务协作与资源共享的服务网络。它能够在网络内进行合理的分工，充分发挥本地区文献资源的优势，并以统一的机构面向用户，畅通图书馆服务的供求渠道，从而提高图书馆的工作效率和质量，确保读者能够方便、及时、准确地获取所需信息[3]。社区图书馆应当积极开展各种业务协作活动，既要加强它在公共图书馆内部的纵向融合与横向联系，又要实现跟高校图书馆、机构图书馆等各种类型图书馆之间的互动交流与资源共享，还要发展同文化馆、群艺馆等其他公共文化机构的业务互助与服务合作。尽管社区图书馆的协作网络不如联合共建、联盟构建紧密，但它更容易实现跨行业、跨部门的业务协作与资源共享，尤其是网络环境下数字信息资源的共建共享，因此文化主管部门应当积极创造推广协作网络的实施条件。

5.4 社区图书馆的民办模式

5.4.1 民办模式的发展概况

社区图书馆的民办模式是指一种由企事业单位、非政府组织、非营利机构、团体组织、社会个体等社会力量创办公益性或准公益性社区图书馆的办馆模式，其资金来源与管理运营具有以社会力量为主导的非官方性。长期以来由于受到各

---

[1] 唐虹，李军，金燕．探讨社区图书馆联盟的组织结构与运行机制．图书馆论坛，2010(1)：27-29.

[2] 刘冬．总分馆制与联盟制服务模式的比较研究．图书馆学刊，2011(8)：102.

[3] 周淑云，龚蚁腾．基层图书馆资源共建共享法律风险分析．图书馆理论与实践，2014(8)：5-8.

种社会因素的严重制约，基层公共图书馆的建设经费往往不甚理想，尤其是中西部经济欠发达地区社区图书馆经费一直亏欠。因此，为了缓解社区图书馆经费欠缺问题并保障社区居民平等地享受图书馆权利，社区居委会可以实施社区图书馆民办模式。社会力量是创办或援助社区图书馆的生力军，社区文化管理部门应当予以高度重视。社区居委会充分吸纳驻区机构、企事业单位、社区居民等各方力量，通过资金捐献、资源整合来走"民办公助""公办民助"的捐资办馆之路。[1] 因此，社区需要建立多渠道、多形式筹集资金的运作机制，鼓励社会力量积极投资、捐款、赠送、赞助社区图书馆，形成政府、社会与个人共襄社区图书馆建设之氛围。社会力量的积极介入是对地方政府与社区组织兴办图书馆有益的必要的补充，譬如个别民营机构或个体家庭积极参与图书馆建设，还形成了融租、借、售为一体的农村社区图书馆运作模式。[2] 社区图书馆建设需要坚持多元化的发展理念，尝试"公益"与"私利"相结合的办馆模式。社区物业提供必要的场地，给予公益文化事业的优惠支持；社会人士承包经营社区图书馆，负责馆藏设备、图书购置并开展有偿的借阅服务。民办图书馆往往跟私立图书馆、自办图书馆、私营图书馆、民营图书馆、民间图书馆等术语纠缠在一起，我们在此将它们视为大同小异的概念。近年来，民办模式的社区图书馆逐渐兴起，出现了家庭自办图书馆、居民自助图书馆、"捆绑"经营图书馆等。

家庭自办图书馆（室）是指由热心公益事业的家庭或个人创办图书馆并全权运作，集借、租、售于一体的社区图书馆。譬如，2006 年，宁爱东、王奕、罗鸣、胡碧榕这四位毕业于清华、北大的海归妈妈们在北京市海淀区万柳社区创办了我国第一家公益性质的少儿英文图书馆——皮卡书屋，后来又在劲松、凤凰城和望京设置了"皮卡书屋"分部，她们梦想让"皮卡书屋"在北京遍地开花；[3] 2009 年，加拿大籍华人邹莉洁和她同学的妻子孟录燕，面向成都西区花园小区征集"妈妈会员"而以捐书助建的方式成立小区公益性幼儿图书馆——"哈里爷爷读书汇"，每名会员必须捐赠两本书，每月交纳 10 元钱的入会费，会员妈妈每周可以借阅两本书，每周末下午 3 点半到 5 点半是读书时间，孩子们会将一星期内读到的故事讲给其他小朋友听，其中也有妈妈们教小朋友唱儿歌，背诵唐诗的活动。[4] 除了"亲子阅读"家庭社区图书馆外，近年来也产生了其他读者类型的家庭社区图书馆。2012 年，新疆伊宁县迪力木拉提投资 3 万多元，创办

---

[1] 权品．天津市社区图书馆发展模式探讨．图书馆工作与研究，2010（8）：32 - 34，64．

[2] 龚蛟腾．从社会视角看社区图书馆发展．高校图书馆工作，2013（6）：3 - 8．

[3] 小轩．四位海归妈妈的快乐图书馆．北京纪事，2011（4）：36 - 39．

[4] 李天宇．办公益图书馆 海归妈妈犯难．（2009 - 11 - 16） [2017 - 07 - 25]．http：//news.163.com/09/1116/05/5O7GKRPH000120GR.html．

了一所 37 平方米藏书 1000 多册的"家庭图书馆"。❶ 这些海归妈妈等创办的家庭图书馆，为当地用户群体提供公益性的借阅服务，突显了家庭社区图书馆的重要价值。

居民自助图书馆是指居民以捐资、捐书、捐刊、捐设施等形式所共同筹建的图书馆，具体有"图书银行""会员制管理""环保书架""漂流书屋"等组织方式。其中，"图书银行"是指社区居民、企事业单位自愿将文献资源捐赠到"银行（图书馆）"，并根据规定享受一定的优惠权利，❷ 如"共建读者"比一般读者拥有更多借书权限。"图书银行"通常采取"存书自愿、取书自由、存书付息、借阅收费"等管理办法保障文献流转，即社区居民自行选择将自家图书以"存款"形式存入图书馆，换取一个相当于"存折"而又可以免费借阅该馆藏书的借阅卡。社区居民存书的数量与时间，以及存书被借阅的次数，直接决定着该存书者"书息"的多少——免费借阅图书馆藏书权限的大小。倘若免费借阅藏书的"书息"不够，社区用户也可以选择通过交纳押金来换取"书息"。"图书银行"的运作模式在一定程度上缓解了购书经费不足的压力，同时培育社区居民共享闲置书刊和参与社区建设的文化意识。1998 年，哈尔滨市出现了首家"图书银行"，采取通过由图书馆估价之后有息保存来增加藏书，"储户"按银行利率获得利息并可以定期或不定期地取回他们的存书。❸ 此后，"图书银行"尽管实施方式各有不同，但很快在全国各地涌现。北京市丰台区的社区服务中心兴办了"图书银行"，社区居民在"银行"存放 20 本图书并交 50 元押金就可以在一年内免费阅读、借阅"银行"内所有图书，一年后"银行"会归还图书和押金，而没有存书的居民只需花 50 元办一张年卡也可以借阅；河北省衡水市桃城区中华街道办在 13 个社区开办"图书银行"，社区居民根据不同的存书数量享受不同的借阅时长待遇，即存入一本书可在一个月内随便借阅图书，存入 10 本以上可在一年内随便借阅图书❹。"图书银行"遵循存书自愿、借书便利、取书自由的管理原则，通过自愿存书享有多借晚还的特权，存书可随时取回但"特权"亦随之取消。2011 年，新疆乌鲁木齐卫星路社区图书室设立"图书银行"，推出"存书换折""凭折借书""多存多借""借期延长"的活动，在短短半个月内书

---

❶ 大学生村官创办家庭图书馆．（2012 - 05 - 17） [2017 - 07 - 25]．http：//finance. china. com. cn/roll/20120517/729506. shtml.

❷ 范祥中，吴昌合．社区图书馆"图书银行"发展模式初探．图书情报工作（增刊），2010（2）：53 - 55，70.

❸ 办"图书银行"好．（1998 - 11 - 04） [2017 - 07 - 28]．http：//www. gmw. cn/01gmrb/1998 - 11/04/GB/17866%5EGM1 - 0408. HTM.

❹ 张鹏民．社区图书馆实行多元化的建设模式．农业图书情报学刊，2010（4）：44 - 47.

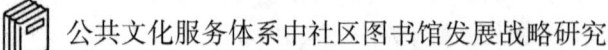

借由原来的不到 100 本增加到 500 本[1]，至 2013 年 7 月图书迅速增加到 3000 余册[2]。2016 年 11 月 20 日，安徽合肥蜀山区笔架山街道文博苑社区"图书银行"正式启动，社区居民将闲置书籍存入"银行"就能凭"存折"免费借阅藏书、自愿兑换绿植以及换取免费家政等志愿服务，此外"储户"还能按存书量获取可兑换生活用品、学习用品、家政服务等的"积分"[3]。"图书银行"实现了闲置书籍的充分流转，也满足了社区居民的阅读需求，还赠送了友爱关怀的生活福利。简而言之，"图书银行"是社区图书馆民办模式的一种新形式，即社区居民把家里收藏的书籍存入社区图书馆，并免费借阅社区图书馆中的文献资源。会员制图书馆主要是指社区居民自愿集合创办的图书馆，会员需要交纳一定的会费作为购书经费，而图书馆保障会员自主借阅图书的权利。社区图书馆采取会员制管理方式，可开展"你点书，我买单"的创新服务，免费向会员提供信息资源服务，并定期举办各类会员活动，从而吸引社区居民加入会员制图书馆。此外，近年来"环保书架""漂流书屋"等居民自助办馆形式也有日益增多的发展趋势。

"捆绑"经营图书馆主要是指各类文化组织在从事营利性文化业务的背景下，同时创办公益性或准公益性图书馆。社区图书馆民办模式往往受制于经费投入，因而在坚持公益性前提之下大多"捆绑"营利性文化业务。政府、社区与公司合作开展基层文化服务，即政府拨付一定的经费，社区提供合适的场地，公司则按企业运营方式进行运作管理。公司在保证公益性的图书借阅服务的基础上，开展书刊零售、书刊征订、收费讲座等经营活动。譬如，广州日报报业集团参与营建"书香社会"，在广州雅居乐花园会所内创办了面积为 114 平方米、藏书 2000 册的书香家园社区图书馆，馆藏涵盖文学、务实、史传、启蒙、休闲五大门类，可同时容纳近 60 人进馆阅读；馆内设有服务区、售卖区、借阅区、茶座区、儿童区等，现场图书可借可买；除了常见的开架阅览和图书外借服务，还开设有钢琴班、暑假作业辅导班，并开展为会员书架配书、家庭书房装置、书画作品（收藏品）服务提供建议等私家书房服务；居民每年缴纳 180 元即可成为会员，会员缴纳借书押金 50 元可一次性借阅两本图书；馆内设有广州图书馆借阅服务点——"广州图书馆直通专架"，可与广州图书馆通借通还，还可预约广州

---

[1] 新疆乌鲁木齐社区办"图书银行"存书居民享特权．(2011 - 06 - 23) [2017 - 07 - 30]．http：//www.xj.xinhuanet.com/2011 - 06/23/content_ 23080981.htm.

[2] 祝司建．卫星路社区："图书银行"又添新书．(2013 - 07 - 18) [2017 - 07 - 30]．http：//www.uetd.gov.cn/html/JKQTQWX/SQ15303/2013 - 07 - 18/Detail_ 638317.htm.

[3] 孙雨静，刘晓平，虞俊杰．全省首家社区"图书银行"启动．合肥晚报，2016 - 11 - 21（A6）．

图书馆其他馆藏图书。❶除团体性文化组织创办"捆绑"经营图书馆之外，社会个体也可以走"营利"与"公益"相结合的办馆途径。1999年11月1日，潘跃勇将房契抵押从银行贷款30万元在山东济宁市潘家大楼创办了中华人民共和国第一家民营图书馆——"科教图书馆"，他打出"一天一毛钱，拥有一家图书馆"的口号，通过办证收费三个多月运营就将押在银行的房契拿了回来；到2002年3月，已有2.6万余份的办卡记录，接纳各类读者240万人次，图书由5万册发展到20万册；同期在山东成立了8家连锁图书馆，2003年8月又在北京石景山区创办了北京首家民营股份制图书馆，此后短短5年时间内在北京与山东的8个城市迅速拥有了24家加盟图书馆。❷❸❹当然，社区图书馆民办模式生存能力强，但大多属于准公益的信息服务，因而只能定位为有益的必要的补充。

5.4.2 民办模式的利弊分析

社区图书馆民办模式通过广泛吸引社会资金"入股"，在一定程度上弥补了政府办馆经费投入之不足。政府无疑应当成为基层公共图书馆的建设主体，但由于种种原因社区图书馆的经费长期难以得到保障。社区居委会采取民办模式建设社区图书馆，不仅有利于缓解经费短缺问题，而且有利于提高社区图书馆的服务质量。黑河市花园街道图书馆跟新华书店合作创建分店，分店图书除在馆内销售外还为读者提供馆内阅读服务，2010年、2011年平均每年花园街道图书馆分得净利润3万元。❺社区图书馆常常因经费紧缺、设施落后、新书不足而难以持续发展，这种现象在农村地区尤为突出。农家书屋作为政府部门推动的文化惠民工程，要求可供借阅的图书、报刊、音像制品分别不少于1000册、30种、100种（张）。❻如要动态维持可供借阅而非摆设的实用图书至少1000册，并在后期能够得到社区用户的持续关注，那么农家书屋就面临极大的购书经费压力。实施多元主体的资源整合，既有利于资源集聚，又有利于资源优化，从而提高用户的满意度。东莞市长安图书馆服务的对象95%以上是外来务工者，珠海市赵思云个

---

❶ 游亘.社区图书馆现状分析及对策.科技情报开发与经济，2010（14）：115－116.
❷ 于永明.潘跃勇创办首家民营图书馆.大众商务，2004（9）：35－36.
❸ 华南.中国民办图书馆开拓者潘跃勇.人民日报（海外版），2008－07－16（07）.
❹ 苏腾.潘跃勇：开启大阅读时代.（2017－03－10）［2017－07－31］.http：//edu.china.com/11157399/20170310/30317974.html.
❺ 张树雪.采取多种形式利用社会文献资源创建社区图书馆.黑龙江教育学院学报，2013（5）：203－204.
❻ 中共河北省委讲师团.惠在何处、惠从何来：与干部群众谈党的惠民政策.北京：人民日报出版社，2012：137.

人出资创办两家博爱书社并为农民工提供免费服务。❶ 作为政府创办基层图书馆有益的、必要的补充，社区图书馆民办模式有利于筹措办馆经费、改善办馆条件、提升服务能力。

社区图书馆民办模式通过调动社区居民参与"办馆"热情，在一定程度上带动了社区居民积极参与图书馆事务。民办社区图书馆贴近居民生活与弘扬社区文化，是新型社区、和谐社区建设的重要保障。倘若没有社区文化繁荣就没有社区和谐发展，没有社区居民参与就没有社区文化繁荣。"图书银行""会员图书馆""环保书架"等社区居民自助办馆模式，能够充分调动社区居民参与社区图书馆建设的积极性，合理利用社区内的人力、财力与物力资源，最大限度地实现共建、共享文献信息资源的基本目标。这些自助办馆模式有利于引导社区居民捐出闲置书刊或借书给社区图书馆，鼓励他们参与社区图书馆建设，加强他们对社区的归属感、认同感与责任感。社区居委会本身就是社区自治管理组织，新型社区应当具备自我管理、自我服务、自我完善的功能。社区自助办馆既能激发社区居民参与公共事务的热情，又能提升社区居民自治管理的水平，还能促进社区居民文化自信的养成。社区图书馆自助办馆需要遵循"公益"与"市场"相结合的运作机制，譬如"海归"妈妈们所创办的皮卡书屋就是这种机制的新选择。民办图书馆通常具有自主性强、运行灵活的优点，但存在缺乏后盾支撑、工作不够规范、资源不够充足的缺点。

社区图书馆民办模式必须解决因资源不足导致的生存问题，从而有利于形成创新性的创办与运营机制。民办社区图书馆发展潜力巨大，倘若打造综合性的文化服务平台，其发展前景蔚为大观。作为民营图书馆重要的开拓者之一，潘跃勇无疑取得了巨大的成功。他还制定了相关的加盟连锁方案——在全国建立100家加盟馆，让三亿青少年拥有自己喜爱的图书馆，目前已吸引、开发并完成了济南、徽山、泰安、新乡、常州、徐州等20余个加盟馆的运作。❷ 经过不懈地努力，潘跃勇的民营图书馆之路越走越宽，已由最初书店型图书馆发展到综合型服务机构，其业务已由单一借阅服务拓展到收藏借阅、零售批发、讲座培训与出版策划等。这不能不说是民办图书馆成长的一个奇迹，一位普通的爱书人士仅凭一己之力将在全国创办100所加盟馆并为三亿青少年服务。民营图书馆可以创办成借阅、售卖、培训的书店图书馆，也可以打造成学习、交流、娱乐的文化平台，还可以开发成"以馆养馆"的文化挣钱项目——提供书架设备、借阅软件等图书馆配套设施服务，举行大型图书展销、特价书市等。由此可见，民办图书馆尽管存在各种各样的生存压力，但也展现了巨大的运营创新能力与服务创新力度。

---

❶ 王若慧. 社区图书馆如何为农民工服务. 图书馆建设, 2005 (4)：94-96.
❷ 于永明. 潘跃勇创办首家民营图书馆. 大众商务, 2004 (9)：35-36.

社区图书馆民办模式需要保障社会效益与经济利益的动态平衡,从而有利于开展更加符合社区居民需要的文化服务。民办社区图书馆因不受相关部门牵制而管理体制极其灵活,能够在服务内容、服务项目、服务方式、服务时间等多个方面充分满足用户需求。公共图书馆开放时间较短、服务意识欠缺、服务质量较差,因此创办方便居民利用的社区图书馆(室)就显得极其必要。潘跃勇创办的民营图书馆每天开馆 14 个小时,成了居民身边的文化休闲场所。❶ 这些民营图书馆设有综合阅览室、亲子乐园、书吧、小型报告厅及电影观摩室等,设计了二十余种不同时间、不同类型的借阅证❷,从而能够为各类用户提供精准的个性化服务。正是秉持以读者为中心的服务理念,民营图书馆才能不断发展壮大,并突显其社会效益与经济效益。民营图书馆可与中小学图书馆(室)合作,将义务教育、技能培训、终身教育等很好地结合在一起,进一步推动社区图书馆与社区义务教育相映生辉。譬如,潘跃勇以美国最早私立大学命名的"哈佛摇篮幼儿园"诞生,并在 18 年间遍布中国大江南北,目前共有 32 家直营园和数家加盟园,其中 2016 年 9 月 1 日成立了济宁市第一家纯私立小学,2017 年 3 月 21 日该校歌德图书馆 24 小时对外开放。❸ 民办图书馆具有文化集成或捆绑经营的便利条件,但是容易在公益与盈利之间出现摇摆或偏差,需要文化行政部门制定相关制度加以规范。

社区图书馆民办模式存在经费紧缺与管理松散等现象,面临公益服务艰难与持续发展困难等棘手问题。民办图书馆不可避免地存在经费投入问题,需要通过多种方式吸引社会力量的关注与参与。由于长时间缺乏运营资金,或找不到实现盈利的有效途径,大部分民营图书馆最终以关门告终,如 2011 年开馆的上海 2666 图书馆被称为"文青重地",因成本问题开业仅两年便夭折。❹ 当然,潘跃勇开创了民办图书馆的传奇,将社区图书馆民办模式提升了层次。不过,绝大多数民办社区图书馆却没有这么幸运,经常过着入不敷出的艰难日子。一般来说,民办图书馆缺少资金、设施、馆藏、人手、技术等,很难为社区居民提供可持续的优质服务。在市场化运作体系之中,民办图书馆的每一笔支出都要花钱,而创办者将时间花在图书服务上又造成了收入的进一步紧张。尽管民营图书馆可以联合新华书店建立读者俱乐部,开展"以文养文"微利文化服务,但真正在市场

---

❶ 华南. 中国民办图书馆开拓者潘跃勇. 人民日报(海外版),2008-07-16(07).
❷ 于永明. 潘跃勇创办首家民营图书馆. 大众商务,2004(9):35-36.
❸ 苏腾. 潘跃勇:开启大阅读时代. (2017-03-10)[2017-07-31]. http://edu.china.com.cn/11157399/20170310/30317974.html.
❹ 卢扬,冯雪菲. 一家民营图书馆的生存之道. (2015-12-03)[2017-06-18]. http://www.bbtnews.com.cn/2015/1203/130766.shtml.

中遨游的幸运儿并不多。于是，诸多民办图书馆被迫寻找出路，开展缴纳会费、资料搜集、信息咨询、打印复印、扫描刻录等有偿服务，并在一定程度上影响了民办图书馆的公益性与基本性。有学者指出：绝大多数公益项目都带有关联性，可能本身不以公益来盈利，结合经营性的活动是普遍现象。❶ 国外一些公益性图书馆往往经营其他项目，利用在其他领域赚取的利润补贴图书馆。公益性民营图书馆需要建立多渠道的资金来源，通过经营机构合作或经营相关品牌等方式寻求资金支持。

5.4.3 民办模式的优化途径

社区图书馆建设主要由地方政府提供支持，或者由社会各界提供赞助。政府应当给予恰当的政策扶持，充分整合各种社会力量，实施多元化办馆的发展战略。社会、企业、团体及个人是社区图书馆建设的有生力量，都可以参与筹建社区图书馆或捐资助建社区图书馆。有学者调查分析陕西省村镇图书馆建设情况之后，特别强调相关的社会组织对村镇图书馆建设的重要性❷。社会力量创办社区图书馆的方式多种多样，诸如有社区集资自建、物业部门承办、社会团体创办、个人捐资赞助等。政府既是公共文化服务体系基础设施建设的经费投入主体，也是引导、动员、组织与协调社会力量参与其中的直接责任者。只有彻底改变计划经济时代政府"万能论"的陈旧观念，才能形成公共文化"社会办"的新兴风气。因此，文化部门早就明确提出在文化建设上要形成以政府为主导、以社会力量为补充的合作模式，并提出要运用政策引导、表彰奖励、评估定级等手段，鼓励和扶持社会力量兴办公益文化。❸ 具体来说，政府需要制定社区图书馆建设标准和服务规范，并积极推动社会力量参加办馆助馆活动。

社区图书馆建设应当采取创办主体多元化或产权主体多元化的发展路径，吸收社会力量参与社区图书馆事业，鼓励房地产商、企业家、慈善家以及社会贤达捐资办馆。在充分保证基础服务免费开放的前提下，社区图书馆可以适当实行不以盈利为目的的经营性管理，诸如开展有偿专题服务等"多业助图"活动拓展其经费来源。社会力量在充分发挥市场机制协调优势的前提下，创办融借、租、售于一体的社区图书馆（室），将社会公益与个体盈利有机地结合起来。一些高档社区创办了会员制模式的社区图书馆，即社区居民以会员制形式共同建立图书馆（室），并通过交纳较高的入会费来保障其正常运转与持续发展。近年来，北京、上海等地兴起了会员制图书馆，就是多方参与且公私兼顾的民办图书馆。房

---

❶ 卢扬，冯雪菲. 一家民营图书馆的生存之道. （2015-12-03）[2017-06-18]. http://www.bbtnews.com.cn/2015/1203/130766.shtml.

❷ 左阳，杨玉麟. 村镇图书馆建设及相关社会组织作用研究——以陕西省为例. 图书馆学刊，2012（1）：1-5.

❸ 孙若风. 公益性在文化改革中翻然归位. 中国文化报，2004-11-04.

地产开发商可以规划小区图书馆建设，并将其作为物业管理的有机组成部分。社区物业管理部门也可以承担提供文化生活服务配套设施的任务，着手创办统筹人、财、物的投入与管理的社区图书馆。这种物业型社区图书馆，一般通过物业管理来保障其正常运转，为社区居民提供图书馆服务。

社区图书馆需要建立图书交流平台，接收企事业单位闲置文献资料，并引导社区居民开展藏书交换与借阅。如前所述，社区图书馆设置"图书银行"，能够搭建阅读者交流平台，提升社区居民邻里关系，提高社区公共服务满意度。"图书银行"的创办益处有三：其一，大大缓解经费十分紧张与藏书数量较少的矛盾，甚至还能收集到不少古籍书、线装书、珍本；其二，藏书者根本不用或暂时不用的图书有个合适的"着落"，既可解决家庭藏书管理、保存不善等苦恼，又可从中得到一定的利息；其三，促进社会文化事业的发展，"储户"图书转变成公众的书，加大了图书馆的藏书量，增加了图书的读者群，扩大了单位图书的受益范围。❶ 20 世纪 60 年代，欧洲出现了"图书漂流"活动，即人们将不再阅读的书籍贴上特定标签，无偿地投放公共场所以便他人阅读。社区居民应当树立"社区是我家，建设靠大家"的基本理念，共同参与公共文化服务体系的建设。譬如，社区居民可以借助集资办馆的自助模式，在社区居民委员会引导下募捐资金、设施、书刊等筹建社区图书馆；也可以将家庭藏书捐献给社区图书馆作为其馆藏资源，或交给社区图书馆保存并允许自由借阅。无论是图书存储借阅模式的"图书银行"，还是图书交换借阅模式的"图书漂流"，都鼓励社区居民将自家书籍贡献出来供公众共享。只不过在"图书银行"模式中，主人不愿意共享时仍可取回图书这种"存款"；而在"图书漂流"模式中，主人难以追踪书刊去向并取回图书。这两种在我国刚刚兴起的捐书助馆模式，都有利于调动社区居民参与图书馆创办活动，既缓解图书馆文献信息资源供需失衡的矛盾，又使居民家中闲置书刊通过共享而产生增值效应。

社区图书馆建设既可广泛接受社区居民的书刊捐赠、钱物捐献等捐助行为，让居民积极参与社区图书馆的创办与管理，真正创建居民身边的第三文化空间；又可广泛接受个体老板、私人企业、港澳同胞、海外侨胞等的捐赠与扶持，甚至还可以让他们冠名社区图书馆，树立捐建社区图书馆的典范。此外，还可动员企业单位参与社区图书馆建设，企业出资、社区出场地与人员合作办馆，既扩大了企业、厂矿的知名度，也解决了社区图书馆的经费问题。❷ 社区图书馆建设需要

---

❶ 办"图书银行"好．（1998 - 11 - 04）［2017 - 07 - 28］．http：//www.gmw.cn/01gmrb/1998 - 11/04/GB/17866%5EGM1 - 0408.HTM.

❷ 张秀敏．洛阳市社区图书馆（室）现状调查及对策思考．河南图书馆学刊，2010（1）：127 - 129.

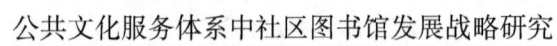

社会力量积极参与，广泛吸纳社会资金、设施与文献。社会由机关、团体、学校、企业、居民等多元化群体所组成，企事业单位和社区居民积极捐赠资金、设备、书刊等，共同汇成支援社区图书馆建设的强大洪流。显然，社区图书馆发展需要充分发挥社会力量的作用，鼓励和动员社区居民参与社区图书馆建设，诸如积极捐赠书刊、义务参与管理等。

社区图书馆民办模式就是要倡导多渠道、多元化投资办馆，充分引导团体、企业、书商、物业、开发商、个体等社会力量创办图书馆（室），全面集成"借、阅、租、卖"等综合经营服务方式，切实满足社区居民的公共文化需求。通常而言，民营图书馆创办者具有很强的进取精神和敬业精神，但在创办与运行过程中必然面临资金困难、馆藏短缺等各种意想不到的情况。政府与社区需要提供必要的扶持措施，譬如制定政府支持、街道配套、社会赞助、服务创收的多元化办馆政策，采取政府预算、社区筹款、群众集资、社会捐助的资金注入方式，尤其是大力吸引各种经济实体支援社区图书馆建设，从而为民办社区图书馆可持续发展夯实基础。李英强等倡导的立人乡村图书馆具有极大的社会效应，其馆舍大多建在乡村的学校内或周边，运行成本几乎完全来自社会捐助，同时还提供了多种教育服务，如阅读书目、选修课、读书会、电影欣赏、作文比赛、冬令营/夏令营等。[1] 社区图书馆创办方式各不相同，服务形式亦千差万别，因而需要实施特色化、个别化的管理与引导。

社区图书馆民办模式多种多样，既有独家投资经营形式又有多元投资经营形式，既有纯民营主导形式又有社区主导依赖民营形式。在实际的创办与运营过程之中，社区图书馆需要及时调整管理措施与服务方式。黑河市花园街道图书馆倘若仅仅依靠黑河图书馆每年拨给的1000册新书，就很难满足居民的文献信息需求。于是，该馆2011年举办"回收旧书报建设新校园"活动，仅三个月就回收书刊报18万多件。[2] 2012年初以来，花园街道图书馆在读者自愿前提下采取捐书、集书和集资三结合的方针办馆，按照馆内制度规定："捐书"经过验收录用后可获取捐赠借书贴，捐赠者每次可多借2册书，而"集书"经过验收录用后可累计集书金额，工作人员按照原价×30%的计价标准计算；自助外借证使用期限最多不超过5年，集书办证标准为集书金额÷30元＝书证使用年限，集资办证标准为集资金额÷60元＝书证使用年限。[3] 花园街道图书馆充分利用与整合社区资源，开创政府主导与社区承担的运行机制。社区图书馆应当通过运行机制创

---

[1] 孙洪. 试谈现阶段社区图书馆的可持续发展. 科技情报开发与经济, 2012 (2): 28–30.

[2][3] 张树雪. 采取多种形式利用社会文献资源创建社区图书馆. 黑龙江教育学院学报, 2013 (5): 203–204.

新，积极改善办馆条件与提高服务能力。

5.5 社区图书馆的网络模式

5.5.1 网络模式的发展概况

社区图书馆的网络模式是一种借助互联网络与数字资源，构建虚拟数字社区的服务平台，并实现信息资源网上供给与传递的服务方式。因此，网络模式与其说是一种新型的社区图书馆建设形式，不如说是一种新型的社区图书馆服务手段。截至2015年年末，我国平均43.79万人才拥有一所公共图书馆，人均藏书0.61册，人均流通人次0.43次，人均书刊文献外借人次0.17次，人均书刊文献外借册次0.37次，人均组织各类讲座次数0.43次，人均举办展览0.15次，人均举办培训班0.25次，每千人平均阅览室座席数0.66席。❶ 从整体来说，公共图书馆馆舍设施、书刊资源等相当缺乏，而社会公众利用公共图书馆的次数更少得可怜。城镇社区图书馆十分落后，农村社区图书馆基本空缺，尤其是乡村地理位置偏僻、经济发展落后、财政支持不足、文化设施薄弱、人口密度较低和居民素质不高等问题极大地制约着农村"实体"社区图书馆建设。❷ 许多基层图书馆连基本的外借服务都难以为继，更别说高深层次的信息咨询或延伸层次的文化服务活动了。这种状况为社区图书馆网络模式提供了生长空间，于是虚拟的数字社区等信息共享平台逐渐出现。

社区图书馆是社区信息网络中心、社区居委会、社区组织乃至社区居民都可以利用它来发布或获取信息的服务平台。随着网络设施与数字技术的发展，虚拟社区图书馆服务平台建设亦提上了议事日程。❸ 政府部门应当借助数字技术、网络技术等现代信息技术，构建社区图书馆数字化的虚拟平台，开展虚拟、移动、导航、交互的数字资源服务。社区图书馆数字化建设乃大势所趋，应当集成文化共享工程、公共图书馆所拥有的多种数字资源，创建一个多资源、宽领域、跨平台的信息共享平台，为社区读者打造一个信息查询、文献借阅、文化传播、宣传教育的公益性、互动性数字化服务平台。❸ 中小型城市及广大农村的社区图书馆（室）大多仍处于"藏、借、阅"的孤立状态，尚没有开展基于互联网的书目共享、联网检索、虚拟咨询、网络导航与远程服务等新兴业务。当前，尽管社区图书馆建设远远没有实现全覆盖的基本任务，其网络服务似乎更加难以实现，但这必然是社区图书馆发展的基本路向。

---

❶ 中国统计年鉴2016．［2017－05－15］．http：//www.stats.gov.cn/tjsj/ndsj/2016/indexch.htm．

❷❸ 龚蛟腾．从社会视角看社区图书馆发展．高校图书馆工作，2013（6）：3－8．

❸ 景明．社区图书馆数字化建设探析．图书馆学刊，2013（4）：111－112．

跟其他网络营销组织一样，社区图书馆也开发了文献信息服务的"线上"模式。2005年3月6日正式上线的"豆瓣"网站不啻为一个很好的具有博客、交友、小组、收藏功能的交流平台，用户可以自由地收藏或评论书籍、电影、音乐，发布话题、日记、图片，发布或参加各类同城活动。它是一个集品味系统（读书、电影、音乐）、表达系统（我读、我看、我听）和交流系统（同城、小组、友邻）于一体的新型社区网络，❶ 提供"书影音"推荐、线下同城活动、小组话题交流等多种服务功能。该网站中所有的描述与评论都由用户提供，其书籍、音乐、电影等内容由用户添加、收藏与评论，因而能够根据用户收藏信息进行同类推荐而自动选出"臭味相投"的其他成员。豆瓣读书栏有图书的"读过、在读、想读"选项以及最新书刊资讯与好书推荐功能，管理员可据此了解用户的需求信息并作为未来购书的参考。❷ 一些时髦的图书馆随着"互联网+"翩跹起舞，开创集藏、借、阅、咨、售等于一体的线上、线下服务平台。譬如，山东首家"互联网+"图书馆"十方聚图书馆"，通过线上线下、阅读交流等方式来把老师、作者、家长、孩子、学校、教育培训机构、媒体出版机构、书店等各方聚在一起。❸ "豆瓣""十方聚""青番茄""微微书香"等网络图书馆层出不穷，这为社区图书馆的创办与服务展示了全新的发展模式。

社区图书馆的网络发展模式尚不成熟，但集合文化业务与拓展服务功能的势头正旺。就其发展方式而言，一方面社区图书馆着力提供各种数字资源服务，另一方面社区图书馆着力成为数字资源的集成场所与服务节点。2005年8月29日，Tim Spalding创办了一个个人、作者、图书馆与出版商等共同参与的图书馆分享网站Library Thing，它是一个存储与共享图书目录及其元数据的社会性开放编目网站。截至2016年，Library Thing已经成为一个拥有超过200万图书爱好者和1亿本图书目录的共同体。❹ 社区图书馆打造社区居民的信息资源共享平台，甚至构建跨地区、跨机构的信息资源服务体系。Library Thing网站提供了功能非常强大的图书、音乐、电影等编目与追踪工具，可以登录美国国会图书馆、6个国家的亚马逊网站和世界各地1000多个图书馆；用户可以自主编辑、搜索与排序自己的信息，使用自己的学科主题"标记"图书，并使用国会图书馆分类法、杜威十进制分类法或其他自定义分类法等各种分类系统来组织收藏；它也是一个被

---

❶ 饶雪琪，刘巍子．豆瓣：小众社区孵化下的数字阅读平台．广告大观（媒介版），2016（5）：69－73．

❷ 游亘．社区图书馆现状分析及对策．科技情报开发与经济，2010（14）：115－116．

❸ 徐长江馆长一分钱借书钟爱读书．（2015－11－30）［2017－08－01］．http：//zgsc.china.com.cn/wh/2015－11－30/431440.html．

❹ LibraryThing．［2017－08－01］．https：//www.librarything.com/．

描述为"脸谱网图书"的社会网络空间,用户之间可以互看图书收藏、互换阅读建议,还能根据集体智慧推荐最合适的图书。❶ 在"互联网+"时代,社区图书馆本身所拥有的数字信息资源固然重要,但其数字资源组织、整序、加工、升值、传递与服务的能力同样不可或缺。社区图书馆网络化发展趋势进一步显现,但公益性服务容易受到其他业务的冲击。

5.5.2 网络模式的利弊分析

网络模式建立了社区居民主动参与的信息共享平台,有利于他们方便地获取虚拟的数字资源服务。网络改变了人类既往的生存方式,也改变了社会已有的组织结构,还改变了信息资源的存取机制。2001年1月,支持多种语言的维基百科正式成立,其大部分页面可以由任何人使用浏览器进行阅览和修改。截至2015年11月,全球280种语言的维基百科条目已经突破3700万个,而总编辑次数超过21亿次❷。无独有偶,紧随维基百科之后的互动百科也强势崛起。2005年7月,互动百科(原称互动维客)正式上线。这是一部由全体网民共同撰写的商业性中文网络百科全书,致力于为数亿中文用户免费提供海量、全面、及时的百科信息。本着网络面前人人平等的原则,互动百科提供了一个创造性的网络平台,提倡所有人共同协作、参与和奉献,充分调动草根大众的力量与智慧,不断累积成全人类共同的开放知识库。截至2016年年底,由超过1100万用户共同创造了1600万词条、2000万张图片、5万个微百科的百科网站,新媒体覆盖人群1000余万人,手机APP用户超2000万。❸ 短短12年的时间,互动百科从无到有创造了奇迹,已发展成为全球领先的社会化知识媒体平台。从中不难得知,网络时代人们被淹没在信息之中,但缺乏所需要的知识。我们每天都面临被各种信息轰炸与折磨的窘境,还需要劳神费力地进行筛选与甄别。社区图书馆理所应当开展网络服务,根据用户信息需求建立虚拟数字社区,构建实时、交互与动态的信息共享平台,从而为居民提供方便、及时、有效的文化服务。❹ 新型的网络生活、工作与交流模式正以不可遏抑之势汹涌而来,社区图书馆应当提供无所不在的数字服务,从而为社区居民打造共同的生存空间、文化特质与网络社会。

网络模式开创了信息资源建设与服务的新纪元,有利于将传统图书馆拓展到网络空间。倘若公共图书馆服务体系能够借助网络平台为公众提供权威、及时、便捷的知识服务,那么这就是一场前所未有的功德无量的知识信息供给服务的历史性变革。在此过程之中,社区图书馆作为知识贡献者与网络服务终端,无疑具

---

❶ 关于LibraryThing. [2017-08-01]. https://cn2.librarything.com/about.
❷ Wikipedia. [2017-06-01]. https://www.wikipedia.org/.
❸ 互动百科. [2017-05-26]. http://www.baike.com/wiki/互动百科.
❹ 龚蛟腾. 从社会视角看社区图书馆发展. 高校图书馆工作,2013(6):3-8.

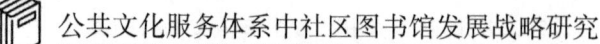

有不可或缺的价值与作用。陈福军的家庭图书馆侧重于以书换书，目的是为了让大家能有个固定的换书场所，为更多人提供读书的机会；而摆摆书架（http：//bookfor.us）却是利用网络提供了一个读者用于分享自己看过的图书，并且可以免费借阅他人分享书籍的平台。❶ 这就是说，"漂流书屋"传统的实体形式，同样可以在网络上发芽生根并茁壮成长。此外，荒岛图书馆（http：//www.islibrary.org/）被定位为分布在中国各城市社区的具备 Web2.0 精神的民间公益图书馆，为所有爱书的人提供一个"有价值闲置图书"的共享平台；360doc 个人图书馆（http：//www.360doc.com/）致力于个人网络信息服务，拥有"主动服务""推送技术"和"个性化"等特色服务；青番茄线上图书馆（www.qingfanqie.com）以 Web2.0 的方式推广全民阅读，提供终生免费借、阅、送、取的服务，其经费来源则是依靠线下活动、广告等或为企业客户提供企业图书馆建设等付费的增值服务。❷无须建立实体馆舍，无须拥有实体馆藏，网络图书馆就在虚拟网络环境中撑起了一片蓝天。显然，网络民营图书馆的实践表明，社区图书馆的网络模式值得好好探讨。

  网络模式开启了数字信息资源服务的新形式，缓解了公共图书馆实体资源不足的压力。社区图书馆在开展各种实体公共文化服务活动的基础之上，还可以为社区居民打造公共文化交流的虚拟空间。譬如，Library Thing 为用户提供 7 个方面的特色服务：（1）用户免费建立自己公藏或私藏性质的网上图书馆，倘若馆藏超过 200 本就需要交上 25 美元享受无限数量的书目管理服务；（2）提供充满动力的编目应用，帮助用户轻松地著录书籍并建立私人藏书目录；（3）提供按居住区域或相同兴趣等创建组群功能，方便用户联系并获得导读、推荐服务；（4）编辑书目相关信息，并对书目进行搜索和排序，用户从任何地方都可访问其目录；（5）用户自由做著录项目"标签"，可使用国会图书馆分类法或杜威十进制分类法等收集整理；（6）为其他用户提供导读服务，用户本人也可得到其他用户的推荐服务；（7）可将自己的图书馆馆藏设置成不同的状态，如借阅、私藏、群内查阅、出售等。❸ 数字社区的信息资源极其丰富，本馆馆藏、异地馆藏、专家知识以及用户智慧等组成了知识宝库；服务对象极其广泛，本馆读者、社区居民、异地用户和网络游客等构成了读者群；服务方式极其方便，人性化服务、个性化服务、一体化服务与一站式服务等服务方式应有尽有。❹ 由此可知，

---

 ❶❷ 孙洪. 试谈现阶段社区图书馆的可持续发展. 科技情报开发与经济，2012（2）：28-30.

 ❸ 冯晓娜，文云. ibraryThing 对我国社区图书馆建设的启示. 图书馆建设，2008（9）：27-29，58.

 ❹ 龚蛟腾. 从社会视角看社区图书馆发展. 高校图书馆工作，2013（6）：3-8.

城乡社区图书馆发展重点之一就是依托互联网络加强数字社区建设,从而为社区居民提供虚拟的信息共享空间和便利的信息交流平台。

网络模式需要抵制虚假、不良乃至诈骗信息的侵袭,创造稳定、可靠、权威、方便、及时的信息服务平台。数字技术与网络设施是人类通向未来的重要保障,但给社会发展也带来了难以估计的信息安全、信息困扰与信息控制问题。维基百科为世界提供了多种语言的信息组织、发布与获取平台,其信息偏见、不实与虚假也恣肆横流,甚至所谓的维基解密还闹得某些人物心神不安。互动百科创造了用户利用维基平台创作、获取和共享信息的美妙神话,但是过度商业化亦导致虚假信息漂白的罪恶勾当。2017年3月15日,央视曝光互动百科生财有道,用户付费后就能创建虚假、欺骗性的词汇,用科学的名义进行推广。❶网络给人们提供了信息自由获取的通道,同时也造成了虚假信息满天飞的无奈。社区图书馆积极创建虚拟社区,构建读者、馆员、专家等各色人员互动交流的平台,无疑是网络时代社区图书馆的发展方向。不过正如一个硬币有正反两面,虚拟社区也容易成为虚假信息、垃圾信息甚至是有害信息传播的温床。任何个体都可以披着马甲自由发表信息,一方面为信息用户坦诚相见地交流提供便利,另一方面为别有用心者发布不当信息给予庇护。如何净化信息传播空间且保障信息自由获取、加强信息合法监管且保护用户个人隐私,这是一个迫在眉睫的难题。社区图书馆应当依据相关的法律法规、制度政策,切实维护社区虚拟用户知识信息自由获取的权利。

5.5.3 网络模式的优化途径

社区图书馆应当坚持现代图书馆服务理念,树立网络化、数字化服务意识。互联网络的快速兴起与急剧扩张,打破了社区图书馆只是书刊借阅场所的陈旧观念。社区图书馆众多传统的服务活动,几乎在网络环境下都能获得较好的应用。许多新型服务甚至需要借助网络,才能得到更快地推广与普及。美国公共图书馆普遍为社区居民提供网络服务,2011—2012年其网上虚拟服务方式如表5-1所示,甚至在64.5%的社区里公共图书馆是唯一为公众免费提供使用计算机及上网服务的机构❷。自从2001年4月美国人罗恩·霍恩贝克开设首个图书漂流网站以来,"图书漂流"借助网络取得了迅速发展。无论是注册的"漂流成员",还是注册的"漂流图书",都已经遍布世界各地。社区图书馆发展需要开展网络服务,网络服务是社区图书馆新的增长点。

---

❶ 央视曝光互动百科成最大虚假广告垃圾站.(2017-03-15)[2017-08-02]. http://finance.sina.com.cn/consume/puguangtai/2017-03-15/doc-ifycnpit1952799.shtml.

❷ 汪其英.中美社区图书馆服务比较研究.湘潭大学公共管理学院,2013:48.

表5-1 2011—2012年美国部分州提供网上服务的图书馆百分比分布情况（%）

	全国	华盛顿州	宾夕法尼亚州	福罗里达州	纽约州	内布拉斯加州	密歇根州	威斯康星州	墨西哥州
免费使用计算机及上网服务	63.1	48.9	68.2	41.9	63.6	82.2	66.3	82.2	48.8
无线网	90.5	96.6	98.2	100.0	98.4	98.9	94.8	99.0	88.4
音频数据库	98.7	100.0	98.1	99.6	96.2	100.0	99.0	100.0	90.9
家庭作业资源	81.9	91.7	73.6	91.0	81.0	67.7	91.5	74.4	86.9
虚拟参考	69.7	79.9	75.8	95.5	85.4	58.1	64.5	80.9	38.9
电子书	76.3	80.2	74.9	87.4	96.8	49.3	88.5	94.4	34.9
图书馆社交网络	61.9	83.1	56.7	74.8	78.7	51.9	76.7	58.3	49.3
IT培训	90.2	95.2	82.3	83.4	98.4	86.4	99.0	94.0	97.4
帮助用户使用电子政府网站	50	98.5	86.2	95.8	90.7	87.9	92.9	84.4	96.7
申请电子政务服务	96.6	96.2	93.7	98.5	98.3	93.8	96.2	90.4	100.0
填写政府表格	70.7	61.8	67.0	62.8	77.3	66.1	77.7	65.1	92.5
工作数据库	92.2	97.3	80.5	97.1	96.2	76.9	99.1	97.4	82.3
提供考试资料	77.1	72.0	71.1	85.4	94.6	43.2	87.3	78.9	50.0
网上申请工作	76.0	86.7	67.0	69.1	81.8	76.9	80.1	83.0	83.8
帮助用户填写简历或其他应聘资料	77.5	89.2	69.1	93.7	82.3	52.1	83.8	78.9	90.0

社区图书馆应当加强信息基础设施建设，打造信息资源的网络服务平台。网络触角已经伸向各行各业并产生了深刻影响，社区图书馆同样需要在网络时代重新定位。网络设施、服务终端、数据资源是网络服务的基础条件，社区图书馆必须拥有一定的信息基础设施才能开展信息资源的网络服务。通过借鉴豆瓣与LibraryThing的成功经验，社区图书馆网络模式至少应当具有以下4个方面的功能：（1）业务协作平台，优化信息资源的搜集、组织、描述与管理工作，譬如实现网络任意用户书目DIY（Do It Yourself）专业级别书目，让普通用户上传、编辑、修改、更新书目。（2）集成服务平台，打造社区居民参与建设、管理的综合服

务系统，既提供书名、作者、出版社、ISBN等标准书目信息，又提供本馆馆藏动态、他馆可借状态以及书店售卖信息，还提供各种文化服务活动。（3）虚拟交流平台，构建实时、交互、动态、友好的虚拟数字社区，用户自由发布评论、导读、解说、推荐等信息，形成热爱阅读、乐于交流、互惠互利的受益群体，甚至提供将个人藏书设置"可借阅"功能。（4）多方横向联盟，建立图书馆、出版社、书商等统一合作平台，通过图书借阅、出版、租赁与出售活动共同满足用户的信息需求。❶ 只有切实加强信息基础设施建设并打造集成化、虚拟化、联盟化的信息资源服务平台，社区图书馆的网络服务才能真正成为社区居民生活的一部分。社区图书馆应当积极融入正在生长着的网络环境，不断拓展突破时空障碍限制的数字服务。

数字技术将改变社区图书馆的运行机制，尤其是云计算技术颠覆了信息存储与传递的方式。传统的总分馆体系或社区图书馆联盟，通常采取数字信息资源集中管理方式，即通过服务器来储存信息资源并提供上传下载服务，这对业务管理人员的要求相对较高。云计算环境下每台计算机都平等运行，创造了资源共享、平等协作、在线交流等外部条件。基于云计算的社区图书馆联盟网络不仅管理简便，而且可由第三方管理，还易于扩展。❷ 当前，绝大多数社区图书馆没有专门购买数据库资源，基本没有数字化的图书数据库、期刊数据库、学位论文库、影视音乐资源库等。倘若接入了全国文化信息资源共享工程，就可以利用工程配置的数字资源，简单地开展讲座播放、电影放映、艺术欣赏等影音服务。因此，社区图书馆网络化发展需要从四个方面入手：（1）应当借助信息基础设施普及、改造与提质之东风，实现社区图书馆硬件设施的整体改良；（2）应当借助全国文化信息资源共享工程之契机，实现免费的基本文化资源的合理利用；（3）应当融入市、区（县）图书馆的数字化服务平台，拓展数字化文献信息资源的服务力度；（4）应当提升本馆现代信息技术的应用能力，实现馆藏信息的数字化管理与服务。

社区图书馆必须改变单一的书刊阵地服务的传统方式，坚持走以增加数字资源与拓展数字服务为核心的跨越式发展路径。广大工薪阶层业余时间相对紧张，难以享受社区图书馆的实体资源服务，数字技术的发展与应用无疑为他们带来了福音。社区图书馆需要开展数字化服务，为社区读者提供图书、报刊、影视等各类数字资源，通过互联网、手机、智能移动终端等新媒体提供电子书借阅、手机

---

❶ 冯晓娜，文云. ibraryThing对我国社区图书馆建设的启示. 图书馆建设，2008（9）：27-29，58.
❷ 杨靖. 基于云计算技术的社区图书馆联盟服务网络研究. 晋图学刊，2011（4）：13-15，22.

图书馆、U盘图书馆等多样化服务。❶就加强数字资源建设而言，社区图书馆应当充分整合全国文化信息资源共享工程与市、区（县）图书馆文化信息资源，并力所能及地购买相关数字资源或自建部分有乡土特色的数字资源。而就拓展数字资源服务而言，社区图书馆需要创建多媒体、跨平台、多终端的文化信息资源共享网络，打造融信息查询、艺术欣赏、文化传播与交流互动为一体的公共文化数字新平台，实现数字资源下载、数字资源导航等服务并跟进当代移动服务，即利用手机、IPAD等手持阅读器通过WiFi或Usb方式下载阅读数字资源。❷一般来说，社区图书馆网络化发展模式并不需要特殊条件，只要加强硬件设备、软件系统与数字资源建设即可（见表5-2）。社区图书馆网络化、数字化发展到一定程度，反而可以克服传统服务中的许多短板与弊端，譬如社区图书馆逐渐发展成为公共文化服务体系的核心成员与重要支柱，其网络设施建设与数据运行维护可委托第三方完成，从而保障社区居民只需通过触摸互动设备登录就可以直接远程访问公共文化资源体系中丰富的数字资源。

表5-2 社区图书馆数字化服务资源配置

资源类型	资源明细
硬件设备	电脑一体机
	电子书阅读器
	方正特制U盘
	平板电脑
	自助借还触摸屏
软件系统	数字图书馆平台
	智能终端接入子系统
	二维码借阅子系统
	自助借还子系统
	电子阅览室管理系统
	盲用读屏软件
数据资源	电子图书资源包
	电子报纸资源包

资料来源：张洁. 浅谈社区图书馆的数字化服务. 图书馆杂志, 2012（7）: 51-53.

---

❶❷ 张洁. 浅谈社区图书馆的数字化服务. 图书馆杂志, 2012（7）: 51-53.

6 公共文化服务体系中社区图书馆发展战略措施

在公共文化服务体系之中，社区图书馆建设的重要性与迫切性日益上升。我们甚至可以说，没有普遍均等的公共文化服务体系，就没有中华民族伟大复兴的文化战略；没有普遍均等的公共图书馆服务体系，就没有完善的公共文化服务体系；没有布局均衡、服务便捷的社区图书馆建设，就没有覆盖全社会、资源共建共享的公共图书馆服务体系。因此，社区图书馆的规划、创办、管理、运行与发展，已经成为国家文化战略实施的重中之重。然而，社区图书馆建设是一个复杂的系统工程，牵涉方方面面利益主体的博弈与协作。仅就社区图书馆的创办主体来说，既可以是由政府投资兴办并下拨运行经费的公办主体，又可以是由集体或个人等社会力量集资兴办并维持正常运行的民办主体。前者往往表现为政府创办的公共图书馆或其分馆形式，后者曾经长期是乡镇（街道）以下基层图书馆（室）的主导形式。根据投资建设主体之不同，社区图书馆可以划分为纯公办、公办民助、纯民办与民办公助四种发展类型[1]。显然，社区图书馆建设应当走多元化的发展道路。基层政府、社会力量、社区居委会、文化主管部门与区（县）图书馆等都应当参与社区文化建设，通常而言它们分别是社区图书馆的创办主体、协办组织、运作单位、监管机构与业务指导部门。如何理顺社区图书馆的各种"社会关系"，怎样做好社区图书馆的各项服务工作，进而推动社区图书馆事业可持续发展呢？尽管这个议题所涉及的范围极其广泛，但由于制度建设是基础、技术方法是手段、资源保障是根本、组织管理是保证，因而制度保障、技术保障、资源保障与组织保障是社区图书馆建设最根本的战略措施。

6.1 社区图书馆的制度保障

6.1.1 公共文化服务制度

关于制度一词的阐释历来就莫衷一是。马克思在《德意志意识形态》中指

---

[1] 霍瑞娟. 社区图书馆多元化发展研究. 湘潭大学公共管理学院, 2015: 9.

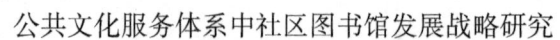

出：制度只不过是个人之间迄今所存在的交往的产物。❶ 他高度概括了制度的本质，即维护人们交往的规则与保障。一般来说，人们往往从广义与狭义两个角度研究、解读与阐述制度。广义的制度是指在一定条件下形成的政治、经济、文化等方面的体系，如政治制度、经济制度、文化制度等；狭义的制度是指企业为完成某项任务或目标而要求相关人员共同遵守的办事规程或行为准则，诸如章程、规定、办法、细则、规范等。❷ 由此可见，制度是某个团体、单位或组织为了完成一定的任务或达到一定的目标，所制定的要求全体成员共同遵守的办事规程与行动准则。我们的前期研究成果表明：社会制度是对社会、组织与人们的活动规范的高度抽象，是通过权力保障实施的规则。❸ 显然，从制度制定的主体来看，有国家层面的制度主体、管理部门的制度主体和组织自身的制度主体；而从制度刚性的要求来看，有核心层面的法律法规、基础层面的政策文件与外围层面的相关制度。我们应当强化政府在公共文化服务体系构建中的作用，全面推进城乡社区图书馆建设。这就是说，政府部门应当建立健全公共文化的制度体系，科学规划公共文化的发展战略，合理设置公共文化的设施设备，不断增加公共文化的资源投入，大力引导社会力量积极办馆助馆。

公共文化服务制度为鼓励、扶持、保障与推动公共文化服务发展提供了制度基础，主要涉及法律法规、政策措施、章程规定、技术标准、管理规范等诸多方面。21 世纪以来，国家制定了《关于推进社会主义新农村建设的若干意见》《关于进一步加强农村文化建设的意见》《关于深化文化体制改革的若干意见》《关于进一步支持文化事业发展若干经济政策的通知》等一系列公共文化建设政策，这些政策措施极大地促进了城乡公共文化乃至社区文化的发展。此外，政府部门出台了《公共文化体育设施条例》《公共图书馆建设用地指标》《公共图书馆建设标准》《图书馆建筑设计规范》《文化馆建设用地指标》《文化馆建设标准》《文化馆建筑设计规范》《乡镇综合文化站管理办法》《乡镇综合文化站建设标准》《博物馆建筑设计规范》《剧场建筑设计规范》等一系列公共文化设施建设规范。这些公共文化设施建设的标准或规范充分贯彻了"普遍均等""惠及全民""以人为本"的服务理念：设施建设规模不再取决于行政级别，而主要根据服务人口确定；半年以上暂住人口纳入统计范围，维护劳务工等流动人口的文化权益；测算步行、骑车、公交等出行时间，明确公共文化设施的服务半径；保护

---

❶ 马克思恩格斯选集（1）. 北京：人民出版社，1995：78.
❷ 朱舟等. 绩效考核与绩效管理. 北京：中国电力出版社，2014：189.
❸ 龚蛟腾，侯经川. 构建以图书馆法为核心的公共知识管理制度. 图书情报工作，2004(7)：58–61，81.

公共文化设施用地,不能改变原馆址的公益文化用地性质。❶ 只有大力推进公共文化设施建设,基层公共文化服务才能落到实处。构建完善的公共文化服务体系,是满足人民群众文化需求的基本途径,是政府文化管理部门的天职所在,也是文化事业建设的目标方向。❷ 由于公共文化服务逐渐受到国家的高度关注,各种类型的公共文化设施建设标准接连颁布也就不足为奇了。

近年来,党、政府及其相关部门颁布了一系列公共文化管理制度,促进了公共文化服务体系的建设。譬如,2011年初颁发的《关于推进全国美术馆公共图书馆文化馆(站)免费开放工作的意见》,为公共图书馆等公共文化服务设施免费开展基本服务提出了硬性要求。2016年12月25日,《公共文化服务保障法》通过审议并正式颁布,这在公共文化服务制度发展史上无疑具有里程碑式的重大意义。该"保障法"明确规定"县级以上人民政府应当将公共文化服务纳入本级国民经济和社会发展规划",按照"四性"要求"加强公共文化设施建设,完善公共文化服务体系",省级政府应"制定并调整本行政区域的基本公共文化服务实施标准"。❸ 2017年3月1日,《公共文化服务保障法》正式实施。我国公共文化服务体系建设从此进入了"依法治文"的新时代,政府部门、文化组织、相关机构、社会团体、社会公众都需要依法参与公共文化服务活动。这部法律的颁布本身就是公共文化服务制度化建设的结果,同时还要求省级政府因地制宜地制定当地的基本公共文化服务实施条例。

《公共文化服务保障法》规定了公共文化服务的制度框架,但其具体措施尚有待相关制度进一步细化。构建普遍均等的公共文化服务体系,仅依靠一部法律绝非万事大吉。我们应当本着积极态度与采取科学做法,在有法可依、有法必依的基础上不断完善公共文化服务制度,才能真正推动公共文化服务体系沿着正确的轨道前进。上海市公共文化服务体系已基本成形,当然离不开法制化、制度化的保障。该市在2012年制定了《上海市社区公共文化服务规定》,从而颁布了国内第一部面向社区的地方性公共文化服务法规;近年来又出台了一系列地方性指导性文件,譬如2015年市委、市政府发布"上海市基本公共文化服务实施标准

---

❶ 我国出台图书馆、文化馆建设用地指标和建设标准. (2008 - 10 - 21) [2017 - 08 - 05]. http://www.mlr.gov.cn/xwdt/jrxw/200810/t20081021_110962.htm.

❷ 钱江潮. 构建完善的公共文化服务体系——和谐社会与文化建设(五). 中国文化报,2005 - 12 - 8 (007).

❸ 中华人民共和国公共文化服务保障法. (2016 - 12 - 25) [2017 - 06 - 12]. http://www.npc.gov.cn/npc/xinwen/2016 - 12/25/content_2004880.htm.

(2016—2020)"，提出到2020年率先建成现代公共文化服务体系[1]。2017年初，文化部等相关部门要求各地制定跟《公共文化服务保障法》相衔接的地方性法规，于是浙江省将制定《推进图书馆、文化馆乡镇分馆建设的实施意见》并完善《流动文化服务标准》《城市书房服务标准》，陕西省将推出《陕西省公共文化服务保障条例（草案）》《公共图书馆条例》《文化馆条例》《五级公共文化设施提档升级规划》《陕西省乡镇（街道）综合文化站服务效能考核办法》，重庆市将制定《重庆市群众文艺创作规划》，而苏州市将在率先出台《苏州市公共文化服务办法》的基础上加快立法。[2] 我国各级政府应当切实遵循本国国情并充分展现文化自信，不断完善公共文化服务制度体系，积极推进公共文化领域的管理创新与服务创新。诚如斯，那么作为公共文化服务体系重要成员的社区图书馆事业，亦能搭上公共文化普遍均等服务制度保障的顺风车。

6.1.2 公共图书馆制度

公共图书馆制度是公共图书馆事业发展的重要保障，主要涉及法律法规、政策方针、规章制度、管理规范与运行规则等。IFLA、UNESCO等国际文化组织经过不懈努力，颁布了《公共图书馆宣言》《经济、社会和文化权利国际公约》《婴幼儿图书馆服务指南》《儿童图书馆服务指南》《青少年图书馆服务指南》《学校图书馆宣言》《图书馆与知识自由声明》《图书馆与可持续发展声明》《图书馆员道德准则草案》等一系列促进图书馆事业发展的国际规范。这些"宣言""指南""声明"等旨在促进各国政府重视图书馆建设，并积极倡导图书馆改进服务。欧美发达国家大力推进图书馆法制建设，强调各级政府承担公共图书馆建设的主体责任。早在1848年，美国马萨诸塞州议会就通过了世界上第一部公共图书馆法，即通过立法促进在波士顿建立公共图书馆的法案；1850年，英国议会颁布了世界上第一部全国性的公共图书馆法——《公共图书馆暨博物馆法》（Public Library and Museum Act），明确授权地方议会为公共图书馆建设征税。[3] 国外各种图书馆法案相继实施，形成了由各级政府支持与创办公共图书馆的国际惯例。西方发达国家还通过制定相关政策，积极鼓励社会公众参与公共图书馆事物。譬如，澳大利亚政府规定，教师、学者、新闻记者、科学家、工程师、知识分子等购书，如果所购书籍与工作有关，购书者可以从当年应缴的个人所得税中

---

[1] 上海：2020年率先建成现代公共文化服务体系．（2017-04-25）[2017-04-29]．http://sh.people.com.cn/n2/2017/0425/c134768-30092498.html.

[2] 依法治文 不断提升公共文化服务效能．（2017-03-02）[2017-08-06]．http://www.shaanxici.cn/content/2017-03/02/content_14540643.htm.

[3] 蒋永福．现代公共图书馆制度研究．北京：知识产权出版社，2010：109.

6 公共文化服务体系中社区图书馆发展战略措施

如数扣除或退税,也可以向政府申请报销,报销的多少因每个人的不同情况而定。❶ 毋庸置疑,国际社会与外国政府制定了相对完善的公共图书馆制度体系,这是其公共图书馆事业健康发展的制度保障。

我国政府应当切实加强图书馆法律法规以及相关制度建设,真正落实图书馆的公益性质并确保社会公众自由、平等、免费地享受图书馆服务。早在1912年,蔡元培就认为通俗图书馆是社会教育的中心机构,"以启发一般人民普通必需之知识为主,故通俗图书馆之设,实兴紧要"。❷ 通俗图书馆具有普及知识与开展教育的重要作用,因此受到当时不少有识之士的关心与支持。1915年,教育部颁布的《通俗图书馆规程》规定:"各省治、县治应设通俗图书馆,储集各种通俗图书,供公众之阅览"。❸ 然而,当时社会动荡不堪、战争接连不断、财力严重匮乏、时局极度艰难,公共图书馆事业发展缺乏相应的社会基础,《通俗图书馆规程》无疑失去了贯彻落实的前提条件。中华人民共和国成立之后,我国实施了一系列有关图书馆服务的文化政策,基本建立了相对完整的县级以上公共图书馆体系。然而,无论基层公共图书馆制度设计,还是基层公共图书馆事业发展,都留下了值得人们深深反思的历史教训。20世纪中后期公共图书馆制度整体缺失,基层图书馆建设打上了深深的"运动"印迹,如50年代近乎荒诞的"大跃进"、60~70年代的"文化大革命"、80年代喧嚣一时的乡镇万册图书馆建设等深刻地影响着基层公共图书馆之发展。1958年6月全国有文化馆图书室2657个,工会系统图书馆25419个,农村图书室约288326个,群众集体创办的图书馆3847个❹;同年8月,农村社办图书馆(室)发展到473800多个,❺ 这种不切实际与违背规律的办馆运动早就只是留下了一声叹息!"文化大革命"实际上导致了基层文化建设遭到严重破坏,而乡镇万册图书馆建设也尘封在无声的历史之中。痛定思痛,近年来接连掀起了基层公共文化服务体系建设高潮,然而文化信息共享工程、农家书屋工程等均没有达到预期效果,一些地方"能够勉强运行的农家书屋不足20%"。❻ 显然,我们应当建立完善的公共图书馆制度体系,确定

---

❶ 李娟. 澳大利亚社区图书馆的管理与服务. 高等函授学报(哲学社会科学版),2008(10):30-32.

❷ 孔敏. 试论我国通俗图书馆的形成. 科技创新导报,2010(5):201.

❸ 刘桂芳. 通俗图书馆与民国初期社会教育. 图书情报工作,2010,54(5):98-101.

❹ 陈源蒸,张树华,毕世栋. 中国图书馆百年纪事(1840—2000). 北京:北京图书馆出版社,2004:162-163.

❺ 黄宗忠. 坚持图书馆事业为无产阶级政治、为生产、为工农兵服务的方针. 武汉大学学报(人文社会科学),1959(7):32-43.

❻ 王子舟,刘君,周亚. 方法根植于精神与素养——图书馆学研究方法问题三人谈. 图书馆,2014(4):1-7.

· 227 ·

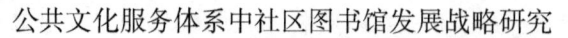

城市社区图书馆与农村社区图书馆的行为准则，进而推动城乡社区图书馆建设与管理的制度化、规范化与可持续化。梁欣指出："公共图书馆制度供给是国家为了保障公共图书馆事业而制定的一系列政策、法规、规章、规划"，"要从根本上解决公共图书馆事业发展问题，跳出公共图书馆事业制度供给陷阱，就必须解决核心制度缺失问题"。❶由于我国缺乏法律制度的规范与约束，城乡基层公共图书馆建设长期陷入时有时无、屡建屡毁的历史怪圈之中。因此，建立健全公共图书馆的法制、政策与规章，是基层公共图书馆持续发展的制度保障。

21世纪以来，随着公共文化服务制度的逐步完善，公共图书馆制度建设亦开始加快。2008年6月1日，《公共图书馆建设用地指标》正式实施；同年11月1日，《公共图书馆建设标准》开始生效。这两大极其重要的标准规范接踵而至，为我国公共图书馆建设确定了基本要求。《公共图书馆建设用地指标》规定，大型馆、中型馆与小型馆的服务半径分别不超过9公里、6.5公里与2.5公里，大、中型馆覆盖的2.5公里服务半径内不应再设置小型馆，小型馆为服务人口5万~20万（含）、建筑面积1200~4500平方米并提供文献信息资料借阅、大众文化传播等日常公益性服务的公共图书馆。❷该"用地指标"明确了大、中、小型公共图书馆的用地标准与设置原则，也规定了小型馆的服务人口、藏书量、建筑面积、容积率、建筑密度与用地面积（见表6-1）。不过对于服务人口在5万以下的社区（村），没有设定相关指标进行规范，这不能不说是一个令人遗憾的疏忽。《公共图书馆建设标准》规定，"服务人口3万以下的，不建设独立的公共图书馆，应与文化馆等文化设施合并建设，其用于图书馆部分的面积，参照3万服务人口的人均藏书量、千人阅览座席指标执行"❸。任何发展规划都需要明确一定时期总的发展目标，公共图书馆建设需要制定未来5~10年内各项衡量指标的基本要求。公共图书馆建设标准列出了大、中、小型公共图书馆的服务人口、建筑面积、藏书量与阅览座席标准（见表6-2），甚至要求在公共图书馆业务区中设置为街道、乡镇图书馆统一采编、配送图书用房的"配送中心"。然而，对于服务人口在3万以下的社区（村），该"建设标准"只是笼统地提议跟其他文化设施合并建设，相关设施配备参照3万服务人口的小型馆指标。"法"无规定既"可为"又可"不为"，在实际执行层面来说，基层公共图书馆建设就

---

❶ 梁欣. 发展公共图书馆事业的政府制度供给责任. 图书情报工作，2009，53（17）：39-42.

❷ 公共图书馆建设用地指标.（2015-11-08）[2017-08-03]. http://www.dezhou.gov.cn/n1431/n20123954/n20129285/n22436673/n22436696/c22437006/content.html.

❸ 公共图书馆建设标准.（2012-08-24）[2017-07-03]. http://www.zj.gov.cn/art/2012/8/24/art_14513_50741.html.

容易产生"没有制度约束就不为"的弊端。

表6-1 小型馆建设用地控制

服务人口 （万人）	藏书量 [万册（件）]	建筑面积 （m²）	容积率	建筑密度 （%）	用地面积 （m²）
5	5	1200	≥0.8	25~40	1200~1500
10	10	2300	≥0.9	25~40	2000~2500
15	15	3400	≥0.9	25~40	3000~4000
20	20	4500	≥0.9	25~40	4000~5000

表6-2 公共图书馆建筑面积、藏书量、阅览座席控制指标[1]

规模	服务人口 （万）	建筑面积		藏书量		阅览座席	
		千人面积 指标 （m²/千人）	建筑面积 控制指标 （m²）	人均藏书 （册、件 /人）	总藏量 （万册、 件）	千人阅览 座席 （座/千人）	总阅览 座席 （座）
大型	400~1000	9.5~6	38000~60000	0.8~0.6	320~600	0~0.3	2400~3000
	150~400	13.3~9.5	20000~38000	0.9~0.8	135~320	0	1200~2400
中型	100~150	13.5~13.3	13500~20000	0.9	90~135	0.9~0.8	900~1200
	50~100	15~13.5	7500~13500	0.9	45~90	0.9	450~900
	20~50	22.5~15	4500~7500	1.2~0.9	24~45	1.2~0.9	240~450
小型	10~20	23~22.5	2300~4500	1.2	12~24	1.3~1.2	130~240
	3~10	27~23	800~2300	1.5~1.2	4.5~12	2.0~1.3	60~130

尽管"建设标准"与"建设用地指标"规范了公共图书馆设施建设，但街道（乡镇）、社区（村）级基层图书馆很难得到应有的"关照"或"监管"，甚至这些基层图书馆都没有纳入公共图书馆的统计数据之中。因此，制定公共图书馆法律法规，通过国家力量强制执行显得尤为重要。《全国公共图书馆事业发展"十二五"规划》要求建立健全公共图书馆法律法规体系和标准规范体系，出台《公共图书馆法》《古籍保护条例》等法律法规，制定或修订公共图书馆的国家

---

[1] 公共图书馆建设标准．（2012-08-24）[2017-07-03]．http://www.zj.gov.cn/art/2012/8/24/art_ 14513_ 50741.html.

标准与行业标准❶。2017年4月19日,国务院总理李克强主持召开国务院常务会议,审议了《中华人民共和国公共图书馆法(草案)》。这次会议指出,发展公共图书馆事业是完善公共文化服务体系的重要内容,明确政府加强公共图书馆建设的责任和鼓励社会力量参与的要求,并对公共图书馆运行管理制度、应当承担的服务功能和加强数字资源建设、实现线上线下融合等作了规定。❷ 2017年11月14日,第十二届全国人民代表大会常务委员会第三十次会议通过《中华人民共和国公共图书馆法》,该法已于2018年1月1日正式生效。公共图书馆法从呼吁、研究、论证到草案、修订、审定,经历了一个艰难而曲折的过程。我国《公共图书馆法》的颁布与实施,必然是公共图书馆制度化建设的难得福音。

6.1.3 社区图书馆制度

长期以来,我国县级以下公共图书馆事业发展政策乏善可陈,尽管在某个时期政府断断续续地采取过某些措施,但全面稳定的可持续的基层公共图书馆政策几乎没有。清末民国时期,除了极少数地区创办了简陋的基层图书馆外,绝大多数地区并没有真正创办基层图书馆。1955年,《关于工会图书馆工作的规定》要求"凡有职工500人以上的基层""建立单独的或附设在俱乐部中的工会图书馆"。❸ 1956年初,中共中央召开知识分子问题会议,并发出"向科学进军"的号召。这些措施为我国文化事业的发展创造了有利条件,极大地促进了基层图书馆建设。1958年,全国掀起了"大跃进"运动的高潮,农村图书馆(室)同样陷入违背规律的畸形发展之中。1960年,国家实施"调整、巩固、充实、提高"的国民经济整顿方针;1966年,历经十年的"文化大革命"全面爆发;1978年以后,文化事业随着国家政策调整而不断起伏。显然,中华人民共和国成立以后公共图书馆事业在"恢复""发展""倒退""停滞"与"发展"之中反复不已,基层公共图书馆建设更是在"创办""破坏""创办"之中再三折腾。纵然这种结果是由多种原因引起的,但其中不容回避的关键因素之一是缺乏基层公共图书馆制度,至今我国尚没有一部真正的图书馆法。❹ 我国基层公共图书馆事业积贫积弱,整体落后的发展状况令人担忧。

政府文化主管部门应当不断颁布包括图书馆(室)、文化馆(站)等方面的政策方案,将社区图书馆等基层公共文化设施建设纳入城乡建设的战略规划。

---

❶ 文化部关于印发《全国公共图书馆事业发展"十二五"规划》的通知. (2013 - 01 - 30)[2017 - 04 - 12]. http://www.gov.cn/gongbao/content/2013/content_ 2404725.htm.

❷ 国务院常务会议. (2017 - 04 - 19)[2017 - 08 - 09]. http://www.gov.cn/guowuyuan/gwycwhy/20170419c10/index.htm.

❸ 中华全国总工会关于工会图书馆工作的规定. 图书馆工作,1955(5):12 - 15.

❹ 龚蛟腾. 基层图书馆的定位、反思与趋向. 图书馆工作与研究,2013(12):4 - 9.

2002年,《关于进一步加强基层文化建设的指导意见》指出:"把文化设施建设纳入城乡建设整体规划""城市新建居民小区和经济开发区必须规划和配套建设相应文化设施"。❶ 尽管严格来说这不是专门的基层图书馆政策文件,但社区图书馆是基层文化建设的主力军,因而它对社区图书馆建设也有一定的促进作用。2012年5月1日,我国开始实施《公共图书馆服务规范》(GB/T 28220—2011),该"规范"规定了县(市)级以上公共图书馆的服务标准,并要求街道(乡镇)馆、社区(村)馆以及民间图书馆等参照执行。❷ 从某种意义上来说,"参照执行"远不及"必须执行",因而街道(乡镇)以下基层图书馆仍有被忽略之感。2014年,文化部颁布《乡镇图书馆统计指南》(WH/T 69—2014),该"指南"主要对乡镇图书馆业务统计数据报告、统计数据收集进行规范,旨在从我国图书馆事业发展标准化、体系化的角度出发规范乡镇图书馆的业务统计工作,并以此推动乡镇图书馆规范化建设向前发展。2016年,文化部制定的《社区图书馆服务规范》(WH/T 73—2016)涉及有关服务的资源、提供、管理、保障等9个部分,有利于社区图书馆改善服务条件、规范服务工作与提高服务效益。该"规范"要求"地方政府应出台相应的配套政策","从地区一体化服务体系建设与管理等方面为社区图书馆服务的正常开展和持续发展提供有效保障机制"。❸ 近年来,我国乡镇、社区图书馆管理标准研究取得了较大进展,相关的管理规范、服务规范、统计指南、评估指南、建设指南或已公布,或将推出。显然,随着这一系列乡镇、社区图书馆管理标准的相继出台,我国街道(乡镇)、社区(村)图书馆必将迎来制度化、规范化发展的良好契机。

加强社区图书馆制度建设,是推动其事业发展的"不二法门"。政府部门应当根据城乡发展规划制定社区图书馆的战略规划与业务规范,明确规定社区图书馆的布局规划、馆舍面积、设施配置、馆藏规模、经费来源、服务对象、馆员素质等。程焕文先生所说的"从国外经验看,要通过立法解决购书经费及社区图书馆的配置问题",❹ 实际上就是强调社区图书馆法制建设的重要性。早在20世纪80年代初期,天津、上海等城市就制定了《街道图书馆工作条例》;1998年,深

---

❶ 关于进一步加强基层文化建设的指导意见. (2002 - 03 - 27)[2017 - 08 - 06]. http://www.hflib.gov.cn/law/law/falvfagui2/xzf/flfg/WH%20TY/1008.htm.

❷ 《公共图书馆服务规范》发布5月1日起正式实施. (2012 - 01 - 20)[2017 - 08 - 07]. http://www.gov.cn/gzdt/2012 - 01/20/content_2050157.htm.

❸ 中华人民共和国文化部. 社区图书馆服务规范(WH/T 73—2016). 北京:国家图书馆出版社,2016:4.

❹ 杜星等. 广州的图书馆喘着粗气喊"老了". 羊城晚报,2002 - 05 - 29(A4).

圳市文化局制定了村级图书馆的达标标准。❶ 事实表明，这些制定了相关制度规范的地区，基层公共图书馆事业相对较好。20世纪90年代末以来，我国地方公共图书馆法制建设逐步提上了议事日程。《深圳经济特区公共图书馆条例（试行）》（1997年）、《内蒙古自治区公共图书馆管理条例》（2000年）、《北京市图书馆条例》（2002年）等地方性图书馆法规相继颁布，积极鼓励社会力量创办或资助图书馆，为基层公共图书馆多元化建设提供了可靠的制度保障。深圳已建成四级公共图书馆网络，初步实现每1.5万人拥有一个公共馆；❷ 这得益于它既有强大的经济实力支撑，又有可行的文化制度保障。2002年，《北京市图书馆条例》规定"鼓励和扶持在社区、村兴办图书馆（室）""加强社区、村内图书馆（室）的建设"❸。该"条例"明确指出在社区（村）内创办图书馆（室），基层政府应当以区（县）、街道（乡镇）图书馆为基础来推动社区（村）图书馆（室）建设。次年出台的《〈北京市图书馆条例〉实施办法》第十四条要求"区、县文化行政主管部门应当根据本区、县情况制定社区、村图书馆（室）建设标准，帮助社区、村图书馆（室）达到规定标准"，第十六条要求"自然人、法人和其他组织……可以兴办社区、村图书馆（室），并接受社区居委会或村委会的领导"❹。在"条例"及其实施办法的规范下，近年来北京市社区图书馆建设取得了长足进展。

近年来，江西省、浙江省等省级政府根据相关的国家标准，纷纷制定了当地的公共图书馆服务规范或标准，其中包含了社区图书馆建设的基本要求。2013年，江西省质量技术监督局批注发布《江西省公共图书馆服务规范》（DB36/T 721—2013），为促进江西公共图书馆服务标准化、均等化提供了制度保障；❺ 同期该省文化厅颁布《江西省公共图书馆服务标准（试行）》，要求"充分发挥区县图书馆对乡镇（街道）综合文化站和社区、村图书室的核心与辐射作用，促进基层文献信息资源共享"❻。该"标准"难能可贵地规定：服务人口为1万~5

---

❶ 黄晓鹂等. 图书情报工作研究2007-1. 北京：中国科学技术出版社，2007：52.
❷ 梁睿，张清华. 深圳基层图书馆为何冷热不均. （2011-12-02）[2017-07-27]. http://edu.ifeng.com/gundong/detail_2011_12/02/11043570_0.shtml.
❸ 北京市图书馆条例. （2002-07-18）[2017-07-29]. http://www.law-lib.com/law/law_view.asp?id=41309.
❹ 《北京市图书馆条例》实施办法. （2013-11-05）[2017-07-17]. http://www.cpweb.gov.cn/news/zt/kplxh/whw/zhengcefagui/19859.html.
❺ 江西出台公共图书馆服务规范. （2014-03-20）[2017-07-17]. http://www.mcprc.gov.cn/whzx/qgwhxxlb/jiangxi/201403/t20140320_431344.html.
❻ 江西省公共图书馆服务标准（试行）. （2013-11-19）[2017-07-17]. http://www.jxwh.gov.cn/zwgk/zcfg/gfxwj/201311/t20131119_1222313.htm.

万的小型公共图书馆应达到建筑面积800~1200平方米、阅览座席70~90个、总藏书2万~6.5万册（件）、人均藏书2~1.3册（件）的配置标准。2016年，浙江省质量技术监督局批准发布《浙江省公共图书馆服务规范》（DB33/T 2011—2016），为推进浙江省城乡公共图书馆服务标准化、均等化提供了制度依据。它明确要求形成覆盖全省城乡、服务均等的省、市、县（市、区）、乡镇（街道）、村（社区）五级公共图书馆管理模式，省级中心镇或常住人口超过10万人的乡镇（街道）设立图书馆分馆，其他乡镇（街道）、村（社区）设置图书馆分馆或图书室；其中，图书馆分馆建筑面积不少于300平方米，乡镇（街道）图书室不少于100平方米，村（社区）图书室不少于50平方米。❶ 此外，该"规范"还强调以总分馆建设、服务联盟等形式推动县级以上公共图书馆资源和服务双下沉，从硬件、资源、平台等着手突出数字图书馆的"互联网+模式"。❷ 显然，《浙江省公共图书馆服务规范》为文化行政部门提供了可量化考核的依据，必然提升浙江省公共图书馆尤其是街道（乡镇）、社区（村）级图书馆的服务水平。

　　社区图书馆发展在很大程度上取决于地方政府的态度和支持。20世纪90年代末，深圳市宝安区在"百村书库"工程建设中，制定了建馆起点、设置密度及硬件标准远远高于上级要求的"五有"标准：一要有一定规模的场地和设备，馆舍面积不少于100平方米；二要有一定数量的图书和报刊，开馆时藏书不少于1万册，其中少儿图书必须达到10%以上，每年应购新书1000册以上，订阅期刊30种、报纸10种以上；三要有健全的科学管理制度和固定管理人员；四要每年有固定的经费；五要有固定的开放时间，周开放时间不少于36小时，周六、周日保证开放❸。《关于在全国组织实施"知识工程"的通知》实施之后，全国各地纷纷响应"知识工程"的建设运动，不过能够坚持下来并取得良好成效的微乎其微。宝安区"百村书库"之所以能够茁壮成长，当然受益于国家政策以及广东省政策，但更离不开宝安区高标准、严要求的地方政策。此后，深圳市又提出"文化立市"并制定《深圳市建设"图书馆之城"（2003—2005）三年实施方案》《深圳市建设"图书馆之城"（2006—2010）五年规划》《深圳市社区建设发展规划纲要（2006—2010）》，将社区图书馆创办纳入公共服务体系建设之中。❹ 尤其值得称道的是，深圳市所开启的"图书馆之城"三年实施方案中，建

---

❶ 浙江出台全国首个公共图书馆服务标准. (2016-07-17) [2017-07-21]. http://culture.people.com.cn/n1/2016/0717/c1013-28560617.html.

❷ 我省发布《公共图书馆服务规范》. (2016-05-31) [2017-07-21]. http://www.zjwh.gov.cn/dtxx/zjwh/2016-05-31/199770.htm.

❸ 温友平. 文化的力量. 深圳：海天出版社，2012：37-38.

❹ 高珲. 论如何加快社区图书馆建设. 贵图学刊，2010（3）：63-64.

设重点就是创办社区图书馆。2004 年,《深圳市社区图书馆的达标评估标准》颁布,明确要求社区(村)级图书馆"馆舍面积不小于 100 平方米,藏书为 3000 册以上,报纸 30 种以上,期刊 100 种以上,有专职工作人员,每周开放时间不少于 36 小时等"。❶ 当时社区(村)图书馆达标标准的制定与实施,在全国范围来看都显然极其难能可贵。2006 年深圳市制定社区图书馆的达标评估标准,将藏书标准提高到 10000 册以上,并要求周六、周日必须开放。❷ 正是在这些公共图书馆方案、标准、规范、政策等制度的促进与保障下,深圳市基层图书馆服务取得了令人骄傲的成就。

东莞市"图书馆之城"建设方案极大地促进了基层图书馆建设,建立了包括社区图书馆在内的总分馆体系。2005 年 7 月,东莞市政府办公室印发《东莞市建设图书馆之城实施方案》,提出"图书馆之城"建设应当"以东莞图书馆为龙头,构建市、镇、村三级公共图书馆网络""形成覆盖市、镇区、社区(村)、图书流动车、院校、企业、家庭的设施网络体系,构成馆、室、书房、书架的多级藏书形态"。❸ 此外,东莞市还制定了《关于建设文化新城的实施意见》《东莞图书馆新馆建设与发展规划纲要(2002—2010 年)》《东莞地区图书馆总分馆制实施方案》一系列政策,从而为东莞市社区图书馆建设提供了强有力的制度保障。街道(乡镇)、社区(村)图书馆的建设标准应当切合实际,既要防止建设标准"过高"而无法达到的现象,又要避免建设标准"过低"而失去作用的现象。

社区图书馆只有通过加强制度创新,建立与完善借阅制度、归档制度、管理制度等制度体系,才能从制度上保障它的可持续发展。政府是公共图书馆事业发展的主导力量,必须成为图书馆制度首要的供给主体,即制定一系列相对完善的图书馆法律、法规、政策、标准等。❹ 没有相关的法规、政策等制度保障,就没有建设标准、资金来源、服务规范、管理模式的衡量指标,公共图书馆发展就会陷入盲目状态。因此,社区图书馆建设需要有章可循、有法可依,走城乡协调、区域协调的发展路径。政府部门主导制定社区图书馆工作条例与"农家书屋"管理规范性文件,形成设施、馆藏、人员、经费、服务等方面的量化管理制度。各级政府应当重视社区图书馆建设的科学决策,将其纳入城镇化发展规划之中。

---

❶ 万群华等. 润物细无声:社区乡镇图书馆与和谐社会. 武汉:武汉出版社,2006:798.

❷ 晏显蓉. 社区图书馆现状及可持续发展探讨. 四川图书馆学报,2010(6):38-41.

❸ 国家图书馆研究院. 我国图书馆事业发展政策文件选编(1949—2012). 北京:国家图书馆出版社,2014:621-622.

❹ 龚蛟腾. 基层公共图书馆创办的政府行为分析. 山东图书馆学刊,2015(1):13-18.

为了通过公共文化服务的评级与考察，相关部门往往临时设立社区图书馆而不顾其后续发展。政府部门应当制定公共图书馆的战略规划和政策规范，诸如通过确保财政投入、设立专项资金与采取转移支付等措施扶持社区图书馆的有效创办与正常运转。建立健全基层图书馆管理制度是社区图书馆全面、持续发展的重要保障，它既是社区图书馆业务管理的基本准则，又是社区居民获取图书馆服务的主要依据。

6.2 社区图书馆的技术保障

6.2.1 数字技术的蓬勃发展

20世纪中期以来，信息技术日新月异、突飞猛进，随后互联网络彻底改变了人类知识/信息的增长模式与传播方式。1993年美国时任总统克林顿倡导建立连接图书馆等各个部门的信息高速公路，全球绝大多数国家尤其是颇有影响力的大国纷纷制订各自的信息高速公路计划。当时所谓的看似颇有前瞻性的信息高速公路计划，早已成为实实在在的现实并实现了更大的突破。数字技术造就"数字地球村"的美妙神话，信息资源的海量存储技术、自动处理技术与即时传播技术早已成为了社会事实。数字比特以每秒30万公里的光速传播，差不多每秒可绕地球7圈半。"用时间消灭空间"是现代社会的特征，更是现代生活的现实。21世纪信息处理与网络建设的技术环境，接连经历了从"知识网格"到"云计算"再到"大数据"的更替。

随着网络环境与数字技术的快速发展，人类已经跨入全球化的网络文化时代。网络文化是一种开放共享的多元文化，也是数字社会、学习社会、智慧城市稳妥推进的必然产物。构建完善的公共文化服务体系要求建立健全图书馆服务体系，打造不同地区、不同层次、不同类型图书馆之间的资源共享网络与服务协同平台。社区图书馆是公共文化服务必要的基层组织，也是数字文化资源服务必需的网络节点。"十二五"期间，我国将基本形成覆盖城乡的国家、省、市、县、乡镇（街道）、村（社区）的数字图书馆六级服务网络，促使基层服务点达到100万个、入户覆盖全国50%以上的家庭；实施"数字图书馆推广工程"，建设覆盖全国的数字图书馆虚拟网、系统平台与资源库群；实施"公共电子阅览室建设计划"，实现公共电子阅览室在全国乡镇、街道、社区的全覆盖。❶ 我国的国家数字图书馆工程、全国文化信息资源共享工程等重大文化基础工程，开创了突破时空限制的公共文化服务与交流的开放式平台。数字技术既为公共文化服务体

---

❶ 文化部公共文化司．文化部关于印发《全国公共图书馆事业发展"十二五"规划》的通知．（2013-01-31）[2017-07-13]．http：//59.252.212.6/auto255/201302/t20130205_29554.html．

系构建创造了物质条件，也为开展数字文化服务提供了技术保障。

数字技术的推广与应用，不仅确保数字图书馆服务网络实现了从城市到农村的全面覆盖，而且促使数字图书馆服务方式扩展到互联网、手机、电视、智能移动终端等全媒体服务。❶ 我国诸多重大文化工程的顺利实施，离不开数字技术与通信网络的充分支撑。《全国公共图书馆事业发展"十二五"规划》要求"积极推进公共数字文化服务体系建设"，形成"分布式数字图书馆服务网络"❷。借助于数图推广工程、文化共享工程与电子阅览室计划，相关行为主体可以不断改善社区图书馆的信息设施、文化资源、服务手段。为了加强数字服务的标准化、规范化，近年来国家或地方相继出台了一些相关的技术标准。譬如，2014—2015年，文化部相继颁布了《电子图书元数据规范》（WH/T 65—2014）与《图书馆数字资源长期保存信息包封装规范》（WH/T 72—2015）；2016年，深圳市市场监督管理局制定了《公共图书馆统一服务技术平台应用规范》（SZDB/Z 168—2016）与《公共图书馆RFID技术应用业务规范》（SZDB/Z 169—2016）。

当然，数字技术作为一个庞大的技术集合体，已经深刻影响着图书馆的信息组织、业务管理与用户服务。在现代信息技术的驱动下，手工型传统图书馆经由自动化复合图书馆而快速迈向智能化数字图书馆，其物理馆舍与印本文献正在被虚拟空间和数字信息所取代。自20世纪90年代以来，图书馆自动化集成信息管理系统层出不穷，极大地推动了图书馆自动化的发展。譬如，WINISIS是基于Windows的CDS/ISIS系统，即集成化的计算机文献工作管理系统，该系统为图书馆管理自动化、标准化创造了良好条件。近年来，无线射频识别（又称电子标签，英文为Radio Frequency IDentification，简称RFID）在图书馆得到了较好的应用，正从沿海地区迅速向中西部地区扩张。这是一种不用通过机械接触或光学接触而依赖无线电信号识别特定目标并读写相关数据的通信技术，它跟磁卡、IC卡、条码扫描等自动识别技术相比具有突出优点：长距离同时识别多个运动对象，无须人工干预；非接触无磨损操作，使用寿命较长；电子标签密码保护，数据管理安全性高；读写器与标签相互认证，实现安全通信和存储。❸ 数字技术优化了图书馆业务运行体系，改变了图书馆信息服务方式。

随着云计算、大数据、语义组织、数据关联、知识发现、智能分析等数字信息技术的普遍应用，数字图书馆、移动图书馆、智慧图书馆、智能图书馆等逐渐从学术概念走向社会现实。南京大学智慧图书馆建设引入智能机器人"图宝"，

---

❶ 龚蛟腾. 从社会视角看社区图书馆发展. 高校图书馆工作，2013（6）：3-8.

❷ 文化部关于印发《全国公共图书馆事业发展"十二五"规划》的通知.（2013-01-30）[2017-04-12]. http://www.gov.cn/gongbao/content/2013/content_2404725.htm.

❸ 王霞. 基于RFID的智慧社区图书馆架构设计. 计算机时代，2013（4）：24-25，28.

掀起了业务管理与信息服务的巨大变革。该智慧图书馆融合了超高频RFID、互联网、物联网、人工智能等技术，可对整个图书馆藏书进行自动化盘点，检查是否存在错架图书、藏书和丢失等现象，实时更新图书位置信息，对图书进行精准定位，告知读者所需图书在书架的哪一层以及在该层的第几本，图书漏读率控制在1%以内，定位精度高达97%，一小时可盘点逾10000册图书，极大地减少了读者查找书籍的时间；除了高精度、高效率的特点，该产品还具有全自动化、可扩展性强、透明化服务的特点，无须人工干预，实现自动化图书盘点，系统易于部署，无须对现有图书馆以及书架进行任何改造，系统在夜间完成全馆图书的盘点工作，对日常借阅活动不产生任何负面影响。❶ 尽管"图宝"现在还因为存在这样那样的问题而表现得不够完美，但它的产生与应用本身就标志着"智能馆员"的横空出世。智能机器人馆员具备引导、查询、交流、咨询、管理等功能，能够实现跟现有图书馆管理系统的无缝对接，从而为信息用户提供全面、准确、高效、快捷、人性的信息服务。只有不断"加强图书馆数字化建设""加强新技术研发和应用""推进基层公共数字文化综合服务平台建设"❷，才能真正建立覆盖城乡、虚实结合、功能齐全、均等便捷的公共图书馆服务体系。

6.2.2 数字阅读的积极渗透

阅读是一种从书面语言和符号中获得意义的社会行为、实践活动和心理过程，是阅读主体（读者）与文本相互影响的过程，是阅读主体实践活动与精神活动的一种体现。❸ 毋庸置疑，自从符号、图画、文字产生以来，阅读就一直存在；只要人类社会不灭亡，阅读就不会消失。当然，随着知识载体不断变化，阅读形式也会发生相应的改变。兽皮、泥块、甲骨、金石、竹简、木牍、丝帛、纸张等相继成为文献载体，而传统的阅读就是从这些实体文献中获取知识信息的行为活动。然而，磁、电、光等新型载体的普遍应用，迅速改变了传统文献生产与传统阅读方式。尤其是"二战"之后，现代信息技术改变了人类生活与人类社会，数字化虚拟载体文献取代传统实体载体文献的发展趋势似乎不可遏抑。20世纪70年代末，Folk、Lancaster等专家学者基于电子文献急剧增长的事实，提出人类不可避免地走向无纸社会以及图书馆即将逐渐消失的命题。21世纪初，Gates、Negroponte等纷纷宣布纸质文献必将迅速消失的预言。

当前，数字文献海量剧增，并依赖网络即时传播。于是乎，数字阅读猛烈地

---

❶ 南京大学智慧图书馆二期（智能机器人）正式发布．（2017－05－18）[2017－08－04]．http://difang.gmw.cn/js/2017－05/18/content_24523142.htm.

❷ 文化部关于印发《"十三五"时期全国公共图书馆事业发展规划》的通知．（2017－07－07）[2018－01－03]．http://zwgk.mct.gov.cn/auto255/201707/t20170726_685747.html.

❸ 王余光．图书馆阅读推广研究．北京：朝华出版社，2015：57.

冲击着传统的纸本阅读，已经成为我们不可或缺的知识信息获取方式。自 2001 年电子图书开始出版以来，截至 2014 年年底国内电子图书出版总量超过 160 万种。❶ 在不到 30 年的时间里，数字文献从无到有迅速成长，并对纸质文献产生了实实在在的激荡与改变。数字阅读是指阅读的数字化：（1）阅读对象数字化，阅读内容以数字化方式呈现；（2）阅读方式数字化，阅读载体或终端为带屏幕显示的电子仪器。❷ 当前，在众多的数字阅读形式之中，移动阅读亦随着无线网络的扩张而不断发展。移动阅读近年来炙手可热，它是指基于手机、平板电脑、专用阅读器等便携式电子设备开展的新型阅读形态。❸ 跟社会大众的移动阅读需求相匹配，手机图书馆因而受到广大读者的青睐。手机图书馆是"利用移动信息服务技术，在图书馆提供无线接入方式的基础上，通过接入网络的手机、平板电脑等移动终端享用数字资源的'移动图书馆'"❹。它将无线通信网络和图书馆系统结合起来而促使手机服务与图书馆服务双向增值，即通过手机上网实现信息通知、借阅管理、数字咨询、在线阅读、虚拟交流等图书馆信息服务。随时随地的移动阅读不仅方便人们获取知识信息，而且方便人们利用零碎时间。因而，移动阅读已经成了人们喜闻乐见的阅读方式，尤其是更受年轻一族的喜欢与钟爱。

近年来，我国信息基础设施建设取得了长足进展，网民数量持续增长并早已跃居世界第一。2014 年，34.4% 的成年国民进行过微信阅读；在手机阅读接触者中，超过六成的人（66.4%）进行过微信阅读❺。截至 2018 年 6 月，我国手机网民规模达 7.88 亿，手机网民占比达 98.3%；其中 10 岁以下的低龄网民比例和 50 岁以上的老龄网民比例分别为 3.6% 与 10.5%，10~49 岁的网民群体比例高达 85.9%，尤其是 30~49 岁的中年网民群体比例增加到 39.9%。❻ 从上述数据不难看出，移动互联网发展势头依然非常强劲，已覆盖各年龄阶段的用户群体，其在中年人群中的渗透加强。庞大的网络用户数量，海量的数字信息资源，方便的信息传输方式，这为人们享受数字阅读提供了前提条件。《2011 广东省居民阅读调查报告》的调研数据揭示了数字阅读的发展势头极其强悍：数字阅读已占总

---

❶ 张立.2014—2015 中国数字出版产业年度报告.北京：中国书籍出版社，2015：39-40.
❷ 王余光.图书馆阅读推广研究.北京：朝华出版社，2015：109.
❸ 刘桂锋等.医学信息检索与利用.镇江：江苏大学出版社，2015：245.
❹ 李玉梅，王沛战.新媒体环境下大众阅读行为与公共图书馆对策.天津：天津人民出版社，2014：187.
❺ 张立.2014—2015 中国数字出版产业年度报告.北京：中国书籍出版社，2015：40.
❻ 中国互联网络信息中心.第 42 次《中国互联网络发展状况统计报告》.（2018-08-20）[2018-08-26].http：//www.cnnic.net.cn/hlwfzyj/hlwxzbg/hlwtjbg/201808/t20180820_70488.htm.

阅读量的 70.5%，手机阅读已成最主要的阅读手段。❶ 2014 年《全国国民阅读调查报告》显示，我国成年国民的网络在线阅读、手机阅读和光盘阅读接触率均有所上升，电子阅读器阅读接触率略有下降，其中网络在线阅读、手机阅读、光盘阅读、电子阅读器阅读的比例分别为 49.4%、51.8%、2.0%、5.3%。❷ 此外，数字阅读正在从城市走向乡村，农村数字阅读的潜力仍然巨大。截至 2018 年 6 月，中国网民中农村网民占比 26.3%，规模达 2.11 亿。❸ 显然，随着农村数字阅读的进一步推广与普及，我国数字阅读比重必将急剧增加。

数字阅读已经走入千家万户，正以它的独特魅力吸引着广大读者。徐雁先生认为："网络阅读、手机阅读、电纸书阅读不仅流行一时，更有被电子开发商制造成为现代化时尚的趋向"；"不必说'纸书'肯定不会消亡，就是在主流阅读载体的队伍中真的不幸消失了，阅读也永远不会消亡"；"'文字数字化'的阅读方式，必然是阅读文化的发展方向"。❹ 不管你如何青睐纸张油墨所散发的书香，数字阅读都在以自己的方式快速地攻城略地。据报道，2016 年上半年中国网民人均每周上网时长为 26.5 小时，每天平均上网接近 3.8 小时。❺ 倘若除去每天睡眠 8 小时的休息时间，中国网民就有 1/4 的清醒时间在上网。数字阅读兴起为人们提供了更多选择，而不该视为对传统阅读的背叛与打击。正如程焕文先生在"第二届全民阅读论坛"上的激情演说："阅读，不论是精读深读，还是泛读浅读，不论是读书读报，还是读图读网，只要是阅读，就是可爱的，就是美丽的。"❻ 既然数字阅读已为人们所需要的精神食粮，信息基础设施又奠定了良好条件，那么社区图书馆就应当担负起倡导与保障数字阅读的神圣职责，为推动社会阅读做出应有的重要贡献。

6.2.3 数字服务的普遍开展

图书馆数字服务早已司空见惯，既有书刊数据库、专利数据库等文字资源服务，又有影像、视频、音频等声像资源服务，还有交互、及时、动态的在线数字

---

❶ 黄文洁. 加强社区图书馆建设增强青少年主观幸福感. 长春理工大学学报，2012 (11)：37 - 38.

❷ 张立. 2014—2015 中国数字出版产业年度报告. 北京：中国书籍出版社，2015：40.

❸ 中国互联网络信息中心. 第 42 次《中国互联网络发展状况统计报告》. (2018 - 08 - 20) [2018 - 08 - 26]. http://www.cnnic.net.cn/hlwfzyj/hlwxzbg/hlwtjbg/201808/t20180820_70488.htm.

❹ 徐雁. 阅读大变革，不是危机而是机遇. 中华读书报，2011 - 12 - 28 (09).

❺ 我国网民总数达 7.1 亿日均上网 3.8 小时. (2016 - 08 - 04) [2017 - 07 - 23]. http://news.qq.com/a/20160804/001465.htm.

❻ 王余光. 阅读的个性、文化性与社会性. 高校图书馆工作，2009 (1)：1 - 2.

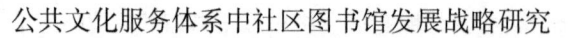

服务。《公共文化服务保障法》规定："国家统筹规划公共数字文化建设""建设公共文化信息资源库,实现基层网络服务共建共享""加强基层公共文化设施的数字化和网络建设,提高数字化和网络服务能力"。❶ 政府应当依据法律规定统筹规划公共数字文化建设,既要建立海量分布式的公共文化数字资源库,又要打造公共数字文化服务网络平台。"国家数字文化网"坚持"共享先进科技,助力文化民生"的理念,其中的"全国文化信息资源共享工程的主站"集成了"资源平台""专题活动""数字学习港""文化共享大讲堂""文化共享超市"等公共文化资源,从而打造了一个内容相当丰富的数字资源服务平台。譬如,该服务体系中的"资源平台",就涉及经典剧场、文化共享大讲堂、放映大厅、文化专题、阳光少年、书香园地、进城务工、快乐生活、农业天地、民族语文、农贸行情、群众资源等12大类的文化资源;而"数字学习港"开启了"自主学习"与"集中学习"模式,学习资源包括专题学习、时事学习、政策法规、基础服务、重大项目、信息技术、网站制作、数字资源、特色应用、文化艺术、其他学习等11大栏目。数字图书馆推广工程涉及各个层面的数字服务,诸如开通了移动数字图书馆、少儿数字图书馆、盲人数字图书馆、残疾人数字图书馆、电视图书馆以及政府公开信息平台等6大类型的特色服务。该推广工程设置了呼叫中心、科技查新、虚拟咨询台、馆际互借、文献提供、论文收引、科技咨询、社科咨询、检索证明、翻译服务等服务项目,其服务类别涉及数字资源、在线展览、视听空间、馆藏精粹、古迹寻踪、经典分享等。这些全国性的数字资源共享平台为国民享受公共文化服务提供了条件,但数字服务资源的宣传、选择、推广、整理与利用需要社区图书馆等服务终端的积极参与。

除了全国性的数字资源共享平台之外,各省市地方政府部门也在积极规划、建设与推广数字文化共享服务。文化民生是社区居民安家乐业的重要保障,文化幸福是社区居民幸福指数的衡量指标。2011年初,《广州建设文化强市培育世界文化名城规划纲要(2011—2020年)》要求"重点推进主要街区普及24小时自助图书馆、流动图书馆建设,全市图书馆实现通借通还"。❷ 全天候的数字文化资源服务体系,无疑为广州的文化强市提供了强有力的保障。宁波市的社区图书馆采用现代化、高标准的网络管理模式,通过宁波市图书馆和社区图书馆的合作意向,社区居民只要在"宁波文化网"上发出借书的电子邮件,市馆就会在48

---

❶ 中华人民共和国公共文化服务保障法. (2016-12-25) [2017-06-12]. http://www.npc.gov.cn/npc/xinwen/2016-12/25/content_ 2004880.htm.

❷ 黄文洁. 加强社区图书馆建设增强青少年主观幸福感. 长春理工大学学报,2012(11):37-38.

小时内将书送到读者所在社区图书馆并供其借阅。❶ 这实际上是公共图书馆服务体系的表现形式之一，市民只要借助社区图书馆与"宁波文化网"就可以方便地读遍宁波之书。宁波市将基层公共图书馆服务整合到"宁波文化网"中，促使图书馆服务与公共文化服务相互依托、相得益彰、共同发展。浙江省提出要以数字化提升公共文化供给效能，要求"推进数字图书馆"等网络文化设施建设，建成"公共文化网络展示及应用服务平台"❷。数字化公共文化网络服务平台集成了图、博、文等各类公共资源，必然能够为人们便捷地提供各种数字资源。上海市公共文化数字化建设取得突破，2016年3月"文化上海云"APP正式上线，已为国内首个实现省级区域全覆盖的文化数字化服务平台，并对全市400余家各级各类文化机构的信息进行了全面整合；至今短短一年多的时间，APP的注册用户已突破100万，每月发布活动超过10000场。❸ 随着智能手机的普遍使用，APP阅读软件架起了用户与图书馆之间数据传输的桥梁，从而确保用户随时随地阅读图书馆的数字文献。

当前，越是上层图书馆，其数字资源服务就做得越好；越是基层图书馆，其数字服务就做得越糟糕。街道（乡镇）、社区（村）级图书馆（室）如何构建虚拟数字社区、如何开展数字资源服务，无疑是一个极其重要、迫切、现实的文化民生议题。一方面，基层公共图书馆应当加强数字化、网络化设施建设，积极充当上级公共文化资源共享网络的服务终端。《乡镇图书馆管理规范（草案）》建议"乡镇图书馆的技术设备应包括电子计算机及相关外部设备、声像视听设备、文献复制设备、自助借还设备及其他设备"，《社区图书馆建设指南（草案）》建议"社区图书馆应根据需要配置若干供业务使用的计算机和供读者使用的计算机设备，并配置相应的网络设备和相关外围设备、视听及音像控制设备等"。❹ 这些基层公共图书馆管理规范与建设指南倘若能够得到全面实施，就必然为基层居民享受公共文化服务提供强有力的保障。另一方面，基层公共图书馆还应当积极参与公共文化服务资源建设，将本地特色化的数字文化资源汇集到上级图书馆乃至全国图书馆服务体系之中，从而为我国公共文化资源共建共享做出自己

---

❶ 林国明．基于新公共服务理论视角的社区图书馆构建．神州民俗（学术版），2013（1）：70-72．

❷ 依法治文 不断提升公共文化服务效能．（2017-03-02）[2017-08-06]．http：//www.shaanxici.cn/content/2017-03/02/content_14540643.htm．

❸ 上海：2020年率先建成现代公共文化服务体系．（2017-04-25）[2017-04-29]．http：//sh.people.com.cn/n2/2017/0425/c134768-30092498.html．

❹ 申晓娟．标准化视角下我国基层图书馆事业发展研究．北京：国家图书馆出版社，2015：188．

的贡献。

社区图书馆应当倾情打造虚拟社区，积极参与公共图书馆体系的数字服务。《全国公共图书馆事业发展"十二五"规划》要求"通过总分馆制、图书馆联盟、流动服务、数字远程服务等多种形式延伸图书馆服务""加强对特定地域、特殊群体的服务"❶。不过，目前农村信息基础设施建设尚需加强，社区图书馆数字服务能力亦有待提高。截至 2018 年 6 月，我国非网民规模为 5.88 亿，其中城镇非网民占比为 37.8%，农村非网民占比 62.2%。❷ 显然，农村居民上网率仍然偏低，网络信息获取能力有待提升。调查表明，上网技能缺失以及文化水平限制仍是阻碍非网民上网的重要原因，因这两种条件限制的非网民占比分别为 49.0% 和 32.5%（见图 6 - 1）。❸ 由此可见，农村绝大多数非网民同样渴望获得数字服务，只是限于知识水平与硬件设施而不能如愿罢了。因此，一方面政府部门应当加强信息基础设施建设，为基层居民获取数字信息资源创造条件；另一方面社区图书馆提供数字资源与开展培训服务，为基层居民获取数字信息资源提供保障。

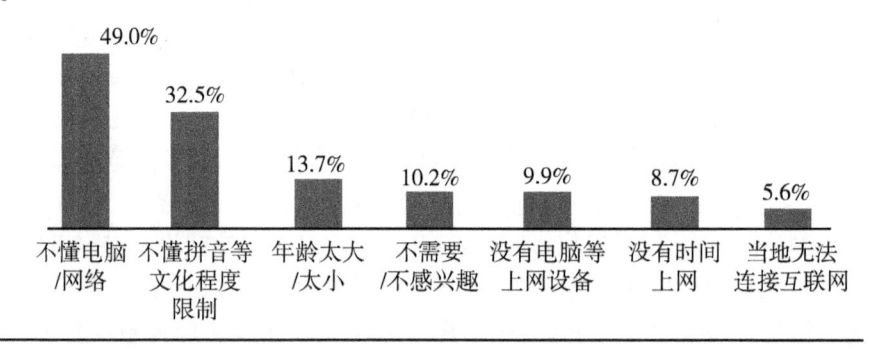

不懂电脑/网络	不懂拼音等文化程度限制	年龄太大/太小	不需要/不感兴趣	没有电脑等上网设备	没有时间上网	当地无法连接互联网
49.0%	32.5%	13.7%	10.2%	9.9%	8.7%	5.6%

来源：CNNIC 中国互联网络发展状况统计调查　　　　　　　　　　　2018.6

图 6 - 1　非网民不上网原因

大中型城市城区普遍寸土寸金，公共文化空间相当紧缺。于是，借助网络技术与数字技术的支撑，小微图书馆逐渐成了一种时尚选择。这些小微图书馆往往

---

❶ 文化部关于印发《全国公共图书馆事业发展"十二五"规划》的通知．（2013 - 01 - 30）［2017 - 04 - 12］．http：//www. gov. cn/gongbao/content/2013/content_ 2404725. htm.

❷ 中国互联网络信息中心．第 42 次《中国互联网络发展状况统计报告》．（2018 - 08 - 20）［2018 - 08 - 26］．http：//www. cnnic. net. cn/hlwfzyj/hlwxzbg/hlwtjbg/201808/t20180820_ 70488. htm.

❸ 中国互联网络信息中心．第 42 次《中国互联网络发展状况统计报告》．（2018 - 08 - 20）［2018 - 08 - 26］．http：//www. cnnic. net. cn/hlwfzyj/hlwxzbg/hlwtjbg/201808/t20180820_ 70488. htm.

是建在社区、商业区、工业区或车站等人流密集地方的"城市街区 24 小时自助图书馆",不受开馆时间限制,公众可享受自助查询、自助借还、自助预约等服务。❶ 当然,广大农村地区不受空间限制,馆舍成本相对低廉,因而价格较贵的自助图书馆并不适宜。此外,伴随网络快速成长的新媒体图书馆也层出不穷,诸如国家图书馆的"国图空间"和"手机图书馆",杭州图书馆的"数字电视杭图栏目"和"义澜在线移动图书馆",泰达图书馆的"数字电视图书馆""移动图书馆"及"微信图书馆"等均很受欢迎。❷ 数字资源海量剧增与移动终端持续增长,为社区图书馆开展虚拟、实时、交互服务奠定了坚实基础。各级政府应当推进"构建面向公众的一体化在线公共服务体系",积极"发展'互联网+'益民服务"❸,努力创造数字时代社区图书馆服务的新模式。

6.3 社区图书馆的资源保障

6.3.1 社区图书馆馆舍设施

馆舍、设施、馆藏等硬件资源是社区图书馆存在的根基,没有基本的硬件设施就没有相对完善的图书馆服务。《全国公共图书馆事业发展"十二五"规划》要求加强乡镇馆、社区馆、服务网点以及流动图书馆建设,形成覆盖城乡,比较完备的公共图书馆设施网络建设❹。尽管"十二五"期间社区图书馆建设有所突破,但远没有达到"覆盖城乡""比较完备"的预定目标。《城乡社区服务体系建设规划(2016—2020 年)》明确规定:依托城乡社区综合服务设施,建立社区(村)综合性文化服务中心;依托农家书屋和实体书店,大力推动全民阅读;注重社区教育机构与综合服务中心的资源共享,提高图书馆等公共设施的开放水平。❺ 政府部门应当加强公共文化服务体系各组成部分的统筹管理,保证社区图书馆跟其他文化服务机构的同步规划、同步实施。显而易见,构建完善的社区图书馆服务体系,离不开馆舍设施、文化资源、管理人员与办馆经费等资源保障。

---

❶ 许江涛. 城市社区图书馆建设现状与公众需求研究——基于对天津滨海新区的调查分析. 河南图书馆学刊, 2013 (12): 5-7, 18.

❷ 许江涛. 城市社区图书馆建设现状与公众需求研究——基于对天津滨海新区的调查分析. 河南图书馆学刊, 2013 (12): 5-7, 18.

❸ 国务院关于印发"十三五"推进基本公共服务均等化规划的通知. (2017-01-23) [2017-06-03]. http://www.gov.cn/zhengce/content/2017-03/01/content_ 5172013. htm.

❹ 文化部关于印发《全国公共图书馆事业发展"十二五"规划》的通知. (2013-01-30) [2017-07-13]. http://zwgk.mcprc.gov.cn/auto255/201302/t20130205_ 474113. html.

❺ 关于印发《城乡社区服务体系建设规划(2016—2020 年)》的通知. (2016-10-28) [2017-06-30]. http://www.mca.gov.cn/article/yw/jczqhsqjs/fgwj/201612/20161200002614. shtml.

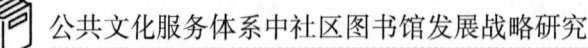

政府职能部门应当承担社区图书馆馆舍设施的建设任务，真正做到全面规划、协同发展、科学管理与严密监督。譬如，各级政府尤其是基层政府应当从地域特征、人口密度、社区条件、文化定位、居民需求、服务半径等角度入手，考虑公共文化服务体系中社区图书馆的布局与创办，构建区（县）馆、街道（乡镇）馆与社区馆和谐发展的图书馆服务网络。社区图书馆建设既要着眼于公共文化服务体系与基层图书馆整体布局的宏观高度，又要重视社区居民的人口结构、文献需求、文化特质等具体条件。因此，根据区域面积、人口密度、居民需求、文化状况、经济水平等各种因素制定某区域基层图书馆的整体发展规划，确定社区图书馆的数量布局、发展规模、经费保障、管理模式、运行机制、监督部门、发展目标等。当前，依照我国国情并参考国外经验，大致可以按服务半径为1.5千米或每2万~5万人口设置一所社区图书馆，同时可以依据经济发展情况、文化设施状况与人口密度大小等进行适当调整。

农村基层图书馆馆舍设施建设历来就是公共图书馆服务体系构建的一个难点，曾经在"创办—毁损"的模式中循环往复。其中一个重要原因是乡镇、村级图书馆（室）设施达不到要求、书刊资源极度缺乏、管理制度严重空缺，最终满足不了居民要求而遭到抛弃。因此，只有创办达标的基层图书馆（室）并建立长效的管理机制，才能切实满足基层居民的文化需求。2003年民政部、新闻出版总署等发起主办面向万家社区的"援建活动"，2007年文化部、中国作家协会加入旨在完成全国所有社区图书室图书援建工作的"援建活动"。该项活动力图建立政府主导、社会参与、社区配合、居民互动的实施模式，企业选择经济发达城市与经济欠发达城市相配套方式援助社区图书室，并享有挂牌统一规格的冠名铭牌的权利。据中国社会出版社公布的统计数据表明：截至2015年年底，"援建活动"共援建城乡社区图书室18.5万家，援建图书6850余万册，使4亿多城乡居民从中受益。❶"援建活动"初衷是动员各种力量共创基层图书馆室，解决基层居民读书难的历史问题。《民政部关于"十二五"期间深入开展万家社区图书室援建和万家社区读书活动的通知》明确要求："十二五"期间每年援建5000个城市社区图书室、10000个农村社区图书室，续援3000个城市社区图书室、5000个农村社区图书室。❷ 不过，"援建活动"在实际运作中存在或多或少的问题，一是没有跟公共图书馆服务体系有效对接，"文化部"在建设初期甚至

---

❶ 中国社会出版社．（2016 - 09 - 28）［2017 - 07 - 27］．http：//www.cpwnews.com/content - 26 - 606 - 1.html.

❷ 民政部关于"十二五"期间深入开展万家社区图书室援建和万家社区读书活动的通知．（2012 - 03 - 16）［2017 - 04 - 30］．http：//www.mca.gov.cn/article/yw/jczqhsqjs/fgwj/201605/20160500000417.shtml.

直接缺席；二是没有形成长效的社区图书室管理机制，其持续生存与优质服务均无法保证；三是没有根据基层居民需求开展信息服务，所提供的书刊资源与基层居民的信息需求存在脱节现象。尽管"援建活动"在一定程度上弥补了基层居民的信息需求缺口，但并没有从根本上解决社区图书馆硬件设施的建设问题。

地方政府肩负推动本地公共文化基础设施建设的重大责任，因而应当加强区（县）、街道（乡镇）与社区（村）级基层公共图书馆馆舍设施的建设力度。近年来，一些经济发达地区公共文化事业的发展势头较好，基层公共图书馆基础设施建设逐渐全面铺开并取得了显著成果。譬如，截至2015年年底，浙江省已有县图书馆乡镇分馆557个、农家书屋25335个，其公共图书馆已成为老百姓看得见、进得去、留得住的文化地理坐标，全省在构建现代公共文化服务体系并推进城乡公共文化服务标准化、均等化方面走在全国前列。❶ 无论是在基层公共图书馆的制度建设方面，还是在基层公共图书馆的设施建设方面，浙江省都当之无愧地成了中西部地区的学习榜样。嘉兴市乡镇分馆建设与运营的经费由市、区、镇三级政府共同投入，即每年市、区、镇三级财政分别投入100000元，并由市馆统一管理经费、资源、人员与业务；开放时间为每天早上9点到晚上8点，为学生和上班族提供了便利。❷ 总馆负责各馆的行政管理、人员配置与公共业务，业务经费由政府统一划拨、文献由总馆统一采编调配，而各分馆则负责所在地区的图书馆服务。显然，总馆在城乡社区设立完善的服务体系，社区居民依托社区分馆而成为总馆的集体读者。这种统一经费支配、统一业务管理的总分馆体系，既提高了区（县）总馆与社区（村）分馆的信息服务能力，又丰富了社区居民所期盼的信息资源与文化生活。

社区图书馆基础设施建设是公共文化服务体系构建重要的硬条件之一，倘若基础设施缺乏就很难提升公共文化服务水准。政府文化主管部门应该积极筹划文化设施布局问题，切实打造普遍均等的公共文化服务平台。2008年，文化部副部长于幼军提出加快建设国家、省、市、县、乡镇、村6级公共文化服务设施，落实从城市住房开发投资中提取1%用于社区公共文化设施建设的政策。❸ 社区综合文化站可以集书刊借阅、知识获取、信息发布、文化休闲、人际交流等功能于一体，但既要注意功能整合，满足居民的多元文化需求；又要防止一室多用，

---

❶ 浙江出台全国首个公共图书馆服务标准．（2016 - 07 - 17）［2017 - 07 - 21］．http：//culture. people. com. cn/n1/2016/0717/c1013 - 28560617. html.

❷ 朱福英．嘉兴市构建城乡一体化新型公共图书馆服务体系的实践与思考．图书馆，2011（2）：110 - 111.

❸ 08年城市住房开发投资中提取1%用于社区公共文化设施．（2008 - 02 - 23）［2017 - 07 - 14］．http：//news. xinhuanet. com/newscenter/2008 - 02/23/content_ 7654913. htm.

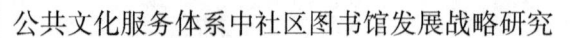

挤占居民的阅读空间。一般来说，社区图书馆（室）最低配置的馆舍面积 50 平方米，藏书容量 5000 册，阅览座位 30 个。倘若低于这个最低配置标准，就必然失去对社区居民的吸引力。社会更加和谐是城乡全体国民孜孜以求的美好愿望，社区图书馆是面向社会居民开展各种文化服务的重要基地。显而易见，只有构建完善的社区图书馆服务体系，才能充分保障社会知识的自由获取和全面推进文化资源的共建共享，从而真正地实现社区和谐乃至社会和谐。

6.3.2 社区图书馆文化资源

社区图书馆建设应当立足于社区文化发展，打造高效、便利、快捷的公共文化服务平台，因而首先必须充分把握社区居民的信息需求并做好馆藏资源的建设工作。馆藏文献资源是否符合社区居民需要直接决定社区图书馆建设之成败，社区图书馆馆员需要采取实地调研、电话采访和网络调查等方式了解社区居民的文化需求。只有构建充分满足社区居民的文化信息资源体系，社区图书馆才有存在的现实价值，才能逐步形成可持续发展的运行机制。《全国公共图书馆事业发展"十二五"规划》要求逐步在全国形成分级分布的，与各级公共图书馆功能任务相适应的，涵盖各种资源类型的国家文献信息资源保障体系，重点开展地方特色资源建设，实现对地域性文化资源的传承与利用。❶ 馆藏资源建设历来都是图书馆业务工作的重点之一，没有结构合理的馆藏资源做后盾，就不可能开展令人满意的图书馆信息服务。近年来，国家大力建设数图推广工程、文化共享工程、知识下乡工程、电子阅览室计划、农家书屋工程等，社区图书馆应当努力成为其中的文化信息服务点，从而充分地享受国家提供的文化信息资源共享福利。

馆藏资源建设首先需要称职的文献采访人员，他必须充分了解社区居民的文献信息需求，并全面把握本馆馆藏的现状、缺陷与急需。社区图书馆亟待完善馆员培训机制，需要充分发挥区（县）级公共图书馆人才队伍优势，积极带动社区图书馆的可持续发展。相对底层社区图书馆而言，区（县）馆拥有地域、设施、馆藏与人才等优势，应当承担构建服务网络、整合文献资源、进行业务指导、开展服务活动与推进资源共享等任务。社区图书馆需要建立财政拨款与捐赠资金的合理分配机制，千方百计地有计划地补充本馆文献资源，尽可能地接收社会的文献资源捐赠，从而形成文献信息资源合理布局的馆藏体系。此外，社区图书馆还可以筹划建立特色馆藏或特色数据库，譬如乡土文化特色资源、少数民族特色资源、非物质文化遗产特色资源等。国外某些社区图书馆承担了具有当地特色的手工、技艺等养成任务，既有特色馆藏的展览与宣传，又有特色技术的传授

---

❶ 文化部关于印发《全国公共图书馆事业发展"十二五"规划》的通知. (2013–01–30) [2017–07–13]. http://zwgk.mcprc.gov.cn/auto255/201302/t20130205_474113.html.

与培训。当然，倘若自建本馆的特色馆藏数据库，就必须遵循一定的业务工作标准，否则特色馆藏资源就很难在更大范围内进行传播与服务。

在数字地球村时代，图书馆是一座收藏实体文献资源与开展传统信息服务的建筑，也是一个收藏虚拟数字资源与开展网络信息服务的界面。任何一个图书馆的购书经费都是有限的，因而都需要跟其他图书馆组建资源共享体系。同时，网络环境为信息资源实施传播奠定了物质基础，因而任何一个图书馆都可以借助网络开展信息资源服务。于是，加强图书馆互助协作与互助合作乃大势所趋，构建信息资源共建共享体系乃时代潮流。特别是对于经费局促、条件有限的社区图书馆来说，打造信息资源共建共享平台显得尤为迫切。信息资源共建共享是积极推动区域性图书馆联盟建设的根本要求，也是加快建立公共文化服务体系的基本目标。图书馆应当加强馆际联合与协作，通过横向联合与纵向协调来实现信息资源共建共享。一般来说，基层图书馆资源共建共享主要有三种模式：总分馆模式、联盟模式和协作模式。[1] 无论是总分馆模式，还是联盟模式，抑或是协作模式，其直接目标是优化资源结构与实现资源共享。社区图书馆通过参与信息资源共建共享体系，有利于扩大信息资源供给的范围并提升满足社区居民信息需求的能力。

社区图书馆参与信息资源共建共享行动，首先必须有"共建""互惠"等条件，然后才能有共享信息资源的现实。经济学家弗里德曼曾以"天下没有免费的午餐"为名撰写了一本书，揭示了所谓"免费"获取背后真实的买单者。社区文化建设需要整合各类学校、科研机构、社会团体、企事业单位的信息资源，打造共建共享、互惠互利的信息平台。一般来说，每一个社会组织都有自己的利益关注点，进行社会资源整合必须突破认识障碍、利益障碍与管理障碍。人们往往看到了驻区机构参与社区文化服务所带来的巨大利益，却常常忽视驻区机构怎样才能突破"免费提供午餐者"的诸多障碍。只有每一个成员都能在合作、协作中获取利益，才能真正建立社区文化资源共建共享的长效机制。因此，社区图书馆需要深入探讨社区馆与驻区机构的合作协作机制，真正从运行机制上保障参与各方都是信息资源共建共享的利益共同体。

6.3.3 社区图书馆管理人员

大多数社区图书馆的管理工作由居委会成员或者物业人员兼任，很难做到定时、充分的开放。譬如，尽管"农家书屋"开展得如火如荼，但其服务效果并不突出，其中一个重要原因是缺乏专职的专业管理人员。因此，倘若切实提升社

---

[1] 周淑云，龚蛟腾. 基层图书馆资源共建共享法律风险分析. 图书馆理论与实践，2014(8)：5-8.

区图书馆与农家书屋的公共文化服务效果，就需要加强对管理人员的业务培训。相关部门需要通过长期实施社区图书馆管理人员的培训计划，培养一批社区图书馆业务骨干，从而建立推动社区图书馆可持续发展的生力军。《全国公共图书馆事业发展"十二五"规划》要求重点提高基层公共图书馆骨干的业务素质，造就一支数量合理并有良好服务能力的人才队伍❶。《"十三五"时期全国公共图书馆事业发展规划》提出加强队伍建设，"重点加强对基层公共图书馆从业人员培训，力争在'十三五'期间对县级以上公共图书馆从业人员轮训一遍"❷。馆员素质直接影响社区图书馆的业务工作，最终影响社区图书馆的服务满意度。在公共图书馆系统之中，上级馆通常承担下级馆的人才队伍培训责任。

我国公共图书馆制度设计存在一定缺陷，基层馆员队伍的整体素质堪忧。由于受到传统管理体制桎梏，公共图书馆自身缺乏用人自主权，需要政府文化部门与人事部门讨论通过才能聘用馆员。同时，政府部门没有制定公共图书馆职业资格准入制度，图书馆行业规范的约束作用相对有限，于是不少非专业馆员涌入了公共图书馆，而公共图书馆急需的专业馆员则很难引进。这种不良现象越往基层越突出，某些县（区）级图书馆甚至很难找到专业馆员。至于街道（乡镇）、社区（村）级图书馆的专业馆员，更是堪称凤毛麟角。绝大多数的社区图书馆徒有其名，从馆舍、馆藏、经费、馆员来看都很难称之为图书馆（室）。它们通常没有固定的开放时间，也没有固定的管理人员。为数不多且陈旧不堪的一丁点馆藏胡乱堆放某个角落，并交由社区居委会某个"兼职"人员去管理。这样的结果就是"铁将军"无情把门，社区图书馆（室）从未进入人们的视野，又何谈社区图书馆事业可持续发展呢？

当然，社区图书馆专业馆员紧缺是多种因素综合作用的结果，说到底还是社区图书馆建设尚没有上升到非建不可的公共文化服务高度。首先，政府部门没有统筹规划社区图书馆建设，社区图书馆馆舍、设施、馆藏均空有其名，社区图书馆馆员岗位自然也没有设置的必要。其次，政府部门拨付的运营经费太少，社区图书馆难以维持正常运转，购书经费、活动经费、人员工资等左支右绌，如此状况之下社区图书馆设置专职馆员实属空想。再次，基层文化主管部门监管失职，将社区图书馆和其他社区工作杂糅在一起，美其名曰综合文化服务室，究其实乃是挂图书馆（室）之名而行其他工作之实，即使有所谓的兼职馆员或专职馆员也发挥不了管理社区图书馆（室）的作用。最后，图书馆专业人才培育太少，

---

❶ 文化部关于印发《全国公共图书馆事业发展"十二五"规划》的通知．（2013 – 01 – 31）［2017 – 07 – 13］．http：//zwgk.mcprc.gov.cn/auto255/201302/t20130205_ 474113.html．

❷ 文化部关于印发《"十三五"时期全国公共图书馆事业发展规划》的通知．（2017 – 07 – 07）［2018 – 01 – 03］．http：//zwgk.mct.gov.cn/auto255/201707/t20170726_ 685747.html．

图书馆学专业教育或培训的人才相对较少，即使是大中型图书馆也缺乏高素质的专业馆员，更何况是最基层的社区图书馆。

综观社区图书馆馆员紧缺的种种原因，政府部门应当承担最主要的责任。倘若将社区图书馆建设真正当作文化民生工程之大事来抓，就没有办不好的社区图书馆！政府部门可以建立健全社区图书馆的制度规范，切实加强面向社区图书馆建设的引导、监管与服务工作，将社区图书馆建设纳入城乡一体化的发展规划、政府一年一度的财政预算与政府绩效考核的指标体系。如果仍有个别部门玩忽职守而不重视社区图书馆建设，那么就通过行政问责机制加强管理。社区图书馆建设羸弱不堪的病根易找，开出药到病除的处方亦不难，而真正困难的是政府部门难以坚持尽心疗病。只有政府部门全面承担了公共文化服务的责任，通过制度保障、政策配合、经费支持、组织协调、考核评价等手段加强队伍建设，社区图书馆服务体系构建方大有可为。即使专业馆员一时难以配备，也可以做到拥有经过培训的专职馆员。社区图书馆可以返聘有一定知识水平的退休人员，尤其是曾经在图书馆工作过的退休馆员，这样能够在一定程度上缓解其专业人员紧缺的燃眉之急。此外，社区图书馆还可以充分吸收志愿者，借助他们较高的知识水平协助开展信息服务。总之，社区图书馆建设需要具有一定专业素养的管理人员，这是提高其管理水平和服务质量的关键因素。政府部门、市县图书馆、图书馆学会以及相关文化组织，可以针对社区图书馆管理人员进行业务辅导与技能培训，切实提高他们的业务水平与工作能力。

6.3.4 社区图书馆办馆经费

公共文化服务体系构建已经成为经济社会发展总体规划的一项重要内容，政府各级财政应当大幅度增加公共文化服务事业的拨款。社区图书馆作为基础性的公共文化设施，其创办经费与运行经费必须列入政府财政预算，这是解决馆舍破旧、设备紧缺、馆藏匮乏与人员不足等问题的根本保障。一般来说，政府拨付社区图书馆财政经费应当遵循一定的预算比例，即依据国民收入、财政收入和居民数量等因素来确定拨付社区图书馆的建设资金与业务经费。美国《图书馆法》规定各级政府要为图书馆纳税，如华盛顿特区就有0.05%的地税必须交给公共图书馆使用。❶ 政府应当制定社区图书馆经费划拨标准，并把相关经费支出纳入财政预算。图书馆的人财物是保证图书馆工作和服务正常运转的基础，只有切实建立图书馆人财物的保障制度，图书馆才能更好地为读者服务。❷ 中央政府加大

---

❶ 缺少经费藏书陈旧 社区图书室成摆设.（2011-03-17）[2017-07-20]. http://www.sznews.com/culture/content/2011-03/17/content_5439827_2.htm.

❷ 申晓娟. 标准化视野下的我国基层图书馆事业发展研究. 北京：国家图书馆出版社，2015：188.

县、乡（街道）、村（居委会）三级文化设施的资金投入，也可以通过社区集体投资或社区居民集资创办图书馆。我国6级公共文化服务体系建设的难点在于中西部贫困地区的农村基层，重点是县、乡镇和村级公共文化机构的人员保障和经费保障，解决这些难点与重点问题需要建立完善的公共文化服务运行保障机制❶。2017年文化部发布《"十三五"时期全国公共图书馆事业发展规划》，要求"建立健全经费保障机制""支持农村和城市社区的公共图书馆（室）建设"❷。政府部门实行适当的政策倾斜，因地制宜地创办社区图书馆，尤其是优先扶持中西部地区社区图书馆建设。社区图书馆建设经费主要来自政府拨款，其设施设备、书刊文献及管理人员的经费开支都应当纳入财政预算。

我国大部分地区社区图书馆在创办与运营过程中，区（县）级政府应当成为经费拨付的当然主体。《社区图书馆服务规范》明确提出：社区图书馆的"日常运营经费应列入区（县）政府财政预算""包括场馆运行、人员工资、文献购置、阅读推广活动及宣传、网络通信、业务培训、设备维护、日常办公等"。❸通常来说，公共服务缺乏竞争力、原动力与经济效益，因而需要政府强势介入。倘若将公共文化服务完全推向市场，就会破坏普遍、均等的基本原则。加强社区文化建设是培育特色文化与塑造精神风骨的基本途径，因而政府部门应当加强公共文化服务机构的统筹规划、合理布局与规范服务。2005年4月，深圳有关部门组织的"深圳市达标社区图书馆调查"情况表明：2002—2004年全市276家达标社区图书馆每年只有35%（特区内）和49%（特区外）的社区图书馆有购书经费，连续三年有购书经费的仅占21%（特区内）和31%（特区外）；大多数图书馆维持经费时有时无，其中21家因缺少运行经费等原因而关闭，183家表示因经费原因难以正常运行。❹ 2010年深圳龙岗区社区图书馆总经费314.2万元，平均每馆仅3.2万元，主要用于工作人员工资，缺乏读者活动经费和购书经费。❺作为改革开放排头兵和经济非常发达的一线城市，深圳市社区图书馆经费尚且捉襟见肘，中西部地区社区图书馆建设的经费缺口就不言而喻了。因此，完善公共文化经费的政

---

❶ 08年城市住房开发投资中提取1%用于社区公共文化设施．（2008 - 02 - 23）[2017 - 07 - 14]．http://news.xinhuanet.com/newscenter/2008 - 02/23/content_ 7654913.htm．

❷ 文化部关于印发《"十三五"时期全国公共图书馆事业发展规划》的通知．（2017 - 07 - 07）[2018 - 01 - 03]．http://zwgk.mct.gov.cn/auto255/201707/t20170726_ 685747.html．

❸ 中华人民共和国文化部．社区图书馆服务规范（WH/T 73—2016）．北京：国家图书馆出版社，2016：4．

❹ 姜淑华．关于我国社区图书馆建设与发展问题的几点认识和思考．图书馆学刊，2007（5）：23 - 25．

❺ 梁睿，张清华．深圳基层图书馆为何冷热不均．（2011 - 12 - 02）[2017 - 08 - 07]．http://edu.ifeng.com/gundong/detail_ 2011_ 12/02/11043570_ 0.shtml．

府拨付与财政预算等管理机制,是解决社区图书馆经费来源问题的主要途径。

发达城市的经济、文化、交通基础较好,可以推行"三级财政保障机制"的总分馆体系,即按照市级统一规划、区(县)级重点保障、基层具体实施的基本原则,形成市、区(县)、街道(乡镇)共同出资与统一管理的运行机制,建立布局合理、资金到位、服务规范的图书馆服务网络。这种分级拨付经费而又集中统一管理的总分馆模式,既能明确各级政府的基本责任,又能允分调动基层的积极性,还能打造高水平的图书馆服务平台。世纪之交,深圳市宝安区实施"百村书库"工程,累计投入资金6300万元,全区100多个行政村都建起了规模不等的村级图书馆。❶ 深圳市福田区颁布的《公共文化场所管理暂行办法》规定:从2003年开始,文化事业的投资不少于财政预算的1.5%;区政府给新建社区馆投入15万元并每年按工作业绩投入15万、12万、8万元不等的管理经费❷。该市某些区在某些时段投入了一定数量的财政经费,但社区图书馆数量众多且基础薄弱,从整体上来说深圳社区图书馆的建设经费仍然不足。加大社区图书馆经费投入,除市财政、区财政固定的经费下拨外,街道与社区也应当进行资金扶持。

贫困乡村的社区图书馆通常缺乏足够的建设经费,政府财政支持无疑是社区图书馆事业可持续发展的根本保障。我国西部地区财政支出相当紧张,中央政府应当通过专项经费扶持其公共文化设施建设,"中央、省、市三级设立农村文化建设专项资金,保证一定数量的中央转移支付资金用于乡镇和村文化建设"。❸ 中央财政通过转移支付方式支持各地公共文化事业建设,从2011年至2014年中央财政累计安排公共文化服务体系建设相关资金704.53亿元,其中2014年安排资金达到208.07亿元。❹ 在"中央—省—市—县—乡镇"五级政府中,乡镇政府根本无力承担基层公共文化事业建设经费,县级政府无疑应当成为基层公共文化事业经费的拨付主体。中西部经济欠发达地区基层财政极度紧张,其中很大一部分需要依靠为解决财政失衡而采取财政资金的转移支付。目前全国税源欠缺的农业县大约有1500个,主要集中在宁夏、青海、甘肃等中西部地区,其中80%的农业县也是贫困县。❺ 公共文化服务体系构建需要建立县级财政的最低支出保

---

❶ 张亚立. 深圳社区图书馆的发展及其启示. 深图通讯, 2005 (4): 66 - 68.
❷ 程桂练. 试论社区图书馆如何真正走近市民. 内蒙古科技与经济, 2011 (19): 160 - 161.
❸ 中央关于深化文化体制改革若干重大问题的决定. (2011 - 10 - 25) [2017 - 04 - 19]. http://www.gov.cn/jrzg/2011 - 10/25/content_ 1978202.htm.
❹ 魏闻潇等. 公共文化服务背景下信息服务均等化探究. 管理观察, 2015 (11): 12 - 14.
❺ 张静. 专项转移支付:"撒胡椒面"式缺陷亟待改革. (2013 - 09 - 04) [2017 - 07 - 11]. http://www.yicai.com/news/2986338.html.

障制度，通过提高转移支付的制度化、规范化与透明化来"托底"基层公共文化建设。然而，更重要的是西部基层居民应当认识到社区图书馆的重要性，切实从多个途径征集社区图书馆建设经费。物质上的输血式扶贫，只是"授人以鱼"的救济式扶贫；精神上的造血式扶贫，才是"授人以渔"的开发式扶贫。

公共文化事业经费是开展公共文化服务的资金保障，包括政府拨款、民间集资、社会赞助、慈善捐款等。增加政府投入是搞好社区文化建设的主要手段，吸收民间资本是搞好社区文化建设的辅助手段，接受社会捐赠是搞好社区文化建设的可行手段，共享社区资源是搞好社区文化建设的必要手段。社区图书馆事业的发展经费首先是依靠政府财政拨款，其次是上级主管部门和社区相关单位给予部分资金支持，再次是接受赞助和捐赠，最后是图书馆可根据自身营利自筹经费。❶ 政府部门必须确保社区图书馆的经费投入，及时更新馆藏、添置设施等，坚决杜绝社区馆创办后不再添置新书的不良现象。自2000年以来，国家接连出台《国务院关于支持文化事业发展若干经济政策的意见》《公共文化体育设施条例》以及《国务院关于投资体制改革的决定》等系列政策，为社会力量参与图书馆建设提供了必要的政策依据。社会力量参与捐资办馆助馆等公益事业，依照《中华人民共和国公益事业捐赠法》享受税收减免等优惠待遇。美国政府鼓励组织机构、社会个体向图书馆捐赠，捐赠数额可抵当年等额税收。❷ "万家社区图书室援建和万家社区读书活动"明确规定：援建经费由主办单位与参援单位承担一部分，由当地政府部门从文化建设、社区建设、公共服务等各种资金以及福彩公益金中解决一部分，同时吸纳企业和社会资金共襄善举，而不向受援的城乡社区收取任何费用。❸ 政府与社会需要协调行动，制定一系列的配套措施，为社区图书馆建设提供保障。

基层组织应当因地制宜选择创办主体，倘若政府经费支持有限，就不妨转向社会力量，开展多元化的资金筹措活动。有学者提出社区内外共同努力增加资金投入：（1）争取政府投入，财政拨款乃社区图书馆持续发展的经费保障；（2）引导社会力量办馆，鼓励企事业单位、私营业主和各界人士兴办社区图书馆；（3）吸收社会资金，如通过为企业或个人冠名争取资金；（4）引书店进社区，售书与阅览相结合，书店与图书馆双赢。❹ 政府财政拨款与社会力量资助是

---

❶ 朱丹，张忠凤. 社区图书馆：概览、评价与思考. 图书馆学研究，2010（6）：19-22.

❷ 廖腾芳，刘宣春. 发达国家社区图书馆建设及启迪. 晋图学刊，2010（6）：60-62.

❸ 民政部关于"十二五"期间深入开展万家社区图书室援建和万家社区读书活动的通知．（2012-03-16）[2017-04-30]．http://www.mca.gov.cn/article/yw/jczqhsqjs/fgwj/201605/20160500000417.shtml.

❹ 晏显蓉. 社区图书馆现状及可持续发展探讨. 四川图书馆学报，2010（6）：38-41.

社区图书馆建设两大经费来源，因而一方面需要政府依法行政、科学管理，加大基层公共图书馆事业投入；另一方面需要社会普遍参与、共同行动，拓展基层公共图书馆的办馆助馆活动。在普遍均等服务目标的驱动下，我国政府和图书馆界在基层图书馆建设、总分馆建设、区域性服务网络建设等方面开展了一系列创新活动。❶通过财政预算、专项投入、转移支付、社会资助等多元化经费投入，确保社区图书馆的创办与运行走上良好的发展轨道。

  基层配套、社区自筹、社会赞助、专项补助等也应当成为社区图书馆建设经费的重要补充。"十二五规划纲要"明确提出"加快社区信息化建设""加快建立政府投入与社会投入相结合的经费保障机制"❷。除了各级政府根据相关制度规定定期拨付的财政预算款之外，社区图书馆建设还应当通过各种方式吸收社会资金，为社区图书馆的设施改善、文献增多、服务优化创造条件。洛阳市少儿图书馆引入社会力量创建高新区分馆，每年节约的租金、水电费用、员工工资等达到20万元以上，当前总馆只负责更新图书，省心省钱又能改善服务。❸纵观人类社会发展历史，公益团体、慈善赞助、爱心机构、社会贤达等从来都是公共服务重要的依靠力量。社会力量办馆助馆值得开拓、宣传与鼓励，它的积极参与有利于加强基层图书馆的馆藏建设与业务活动，也有利于改善基层图书馆的服务能力与服务方式。

  基层图书馆建设经费是否充裕，直接关系到其馆藏资源之多寡与服务能力之高低。在政府拨款不足的情况下，文化主管部门就要大力吸引社会力量参与社区图书馆建设。邱奉捷女士与王子舟先生指出国内外 51 家"非政府组织（Non - Governmental Organizations，简称 NGO）"援建民间图书馆的数量达到 2 万多个，投入资金近 3 亿元，捐赠书刊逾千万册，提供志愿者服务近 2 万人次。这些主要分布在中西部贫困乡村的由 NGO 援建的民间图书馆，具有办馆形式多样、覆盖读者面广、注重阅读推广等特征，成了基层图书馆事业发展的有生力量。❹ NGO 积极参与基层图书馆建设，为弥补政府财政拨款不足做出了巨大贡献。巴茜从 NGO 资助的模式、分布、活动等角度入手分析了 NGO 援建农村图书馆的发展现状，❺此后阐述了 NGO 援建基层图书馆的发展型、维持型、中断型等三种类型，

---

  ❶ 于良芝，邱冠华，许晓霞. 走进普遍均等服务时代：近年来我国公共图书馆服务体系构建研究. 中国图书馆学报，2008（3）：31-40.

  ❷ 中华人民共和国国民经济和社会发展第十二个五年规划纲要.（2011-03-16）[2017-04-23]. http://www.npc.gov.cn/wxzl/gongbao/2011-08/16/content_1665636.htm.

  ❸ 社会力量为图书馆建设注入新活力.（2016-07-21）[2017-07-14]. http://news.lyd.com.cn/system/2016/07/21/010756027.shtml.

  ❹ 邱奉捷，王子舟. NGO 援建民间图书馆发展报告（2011 年）. 图书与情报，2011（6）：1-9.

  ❺ 巴茜. NGO 援建我国农村图书馆文献综述. 公共图书馆，2013（4）：43-48.

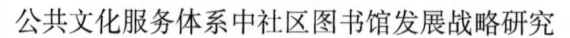

并从人文社会环境、NGO自身和NGO援建图书馆等方面探讨促进NGO援建的基层图书馆可持续发展的措施。[1] NGO在我国仍处于不断发展之中，它必然为社区图书馆建设贡献力量。

6.4 社区图书馆的组织保障

6.4.1 政府部门积极主导

公共文化组织机构是指从事公共文化管理与公共文化服务的行为主体，主要涉及各级政府部门、文化事业单位、公益文化机构、文化管理组织等。公共文化服务事业可持续发展需要政府、社会乃至个体等多方参与，其中政府部门必然是不可或缺的行为主体。社区图书馆建设同样离不开政府推动与扶持，应当建立政府主导、统一规划、统一建设的发展机制。长期以来，我国基层政府由于财政能力欠缺而在事实上没有承担社区图书馆的创办责任，社区图书馆基本上处于政府监管失控的自生自灭状态。纵观城乡基层图书馆事业发展，尽管社会力量相对活跃但政府措施相对失位，这导致社区图书馆等公共文化设施严重空缺。然而，由于缺乏政府经费投入与社会资金扶助，20世纪社区图书馆通常处于听之任之的无序状态。如果政府不能承担基层图书馆建设的主体责任，那么从总体上来说社区图书馆服务体系是不可能真正建立起来的。历史事实表明，政府部门主导是社区图书馆建设不可或缺的前提条件。

地方政府及文化主管部门应当适时制定社区图书馆的发展蓝图、布局规划和实施方案，并及时给予指导、扶持与监督。据1997年统计，全国乡村社区图书馆仅有1万多个，90%分布于华东、中南、华南、东北地区。[2] 这种整体落后且分布不均的发展状况主要是因为乡村社区图书馆虽然诞生在计划经济年代，但在很大程度上并不完全是计划经济的产物——没有固定的人事编制也没有可靠的经费保障，其创办主要是国家政策引导与上级部门号召的结果，相关部门并没有硬性规定乡镇一定要办图书馆，也没有给钱给物；其创办往往也是群众需要和当地经济发展相结合的产物，服务方式绝大部分是实行租书方式，即以书养馆、以副业养主业。[3] 正是由于政府没有给予足够的制度、经费与管理担当，基层公共图书馆因而未能走上正常发展的轨道。无论是城镇社区还是乡村社区，都应当做好社区图书馆的发展规划，并将其纳入政府部门的宏观管理。新加坡政府在颁布的《社区住宅规划法》中明确规定了每个社区必须建立图书馆。[4] 政府拨付经费是

---

[1] 巴茜. NGO援建我国基层图书馆可持续发展策略研究. 云南大学, 2015.
[2][3] 廖腾芳. 乡村社区图书馆的发展方向. 图书馆学刊, 2007 (2): 50-52.
[4] 高珲. 论如何加快社区图书馆建设. 贵图学刊, 2010 (3): 63-64.

6 公共文化服务体系中社区图书馆发展战略措施

社区图书馆正常运转的前提条件,财政拨款制度化是社区图书馆健康发展的基本保证。图书馆是一种非常典型而又不可或缺的公共产品,理应由各级政府拨款买单或牵头组织。❶ 政府相关部门将社区图书馆纳入财政预算与工作序列,文化行政部门将社区图书馆纳入服务重点与监管对象。社区图书馆建设绝非文化站或居委会乃至乡镇(街道)政府所能独自承担的,其健康发展离不开计划、规划、财政、民政等政府部门的共同参与和齐抓共管。

政府需要合理规划社区图书馆的发展战略,建立健全社区图书馆的管理机制。《全国公共图书馆事业发展"十二五"规划》提出了公共图书馆服务网络的具体要求:设施网络覆盖城乡、服务网络惠及全民、数字图书馆建设与服务加快推进、文献资源保障能力不断提高、人才队伍建设有效加强、法制保障体系日益健全、管理体制机制改革创新❷。《"十三五"时期全国公共图书馆事业发展规划》要求"加强组织领导""要推动将公共图书馆建设纳入本地国民经济和社会发展总体规划,纳入政府议事日程和领导班子绩效考核"❸。政府部门通过规划布局、资金支持、宏观调控与科学管理积极引导社区图书馆建设,在政策、投入、服务与管理上加强对社区图书馆的支持与规范。譬如,通借通还的总分馆体系必然涉及馆藏、经费、物流、技术、服务等方面的诸多难题,需要在政府部门主导下由各成员馆协调解决。

社区图书馆在机构设置、管理权限划分和领导隶属关系等方面的体系、制度、方法、形式的总和称之为社区图书馆管理体制,目前其体制问题主要有:(1)行政指令左右社区图书馆运转、多元化的行政管理模式及分组管理的财政体制给社区图书馆建设带来了行业管理体制的分散性,造成了社区图书馆业务工作的非规范化与非标准化;(2)社区图书馆沿袭传统的机构设置和规章制度,人事制度存在明显弊端,分配制度缺乏有效激励;(3)社区因不是一级行政单位而造成社区馆建设主体不明确,既容易产生财政支持不到位、公共图书馆体系不涉及等行政力量缺失,又容易形成社区物业公司有意避开社区馆建设的社会力量缺失。❹ 政府部门应当加强对基层图书馆尤其是农村基层图书馆的管理力度,将制度建设、经费投入、体制改革作为完善社区图书馆管理的突破口。社区图

---

❶ 龚蛟腾. 基层图书馆的定位、反思与趋向. 图书馆工作与研究,2013(12):4-9.

❷ 文化部关于印发《全国公共图书馆事业发展"十二五"规划》的通知. (2013-01-30)[2017-04-12]. http://www.gov.cn/gongbao/content/2013/content_2404725.htm.

❸ 文化部关于印发《"十三五"时期全国公共图书馆事业发展规划》的通知. (2017-07-07)[2018-01-03]. http://zwgk.mct.gov.cn/auto255/201707/t20170726_685747.html.

❹ 林国明. 基于新公共服务理论视角的社区图书馆构建. 神州民俗(学术版),2013(1):70-72.

馆服务体系的建设与评估不能流于形式，应当纳入部门的行政绩效考核体系之中，通过科学考评并兑现奖惩。我国已经出现一批重视公共文化事业建设的城市，相继制定了《文明小区评选办法和考核标准》。公共文化设施是文明小区考核评比的重要指标，社区文化室与图书馆（室）则是公共文化设施的重中之重。许多城市将社区文化建设纳入"文明小区评选办法和考核标准"之中，其考核标准通常规定：社区必须要有文体活动场所、文化室、图书馆（室），并定时向居民开放。❶ 文明城市、文明小区的评比指标涉及社区图书馆（室）的创办情况，这必然有利于推动社区图书馆等基层公共文化服务设施建设。

国内形成了相当僵化的公共图书馆管理体制，通常是一级政府管理一级公共图书馆。市馆、区（县）馆与街道（乡镇）馆分别由市、区（县）、街道（乡镇）三级政府管理，而社区（村）图书馆则成了没有对应政府管理的"弃儿"。在这种管理体制之中，市级与区（县）级文化管理部门对街道（乡镇）、社区（村）级图书馆无法实施有效的行业管理，市馆、区（县）馆也只能开展业务指导、人员培训而无法实施有效的业务规范，因此当前的管理体系不利于构建"文献采访编目标准化、文献物流配送社会化、系统网络服务规范化、书刊通借通还一体化、人力资源发展专业化、组织文化建设行业化"的公共图书馆服务体系。❷ 社区图书馆（室）从文化站（室）中独立并升格为跟文化站（室）并列的基层文化机构，有利于改善设施、经费、馆藏、编制等各方面的办馆条件。陕西省积极推进数字图书馆和数字文化馆建设，要求到2020年实现公共文化服务全覆盖；苏州市将打造城乡全覆盖的"10分钟文化圈"，全力打通公共文化服务"最后一公里"❸。社区图书馆作为公共文化服务机构，无疑承担着传承社区历史、保存社区文化等重要职责。

政府部门应当建立健全协作协调、人员管理、竞争激励、服务评估等管理机制，切实推动公共文化服务体系建设。各级政府及文化主管部门必须在规划编制过程中建立和健全广大居民的需求表达机制，培养居民对社区文化建设的参与感、责任感与自豪感以保证社区图书馆构建战略规划的科学性与可行性。❹ 各级民政、文化、财政、建设、规划等政府部门需要协调一致，建立社区建设、文化

---

❶ 林国明．基于新公共服务理论视角的社区图书馆构建．神州民俗（学术版），2013（1）：70-72．

❷ 王宇清．试论我国社区图书馆的发展模式．科技情报开发与经济，2010（21）：84-87．

❸ 依法治文 不断提升公共文化服务效能．（2017-03-02）[2017-08-06]．http：//www.shaanxici.cn/content/2017-03/02/content_14540643.htm．

❹ 林国明．基于新公共服务理论视角的社区图书馆构建．神州民俗（学术版），2013（1）：70-72．

事业、经费预算与建设规划等协作机制。《全国公共图书馆事业发展"十二五"规划》要求推进适应公共文化服务体系的管理创新，建立充满生机与活力的公共图书馆体制机制。❶只有加快改进与不断完善社区图书馆的体制机制，才能推动社区图书馆事业可持续发展。文化主管部门需要确定社区图书馆发展模式，坚持走政府投资、馆社合办、社区共建、社会赞助等社区图书馆多元化发展路径。这就是说，政府部门应当坚持"统筹安排""因地制宜""合理规划""分步实施"的基本原则，做好社区图书馆建设的整体规划、合理布局与加快实施等工作。2016年5月1日正式实施的《社区图书馆服务规范》明确规定："社区图书馆建设、管理与服务应统一纳入当地经济和社会发展的总体规划，纳入区域公共图书馆事业发展规划""其服务资源和服务保障主要由区（县）级人民政府提供，事业发展与管理由当地文化主管部门负责"。❷令人深受鼓舞的是，2018年开始实施的《公共图书馆法》明确规定："县级以上人民政府应当将公共图书馆事业纳入本级国民经济和社会发展规划，将公共图书馆建设纳入城乡规划和土地利用总体规划，加大对政府设立的公共图书馆的投入，将所需经费列入本级政府预算，并及时、足额拨付。"❸区（县）政府是社区图书馆建设的当然主体，无论是当地社区图书馆的规划布局，还是其服务资源与服务保障的总体供给，都需要县（区）级政府及其文化部门坚定地承担责任。

6.4.2 社区组织密切配合

在乡村图书馆发展的历程中，以知识分子为主体的民间组织一直参与其中并已成重要力量，但存在身份模糊、宣传不足、管理松散等共性问题。❹曾几何时，政府的乡村办馆投入严重不足甚至几乎没有资源投入，民间组织因而一度成了乡村图书馆建设的重要支柱。仅靠社会力量支撑乡村图书馆建设，显然无法完成农村基层公共文化服务体系的构建任务。我国建立了全民所有制与集体所有制相结合的社会主义公有制经济体制，因此社区图书馆建设主体除街道（乡镇）以上地方政府之外，还应当包括社区（村）居民委员会组合起来的集体所有制的自治组织。譬如，20世纪50年代末期，"大跃进"运动导致全国各地掀起"民办"图书馆（室）的建设高潮，尽管违背客观规律的基层图书馆建设留下了

---

❶ 文化部关于印发《全国公共图书馆事业发展"十二五"规划》的通知．(2013-01-30)[2017-04-12]．http：//www.gov.cn/gongbao/content/2013/content_2404725.htm.

❷ 中华人民共和国文化部．社区图书馆服务规范（WH/T 73—2016）．北京：国家图书馆出版社，2016：2.

❸ 中华人民共和国公共图书馆法．(2017-11-04)[2018-05-06]．http：//zwgk.mct.gov.cn/auto255/201711/t20171106_693582.html.

❹ 刘瑞芬．民间组织与乡村图书馆．图书馆建设，2008（9）：24-26.

深刻教训，但这种集体所有制形式的基层图书馆发展方向无疑值得肯定。❶ 近年来，各级政府明显加大对农村公共文化设施的扶持力度，民间组织应当积极整合公益资源并加强同政府部门合作，从而更好地促进乡村图书馆的建设。倘若在政府文化行政部门的协调之下，既切实加强各级政府承担社区图书馆建设的主体责任，又能积极引导各种社区组织自愿参与社区图书馆的创办与服务，那么街道（乡镇）、社区（村）级图书馆建设就能走上良性发展轨道。

我国社区图书馆主要由社区居委会或社区居民自主创办，尽管经济发达地区从文化事业费用中提取部分经费进行补助，但没有形成公共图书馆服务体系一体化运作机制。社区图书馆归属街道办事处/乡镇政府或居委会/村委会，有时跟乡镇（街道）综合文化站、农村书屋等合而为一。至2017年底，全国共有各类社区服务机构和设施40.7万个（见表6-3），其中社区服务中心（站）共16.8万个（城乡覆盖率为25.5%，城市、农村的覆盖率分别为78.6%与15.3%），社区志愿服务组织9.6万个。❷ 近年来，各类公益性的社区组织蓬勃发展，已经成为公共文化服务的重要参与力量。《"十三五"推进基本公共服务均等化规划》强调"加强社会组织孵化培育和人才扶持，采取人员培训、项目指导、公益创投等多种途径和方式，提升社会组织承接政府购买服务能力""大力培育发展社区社会组织，支持其承接基层基本公共服务和政府委托事项"。❸ 目前，社区图书馆管理机制并不明确，有的由文化站管理，有的由社区文明办管理。

表6-3 社区服务机构和设施

指标	2010年	2011年	2012年	2013年	2014年	2015年	2016年	2017年
社区服务机构和设施（万个）	15.3	16.0	20.0	25.2	31.1	36.1	38.6	40.7
社区服务中心、站（万个）	5.7	7.1	10.4	12.8	14.3	15.2	16.1	16.8
社区服务中心、站增长率（%）	-9.8	23.9	47.8	23.1	11.7	6.2	5.8	4.3

---

❶ 龚蛟腾. 基层图书馆的定位、反思与趋向. 图书馆工作与研究，2013（12）：4-9.
❷ 2017年社会服务发展统计公报. （2018-08-02）[2018-08-08]. http://www.mca.gov.cn/article/sj/tjgb/201808/20180800010446.shtml.
❸ 国务院关于印发"十三五"推进基本公共服务均等化规划的通知. （2017-01-23）[2017-06-03]. http://www.gov.cn/zhengce/content/2017-03/01/content_5172013.htm.

随着"现代化"与"城镇化"的逐步转型，农民脱离世代耕种的土地开始向城市与城镇集中。农民进城导致农村居民不足，需要适当引导居民点合并。近年来乡镇自治组织呈现相逆现象，村委会逐渐减少，而居委会逐渐增多。截至2017年年底，基层群众自治组织共计66.1万个，其中，村委会55.4万个，村民小组439.7万个；居委会10.6万个，居民小组137.1万个（见表6-4）。❶ 居民委员会等社区组织需要积极配合社区图书馆建设，因地制宜地选择社区图书馆发展模式。譬如，总分馆制发展模式要求逐步建立以区（县）图书馆为服务中心、街道（乡镇）图书馆为分中心、社区（村）图书馆为服务点的三级服务网络，社区居委会就需要少干涉具体业务而多加强配套服务，从而为总馆统一管理、统一采购、统一配送、统一服务创造更好的条件。

表6-4 城乡自治组织

指标	2010年	2011年	2012年	2013年	2014年	2015年	2016年	2017年
居委会	8.7	8.9	9.1	9.5	9.7	10.0	10.3	10.6
村委会	59.5	59.0	58.8	58.9	58.5	58.1	55.9	55.4

社区组织是社区服务的重要依托力量，也是社区文化服务的重要参与者。2006年，中央就要求"完善居（村）民自治，支持居（村）民委员会协助政府做好公共服务和社会管理工作，发挥驻区单位、社区民间组织、物业管理机构、专业合作经济组织在社区建设中的积极作用，实现政府行政管理和社区自我管理有效衔接、政府依法行政和居民依法自治良性互动"❷。加强社区图书馆建设一方面应当规范基层政府的主体责任，另一方面应当提升社区组织的参与意识，建立"政府行政"与"居民自治"相结合的运作机制。《十二五规划纲要》提出："积极培育社区服务性、公益性、互助性社会组织，发挥业主委员会、物业管理机构、驻区单位积极作用，引导各类社会组织、志愿者参与社区管理和服务。"❸针对基层图书馆传统管理模式存在难以克服的弊端，王宗义提出"把基层社区图书馆建设、管理和服务的具体操作交给社区居民"，即"政府将基层图书馆建设与管理纳入社区基础公共服务项目中……在居民自治管理组织中建立社区图书馆管理委员会或相应机构""社区图书馆与街镇、居民小区的文化服务中心的平行

---

❶ 2017年社会服务发展统计公报．（2018-08-02）[2018-08-08]．http：//www.mca.gov.cn/article/sj/tjgb/201808/20180800010446.shtml．

❷ 中共中央关于构建社会主义和谐社会若干重大问题的决定．（2006-10-18）[2017-06-16]．http：//cpc.people.com.cn/GB/64093/64094/4932424.html．

❸ 中华人民共和国国民经济和社会发展第十二个五年规划纲要．（2011-03-16）[2017-04-23]．http：//www.npc.gov.cn/wxzl/gongbao/2011-08/16/content_1665636.htm．

或隶属关系,由社区居民自治组织根据本地区实际情况决定"。❶ 社区居民委员会、业主委员会等自治组织积极参与社区图书馆管理,而政府文化主管部门则应当为社区图书馆自治管理提供政策保障与管理支持。

建立社区图书馆运作的协调机构,制定社区图书馆的发展目标、建设方案、管理机制与服务标准,确保社区图书馆可持续发展。截至 2017 年年底,全国共有社会组织 76.2 万个,全年各类社会慈善捐款 754.2 亿元(民政部门直接接收社会各界捐款 25.0 亿元,各类社会组织接收捐款 729.2 亿元),其中,社会团体 35.5 万个,比上年增长 5.6%;各类基金会 6307 个,比上年增长 13.5%;民办非企业单位 40.0 万个,比上年增长 11.0%。❷ 社区图书馆是公益文化事业的重要组成部分,其发展应当跟道路、公园、公交等公共服务一样由政府职能部门进行规划、建设与管理,并避免公共文化领域出现所谓的"政绩工程""面子工程"。北京市建立相对规范的行业管理体制,不仅成立北京市社区图书馆工作委员会,而且成立各区县社区图书馆管理委员会,还成立专门的社区图书馆基金会,从而有力地促进了社区图书馆事业的规范化管理。

当前,广场舞等看得见的文化活动热热闹闹,阅读推广等深层次的文化服务冷冷清清。如何才能让公共文化服务别沦为"桌上的花瓶",这是基层政府也是社区居委会应当考虑的事情。公共文化服务体系构建不能流于喧嚣浮躁的外在形式,更不能作为绚丽夺目的政绩工程,而是应当从根本上建立可持续发展的充分满足基层民众文化需求的服务网络。近年来,农家书屋等社区图书馆建设取得了一定成效,但"叫好不叫座"的不良现象依然比较常见。深圳基层图书馆呈现两极分化的矛盾现象,一些图书馆火爆得座无虚席、人满为患,另外一些图书馆却冷冷清清、门可罗雀甚至"铁将军"把门。据报道,该市基层图书馆由市、区两级投资,后续管理和维持交给社区,然而各社区重视程度不一,于是部分图书馆的人员、资金乃至开放时间得不到保障,导致到馆率越来越低甚至馆舍被挪用,譬如龙岗区 117 个基层图书馆只有 77 家正常开放❸。社区组织应当密切配合社区馆的业务工作,积极规范社区馆的日常管理,并不断优化社区馆的文化服务,从而将社区馆打造成居民满意的文化去处。

---

❶ 王宗义. 社区图书馆员职业空间局限与人力资源配置模式的变革——基层图书馆从行政模式转向公共模式的思考之一. 图书馆,2012(5):11-13.
❷ 2017 年社会服务发展统计公报. (2018-08-02)[2018-08-08]. http://www.mca.gov.cn/article/sj/tjgb/201808/20180800010446.shtml.
❸ 梁睿,张清华. 深圳基层图书馆为何冷热不均. (2011-12-02)[2017-07-27]. http://edu.ifeng.com/gundong/detail_2011_12/02/11043570_0.shtml.

6.4.3 社会力量踊跃参与

社会力量的概念相当宽泛，一般指能够参与、作用于社会发展的基本单元，即包括自然人与法人在内的个体或团体。因此，社会个体、社会组织、党群社团、企事业单位、非政府组织、非营利机构等都属于社会力量的范围。中华人民共和国成立后，建立了国有与集体所有的公有制，公共文化事业的投入与运营大多都由政府来承担。随着改革开放的深入发展，社会力量逐渐发展壮大起来，并日益成为公共文化服务必要的参与者。20世纪80年代以后，社会团体和民间组织重新开始介入乡村图书馆建设，各种志愿者组织发起捐书助教和建立图书室活动，如天下溪教育研究所的"乡村社区图书馆援助计划"、中华文学基金会创办的育才图书室工程等，以及美国加州圣峪中华文化协会、美国青树教育基金会、海外中国教育基金会、滋根基金会等海外基金会与慈善组织也参与基层图书馆援建活动[1]。社会团体、民间组织、社会贤达等社会力量积极参与乡村图书馆建设，无疑为乡村图书馆等基层图书馆建设增添了不少亮色。《文化部"十二五"时期文化改革发展规划》要求"引导社会力量参与公共文化服务""直接面向社会公众提供公益性文化服务"；"逐步建立公共文化服务政府采购制度""鼓励民间资本通过招投标等方式"参与公共文化服务[2]。该"规划"列出了"十二五"期间文化改革的重要任务，尤其是为社会力量兴办具有公益性和准公益性的文化服务组织提供了制度保障。《"十三五"推进基本公共服务均等化规划》提出"积极引导社会力量参与"基本公共服务的创新供给，鼓励"采取招标等方式确定举办或运营主体"，保障"基本公共服务领域民办非营利性机构享受与同行业公办机构同等的待遇"[3]。《"十三五"时期全国公共图书馆事业发展规划》大力倡导社会力量发挥作用，"鼓励和支持公民、企事业单位、社会团体以及其他组织兴建、捐建或与政府部门合作建设公共图书馆，或者通过捐资、捐赠、捐建等方式参与公共图书馆建设、管理和服务"[4]。《公共图书馆法》积极鼓励社会力量参与公共图书馆建设，要求"县级以上人民政府应当积极调动社会力量参与公共图书馆建设，并按照国家有关规定给予政策扶持""国家鼓励公民、法人和其他

---

[1] 刘瑞芬. 民间组织与乡村图书馆. 图书馆建设, 2008（9）: 24-26.

[2] 文化部关于印发《文化部"十二五"时期公共文化服务体系建设实施纲要》的通知. (2013-01-14) [2017-04-11]. http://zwgk.mcprc.gov.cn/auto255/201301/t20130121_474074.html.

[3] 国务院关于印发"十三五"推进基本公共服务均等化规划的通知. (2017-01-23) [2017-06-03]. http://www.gov.cn/zhengce/content/2017-03/01/content_5172013.htm.

[4] 文化部关于印发《"十三五"时期全国公共图书馆事业发展规划》的通知. (2017-07-07) [2018-01-03]. http://zwgk.mct.gov.cn/auto255/201707/t20170726_685747.html.

组织依法向公共图书馆捐赠，并依法给予税收优惠"❶。从此以后社会力量参与公共文化服务的途径将更加多元化，民营图书馆或民办图书馆必然享受更加优惠的待遇。

社会力量积极开展办馆助馆活动，是社区图书馆发展壮大的重要途径。19世纪末20世纪初，卡内基捐款5616万美元在全球创办了2509所图书馆（绝大部分建在美国），其捐资建馆的基本要求就是"图书馆应该成为社区的实际存在"。❷❸ 近年来，国内各地社区图书馆多元化的发展态势日趋明显，社会力量参与创办社区图书馆的成功案例不断涌现。2014年1月2日，朝外街道文化服务中心、朝阳区图书馆、悠贝亲子图书馆共同签署《社会力量参与朝外地区图书馆运营合作协议书》，这标志着北京市出现第一个由社会力量参与管理的街道图书馆——朝外图书馆，其中街道提供设施与场地，社会力量参与运营，区图书馆配送图书资源，政府适当对其提供资金补贴。❹ 这种由社会力量参与管理的基层图书馆运营模式，一方面可以充分保障图书馆信息服务的水准，馆舍设施、书刊资源、运行经费等都能够得到保证；另一方面有利于发挥社会力量经营基层图书馆的积极性，诸如在街道（乡镇）文化主管部门与区（县）图书馆制定的服务标准、考核办法等制度规范下，既能做到365天天天开馆、每天不低于8小时、"一卡通"通借通还，又能开展阅读指导、专家讲座、文化沙龙等各类阅读活动。

基层公共图书馆可以联合社会力量共同开展公共文化服务，一方面各合作方集中优势资源有利于打造服务品牌，另一方面各合作方形成利益均沾的补偿机制，诸如第三方可以扩大宣传成效，等等。2013年2月，嘉兴市图书馆联合社会力量创办"我与'禾禾'有个约会"活动，形成了"禾禾故事会、禾禾手工坊、禾禾科普站、禾禾英语吧、禾禾书虫宝宝……"等一个庞大的"家族"体系；该馆禾禾品牌以亲子悦读天地绘本读物为载体，以市图书馆为中心，以南湖区、秀洲区分馆为基本点，已面向乡镇、村、社区辐射铺开了一系列少儿活动。❺ 嘉兴市图书馆积极引入社会力量参与少儿活动，走出了以亲子共读活动为龙头的常态化、品牌化之路，并从总馆逐渐拓展到乡镇、村、社区等各个角落。禾禾绘本故事会开展故事会活动（2~7岁），禾禾手工坊由艺趣童慧创意中心协助开展折

---

❶ 中华人民共和国公共图书馆法．（2017-11-04）[2018-05-06]．http://zwgk.mct.gov.cn/auto255/201711/t20171106_693582.html.

❷ 范并思等．20世纪西方与中国的图书馆学．北京：北京图书馆出版社，2004：6.

❸ 李东来．城市图书馆十年．上海：上海科学技术文献出版社，2014：200.

❹ 董鑫．朝阳区率先试点民办公共图书馆．北京青年报，2014-01-03（A6）．

❺ 嘉兴公共文化服务再拓空间．（2015-01-27）[2017-07-24]．http://www.jiaxing.gov.cn/jbjt/gzdt_7926/qtywxx_7930/201501/t20150127_466516.html.

纸、剪纸、涂色、绘画等手工活动（3~8岁），禾禾科普站由市科技馆协助开展科普活动（3~8岁），禾禾英语吧由海瑞教育、EF教育协助开展趣味英语小课堂（4~6岁）❶。通过多方合作打造"禾禾"品牌，第三方文化组织获得了品牌外溢的经济利益，基层图书馆则开展了更多更优的公共文化服务活动。

2016年，洛阳市通过引入社会力量参与公共文化服务在售楼中心创办了洛阳市少儿图书馆高新区分馆，该分馆拥有400平方米服务面积、7000册图书，除了能与总馆通借通还图书外，还有游戏室童趣十足的儿童游戏以及周末举办的服务活动；其运行机制是活动场所、水电等由房地产商提供，高新区政府负责管理，市少儿图书馆仅提供图书。❷ 在跟售楼中心成功合作的基础上，洛阳市少儿图书馆又与"共同成长读书室"、诸葛镇镇政府、高新区幼儿园、洛阳剪纸协会等合作开设馆外服务点或开展特色服务，形成了"萤火虫手工坊"和"萤火虫故事会"等服务品牌。社会力量积极参与办馆助馆活动，增加了基层图书馆的经费来源，拓展了基层图书馆的服务范围，宣传了基层图书馆的服务活动，提升了基层图书馆的服务层次。

民营图书馆大多为公益项目，近年来我国创立了近300家民营图书馆❸。推进基本公共服务均等化是全面建设小康社会的重要内涵，而大力实施公共服务供给多元化则是基本公共服务均等化的重要保障。《"十三五"推进基本公共服务均等化规划》提出："推进政府购买公共服务""交由具备条件、信誉良好的社会组织、机构、事业单位和企业等承担"；"加强政府和社会资本合作""广泛吸引社会资本参与"；"广泛动员志愿服务组织与志愿者参与基本公共服务提供""发挥慈善组织、专业社会工作服务机构在基本公共服务提供中的重要补充作用"。❹ 这些重要措施既有利于实现政府职能转型，又有利于引导社会力量参与基本公共服务体系构建。一般来说，只要能够通过购买实现公共服务的，政府就不再直接参与承办；只要能够通过合作实现公共服务的，政府就尽量吸引社会资本参与承办。因此，凡是社会能办好的公共文化服务应当尽可能地交给社会力量承担，但在社区图书馆服务体系构建中社会力量的办馆助馆作用还有待加强。地

---

❶ 嘉兴公共文化服务再拓空间．（2015-01-27）［2017-07-24］．http：//www.jiaxing.gov.cn/jbjt/gzdt_7926/qtywxx_7930/201501/t20150127_466516.html.

❷ 社会力量为图书馆建设注入新活力．（2016-07-21）［2017-07-14］．http：//news.lyd.com.cn/system/2016/07/21/010756027.shtml.

❸ 卢扬，冯雪菲．一家民营图书馆的生存之道．（2015-12-03）［2017-06-18］．http：//www.bbtnews.com.cn/2015/1203/130766.shtml.

❹ 国务院关于印发"十三五"推进基本公共服务均等化规划的通知．（2017-01-23）［2017-06-03］．http：//www.gov.cn/zhengce/content/2017-03/01/content_5172013.htm.

方政府应当"鼓励机构、个人合作共建或独立兴办社区图书馆",❶ 为社会力量办馆助馆建立相应的配套机制。

社区图书馆是一种以社区居民为服务对象的基层公共图书馆,各级政府必然是必不可少的名副其实的建设主体,其他社会团体、志愿组织、慈善机构、公益基金、教育机构、企业实体乃至公益人士等都可以通过合适方式参与社区图书馆的办馆助馆活动。王子舟先生极其关注弱势群体的知识援助问题,提出了社会力量办馆助馆的政策与模式;❷ 李小蓉女士也主张利用社会力量建设村图书室,即采取以群众为主体兴办各种社会事业与政府给予一定资金支持相结合的"民办公助"模式发展西部基层图书馆事业。❸ 社区图书馆建设既要发挥政府的主导职能,又要吸纳社会力量的扶持作用。"全民所有制"的各级政府与"集体所有制"的地方组织,无疑应当承担基层图书馆事业发展的主体责任,同时应当积极利用与协调各种社会力量来资助基层图书馆建设。❹ 建立健全社会力量办馆助馆的运行机制,必然有利于推动社区图书馆事业健康发展。

社区居民或社会志愿者积极参与社区图书馆的管理与服务,有利于社区图书馆掌握居民文化需求并提高服务成效。澳大利亚公共图书馆有定期问卷调查,市政府也经常召开了解大众需求的公共咨询会。❺ 社区图书馆是跟社区居民息息相关的文化服务组织,可以通过开展志愿者值班、荐书、选书、交流、服务等活动加强社区居民参与社区馆建设的意愿与力度。2015 年 6 月 13 日,广东省东莞市莞城图书馆举行社区图书馆建设座谈会,综合考察 103 位志愿馆长报名者后确定 15 人入围参加竞选;7 月 4 日,该馆正式举行引入第三方力量激活社区图书馆的志愿馆长竞选会,15 名来自不同行业的候选人竞选 8 个社区图书馆志愿馆长岗位。❻ 通过面谈、调查、回访与竞选等步骤确定社区图书馆志愿馆长,有利于相关文化部门了解社区居民需求、听取社区居民意见,有利于宣传社区文化建设、促进社区馆开展服务,有利于社区居民关注社区馆服务、参与社区馆活动,还有利于搭建各方交流平台、促进社区馆发展。

---

❶ 中华人民共和国文化部. 社区图书馆服务规范(WH/T 73—2016). 北京:国家图书馆出版社,2016:4.

❷ 王子舟. 民间力量建设图书馆的政策与模式. 北京:国家图书馆出版社,2011.

❸ 李小蓉. 我国西部地区基层图书馆发展思考. 图书馆研究,2013,43(1):20 – 22.

❹ 龚蛟腾. 基层图书馆的定位、反思与趋向. 图书馆工作与研究,2013(12):4 – 9.

❺ 李娟. 澳大利亚社区图书馆的管理与服务. 高等函授学报(哲学社会科学版),2008(10):30 – 32.

❻ 谭志红. 一场特殊的馆长竞选会. 中国文化报,2015 – 07 – 14(7).

6.4.4 理事会负责管理

社区图书馆理事会建设是国家加强基层公共图书馆建设的战略措施，也是社区图书馆可持续发展的重要保障。我国社区图书馆建设需要深化管理体制改革，坚决摒弃空架子、花架子、形式主义、形象工程等不良现象，切实加强业务工作的检查、考核、评估与监管，将提升社区图书馆服务成效与社区居民满意度作为首要目标。2003年"万家社区图书室援建和万家社区读书活动"兴起之初，计划3~5年完成全国所有社区图书室的图书援建工作；2012年民政部关于"十二五"期间深入开展"援建活动"的通知中，提出制定全国统一的让援建图书不闲置、少损坏、快流动的《万家社区图书室图书管理办法》。然而，这些计划均未能按期实现，甚至面临中断的危机，个中原因亟待深究。行政机制与市场机制相结合的统筹管理规划，是保障社区图书馆可持续发展的前提条件。居（村）委会投资建设社区图书馆（室），可采取下办上助、公办民助等方式。社会力量捐建社区图书馆（室），可采取民办公助、多方共建等方式。社区图书馆多元化的办馆途径，进一步增加了社区图书馆管理方式的复杂性。深入探讨社区图书馆的管理机制，因而显得格外迫切与必要。美国等发达国家建立的图书馆理事会制度，较好地发挥了政府与市场各自的优势：一方面将政府从烦琐的图书馆事务中解脱出来，使政府专司监管与支持的职责；另一方面将社会力量合理地吸收到图书馆建设之中，极大地提高了图书馆的服务能力以及社会公众的参与度。[1]西方发达国家大多形成了"小政府""大服务"的管理机制，既提高了政府部门专司管理的监管力度，又提升了公共部门灵活运作的服务效益。

社区图书馆理事会建设是国家推动公共图书馆管理体制改革的重要环节，也是社区图书馆法人治理的重大突破。我国社区图书馆建设应当走多元化的发展道路，加快基层公共图书馆管理体制改革，形成各级政府、社会力量、居民个体等多元主体共同参与的运作机制。2011年，《十二五规划纲要》要求"加快推进公益性文化事业单位改革，探索建立事业单位法人治理结构，创新公共文化服务运行机制"[2]。这表明在公共文化事业领域，法人治理结构已经提上了议事日程。2013年，《中共中央关于全面深化改革若干重大问题的决定》提出"建立法人治理结构，完善绩效考核机制""推动公共图书馆、博物馆、文化馆、科技馆等组建理事会，吸纳有关方面代表、专业人士、各界群众参与管理"[3]。该"决定"

---

[1] 龚蛟腾. 基层公共图书馆创办的政府行为分析. 山东图书馆学刊，2015（1）：13-18.

[2] 中华人民共和国国民经济和社会发展第十二个五年规划纲要. （2011-03-16）[2017-04-23]. http://www.npc.gov.cn/wxzl/gongbao/2011-08/16/content_1665636.htm.

[3] 中共中央关于全面深化改革若干重大问题的决定. （2013-11-12）[2017-06-20]. http://cpc.people.com.cn/n/2013/1115/c64094-23559163.html.

指明加快建立公共图书馆法人治理结构,广泛吸纳各方代表组建理事会。2016年,《公共文化服务保障法》第二十四条规定:"国家推动公共图书馆、博物馆、文化馆等公共文化设施管理单位根据其功能定位建立健全法人治理结构,吸收有关方面代表、专业人士和公众参与管理。"❶ 2017年,《"十三五"时期全国公共图书馆事业发展规划》呼吁"建立以理事会为主要形式的法人治理结构,吸纳有关方面代表、专业人员、各界群众参与,落实法人自主权,健全决策、执行和监督机制"❷。由此可知,我国公共图书馆建立法人治理制度,已经成为法律的规范与政策的要求。公共文化服务体系的法人治理制度,仍处于理论探讨与实践推进的初始阶段。我们应当充分借鉴美国等西方发达国家先进的典型经验,但绝不能照搬它们现成的管理措施。根据相关规定成立社区馆理事会与馆代会,理事会负责社区馆的发展战略工作,馆代会负责社区馆日常业务管理。浙江省积极推动公共文化设施管理体制改革,推广107家公共文化机构的理事会管理经验❸,至2018年底全省绝大多数公共文化机构成立了理事会。建立健全社区图书馆理事会制度意义极其重大,这是一项前所未有的基层公共图书馆管理体制改革。

社区图书馆理事会建设是"建立法人治理结构"的探索实践,有利于优化社区图书馆的布局规划与各项管理。政府部门应当将社区文化建设纳入社区总体规划之中,各级财政应当逐年增加对文化事业的投入。譬如,主管部门将社区图书馆建设纳入旧城区改造、新城区开发的整体规划,纳入社区文化资源共建共享的发展规划(数字社区)。企业对公共文化投资应当给予优惠政策,诸如投资额可作为税金减免。发达国家社区图书馆遵照民意创办,坚持法制管理、政府扶持与公民自治相结合的原则,实施理事会管理下的馆长负责制,经费主要来源于政府拨款,并根据读者层次分区服务。❹ 政府主管部门需要将社区图书馆建设纳入城市发展规划之中,作为现代社区及其公共文化服务体系建设的硬性指标;文化主管部门应当将社区图书馆创建提升到公共文化发展的战略高度,建立健全管理考核、评估定级等社区图书馆的运作机制。否则,即使社区图书馆建立起来了,也难免面临重新清零的厄运。譬如,深圳市宝安区"百村书库"工程曾经盛极

---

❶ 中华人民共和国公共文化服务保障法.(2016-12-25)[2017-06-12]. http://www.npc.gov.cn/npc/xinwen/2016-12/25/content_2004880.htm.

❷ 文化部关于印发《"十三五"时期全国公共图书馆事业发展规划》的通知.(2017-07-07)[2018-01-03]. http://zwgk.mct.gov.cn/auto255/201707/t20170726_685747.html.

❸ 依法治文 不断提升公共文化服务效能.(2017-03-02)[2017-08-06]. http://www.shaanxici.cn/content/2017-03/02/content_14540643.htm.

❹ 龚蛟腾.从社会视角看社区图书馆发展.高校图书馆工作,2013(6):3-8.

一时，全区 112 个行政村均建立了社区图书馆；然而到 2011 年底全区六个街道（不包括龙华新区）90 个社区图书馆中正常开放的仅有 46 家，49% 的社区图书馆没有正常开放，甚至连 1992 年建立的面积 200 多平方米、藏书两万册的溪头社区图书馆也不能幸免❶。该区的政策力度与经费支持不可谓不好，但仍然出现了令人唏嘘的冷清场景，个中缘由不能不反思。显然，建立体现法人治理结构的社区图书馆理事会制度，让社区图书馆服务供给与社区居民文化需求高度吻合，这应当是社区图书馆保持旺盛生命力的根本保障。

社区图书馆理事会建设需要多方积极参与，并逐步加强监管力度。除加强政府部门的制度建设、公共投入与监管力度外，还需充分发挥社会力量、民间组织的评价职能与监管作用，如建立由公民代表、社会贤达、专家学者等组成的理事会，确保基层公共图书馆为民所有、为民所需与为民所用。❷ 澳大利亚的社区图书馆直属于市政府，其监察机构为地方图书馆管理委员会，该机构由市政府议员、政府高级行政人员、图书馆职业代表组成，负责监督社区图书馆的服务与运作情况。❸ 理事会应当充分履行监管社区图书馆的职责，诸如牵头设立"社区图书馆建设基金"，积极接收社会资金并进行合理分配。理事会成员应当充分吸收社区用户参加，不少社区居民愿意承担上联下达、反馈意见与参与管理等责任。《社区图书馆服务规范》指出：社区图书馆应当"设立读者意见箱（簿），公开监督或投诉电话，每年至少应召开一次读者座谈会，对读者意见或投诉应在 5 个工作日内回复并落实""每年至少应进行一次读者需求和服务满意度调查，调查表发放数量不少于 100 份，回收率不低于 80%（含），满意度不低于 85%（含）"。❹ 理事会制度的建立、实施与完善，必然是加强社区居民与社区图书馆之间有效沟通的途径。

我国社区图书馆理事会建设应当借鉴西方国家成功经验，诸如完善运行机制并提升社区图书馆的便利度，培植公众对社区图书馆的认同感与信任度，扩大社区文化参与体系及促进社区居民的融合意识，发展学习支持系统及打造社会教育基地。❺ 他山之石可以攻玉，我们必须考察、分析与借鉴发达国家社区图书馆建

---

❶ 宝安：49% 的社区图书馆没开放．(2012-03-22)[2017-08-07]．http://news.cntv.cn/20120322/102692.shtml.

❷ 龚蛟腾．基层公共图书馆创办的政府行为分析．山东图书馆学刊，2015（1）：13-18.

❸ 李娟．澳大利亚社区图书馆的管理与服务．高等函授学报（哲学社会科学版），2008（10）：30-32.

❹ 中华人民共和国文化部．社区图书馆服务规范（WH/T 73—2016）．北京：国家图书馆出版社，2016：4.

❺ 龙叶，陶海宁．社会资本视角下透析纽约三家社区图书馆给予的启示．科技情报开发与经济，2010，20（2）：9-11.

设的典型经验与成功方法，积极探讨我国社区图书馆建设的战略规划与发展策略。譬如，借鉴国外社区图书馆的发展经验，建立切实可行的制度保障机制，确保各级政府按财政收入比例投入经费；建立规范的业务管理体系，提高社区文化保障能力与服务水平；倡导人本服务理念，开展个性化与人性化的信息服务。[1] 当前，我国推出基层公共图书馆法人治理的社会条件日渐成熟，但建立健全包括理事当家、反馈及时、协调灵活、监管到位等职能在内的法人治理制度尚需进一步努力推动。

---

[1] 龚蛟腾. 从社会视角看社区图书馆发展. 高校图书馆工作，2013（6）：3-8.

参 考 文 献

1. 2017年社会服务发展统计公报［EB/OL］. http://www.mca.gov.cn/article/sj/tjgb.

2. 巴茜. NGO援建我国基层图书馆可持续发展策略研究［D］. 昆明：云南大学，2015.

3. 陈喜红. 社区图书馆为农民工服务的探讨［J］. 图书馆论坛，2010（4）.

4. 陈新祥，陈伟东. 城市社区工作理论与实务［M］. 北京：中国社会出版社，2014.

5. 丁小明. 论义乌市社区图书馆之构建［J］. 科技情报开发与经济，2010（7）.

6. 董秀菊. 沈阳地区社区图书馆建设综述［J］. 图书馆学刊，2010（1）.

7. 范祥中，吴昌合. 社区图书馆"图书银行"发展模式初探［J］. 图书情报工作（增刊），2010（2）.

8. 方玲. 社区图书馆发展的路径探析——五联社区图书馆知识援助服务的实践与探索［J］. 公共图书馆，2010（2）.

9. 方瑞璋. 社区图书馆建设实践与经验——以虎门镇沙角社区图书馆为例. 科技情报开发与经济［J］，2013（22）.

10. 高珲. 论如何加快社区图书馆建设［J］. 贵图学刊，2010（3）.

11. 公共图书馆建设标准［EB/OL］. http://www.zj.gov.cn/art/2012/8/24/art_14513_50741.html.

12. 龚高健. 经济社会热点问题追踪与观察［M］. 厦门：厦门大学出版社，2015.

13. 龚蛟腾. 城镇化进程中基层公共图书馆建设研究［M］. 北京：知识产权出版社，2015.

14. 龚蛟腾. 从社会视角看社区图书馆发展［J］. 高校图书馆工作，2013（6）.

15. 龚蛟腾. 基层公共图书馆创办的政府行为分析［J］. 山东图书馆学刊，2015（1）.

16. 龚蛟腾. 基层图书馆的定位、反思与趋向［J］. 图书馆工作与研究，

2013（12）.

17. 关于加快构建现代公共文化服务体系的意见［EB/OL］. http://news.xinhuanet.com/zgjx/2015-01/15/c_133920319.htm.

18. 国家统计局［EB/OL］. http://www.stats.gov.cn.

19. 国家图书馆研究院. 我国图书馆事业发展政策文件选编（1949—2012）［M］. 北京：国家图书馆出版社，2014.

20. 国民经济和社会发展五年规划纲要［EB/OL］. http://www.npc.gov.cn.

21. 华南. 中国民办图书馆开拓者潘跃勇［N］. 人民日报（海外版），2008-07-16（07）.

22. 霍瑞娟. 社区图书馆多元化发展研究［D］. 湘潭：湘潭大学，2015.

23. 蒋永福. 图书馆学基础简明教程［M］. 北京：知识产权出版社，2012.

24. 李菊花. 河北省社区图书馆一体化建设的构想［J］. 河北学刊，2013（4）.

25. 李娟. 澳大利亚社区图书馆的管理与服务［J］. 高等函授学报（哲学社会科学版），2008（10）.

26. 李小蓉. 我国西部地区基层图书馆发展思考［J］. 图书馆研究，2013，43（1）.

27. 历次五年规划（计划）［EB/OL］. http://dangshi.people.com.cn/GB/151935/204121/.

28. 历年国务院政府工作报告［EB/OL］. http://www.gov.cn/guowuyuan/baogao.htm.

29. 梁睿，张清华. 深圳基层图书馆为何冷热不均［EB/OL］. http://edu.ifeng.com/gundong/detail_2011_12/02/11043570_0.shtml.

30. 廖腾芳，刘宣春. 发达国家社区图书馆建设及启迪［J］. 晋图学刊，2010（6）.

31. 廖腾芳. 乡村社区图书馆的发展方向［J］. 图书馆学刊，2007（2）.

32. 廖腾芳. 中国乡村社区图书馆的现状及发展模式研究［M］. 长沙：湖南大学出版社，2006.

33. 林国明. 基于新公共服务理论视角的社区图书馆构建［J］. 神州民俗（学术版），2013（1）.

34. 刘意. 社区图书馆可持续发展保障体系研究［D］. 湘潭：湘潭大学，2014.

35. 卢扬，冯雪菲. 一家民营图书馆的生存之道［EB/OL］. http://

www. bbtnews. com. cn/2015/1203/130766. shtml.

36. 马艳霞. 基于案例分析的私人图书馆运作模式与启示［J］. 情报资料工作, 2011（2）.

37. 民政部关于在全国推进城市社区建设的意见［EB/OL］. http：//www. cctv. com/news/china/20001212/366. html.

38. 潘燕桃, 等.《广州市公共图书馆条例》解读［M］. 广州: 广东人民出版社, 2015.

39. 秦子淮, 傅秀兰. 社区图书馆信息服务发展对策探析［J］. 农业图书情报学刊, 2010（6）.

40. 邱梦华, 等. 城市社区治理［M］. 北京: 清华大学出版社, 2013.

41. 权品. 天津市社区图书馆发展模式探讨［J］. 图书馆工作与研究, 2010（8）.

42. 上海: 2020 年率先建成现代公共文化服务体系［EB/OL］. http：//sh. people. com. cn/n2/2017/0425/c134768 - 30092498. html.

43. 上海市基本公共文化服务实施标准（2015—2020 年）［EB/OL］. http：//sh. bendibao. com/news/2015922/144599. shtm.

44. 社会力量为图书馆建设注入新活力［EB/OL］. http：//news. lyd. com. cn/system/2016/07/21/010756027. shtml.

45. 申晓娟. 标准化视角下的我国基层图书馆事业发展研究［M］. 北京: 国家图书馆出版社, 2015.

46. 苏腾. 潘跃勇: 开启大阅读时代［EB/OL］. http：//edu. china. com/11157399/20170310/30317974. html.

47. 孙洪. 试谈现阶段社区图书馆的可持续发展［J］. 科技情报开发与经济, 2012（2）.

48. 唐虹, 李军, 金燕. 探讨社区图书馆联盟的组织结构与运行机制［J］. 图书馆论坛, 2010（1）.

49. 汪其英. 中美社区图书馆服务比较研究［D］. 湘潭: 湘潭大学, 2013.

50. 王利伟. 发达国家社区图书馆儿童服务及其启示［J］. 图书馆工作与研究, 2014（1）.

51. 王效良. 基层图书馆的农村服务工作［M］. 北京: 国家图书馆出版社, 2010.

52. 王晔. 城市社区图书馆 Living Library 活动策划［J］. 科技情报开发与经济, 2013（23）.

53. 王宇沛. 公共图书馆的发展与建设社区图书馆的必要性［J］. 民营科技,

2010 (1).

54. 王子舟. 民间力量建设图书馆的政策与模式 [M]. 北京：国家图书馆出版社, 2011.

55. 王宗义. 社区图书馆员职业空间局限与人力资源配置模式的变革——基层图书馆从行政模式转向公共模式的思考之一 [J]. 图书馆, 2012 (5).

56. 王宗义. 社区图书馆资源行政配置与自主集聚和交流的模式选择——基层图书馆从行政模式转向公共模式的思考之二 [J]. 图书馆, 2012 (6).

57. 魏建琳. 公共物品理论视阈下社区图书馆的概念与演变规律探析 [J]. 图书馆建设, 2014 (3).

58. 温友平. 文化的力量 [M]. 深圳：海天出版社, 2012.

59. 文化部, 国家计委, 财政部. 关于进一步加强基层文化建设的指导意见 [N]. 中国文化报, 2002-04-25 (3).

60. 乌日娜. 社区图书馆在建设阅读型社会中的作用 [J]. 河南图书馆学刊, 2013 (10).

61. 夏彦, 刘磊, 冯英华. 城市社区图书馆现状与公众需求调查与分析 [J]. 图书馆杂志, 2010 (6).

62. 肖永英, 阳娟兰. 广州市社区图书馆读者满意度调查 [J]. 图书馆, 2010 (5).

63. 徐丹. 社会组织参与美国社区治理与经验与启示 [M]. 北京：中国经济出版社, 2016.

64. 徐可. 新华网评：公共文化服务别沦为"桌上的花瓶" [EB/OL]. http://news.xinhuanet.com/comments/2016-12/31/c_1120217607.htm.

65. 徐文宇. 新型城镇化背景下公共文化服务均等化研究 [D]. 武汉：湖北工业大学, 2016.

66. 许江涛. 城市社区图书馆建设现状与公众需求研究——基于对天津滨海新区的调查分析 [J]. 河南图书馆学刊, 2013 (12).

67. 晏显蓉. 社区图书馆现状及可持续发展探讨 [J]. 四川图书馆学报, 2010 (6).

68. 杨玉蓉. 新时期社区图书馆为老年读者服务摭谈 [J]. 河南图书馆学刊, 2010 (5).

69. 依法治文 不断提升公共文化服务效能 [EB/OL]. http://www.shaanxici.cn/content/2017-03/02/content_14540643.htm.

70. 于良芝, 邱冠华, 许晓霞. 走进普遍均等服务时代：近年来我国公共图书馆服务体系构建研究 [J]. 中国图书馆学报, 2008 (3).

71. 于书平．北京市社区图书馆运行机制创新研究［J］．北京教育学院学报，2013（1）．

72. 于永明．潘跃勇创办首家民营图书馆［J］．大众商务，2004（9）．

73. 袁锡宏．石家庄市社区图书馆发展调查分析［J］．兰台世界，2010（20）．

74. 张爱梅．论社区图书馆发展的对策［J］．内蒙古科技与经济，2010（1）．

75. 张广钦，张丽．关于面向公众的基层图书馆服务网络建设［J］．中国图书馆学报，2008（2）．

76. 张红宇．关于我国社区图书馆建设的思考［J］．科技情报开发与经济，2014（5）．

77. 张洁．浅谈社区图书馆的数字化服务［J］．图书馆杂志，2012（7）．

78. 张立．2014—2015中国数字出版产业年度报告［J］．北京：中国书籍出版社，2015．

79. 张鹏民．社区图书馆实行多元化的建设模式［J］．农业图书情报学刊，2010（4）．

80. 张树雪．采取多种形式利用社会文献资源创建社区图书馆［J］．黑龙江教育学院学报，2013（5）．

81. 张小琴．社区图书馆阅读推广计划——以金陵图书馆为例［J］．公共图书馆，2012（4）．

82. 张秀敏．洛阳市社区图书馆（室）现状调查及对策思考［J］．河南图书馆学刊，2010（1）．

83. 张雅丽，龙叶．试论社区图书馆对老龄群体的电子信息技术教育［J］．图书馆工作与研究，2010（5）．

84. 张妍．文化体制改革视域下现代公共文化服务体系建设研究［J］．沈阳：东北大学出版社，2015．

85. 浙江省基本公共文化服务标准（2015—2020年）［EB/OL］．http://news.163.com/15/0724/04/AV8SRMAM00014AEF.html．

86. 中共中央文献研究室．十二大以来重要文献选编［M］．北京：中央文献出版社，2011．

87. 中国共产党历次全国代表大会数据库［EB/OL］．http://cpc.people.com.cn/GB/64162/64168/index.html．

88. 中国互联网络信息中心．第42次《中国互联网络发展状况统计报告》［EB/OL］．http://www.cnnic.net.cn/hlwfzyj/hlwxzbg/hlwtjbg/201808/t20180820_70488.htm．

89. 中国青少年研究中心课题组. 少年儿童数字阅读现状及对策 [N]. 光明日报, 2015 – 11 – 13 (05).

90. 中国人大网 [EB/OL]. http://www.npc.gov.cn.

91. 中华人民共和国公共图书馆法 [EB/OL]. http://zwgk.mct.gov.cn/auto255/201711/t20171106_693582.html.

92. 中华人民共和国公共文化服务保障法 [EB/OL]. http://www.npc.gov.cn/npc/xinwen/2016 – 12/25/content_2004880.htm.

93. 中华人民共和国民政部 [EB/OL]. http://www.mca.gov.cn.

94. 中华人民共和国文化部. 社区图书馆服务规范 (WH/T 73—2016) [M]. 北京: 国家图书馆出版社, 2016.

95. 中华人民共和国文化部. 乡镇图书馆统计指南 (WH/T 69—2014) [M]. 北京: 国家图书馆出版社, 2016.

96. 中华人民共和国文化和旅游部 [EB/OL]. https://www.mct.gov.cn.

97. 中华人民共和国中央人民政府 [EB/OL]. http://www.gov.cn.

98. 中金国研智库网 [EB/OL]. http://www.zjgyzk.cn.

99. 周丽琴. 依托城市社区大学建设社区图书馆 [J]. 图书馆理论与实践, 2010 (1).

100. 周淑云, 龚蛟腾. 基层图书馆资源共建共享法律风险分析 [J]. 图书馆理论与实践, 2014 (8).

101. 朱丹, 张忠凤. 社区图书馆: 概览、评价与思考 [J]. 图书馆学研究, 2010 (6).